발간사

선진한국으로의 도약인가? 경제식민지로의 전략인가? 한·미 FTA를 둘러싼 찬반논쟁이 한국 사회를 강타하고 있다. 최근 들어 정부는 국민들을 상대로 한·미 FTA 체결의 불가피성을 홍보하고 있으나, 인터넷, 언론, 발간물, 시위 등을 통한 반대단체들의 활동도 만만치 않다. 한편, 찬성단체들은 한·미 FTA를 통해 우리 경제를 선진화시키고, 성장동력을 확충해야 한다며, 한·미 FTA에 대해 적극적인 지지를 보내고 있다. 이러한 상황에서, 찬반 양측은 한·미 FTA를 논리적·이성적 의제로 다루지 못하고 지나치게 감정적으로 접근하고 있어, 한·미 FTA라는 중요한 국가의제가 본질을 벗어나 이념논쟁으로까지 비화되고 있다.

과연 한·미 FTA가 우리의 미래에 어떠한 결과를 안겨다 줄 것인가? 한·미 FTA가 우리 경제의 미래에 약이 될 것인지 아니면 독이 될 것인지 지금 시점에서 분명히 진단해 볼 필요가 있다. 이에 대한 명확한 진단이 내려지지 않고서는 우리에게 과연 한·미 FTA가 필요한지 그렇지 않은지에 대한 원론적인 수준의 답변도 이끌어 내지 못한 채 지루한 공방만 계속할 수밖에 없다.

본서는 한·미 간에 진행중인 FTA 협상의 분야별 찬반논란을 일목요연(一目瞭然)하게 정리하였다. 한·미 FTA를 평가한 책이 몇 권 발간되어 있으나, 기존 책은 한·미 FTA를 객관적으로 분석하기 보다는 비판 혹은 저지 목적에서 발간된 것임을 알 수 있다. 통상에 대한 높은 식견을 바탕으로 FTA의 내용을 분석해야간 한다는 취지에서,

바른사회시민회의는 국내 최고의 통상전문가들이 한·미 FTA를 분야별로 평가하도록 요청하였다.

본서는 독자들에게 한·미 FTA에 대한 찬성 또는 반대 등의 일방적인 판단을 강요하지 않는다. 다만, 현재 진행중인 FTA의 주요 쟁점에 대한 객관적인 분석결과를 전달할 뿐이다. 한·미 FTA에 대한 찬반 여부는 독자의 몫으로 남겨 놓았다. 아무쪼록, 본서가 독자들에게 한·미 FTA 본질에 대해 정확히 이해하는 데 미력하나마 도움이 될 수 있었으면 하는 바람이다.

끝으로, 본서의 기획에서 발간까지 모든 수고를 아끼지 않으신 인하대학교 정인교 교수님께 감사드리며, 바쁜 일정에도 불구하고 흔쾌히 집필에 참여해 주신 모든 집필진 여러분들, 그리고 도서출판 해남의 노현철 대표님께도 감사의 말씀을 드린다.

2006년 9월

바른사회시민회의

차 례

제4장 | 이창우

제 2 부

한·미 FTA 찬반주장 분석

제 5 장 | 이시욱

제 3 부

한·미 FTA 산업별 파급영향 논의

정 인 교

서장

총 론

1 시작하면서

자유무역협정(FTA)은 광범위한 시장개방과 제도개혁을 전제로 추진되기 때문에 FTA에 대해 다양한 찬반입장이 제기될 수 있다. 특히, 미국과의 FTA는 상품분야는 물론이고, 서비스와 투자, 통상제도에 이르기까지 광범위한 개방과 개혁이 불가피하다는 점에서 반대의견이 많이 제기될 수 있다.

그 동안 우리 나라는 칠레(2004년 4월), 싱가포르(2006년 3월), 유럽자유무역연합(EFTA, 2006년 9월)과의 FTA를 발효시켰고, 2006년 9월 초 현재 동남아(ASEAN)와의 상품분야 FTA를 사실상 타결한 상태이며, 인도, 캐나다, 멕시코와의 FTA 협상을 진행해 나가고 있다. 미국과의 FTA는 2003년 우리 정부가 'FTA 추진 로드맵'을 작성하면서 검토하기 시작하였다. 그 이전에도 간헐적으로 검토가 이루어졌으나, 당시 대내외 여건으로 인해 진전되기 어려웠다. 하지만 2004년 우리 통상당국은 양자 간 FTA 논의를 위해 미국과 본격적으로 접촉하기 시작하였다. 2005년 상반기에 한·미 양국은 FTA 실무자협의를 3차례 개최하였고, 이를 바탕으로 양측은 2006년 초 공식 협상개시를 선언하게 되었다.

미국은 사실상 우리 나라 제1위 경제협력 대상국일 뿐만 아니라, 세계 총수입의 20% 이상을 흡수하고 가장 고급화된 소비자집단을 보유하고 있어 사업을 하는 사람이라면 누구나 미국 시장 진출에 관심을 가지게 될 것이다. 또한 미국 시장에서 히트를 친 제품은 전 세계 어디에서도 높은 소비자반응을 기대할 수 있다는 점도 우리 기업인들이 미국과의 FTA에 관심을 가지는 이유가 될 것이다.

하지만 미국은 산업경쟁력이 가장 높은 국가라는 점에서 FTA 체결시 많은 우려가 제기될 수 있다. 우리 나라가 취약한 농업의 경우, 대미국 수입이 증가하게 되어 국산 농산물가격이 하락할 것이고, 현재에도 품목에 따라 수급불일치가 심각한 상황에서 수입농산물 증가는 농가경제를 더 어렵게 할 것이다. 그렇더라도 개방화·세계화 시대에 우리 농업도 언제까지 보호하기 어렵다는 점을 인정하지 않을 수 없다. 우리 나라가 미국 정도의 내수시장과 경제력을 가지고 있다면, 세계적인 개방화 및 무역블록화 추세를 '남의 일'로 볼 수도 있을 것이다. 정부 및 협상당국은 농업의 어려움을 충분히 감안해야 하며, 협상과정에서 취약산업에 대한 배려와 더불어 피해계층에 대한 구조조정 지원 및 사회안전망을 확충해 나가야 할 것이다.

미국은 우리 나라가 언제든지 FTA를 추진할 수 있는 대상국이 결코 아니다. 통상체계가 의회 중심으로 되어 있어, 미 정치권이 우리 나라와의 FTA를 검토하도록 하는 것 부터가 용이하지 않다. 또한 미국과의 FTA 자체가 경제이익 확보를 위한 충분조건이 아니다. FTA 경제효과를 산업 전반으로, 전 지역으로 확산시키기 위해서는 정부의 후속조치가 필요하다는 점을 멕시코의 경험으로 알 수 있다. 어렵사리 시작한 한·미 FTA 협상을 국익에 부합되도록 이끌어 나가야 하며, 협정체결 이후에도 개방과 개혁정책이 꾸준히 추진되어야 할 것이다.

미국과의 FTA에 대한 평가는 최종 협정의 내용을 보아야만 가능할 것이다. 내용을 모르는 상태에서 한·미 FTA를 반대하는 것은 사실상 미국과의 FTA를 추진하지 말라는 주장이다. 2005년 말 25개 국가가 미국과의 FTA를 희망한 것은 무엇으로 설명될 수 있는가? 총론적 반대보다는 특정 이슈별로 문제점을 제기하고, 특정 조건이 협상에서 반영되도록 정부당국에 요구해야 할 것이다. 또한 그 요구조건도 합리적인 판단에 근거한 것이어야지, 무조건적이며 일방적인 주장은 공감을 얻기 어렵다. 정부도 FTA 협상과정에서 국민들, 특히 이해관계자들의 입장을 귀기울려 들어야 할 것이다. 금년 초 공식 협상개시 선언 전에 충분한 시간을 가지고 공청회를 개최하지 못한 것은 필자도 아쉽게 생각하는 부분이다.

최근 들어, 한·미 FTA 반대주장이 널리 확산되고 있다. 많은 경우, 극단적인 가정을 전제로 최악의 결과를 상정한 것이다. 반대주장의 예로는 졸속추진, 4대 통상현안 사전포기, 내부 협상 미진, 국민여론 수렴부족, 협상정보 미공개, 수출증대효과 미미, 미국 경제예속(51번째 주), 농업붕괴, 문화적 예속, 감기약 한 봉지에 10만 원, 공교육붕괴, 멕시코 사례 등을 들 수 있다. 이들 주장 중 일부는 타당할 수 있으나, 많은 경우 현실성이 떨어지는 문제점을 안고 있다.

이 책은 미국과의 FTA를 반대하는 진영이 주장하는 내용의 타당성을 검토하고, 객관적으로 분석한 결과를 정리한 것이다. 이 책에 참여한 필진들은 그 동안 FTA 연구를 담당하였던 전문가들이며, 통상에 대한 깊은 이해를 가지고 있다. 편의상 크게 4개 부(部)로 나누어 책을 구성하였는데, 각 부의 내용을 요약하면 다음과 같다. 제1부에서는 '우리 경제와 한·미 FTA'라는 제목으로 4개의 논문을 싣고, 제2부에서는 한·미 FTA 추진과정에서 제기된 4대 선결조건 등과 같은 8개 분야에 대한 찬반주장을 객관적으로 분석하였으며, 제3부에서는 한·미 FTA의 파급효과를 제조업, 중소기업, 서비스, 농업으로 나누어 분석하였다. 마지막으로 제4부에서는 멕시코의 NAFTA 경험 등 한·미 FTA와 관련된 이슈들을 논의하였다.

2 제1부의 주요 내용

먼저 제1장에서는 우리 경제의 현주소를 살펴보고, 개혁과 개방이 필요한 근거에 대해 논의한다. 최근 몇 년간 외국기관이 발행한 국가경쟁력 보고서는 우리 나라 정부의 행정효율, 기업의 경영효율이 외환위기 전에 비해 별 진전되지 않아 평가대상국들 중 하위권에 머물러 있음을 보여 주고 있다. 이들 보고서는 한국이 금융위기는 성공적으로 극복하였으나 새로운 도약을 위해서는 성장잠재력이 확충되어야 한다고 지적하고 있다. 세계 10위 경제국가인 우리 나라에 대한 외국의 시각이 곱지 않음을 알 수 있다. 우리 경제를 키우기 위해서는 대외지향적인 통상체제가 필요하고, 통상마찰을 최소화하기 위한 개혁과 개방노력이 필요함을 필자는 강조하고 있다.

제2장에서는 2006년 7월 협상중단이 선언된 도하개발의제(DDA)의 주요 쟁점들을 고찰하고, 이러한 협상중단이 한·미 FTA 추진에 미칠 파급영향을 다각도로 분석하고 있다. DDA 협상의 잠정중단은 우리 나라 및 미국 모두에게 한·미 FTA의 가치와 중요성을 증가시킬 것으로 보고 있다. 미국 입장에서는 자국의 소극적인 입장으로 DDA 협상이 중단된 상태에서 한국과의 FTA마저 성공적으로 마무리짓지 못하면 세계자유무역을 이끌어 가는 국가로서의 신뢰성 상실로 이어질 수 있기 때문이다. 한국 입장에서도 DDA가 잠정중단된 상황하에서 세계에서 가장 큰 시장인 미국과의 FTA를 성공적으로 마무리하는 것이 미국 시장의 안정적인 확보뿐만 아니라, 향후 주요 교역대상국들과의 FTA 추진을 통한 안정적인 수출시장 확보를 위해 무엇보다

중요하기 때문이다.

시기적으로 미국 대통령선거가 가까워지고 있는 점, 주요 교역대상국들의 국내정치적 상황을 고려할 때, DDA 협상돌파구가 마련되지 않고, 이로 인해 무역협상권한(TPA)이 연장되지 않을 가능성이 높은 것으로 분석되고 있다. 이 경우 최선의 협상전략은 TPA 기간 내에 FTA 협상을 마무리할 수 있도록 우리의 역량을 집중해야 한다는 점을 필자는 강조하고 있다. 이 과정에서 우리가 반드시 지켜야 할 부분을 양보하거나, 양국의 이익이 균형되지 않는 협상안을 우리 정부가 수용하지 않을 것임을 강조하고 있다.

제3장에서는 우리 나라가 한·미 FTA로부터 얻을 수 있는 이익을 논의하고 있다. 필자는 FTA에 반대하는 주장의 대부분은 자신의 또는 자신이 속한 집단의 단기적인 이익만을 극대화하기 위해 허구나 과장, 또는 오해에 기초한 그릇된 논리를 사용하고 있음을 비판하고 있다. 한·미 FTA를 통한 경제적 실익은 거의 아무것도 없으며, 오히려 양극화를 유발하거나 악화시킨다는 반대진영의 주장은 정확한 자료에 근거하지 못하며 역사적·경험적 사실과도 부합되지 않는다는 것을 제시하고 있다. 한·미 FTA는 한국 경제 전반에 걸쳐 개방의 폭을 확대할 것이다. 개방이라는 기회의 확대가 대내구조 개혁과 미래의 산업발전 비전과 연계되어 국민적 합의를 바탕으로 얼마만큼 지속적으로 추진되는가에 따라 궁극적으로 개방의 성과가 가시화될 수 있다는 점도 지적되고 있다. 한·미 FTA는 우리에게 새로운 기회를 제공할 수 있지만, 이는 한·미 FTA와 동시에 국내개혁을 통해 제도의 선진화를 이루는 작업을 병행할 때에만 가능한 것임을 강조하고 있다.

제1부의 마지막 장인 제4장은 우리 기업의 입장에서 한·미 FTA를 평가하고 있다. 한 마디로 세계수출시장으로 뻗어 나가는 데 FTA는 필수요건임을 강조하고 있다. FTA를 반대하는 주장들은 다른 국가들의 FTA로 인해 우리 기업들이 받는 차별을 고려하지 않고 있다는 점을 지적하고 있다. 또한 기업 입장에서 FTA가 필요함은 이미

발효된 칠레와의 FTA를 보아도 알 수 있다는 것이다. 수출 없이 살 수 없는 우리 경제현실을 먼저 고려하고 합리적인 반대주장을 할 것을 필자는 주문하고 있다.

기업들이 FTA를 활용하기 위해서는 FTA 환경에 적응할 수 있도록 내부 시스템을 개혁해야 함을 주장하고 있다. 무엇보다도 CEO가 FTA에 대해 올바로 알아야 한다는 것이다. 한국적 기업풍토에서 CEO의 이해 없이 새로운 환경에 적응할 수 있는 방안을 마련한다는 것이 쉽지 않기 때문이다. 또한 CEO의 인식이 바뀌었다면 FTA에 대한 종업원들의 인식도 바뀌어야 한다. 임직원들에게 FTA에 대한 교육을 집중적으로 실시하여 인식을 바꾸어야 한다는 점을 필자는 제언하고 있다.

3 제2부의 주요 내용

제2부에서는 한·미 FTA에 대한 찬반주장을 분석하고 있다. 여기에서는 총 8개 이슈를 논의하고 있으며, 그 동안 찬반논쟁이 치열하게 전개되었던 것들이다. 각 장의 제1절에서는 각 이슈에 대한 주요 찬반논쟁을 요약 및 평가하고 있다.

제5장은 한·미 FTA가 우리 나라 경제성장 및 수출에 대한 효과를 논의하고 있다. 그 동안 반대진영에서는 한·미 FTA가 경제적으로 도움이 되지 않을 것이란 주장을 제기해 왔다. 한·미 FTA 반대진영은 미국의 평균유효관세율 수준이 낮아 우리 나라 대미 수출의 증가 효과가 크지 않는 반면, 우리 나라의 관세율 축소는 대미 수입의 급

격한 증가를 가져와 전반적으로 우리 나라 무역수지의 악화로 귀결될 것으로 주장하고 있다. 이러한 주장은 FTA의 무역증대가 세간의 논의의 초점이 되고 있는 관세율효과에만 국한되지 않고, 특정 제품에 대한 소비자의 인지도 상승, 개방 및 경쟁촉진을 통한 국내기업의 생산성 증가 등 매우 광범위한 경로를 통해 이루어진다는 점을 들어 반대진영의 주장을 반박하고 있다.

일반균형모형(CGE)을 이용한 한·미 FTA의 경제적 기대효과 전망치에 대해 제기되었던 논란에 대해서도 나름대로의 평가를 내리고 있다. 즉, 금년 초 정부의 한·미 FTA 홍보방식에서 문제가 있었던 데다가, 반대론자들이 CGE 분석결과를 잘못 해석함으로써 불필요한 논쟁거리를 만들어 왔다는 것이다. 또한 한·미 FTA의 가장 큰 기대효과는 자원배분의 효율성 제고, 경쟁력 있는 자본재의 접근 용이, 기술의 학습효과 등을 통한 생산성 제고로서 기존의 CGE 분석에서는 이러한 효과를 충분히 고려하지 못했다는 점도 이해해야 함을 언급하고 있다.

제6장에서는 이른바 한·미 FTA의 네 가지 선결조건에 대해 논의하고 있다. FTA 추진결정까지 정부 내 논의도 거의 없었으며, 졸속으로 추진될 뿐만 아니라 선협상 후대책의 병폐를 드러내고 있다는 반대진영 주장에 대해, 필자는 2000년 한·미 재계회의에서 FTA가 최초로 검토되는 등 양국 업계는 오래 전부터 FTA의 필요성에 대해 논의해 왔고, 2003년부터 정부 내 검토와 전문가 연구, 설문조사 등을 통해 FTA 협상출범 준비를 단계적·지속적으로 진행하였음을 밝히고 있다.

한편, 스크린쿼터 축소, 쇠고기수입 재개, 자동차 배출가스기준, 의약품 약가 등 이른바 한·미 FTA 4대 선결조건을 미리 양보하여 협상카드를 소진하였다는 FTA 반대진영의 주장에 대해, 4대 선결조건이라는 것은 이전부터 한·미 양국 간 주요 통상현안이고, 의약품 약가를 제외하고는 스크린쿼터 축소, 쇠고기수입 재개, 자동차 배출가스기준은 이미 처리될 수밖에 없는 사안이었다는 주장을 내놓고 있다. 즉, FTA가 아니더라도 4대 선결조건은 사실상 해결하였어야 할 통상현안이라는 것이다. 따라서 이들 통상현안을 이유로 미국과의 FTA를 반대하는 것은 적절하지 않다는 주장이다.

제7장 투자자보호조항은 최근 반대진영에서 가장 심각한 문제점으로 지적해 왔던 사안이다. 투자협정을 처음 접하는 사람들은 투자협정의 내용에 상당히 놀라움을 표시하는 경우가 많다. 외국인 직접투자는 유치하되 이로부터 우리의 이익을 최대한 얻어 내기만 하면 되는, 즉 단지 활용의 대상일 뿐이라는 일반적인 사고방식이 팽배해 있기 때문이다. 필자는 현재 제기되고 있는 투자협정에 대한 주요 비판사항들, 특히 미국만이 FTA에서 투자협정의 체결을 요구한다거나, 미국의 투자협정은 외국인 직접투자뿐만 아니라 투기자본에까지 완전한 개방과 수익의 보호를 요구한다는 등의 잘못된 주장을 논리적으로 반박하고 있다. 예를 들어, 미국뿐만 아니라 우리 나라가 기체결한 FTA, 투자협정에서 거의 비슷하게 포함되는 내용임에도 유독 미국과의 FTA에서 심각한 문제가 있는 것으로 파악한 반대진영의 주장은 타당하지 않다는 것이다.

한·미 FTA에서 투자분야는 매우 복잡한 이슈인 것같이 보이지만 사실 매우 간단한 이슈라는 것이 필자의 분석이다. 현재 우리 정부가 일본이나 유럽 국가 등 양자 간 투자협정을 체결하고 있는 국가의 투자자들에게 부여하고 있는 대우를 미국의 투자자에게도 그대로 줄 것인가 안 줄 것인가 하는 문제만 고려하면 된다는 것이다. 미국의 투자자에게도 동등한 대우를 해 주겠다는 생각만 있으면 문제될 것이 없다. 우리 나라에 가장 많이 투자하는 미국의 투자자에게 여타국의 투자자보다 불리한 대우를 부여해서는 안 된다는 것이 필자의 주장이다. 다만 분쟁의 발생가능성에 대비하여, 국내의 대비책을 마련하는 것이 필요하다. 즉, 외국인투자자의 불만을 수렴하고 이의 해결을 모색하는 국내의 제도적 장치가 강화될 필요가 있다는 점을 필자는 지적하고 있다.

제8장에서는 금융서비스 개방과 관련된 쟁점들을 정리하고 있다. 단기적으로는 우리 경제가 고부가가치 지식기반 서비스업 중심으로 한 단계 발전시키고, 중장기적으로 통일비용 조달을 원활하게 하고, 동아시아 통화통합에서 중심역할을 하기 위해서 금융자유화가 필요하다는 점을 필자는 언급하고 있다. 금융서비스부문 개방에 대한 우려의 이유로 다음 두 가지를 들고 있다. 첫째, 1996년 OECD 가입과 관련된 과도한 금융시장 개방이 1997년 금융위기 원인 중의 하나로 작용하였다는 점, 둘째 개방에 따른 외국기관의 국내금융산업 잠식, 일부 과도한 매각차익에 따른 국부유출, 경제의 불안정성 증대, 산업자금 공급기능 위축 등으로 인한 부정적인 인식이 확산되었다는 것이다.

우리 나라 경우 외국금융기관의 시장접근은 이미 거의 완전하다시피 개방되어 있고, 자연히 금융서비스의 국경 간 거래와 신금융서비스 허용, 보험서비스 제공허용 등 금융상품 개방과 규제의 투명성 제고가 한·미 FTA 협상에서 주요 의제가 될 것으로 보고 있다. 한편, 외국자본의 지배를 증가시킬 우려가 있지만, 개방 없이는 다양한 금융상품의 발달을 통한 동북아 금융허브의 꿈을 달성하기 어렵다는 점을 강조하고 있다. 필자는 국내금융상품에 대한 규제를 먼저 완화하여 국내금융상품의 발달과 국내금융기관들의 경쟁력 제고를 도모한 후 금융상품에 대한 개방을 순차적으로 하는 것이 바람직할 것으로 보고 있다.

제9장에서는 의료서비스 개방에 따른 찬반논쟁과 약가산정문제를 논의하고 있다. 의사이면서 의료분야 연구소를 운영하고 있는 필자는 의료시장 개방에 대하여 국민들이나 전문가들이 비교적 긍정적으로 여기고 있으나 일부 시민단체는 적극적으로 반대하고 있다는 점을 밝히고 있다. 대한의사협회는 2006년 2월 대한의사협회 회원 1,057명에 대한 설문조사에서도 의료시장 개방에 대하여 매우 필요 16.9%, 어느 정도 필요 56.9%로 찬성률이 70% 수준인 것으로 나타났다. 하지만 건강세상네트워크(2004)는 경제자유구역 내 외국병원 허용

과 내국인 진료허용 등의 보건복지부의 보건의료서비스산업 육성방안은 "국민, 민간보험, 의료기관의 빈부 양극화 현상을 초래할 것"이라고 주장하였음을 소개하고 있다.

하지만 필자는 이미 도래한 21세기 BT산업시대에 우리 나라가 선도국으로 발전하기 위해서는 BT산업의 기반이 되는 의료산업 개방이 필연적인 것으로 주장하고 있다. 일부에서 염려하고 있는 공보험 붕괴나 공공의료 몰락, 영세 동네 병·의원 도산 등과 같이 예견될 수 있는 부작용에 대하여 추진과정의 충분한 합의와 철저한 대비책이 마련되어야 함을 강조하고 있다. 향후 약가산정 협상에서 미국측은 다국적 제약회사의 신약특허기간 연장과 오리지널 약 임상시험자료 독점권, 카피약의 특허침해 여부 사전검토, 약값에 대한 독립적 이의신청기구 설립 등을 요구하며, 의약품시장 지배를 기도할 가능성이 예측되므로 이에 대한 많은 연구가 필요함을 지적하고 있다. 또한 미국측이 소극적인 의료시장 개방문제를 오히려 우리가 강력하게 주장해야 함을 제안하고 있다.

제10장에서는 교육서비스 개방과 관련된 쟁점들을 분석하고 있다. 교육시장 개방과 관련하여 미국은 미국대학수학능력시험(SAT) 등을 포함한 테스팅 및 원격교육(國境間供給)시장 개방을 요구하고 있으나, 현재의 우리 여건상 심각한 의미가 없는 것으로 필자는 판단하고 있다. 그럼에도 불구하고 반대진영은 한·미 FTA 협상을 '제2의 한일합방'이라는 용어를 써 가며 현실을 호도하고 있음을 우려하고 있다. 더구나 반대진영은 한·미 FTA가 공교육체계를 붕괴시킬 것이며, SAT 등 테스팅시장이 개방될 경우, 'SAT 폭탄'이 우리 교육시스템 전체를 붕괴시킬 것이라는 등 근거 없는 과장된 위협으로 한·미 FTA를 깎아 내리고 있다는 것이다.

반대진영의 이러한 주장에 대해 필자는 우리 교육의 경쟁력이 강화되도록 개방의 범위와 폭을 정하는 것이 중요함을 강조하고 있다. 오늘날 우리 교육이 황폐화된 원인이 평준화 등 교육의 공공성을 '지나치게' 강조한 결과임을 감안하면, FTA하에서 적극적인 개방을 통해 교육경쟁력을 강화해야 함을 지적하고 있다. 교육시스템에 유효한 경쟁을 도입할 수 있을 정도의 파급력 있는 개방을 하지 않고서는 우리 교육의 경쟁력 강화라는 목표는 결코 획득될 수 없다는 점을 필자는 강조하고 있다.

제11장에서는 미국에 비해 우리 나라가 불리한 지식재산권에 대해 논의하고 있다. 변리사로 그 동안 특허업무를 담당해 온 필자는 우리 정부가 지식재산권 협상을 주도면밀하게 준비해야 함을 강조하고 있다. 그 동안 반대진영은 한·미 FTA는 미국의 문화자본과 산업자본의 이익을 극대화하려는 것이고, 이에 대해 우리 정부는 아무런 준비를 하고 있지 않아 협상이 진행되면 우리 주권을 포기할 상황이 될 것으로 주장하고 있다. 하지만 필자는 협상추진 여부보다 향후 어떻게 협상하는가가 더 중요하다는 점을 지적하고 있다.

필자는 지식재산권과 관련해서 문제가 될 수 있는 사안에 대해 나름대로의 분석과 협상전략을 제시하고 있다. 주로 논의하고 있는 이슈는 권리자의 허락 없이 강제로 특허 등을 사용할 수 있도록 하는 강제실시권 발동요건, 심사지연에 따른 특허권 존속기간의 조정, 의약품 특허와 허가의 연계, 의약품 허가를 위한 특허실시 등에 대해 논의하고 있다. 특히, 일반인들이 관심을 많이 가지고 있는 저작권 보호기간에 대해 미국측 주장(개인저작물 저작자 사후 70년간 보호)을 거부해야 함을 강조하고 있다. 우리 나라 저작권법은 개인저작물 저작자 사후 50년간 보호해 주고 있으며, 다자 간 협상으로 제정된 베른협약이나 세계무역기구 지식재산권협정(TRIPs)에는 저작권의 보호기간을 '저작자 사후 50년간'으로 정하고 있다는 점을 들어 미국 주장의 부당성을 제기해야 함을 주장하고 있다.

제12장에서는 FTA 의견수렴 및 정보공개에 대해 논의하고 있다. 한·미 FTA 협상에 관련된 논쟁 중 하나가 협상정보를 어느 수준에서 국민들에게 알리고 의견을 수렴하느냐이다. 원론적으로 보면, 흔히

말하듯이 특정 정책에 대한 모든 사항을 국민들에게 공개하고, 국민적 합의를 도출한 후 추진하는 것이 바람직할 것이다. 하지만 이렇게 정책을 추진하는 국가가 전 세계 어디에 있단 말인가? FTA 협상담당자인 필자는 정보공개를 단순히 있는 그대로 국민에게 모두 공개한다는 형식적인 의미를 넘어 파악해야 될 문제로 보고 있다. 즉, 정리되지 않은 채 무질서하게 제공되는 정보는 혼란만 야기한다는 것이다. 협상에 이해관계를 가진 개인을 포함하여 다양한 업종, 단체, 협회 등 이해관계자들에게 필요한 정보를 체계적으로 정리하여 제공하고, 이를 통해 분야별 입장을 전달·수렴하고, 협상에 반영시켜 나갈 때 협상의 국내적 정당성과 민주성을 확보하게 된다는 것이다. 또한 협상 속성상 정부가 모든 정보를 공개할 수 있는 것도 아님을 제기하고 있다. 협상전략 차원에서 보면 협상에 관련된 모든 정보를 공개하는 것은 바람직하지 않음을 쉽게 납득할 수 있다.

사실 현재에도 협상당국은 상당한 내용을 일반국민들에게 공개하고 있고, 국회의 관련 위원회 등을 통해 협상내용 전반을 제공하고 있다. 협상정보의 공개와 의견수렴은 대외 협상추진과 협상결과의 국내수용을 위해 필수적인 과정이라는 점을 정부는 잘 알고 있으며, 협상과정을 최대한 투명하게 유지하여 국민의 알 권리를 보장하겠다는 정부의 의지는 확고함을 강조하고 있다. 한편, 정부도 일반국민, 이해관계자, 국회로 구분하여 맞춤형 협상정보 제공과 의견수렴이 이루어질 수 있도록 노력하고 있으나, 이러한 노력이 충분하지 않고 제대로 전달되지 않아 정부의 정보공개가 불충분하다는 질타가 있다는 점도 인정하고 있다. 다만 한·미 FTA 협상추진에 대한 국민의 불신을 확산시키기 위한 의도로 정보의 무조건 공개를 주장하는 것은 지양되어야 할 것이다.

4 제3부의 주요 내용

제3부에서는 한·미 FTA의 산업별 경제효과를 제시하고 있다. 다년 간 산업연구를 전담해 온 전문가들이 집필에 참여하였다. 제13장에서는 제조업에 대한 영향을 제시하고 있다. 필자에 따르면, 제조업에 관한 한 다른 산업과는 달리 큰 논란이 없다. 부정적인 영향이 적기 때문이다. 품목에 따라 산업구조조정이 일어날 수 있으나, 국내제조업의 상당 부문은 미국 제조업에 비해 경쟁력이 있기 때문에 시장의 확대와 사회적 후생의 증대라는 FTA의 경제적 이득을 충분히 누릴 수 있다. 우리의 산업발달 수준이나 경쟁력을 감안할 때 멕시코의 예는 적절하지 않다는 주장이다.

다른 산업부문뿐만 아니라 제조업부문에서도 한·미 FTA를 추진함에 있어 우리가 견지하고 해결해야 할 과제는, 한·미 FTA를 통해 경쟁력이 강한 부문은 더욱 강하게 하고, 약한 부문은 강화할 수 있는 방안을 모색하고 추진해야 한다는 것이다. 특히, 산업구조의 선진화와 함께 제조업의 발전과정에서 나타나고 있는 이른바 양극화 문제가 해소되는 방향으로 제조업의 발전이 이루어지도록 해야 함을 지적하고 있다. 또한 한·미 FTA는 각종 제도나 여건을 선진화함으로써 신규 산업이 끊임없이 성장할 수 있도록 활용되어야 함을 서술하고 있다. 한·미 FTA가 효과적으로 체결된다면, 한국은 미국 시장에 대한 선점효과를 누려 시장을 확대할 수 있으며, 이는 국내에서의 고용증대라는 부수적인 효과를 발생시킬 것으로 전망하고 있다.

시장개방 및 FTA에서 우리 나라 중소기업은 피해를 많이 보는 것으로 지적되어 왔다. 한·미 FTA에 대해 우리 나라 중소기업은 어떻게 평가하는가는 제14장에서 논의되고 있다. 우리 나라 중소기업들의 입지를 위협하고 있는 가장 큰 잠재적 경쟁자는 원가경쟁력을 앞세운 후발개도국 기업들인 것으로 필자는 분석하고 있다. 대부분의 중소기업들이 두려워하는 것은 중국과 같은 후발개도국들에게 시장을 급속하게 개방하는 것이지, 미국과 같은 선진국들과 시장을 상호 개방하는 것은 오히려 수출확대의 기회가 된다는 것이다. 한·미 FTA는 오히려 우리 나라가 상대적으로 비교우위를 가지는 산업들에 종사하는 중소기업들에게 미국 시장이 더욱 개방되는 효과를 가져와 이들 중소기업들이 성장할 수 있는 좋은 기회로서 작용할 가능성이 크다는 것이다.

특히, 중소기업들의 비중이 큰 섬유, 가죽, 생활용품 등의 산업들이 가장 큰 혜택을 받을 것으로 예상되고 있다. 먼저 중소기업에 긍정적 효과가 기대되는 섬유, 의복, 생활용품, 음식료, 자동차부품 등의 미국 시장 개방을 적극 추진하여야 할 것임을 제안하고 있다. 이와 관련하여 섬유제품의 원산지규정이 우리 중소기업의 대미 수출에 불리하지 않도록 협상할 것을 주문하고 있다. 아울러, 개성공단 등 북한에서 우리 업체들에 의해 생산된 제품이 한국산으로 인정될 경우 대미국 수출효과가 클 것으로 전망된다. 마지막으로 중장기적 측면에서 제품개발이 필요한 품목 중 국내원천기술이나 핵심 설계기술이 부족한 부분에 대해 미국으로부터의 협력을 유도해야 한다고 주장하고 있다.

서비스시장은 워낙 범위가 넓고 각 분야가 나름대로 특성을 지니고 있어 분석이 용이하지 않다. 제15장에서는 서비스분야에 대한 쟁점을 논의하고 있다. 세계최고 수준의 서비스경쟁력을 자랑하는 미국과의 협상이어서 국내서비스업체 및 관련단체들에게 미칠 영향이 클 것이란 점에 근거한 반대론자의 주장과, 개방과 경쟁을 통해 우리 나라 서비스산업의 구조조정과 도약의 계기로 삼자는 찬성론자의 견해를 정리하고 있다. 하지만 공교육체계 와해, 의료보험체계 붕괴, 외국 금융자본의 지배력 강화 등 서비스부문에서 벌어지고 있는 논쟁들은 주로 경제적 측면보다는 정치·사회적 시각에서 바라본 것들임을 적고 있다. 이로 인해 소비자후생이나 사회적 후생변화에 대한 고려는 찬반논쟁에서 상대적으로 도외시되었다는 문제점을 제기하고 있다.

필자에 따르면, 그 동안 국내소비자들은 독점 또는 과점상태의 국내업체에게 비싼 비용을 지불하고 질 낮은 서비스를 소비해야 하였지만 개방을 통해 업체 간 경쟁이 격화되면 서비스의 질은 향상될 것이며, 비용은 낮아지는 혜택을 누리게 될 것임을 주장하고 있다. 특히, 우리 나라 금융·교육·법률·의료시장에서도 개방으로 인해 치열한 경쟁구도가 형성되고, 치열한 경쟁은 서비스의 질을 높이면서 가격은 오히려 내리는 효과를 유발해 개방에 따른 혜택이 결국 소비자의 후생향상으로 귀결되는 효과가 나타나게 된다는 것이다.

제16장에서는 농업에 대한 영향을 제시하고 있다. 농업분야는 우리 나라 FTA 추진과정에서 가장 심각하게 고려되는 분야이다. 특히, 미국과의 FTA를 반대하는 진영에서는 한·미 FTA가 체결되면 국제경쟁력이 취약한 우리 농업·농촌이 붕괴될 것이라고 주장하고 있다. 하지만 필자는 다소 다른 견해를 내놓고 있다. 1980년대 말 이후 우리 나라는 농산물 시장개방 확대정책을 꾸준히 시행해 왔으며, 이에 따라 사실상 미국의 핵심 수출농산물에 대한 실효관세는 높지 않으며, 이미 상당 부분의 외국농산물이 우리 나라 시장에서 팔리고 있다는 것이다. 따라서 쌀을 제외한다면 한·미 FTA 체결로 인해 전체 농축산물의 수입량이 크게 증가하기보다는 종전 제3국으로부터의 수입이 미국으로의 수입으로 전환되는 무역전환효과가 우세할 것으로 예상되며, 동시에 수입농산물과 국내농산물의 품종과 용도, 맛, 국내소비자의 소비취향 등에 기초해 볼 때 미국산 농산물과 국산농산물은 서로 부분적인 소비대체관계에 있으므로 농업부문의 실질적 피해는 일반적 예상과는 달리 크지 않을 것으로 필자는 분석하고 있다.

결국 한·미 FTA로 인해 우리 농업부문에 대한 피해는 분명하지만, 그렇다고 우리 농업이 붕괴된다거나 초토화될 것이란 주장은 상당 부분 과장되어 있다는 판단이다. 한편, FTA 이행과정에서 농업부문의 구조조정이 원활히 이루어져 농업생산성이 향상될 경우 실제 발생할 생산 및 소득피해는 상당히 줄어들 가능성이 있으며, 실제 FTA 발효 이후 농지의 가격이 현재보다 30% 이상 하락할 것으로 예상되기 때문에 우리 농산물의 상대적인 경쟁력이 그만큼 향상될 것으로 보고 있다. 한편, 우리 농업은 내부에서도 농업노동의 고령화로 인하여 향후 큰 구조변화가 일어날 전망이다. 아울러 비단 농산물의 시장개방이 아니더라도 품질이 낮은 중저가 농산물은 국내소비자의 소비취향과도 일치하지 않기 때문에 점차 설 자리가 없어질 것으로 보인다. 결국 우리 농업은 세계화와 개방화라는 큰 흐름에 직면하여 대내외적으로 근본적인 체질변화와 개혁이 요구되고 있는 상황이기 때문에 한·미 FTA는 우리 농업에 위기이자 구조조정을 촉발시킬 수 있는 계기가 될 것으로 전망하고 있다.

5 제4부의 주요 내용

제4부에서는 한·미 FTA 추진관련 정치·사회적 이슈들을 분석하고 있다. 제17장에서는 미국과의 FTA(북미자유무역협정: NAFTA)를 체결한 멕시코의 경험을 분석한다. 멕시코의 사례가 한·미 FTA의 찬반 논쟁의 중심에 서게 된 것은 현재 멕시코의 경제 및 사회적 여건들이 대부분 NAFTA 요인으로 결정되고 있다는 잘못된 판단 때문이다. 찬

성 및 반대진영 모두 자기들 주장에 유리한 내용만을 강조하다 보니, 멕시코의 경험이 상당 부분 왜곡되어 전달되었고, 이로 인해 FTA와 멕시코에 대한 이해가 부족한 국민들의 한·미 FTA에 대한 판단을 흐리게 하고 있다는 것이다. 필자는 국내에서 일고 있는 멕시코를 둘러싼 논쟁의 핵심은 크게 두 가지로 나누고 있다. 그 하나는 과연 NAFTA가 멕시코의 경제 및 사회에 긍정적 또는 부정적으로 작용하였는가이고, 다른 하나는 멕시코의 사례로 볼 때 한·미 FTA를 추진하는 것이 타당한가에 대한 검토이다.

NAFTA가 멕시코의 경제성장, 무역, 투자, 고용, 임금, 소득, 농업 등에 미친 영향에 대해 필자는 나름의 관점으로 설명하고 있다. 멕시코 경제가 NAFTA 덕을 본 것은 확실하지만 멕시코 정부의 개혁의지 약화와 정책실패로 FTA의 시너지효과를 확대시키지는 못했다. 하지만 국내에서 현재의 멕시코의 명암을 바라보는 시각은 지나치게 단순화되어 있고, 비판적인 경우에는 다소 논리적인 비약이 개입되어 있음을 밝히고 있다. 특히, 반대진영이 주장하는 멕시코의 사회·경제문제들이 역사적으로 또는 구조적으로 고착화되어 온 맥락은 무시되고 있다. 멕시코에 대한 국내언론의 보도도 문제가 많다. 최근 모 방송사의 왜곡보도는 장안의 화제가 될 정도였다. 유사한 예로, 2002년 하반기에 반(反)NAFTA 사회운동이 발생하였을 때, 멕시코 농민들의 도심 나체시위를 우리 나라 언론들은 NAFTA로 피폐된 농촌사회의 저항이라고 보도하였다. 그러나 실체는 전 주지사가 대규모의 토지를 매입함으로써 촉발된 사건이었다. 멕시코에서 2006년 7월 치러진 대통령선거에서 야당 후보가 NAFTA 재협상을 공약으로 표방하였는데, 주요 내용은 향후 개방될 분야에 대한 재검토 의견이었고, 지지표를 획득하기 위한 공약이었음에도 일부 언론매체는 멕시코가 NAFTA를 탈퇴할 것처럼 보도하였다.

제18장은 한·미 FTA가 한반도 안보에 미칠 영향을 분석하고 있다. 필자는 2005년 이후 한반도 정세와 관련하여 가장 주목해야 할

사항으로, 북한과 중국 간의 경제협력 가속화와 한·미 FTA 추진을 들고 있다. 한·미관계는 참여정부 들어 균열이 지속되다 지난 해 말 이후 주한미군의 전략적 유연성 합의와 한·미 FTA의 추진으로 새로운 국면을 맞이하고 있는데, 한·미 FTA는 한·미 간 균열을 봉합하고 한·미 동맹관계를 견고하게 하는 촉매제가 될 것으로 필자는 보고 있다. 필자는 정치안보 측면에서 미국과의 FTA를 긍정적으로 평가하고 있는 반면, 반대진영에서는 한·미 FTA로 우리 경제가 미국 경제로 예속·통합되고, "북한의 중국으로의 실질적인 합병을 재촉함으로써 남북한 분단체제의 극복과 자주적 평화통일도 불가능하게 만들 것으로" 주장하고 있다.

필자는 "한미FTA저지 국민운동본부는 기본적으로 한·미 FTA 정책을 반미친북좌파적 관점에서 이념투쟁으로 국민들을 선동하고 있다"고 보고 있다. 제2차 세계대전 이후 미국과 소련 중심의 자본주의와 사회주의 체제 간의 대결양상이 소련, 동구 사회주의권의 몰락으로 승패가 분명하게 나왔음에도 불구하고 여전히 철지난 이념을 무기로 나라와 국민을 잘못된 방향으로 선동하고 있는 것으로 비판하고 있다. 이들의 주장은 역사적인 실패로 끝난 사회주의의 변형이념과 이론에 기초한 시대착오적인 것에 불과한 것으로 필자는 혹평하고 있다. 또한 한·미 FTA 정책을 '동북아 균형자론'적인 입장에 기초하여 주장을 펼치는 흐름도 있으나, 이와 같은 흐름은 본인들이 원하든, 원하지 않든 결과적으로 반미투쟁적 흐름의 일부로 휩쓸릴 가능성이 농후한 것임을 알아야 함을 충고하고 있다.

제19장에서는 한·미 FTA가 동아시아 경제통합에 미칠 영향을 조명하고 있다. FTA 반대진영에서는 미국에 앞서 일본, 중국과의 FTA 체결로 동북아 및 동아시아 지역에서의 경제협력을 먼저 강화하고, 이를 바탕으로 미국과의 FTA를 추진해야 한다고 주장하고 있다. 표면상으로 보면, 미국보다는 동아시아 국가들과 먼저 FTA를 추진하는 것이 더 동아시아 경제협력 강화정책에 도움이 되는 것으로 이해될

수 있다. 그러나 이미 일본과의 FTA는 농산물 시장개방에 대한 입장 차이로 협상이 중단된 상태이고, 일본의 독도영유권 제기 등으로 양국 간 정치적 긴장이 고조되고 있어 당분간 특별한 변화가 발생하지 않는 한 일본과의 FTA가 순조롭게 추진되기 어렵다. 중국과의 FTA 문제는 2005년 5월 한·중 국무총리회담에서 공식적으로 중국 원자바오 총리가 제기한 바 있으나, 이미 이 때는 한·미 FTA 정부 간 실무자협의가 종료되었고, 공식 협상을 검토하던 시기이었다. 한 마디로 한·미 FTA가 진전되자 이에 대한 대응으로 중국은 농업분야에 대한 특별한 고려까지 언급하며 우리 나라와의 FTA를 제안하게 되었다. 이런 상황에서 중국 및 일본과의 FTA가 한·미 FTA보다 선행되어야 함을 주장하는 것은 한·미 FTA를 반대하기 위한 억지인 것으로 필자는 분석하고 있다.

오히려 한·미 FTA가 체결될 경우 우리 나라의 주변국들이 우리 나라와의 FTA에 더욱더 적극적으로 나올 것이며, 이러한 분위기 형성이 동아시아 경제통합을 촉진시키고, 우리 나라의 경제통합 주도권을 강화시킬 수 있는 것으로 주장하고 있다. 또한 동아시아 여러 국가들이 미국과의 FTA를 추진하고 있어, 미국과 FTA를 체결한다고 해서 동아시아에서 고립될 것으로 보는 시각도 문제가 있다는 지적이다. 동아시아 국가 중 미국과의 FTA를 가장 먼저 체결한 싱가포르가 동 FTA로 인해 고립되지 않았다는 것이다. 우리 나라는 이미 싱가포르, ASEAN과의 FTA를 발효·타결시켰고, 중국과의 FTA 논의도 조만간에 진행될 수 있을 것으로 생각된다. 필자는 한·미 FTA는 동북아·동아시아 FTA 추진시기를 앞당기는 계기가 될 것으로 분석하면서, 미국보다는 동아시아 국가와의 FTA를 먼저 추진해야 한다는 반대진영의 주장을 일축하고 있다.

제 1 부

우리 경제와 한·미 FTA

최 병 일

제1장

한국 경제, 개혁과 개방만이 살 길이다

1 한국 경제를 보는 외부의 시각

1997년 말의 외환위기를 극복하는 듯한 모습을 보이던 한국 경제는 2000년 중반부터 경기하강국면으로 진입하더니 아주 오랜 경기침체를 경험하고 있다. 10%대의 두 자리 수 경제성장이 일상화된 시대를 살았던 40대 이상의 기성세대에게는 최근 한국 경제가 4% 성장한다는 사실은 있을 수 없는 충격이다. 그러나 지구상 어느 나라도 30년 이상을 두 자리 수로 성장을 계속한 나라는 없다. 서구 사회가 1세기 이상에 걸쳐 경험한 농경사회에서 산업사회로의 전환을 한 세대 만에 이룬 국가는 지구상에 한국이 예외적이다. 지금 전문가들은 한국의 잠재성장률이 4%냐 4.5%냐를 두고 논쟁을 벌이고 있음을 보면, 이제 두 자리 수는 두 번 다시 오지 않는 흘러간 시절이다. 그러나 그리 슬퍼할 일은 아니다. 세계의 IT강국, 조선대국, 자동차 생산국가로 성장한 한국의 미래는 아직 어둡지 않으니까.

소규모 대외지향 경제인 한국이 다시 지속가능한 경제성장의 길로 들어서기 위해서 화급한 정부 정책운영의 효율성, 기업경영환경 개선, infrastructure 고비용구조의 개선은 여전히 미흡하다. 국민의 정부, 참여정부의 노력에도 불구하고 국가경쟁력의 핵심인 이러한 측면들이 개선되었다거나 개선되고 있다는 징표는 나타나지 않고 있다. 한국의 경쟁력을 바라보는 외국기관들의 평가는 가혹하리만큼 냉정하다.

최근 몇 년간의 외국기관에서 발행하는 국가경쟁력 보고서는 한국 정부의 행정효율, 기업의 경영효율이 외환위기 전에 비해 별 진전 없음을 보여 주고 있다. 한국은 평가대상국들 중 하위권에 머물러 있다. 이들 보고서는 한국의 금융위기는 성공적으로 극복하였으나 새로운 도약을 위해서는 성장잠재력이 확충되어야 한다고 지적하고 있다. 구체적으로는, 한국 정부의 과도한 시장개입, 여전히 경직적인 노동시장, 자율성이 상실된 금융, 세계화 추세에 대응하는 노력 미흡, 기업경영의 불투명성을 한국 국가경쟁력의 발목을 잡는 대목으로 지적하고 있다.

이러한 내용은 한국 정부의 입장에서 보면 상당히 충격적이며 섭섭하기까지 하다. 그 동안 구조조정을 통해 성취하려고 하였던 바가 바로 시장경제의 정착, 탄력적인 노동시장, 금융의 건전성 확보, 세계화 추세의 기회를 최대로 활용하는 통상국가 건설, 기업경영의 투명성 제고이었기 때문에 이 핵심적인 대목들에 대한 외국기관의 부정적인 평가에 대해 한국 정부는 "아직도 외국기관들이 한국에 대한 편견에 사로잡혀 있다"고 애써 평가절하할 수도 있다. 정부관료들은 항변한다. "우리도 Global Standard를 따라 제도는 다 갖추었다. 하드웨어(hardware)는 있는데 아직 소프트웨어(software)가 못 따라간다." 그럴듯한 이야기이지만, 문제의 본질을 외면한 이야기다. 세계자본시장은 내가 최고의 미인이라고 목에 힘을 주어도 심사위원들이 나에게 표를 주지 않으면 절대로 미인대회에서 1등을 할 수 없는 미인경연대회장(beauty contest)과 같다. 광속도로 국제자본이 자유롭게 이동하는 현실에서 내가 나를 어떻게 평가하는가는 별로 중요하지 않다. 그보다는 나에게 투자할지를 결정하는 사람들이 나를 어떻게 평가하는가 하는 것이 더 중요하다.

매년 발간되는 헤리티지(Heritage)재단의 경제자유도 보고서에서 한국의 경제적 자유도가 특별히 신장된 것이 없다는 평가 역시 같은 맥락에서 이해할 수 있다. 한국의 경제자유도는 1970년에 6.3점(10점 만점), 1995년에 7.0점, 1999년에 7.1점으로 평가되고 있다. 2000년 이후에도 한국의 경제자유도는 특별히 나아지지 않고 있다.

2 한국 경제개방의 진행상황: 이상과 현실의 괴리

지금 이 순간에도 많은 것들이 국제 간에 거래되고 있다. 상품, 서비스, 자본, 인력들이 끊임없이 국가 간에 유통되고 있다. 상품과 서비스는 보다 구매력이 높은 곳으로, 자본은 투자가들에게 가장 매력적인 곳으로, 인력은 보다 유리한 고용기회를 제공하는 곳으로 몰려든다.

많은 국가들이 이러한 국제거래를 자국의 부(wealth)를 창출하고 증대시키는 기회로 활용하기 위해 동분서주한다. 중국이 왜 공산주의 체제이념과는 무관한 파격적인 실용주의 정책을 구사하고 있으며, 가진 것이라고는 항만밖에 없는 홍콩과 싱가포르가 어떻게 해서 세계에서 가장 역동적인 경제활동의 무대가 되었는지는 국제교역이 그 국가의 부에 얼마나 심대한 영향을 미치는지를 웅변적으로 보여 준다. 동시에 반 세기가 넘도록 고립의 길을 걸어온 쿠바와 북한이 최근 개방노선으로 선회하고 있다는 사실은 국제거래로부터 고립이 일시적으로는 그 체제의 자존심을 지키는 일이 될지는 몰라도 그 자존심의 대가가 너무 크다는 점을 일깨워 준다.

경기순환국면을 정확히 파악하고 적절하게 대처할 수 있는 경제조정능력과 경제에 가해지는 외생적인 충격을 최소화할 수 있는 위기관리능력을 갖춘 유능한 정부. 경제자유가 보장되고, 경제활동이 안정적으로 이루어지며, 경제활동이 예측가능한 기업환경. 도로, 항만이 효과적으로 구축되어 물류가 신속하게 이동되며 정보통신, 금융서비스가 효과적으로 제공되어 기업의 의사결정이 효율적으로 이루어지는

infrastructure. 풍부하게 존재하는 많은 숙련노동자들, 외부환경 변화에 따라 얼마나 유연하게 대처할 수 있는 인력시장의 심도와 유연성. 이러한 것들을 갖춘 경제와 그러하지 못한 경제와의 차이는 단기적으로는 경제성장률의 차이, 실업률의 차이, 외자도입률의 차이 등으로 나타나며 중장기적으로는 국부축적의 차이로 나타난다.

한국은 중규모 대외지향적 경제(small outward-oriented economy)이다. 4,800만 인구로 대표되는 시장규모는 한국 경제를 중규모 경제로, 그리고 전체 GDP의 70%가 넘는 무역의존도(수출액과 수입액의 합계를 GDP로 나눈 것)는 한국 경제를 대외지향적 개방경제로 특징짓게 한다(1997년 외환위기를 경험하기 전까지 한국의 개방 정도는 그리 높은 편이 아니었기 때문에 개방경제라는 표현보다는 대외지향형 경제라는 것이 더 적절하다). 때문에 외부환경을 최대한 활용하고 외생적 충격을 흡수할 수 있는 역량을 배양하지 못하면, 한국에게 남겨진 선택은 '고립' 또는 '종속' 둘 중의 하나밖에 없다.

과거 30년간(1960~1980년대 말) 한국의 고속 압축성장이 가능하였던 이유 가운데 하나는 '열린 해외시장'이라는 외생적인 호재가 크게 작용하였다. 동서 이념경쟁의 와중에서 미국은 모든 자유진영의 개도국들에게 방대한 자국시장을 '일방적으로' 개방하였다. 그러나 공산진영의 붕괴 이후 과거와 같은 '일방적으로 열린 해외시장'은 존재하지 않는다. 1990년대부터 미국이 철저히 상호주의 원칙을 따르는 시장개방을 추구하고 있음은 곳곳에서 목격되고 있다.

한국 경제에게 고립이라는 선택은 가능하지 않다. 소규모 대외지향적인 한국 경제가 21세기의 새로운 국제거래환경 속에서 종속을 원하지 않는다면 전향적인 개방정책과 국내경제의 효율성 향상을 동시에 추진해야 한다. 한국은 1990년대 두 번의 중요한 개방기회를 놓쳐버렸다. 우루과이라운드 협상에서 서비스시장 개방을 적극적으로 추진하지 못하였고, OECD 가입협상과정에서 외국인 직접투자를 막고 단기자본의 자유화를 먼저 단행하는 오류를 저질렀다.

전체 고용의 74%를 책임지며, GDP의 68%를 창출하는 한국의 서비스분야가 별로 효율적이지 못하는 것은 이미 많은 연구보고서들이 지적한 바 있다. 서비스분야의 생산성이 다른 국가에 비해 뒤지는 가장 큰 이유는 정부의 자유재량적인 규제(discretionary regulation) 때문에 기업들 간의 경쟁이 활성화되지 못하고 있기 때문이다. 많은 서비스분야가 존재하지도 않는 공익(public interest)이라는 이름으로 정부가 기업의 시장진입에서부터 통제하기 시작하여 가격결정에까지 개입하는 것이 한국적 현실이다. 서비스분야 자원배분의 비효율성, 저생산성은 한국 경제의 활력을 저하시키는 심각한 요인이었다. 생산자 위주의 공급정책과 정책당국의 제 밥그릇 챙기기 식의 규제일변도 정책을 일신할 수 있는 전략적인 계기로 우루과이라운드를 한국의 최고정책결정자들은 활용할 수 있었음에도 불구하고, 중상주의 보호논리 속에 개방의 충격이 거의 없는 분야에서 최소한의 미미한 서비스시장 개방만이 이루어졌다.

OECD 가입협상 과정에서 외국인 직접투자는 계속 통제하면서 단기자본시장을 먼저 개방한 결과 투기적 성격이 강한 단기자본에게는 자유통행권을 주어 자본시장의 불안전성을 부채질하였다. 외국자본의 적대적 인수합병(hostile takeover)의 위협도 없고, 외국인 직접투자도 통제된 상황은 한국의 기업들이 그들이 지금까지 익숙하게 해오던 것들을 지속할 수 있도록 해 주었다. 대규모 차입경영 속에 비관련 다각화는 계속되었다. 일단 몸집을 키워 놓으면 실패의 사회적인 파장이 너무 크니까 정부가 나서서 문제를 해결해 줄 것이라는 기업가들의 기대는 부실처리에서 보여 준 정부의 행동으로 확인되곤 하였다. 한국 기업들의 사고방식과 행동양식을 뒤흔들 수 있을 충격인 적대적 인수, 외국인 직접투자가 뒷전으로 밀려난 상황에서 기업들이 몸집불리기에 분주할 수밖에 없었던 것은 사회적으로는 비효율적이지만 개별 기업의 차원에서는 지극히 합리적인 결정이었음은 한국의 비극이다. 1997년 12월 한국을 기습한 외환위기는 물론 상당 부분 국제금융시장의 불안전성에 기인하는 것이지만, 1990년대 한국을 찾아온 '제대로 된 개방과 개혁의 기회'를 놓쳐 버린 한국 정치의 한계를 극명하게 노출하였다.

3 개방과 개혁을 한국의 미래를 여는 열쇠로

한국이 직면한 국제적 경쟁상황을 샌드위치나 호두까기에 끼인 신세로 사람들은 표현한다. 한국이 전통적으로 누려온 저임금이 만들어 낸 경쟁우위는 더 이상 중국이나 태국, 말레이시아 등 아시아 개도국과 비교가 되지 않는다. 저임금에 기초한 조립 위주의 수출품들이 세계시장에서 이들 국가와의 경쟁에서 빠른 속도로 밀려나고 있다. 그렇다고 해서 기술경쟁력이 확보되었거나 세계시장에서 확실하게 통하는 독자적인 브랜드(brand)가 있는 것도 아니다. 저임금분야의 급속한 경쟁력 상실과 기술력 확보의 지연은 10년 이상 계속 되고 있다. 여전히 환율변화에 따른 수출가격 경쟁력에 민감한 경제구조를 가지고 있다.

한국이 소규모 대외지향 경제가 가진 제약여건에서 가능한 최대한의 성과를 추구하기 위해서는 국제거래의 활력을 내생화(internalization)하는 전략이 필요하다. 국제 간의 무역, 자본이동, 투자, 인력 이동을 단순한 위협이나 잉여를 극대화하는 중상주의적 틀 속에 가두어 둘 것이 아니라, 이들이 가져다 주는 경쟁압력을 경제의 역동성을 증대시키고 끊임없는 파괴 속에 새 살이 돋아나게 하는 과정(process)으로 전략적으로 활용해야 한다. 이러한 청사진을 제대로 실현시키려면 시장개방과 내부역량 축적이 동시에 진행되어야 한다.

왜 시장개방인가? 그것은 우리끼리만의 경쟁으로는 효율성을 증대시키는 데 한계가 있을 뿐만 아니라 더 이상 과거와 같은 폐쇄적이고 보호적인 국내시장의 온실 속에 커 온 한국 기업이 외국기업과 경쟁할 수 없기 때문이다. 더 중요한 것은 세계 곳곳에서 무엇이 벌어지고 있는지를 손바닥 들여다보듯 정보가 공개된 세상에서 살고 있는 한국의 소비자들에게 개방경제의 혜택을 거부하는 보호주의 정책은 경제정책의 궁극적인 대상인 납세자들을 분노시키게 될 것이라는 사실이다.

왜 내부역량 확충인가? 개방경제가 모든 사람을 별안간 부자로 만드는 것은 결코 아니다. 시장개방의 충격이 가져다 주는 경제효율의 증대는 금방 발생하지 않을 뿐만 아니라 그 효과도 많은 사람들에게 분산되어 나타나는 반면, 그 피해는 소수에 사람에게 집중되고 금방 발생한다. 시장이 외국상품과 자본에 개방되면 효율성이 뒤지는 일부 국내기업들은 시장점유율이 하락하고 영업이익이 감소하는 위기를 맞게 된다. 주가는 하락하고 그 회사의 근로자들은 일자리를 잃게 될지도 모른다. 경제가 제대로 작동한다면 비효율적인 기업들에게 투자되었던 자본과 인력이 더 큰 생산성을 올릴 수 있는 다른 분야로 재투자될 것이다. 시장개방은 한 경제가 가지고 있는 희소한 자원을 보다 생산적인 것에 배치하도록 하는 충격인 셈이다. 시장의 진입·퇴출기능이 제대로 작동하는 경제일수록 시장개방의 긍정적인 효과를 조기에 누릴 수 있다. 시장진입에 대한 정부의 인위적인 통제, 퇴출제도의 미비는 개방의 부정적인 효과만을 증폭시킬 뿐이다.

궁극적으로는 경제 전반의 효율성을 증진시키게 될 시장개방을 제대로 추진하려면 자원배분에 대한 시장의 기능이 제대로 작동해야 한다. 1990년대에 들어와서 많은 개도국들이 외형적인 시장개방을 하였으나 긍정적인 효과보다는 국내기업의 몰락, 실업사태, 이에 대한 역작용으로 더욱 강화되는 정부의 통제를 경험하고 있는 이유의 이면에는 시장개방의 충격이 가지고 올 파장을 흡수할 수 있는 충분한 내부역량을 확충하는 일에 소홀하였기 때문이다. 시장개방이 되면 경제의 비효율이 일거에 청산될 것처럼 환상을 부추긴 미국과 개방체제에 이념적인 편향을 가지고 있는 OECD, WTO, World Bank 등 국제기구의 무책임함을 탓하기보다는, 이들의 시장개방만능 최면술에 걸려 내부역량 확충을 뒷전으로 한 정부의 무지와 무능을 탓해야 마땅하다. 정작 시장이 개방되어도 개방의 혜택이 소비자들이 누려야 할 품질향상, 가격하락으로 연결되지 못하고 유통업자들에게 고스란히 돌아가게 하는 유통구조. 외국자본에 문을 열기는 하였으나 공장부지 매입 신청서류 처리하는 데 몇 달이 걸리게 만드는 행정편의적 규제의 잔존. 국내의 종합금융사들에게는 해외영업을 허용하면서 단기자본의 투기적 이동을 견제할 수 있는 아무런 장치도 만들어 놓지 않는 정부의 무지함, 그리고 무대책.

한국 경제에서 개방은 경제 전체 차원의 경제개방에서 다루어지지 못하고 시장개방의 측면만 강조되었다. 1980년대 초반의 경제안정화 정책과정에서 취해진 일부 수입개방조치를 빼고 항상 개방문제는 경제적인 논리를 떠나 정치적으로 다루어졌고, 개방은 상대국(주로 미국)의 개방압력에 대한 대처라는 수동적인 자세와 제로섬 게임(zero-sum game)에서 협상력이 부족한 측이 어떻게 'losing game'을 관리하는가 하는 측면만이 부각되었다. 당연히 제기될 수밖에 없는 반개방세력의 목소리에 국가의 앞길을 열어 가는 적극적·능동적인 개방정책은 실종되었다. 시장개방이 단편적, 불연속선으로 이루어지는 와중에 시장경제가 가지고 있는 가장 중요한 가격의 신호기능(signaling mechanism of price)은 정부의 규제 속에 정상적으로 작동하지 않고 있었고, 시장기능이 원활히 기능하지 못할수록 작동하지 못하였기 때문에 시장개방이 수동적일 수밖에 없는 악순환이 계속되었다. 이러한 관점에서 보면 1997년 말 한국 경제에 몰아닥친 외환위기는 한국 경제가 안고 있는 제약여건을 재인식하고 새로운 성장전략을 모색할 수 있는 절호의 기회를 제공하였다.

아쉬운 것은 외환위기를 IMF위기라고 부르는 한국의 국민정서와 정치권, 언론의 어법에서 알 수 있듯이, 한국 경제의 좌절책임을 외부에만 전가하려는 듯한 태도이다. 미국이 다른 외환위기를 겪은 국가들에게는 하지 않은 방식으로 IMF를 압박하여 한국의 구조조정을 강제로 끌어 낸 대목은 분명히 있기는 하지만, 냉정한 국제사회의 거래법칙을 생각해 보면, 위기를 기회로 만드는 것은 그 국가의 몫이다. 외환위기 때의 다급함과 심각성이 사라진 이후, 다시 고개를 들고 있는 반외자 정서는 분명히 그 원인을 가려야 한다. 소버린, 론스타, 뉴브리지 캐피털로 대표되는 이른바 투기자본에게만 유리하게 판이 짜여진 듯한 경제운영의 규칙 탓인지, 아니면 이들을 제대로 감시하지 못한 정책당국의 미숙과 부패 탓인지. 그렇지 않고 이윤창출을 목표로 하는 모든 자본을 "돈을 많이 벌고 나가는 단기자본"은 "먹튀자본"으로 몰아세우는 것은 한국 경제의 건강을 위협하는 태도이다.

4 목표에 걸맞는 전략이 있어야

한국이 지속적인 성장을 하기 위해서는 자본, 기술, 시장, 인력의 핵심 요소를 세계시장과 어떻게 효과적으로 연결시킬 것인지에 대한 국가적 전략이 있어야 한다. 때문에 한국의 통상정책은 한국 정부의 경제운용 청사진을 반영하는 것일 수밖에 없다. 그 동안 우여곡절을 겪으면서도 큰 방향은 제대로 설정되어 왔던 개방화의 모멘텀(momentum)이 지속되도록 하는 것이 한국 경제의 미래를 위해서 바람직하다.

지난 40여 년간 대외지향적인 경제체제는 한국 경제의 비약적인 성장을 가져다 주었고, 해외시장에서의 치열한 경쟁을 통해 한국 기업들은 세계유수의 기업들과 어깨를 나란히 할 만큼 성장하였다. 지난 40년의 세월의 전반 30년간 해외시장은 한국에게 꽤 우호적이었다. 해외시장은 한국이 절대적으로 부족한 원자재를 공급해 주었고, 값싼 한국 제품의 수출시장을 제공해 주었다. 하지만 이들은 더 이상 한국 제품에게 호락호락한 시장이 되기를 거부하고 있다. 한국 제품이 더 이상 값싼 싸구려가 아니어서 후발개도국에게 가격경쟁력을 상실하고 있다는 점 이외에, 이들 국가는 이제 한국이 자국 기업들에게 시장을 열어 주기를 요구하고 있다. 철강, 조선, 자동차, 가전, 정보통신제품 등의 수출이 한국에게 중요한 만큼, 외국은 한국 시장에서 그들이 비교우위를 가지고 있는 분야의 수출을 당연히 늘리고 싶어하고, 그간의 경제성장을 통해 구매력이 증대된 한국 소비자들에게 다가가고 싶어한다.

이들의 개방요구가 높은 분야가 농업과 일부 서비스분야다. 이들 분야는 국내적으로 경쟁력이 취약하고 정치적으로 민감하다는 것이 문제를 어렵게 하는 것은 사실이다. 그렇다고 해서 문제를 미룰 수도 없다. 노무현 정부는 전임 김대중 정부와는 달리 이들 문제를 더 이상 미룰 수 있는 정치적 행운을 가지고 출범하지 못하였다. 우루과이 라운드 농업협상 이후 10여 년간 문제를 근본적으로 해결하려는 노력 없이 인기영합적 단견적인 정치논리로만으로 문제를 접근하였기 때문에 10년 전에 비해 문제해결이 더 어려워진 상황이다. 농민들은 기본적으로 정책에 대한 불신으로 가득 차 있으며, 실무자와의 대화와 타협보다는 시위와 투쟁을 통해 정치적인 거래를 하는 방식에 더욱 익숙해져 있다. 정부는 고통이 따르고 정치적으로 인기가 없는 구조조정정책보다는 국제적 경쟁력이 뒤지는 생산농가의 증산을 자극하는 그릇된 정책유인을 조장하여 문제를 더욱 왜곡시켜 왔다.

한국이 대외지향적인 체제를 포기하지 않는 한(물론 포기할 수 없지만), 통상마찰은 지속될 것이고 한국은 어떠한 형태로든 국제사회에 요구에 응답해야 할 것이다. 농업과 서비스분야의 효율성 문제는 한국 경제성장의 열쇠를 쥐고 있다. 이들 분야의 시장개방은 한국 경제 전반의 효율성을 증대시키는 자극제 역할을 할 것임은 분명하나, 단기적으로는 고통이 뒤따를 수밖에 없다. 그 고통은 정부가 시장, 정치, 언론 등과 유기적으로 연결하여 해결책을 제시해야 한다. 유감스럽게도 그러한 해결을 시도할 수 있는 사회기반구조가 우리에게는 아직 없다. 대다수 소비자의 이익은 뒷전이고 생산자 이익보호에 포획(capture)된 정치권, 사실왜곡과 인신공격을 서슴지 않으면서 이성적인 대화와 합리적인 타협을 거부하는 이익집단, 실체적 사실보다는 선정적인 보도로 대중을 호도하는 국내언론, 그 와중에 조정역할이 부실한 정부. 이것이 현재 우리의 모습이다.

노무현 대통령은 대선 유세과정에서 2004년으로 예정된 쌀 관세화 재협상과 관련하여 관세를 허용하는 것보다는 최소시장접근 물량을 더 늘리고 한국의 개도국 지위를 확보하겠다는 공약을 내건 바 있다. 또한 스크린쿼터를 지키겠다는 공약도 하였다. 자신의 지지기반만을 의식하는 극도의 populist 정책에 연연하여 세계 속에 국가의 좌표를 제대로 설정하지 못한 채 집권기간을 보낸다면, 전임 김대중 정부의 5년 세월이 보여 주듯이 '세계 10대 통상대국 진입', '외국인이 가장 기업하기 좋은 나라' 등은 요란한 구호로 끝날 수밖에 없을 것이라는 우려가 많았으나, 참여정부는 동시다발적 FTA로 중규모 대외지향 경제의 명운을 개척하려고 시도하고 있느니 참으로 다행스러운 일이다.

이 과정에서 고무적인 것은, 그 동안 현실을 무시한 채 진행되는 농업정책이 바뀌고 있는 것이다. WTO 협상에서 쌀 관세화를 피하기 위해 정부가 약속한 외국쌀 의무물량 구입의 증가, 식생활의 변화로 인한 소비감소에 효과적인 쌀정책이 존재하지 않음을 우려해 온 전문가들은 '증산에만 초점을 둔 농업정책'을 재고하라고 요구하였고, 정부는 그 동안의 정치적 논리가 앞서던 몇 가지 정책을 폐기하는 어려운 결정들을 내렸음은 고무적이다. 품질에 상관없이 정부가 시장가격보다 높게 쌀을 사들이는 추곡매입제도의 폐지는 그 대표적인 예이다. 농업정책의 핵심을 '증산'에서 미질 위주의 '적정 생산'으로 바꾸고 수매값 인상률을 낮추어 쌀값을 하향안정시키고, 농가소득 감소분을 정부는 다양한 직불제 확충을 통해 보전하겠다는 방침은 제대로 된 방향설정이다.

무역과 투자의 활성화로 경제성장을 구축해 온 한국으로서는 지켜야 할 국내시장보다는 공략해야 할 해외시장이 더욱 크다. 1인당 국민소득 1만 달러를 넘어서면서 임금수준도 동반 수직상승하여 노동집약적인 산업은 해외로 이전하고, 비교우위가 중화학, 첨단기술산업으로 옮겨 가고, 외국자본과의 인수, 합병이 전개되고 있는 현실에서 과거와 같은 국내기업 대 외국기업의 흑백구분은 가능하지도 않고 의미도 없다. 세계경제와의 가속적인 통합화 추세 속에서 국익이 규정되어야 함에도 불구하고, 여전히 국내생산자를 보호하는 협상목표는 다분히 시대착오적이고 그 대상조차 모호하다. 한국이 내세워야 하는 협상목표는 국내생산자 보호가 아니라, 국내산업의 구조조정을 주도하여 국민경제의 효율성을 증대시키는 계기로 개방을 최대한 활용하는 것이라야 한다. 동시에 해외시장에서의 부당한 차별조치 철폐와 해외시장의 개방을 적극 요구하는 것이라야 한다. 그래야만 한국이 그러하였듯이 개도국들도 경제성장의 계단을 올라올 수 있으며, 한국도 지속가능한 성장(sustainable growth)을 도모할 수 있을 것이다. 자국시장의 문은 빗장을 걸어 잠그고 열린 해외시장에서 일방적으로 이익을 챙기고자 하는 방식은 이제 통용되지 않는다.

통상마찰이라는 표현이 생소하게 들리던 1980년대 후반 이후 한국은 심각한 통상마찰을 경험하였다. 우리가 스스로를 어떻게 생각하는지와는 무관하게 한국의 교역상대국은 한국을 세계 10위권의 통상국가이며 OECD 가입국에 걸맞는 시장개방을 요구한다. 한국이 국제

사회로부터의 고립이란 막다른 선택을 하지 않는 한, 통상마찰은 한국의 일상적인 모습이 될 수밖에 없다. 시장개방이 한국 경제 전반의 효율성을 증대시키는 자극제 역할을 할 것임은 분명하나 단기적으로는 고통이 뒤따른다. 문제는 단기적인 고통이 소수집단에 집중되어 있는 반면, 혜택은 소비자들을 포함한 광범위한 집단에 분산되어 있을 뿐만 아니라 당장 실현되지 않는다는 데 있다. 때문에 개방에 반대하는 집단은 잘 결속되어 반대 목소리를 내지만 찬성하는 집단은 잘 결속되지도 못하고 더더구나 개방에 우호적인 집단적 목소리는 기대하기 힘들다. '수출은 좋고 수입은 바람직하지 못한 것'이라는 중상주의적인 도식적 사고에 빠진 언론의 보도태도는 문제를 더욱 악화시킨다. 바로 이러한 상황이 한국 정부가 처해 있는 통상마찰의 현주소이다. 1980년대 후반 민주화 이후 분출하는 이해집단들의 반개방 목소리를 대의민주주의라는 정치시스템 속에서 어떻게 효과적으로 설득하면서 시장개방을 추진하는가 하는 과제를 한국은 풀어야 한다. 한·미 FTA는 바로 그 실험대이다.

권 영 습

제2장

DDA 추진현황과 한·미 FTA의 시사점

1 DDA 부진으로 FTA 부상

우리 나라는 다자 간 무역체제하에서의 지속적인 무역자유화를 수출지향적인 성장전략으로 연결시켜 수출시장을 확대하고, 국내산업의 국제경쟁력을 강화시켜 빠른 경제성장을 이룩한 대표적인 국가 중의 하나다.

2006년 7월 24일 농산물 관세 및 보조금문제에 대한 G6(미국, EU, 인도, 브라질, 일본, 호주)국가 간의 합의도출 실패로 잠정 중단된 DDA 협상이 장기간 중단되거나 실패한다면 우리 나라는 얻는 것보다는 잃는 것이 훨씬 많을 것이다. 도하개발의제(DDA) 협상이 장기간에 걸쳐 중단되면 다자 간 무역체제에 대한 신뢰성이 손상될 수 있고, 이는 보호무역주의 확대로 이어져 대외의존도가 70%에 이르는 우리로서는 수출시장 확보 등에서 손해를 볼 수밖에 없다. 또한 현재 우리가 체결한 FTA 대상국가와의 교역은 미미하여 가까운 시일 내에 FTA 추진을 통한 DDA 협상 장기중단으로 인한 위험을 분산시키는 것도 불가능하다. 아울러 FTA는 우리가 FTA를 체결한 국가의 시장을 안정적으로 확보하는 데에는 기여할 수 있으나, 우리가 FTA를 체결하지 않는 국가에 대한 시장확대에는 기여할 수 없다는 한계를 가지며, FTA는 다자체제를 대체하는 것이 아니라 다자체제가 신뢰성을 가지고 안정적으로 운영된다는 전제조건하에서 인정되는 무역자유화 방법이다. 따라서 우리 정부는 빠른 시일 내에 DDA 협상이 재개될 수 있도록 최선의 노력을 다해야 할 것이다.

그러나 금년 말 또는 내년 초에 DDA 협상이 급진전될 것이라고 낙관하는 전문가는 그리 많지 않은 것으로 보인다. 그 이유는 DDA 협상이 중단된 핵심 쟁점인 농산물분야 시장접근 확대, 농산물분야 보조금 감축 및 비농산물분야 자유화에 대한 G6국가 등 주요 교역국 간에 합의를 도출하는 것이 쉽지 않을 것으로 예상되기 때문이다. 즉, DDA 협상이 중단된 이후 미국, EU 등 주요국들은 내부협상을 통해 합의가능한 신축적인 협상안을 도출하기 위해 노력하기보다는 타국에 협상중단의 책임을 돌리는 것에 더 신경을 쓰는 것으로 보이고, 주요 교역국 내부의 정치적 역학관계를 고려하였을 때도 빠른 시간 내에 DDA 협상을 재개하여 타결해야 한다는 강한 의지를 발견하기는 어렵다. 만약 지금과 같은 상태로 금년 말이나 내년 초까지 DDA 협상이 급진전되지 않고, 금년 11월에 열리는 미국 중간선거에서 민주당의 승리 등으로 2007년 6월 말까지 효력을 가지는 미 의회가 미 대통령에게 부여한 무역협상권한(Trade Promotion Authority: TPA)이 재부여되지 않는다면 미국 의회가 행정부에 무역협상 권한을 재부여하기 전까지 상당 기간 동안 DDA 협상이 지연될 가능성이 크다.[1]

위와 같이 DDA 협상이 상당 기간 중단될 가능성이 있는 상황하에서 우리 정부가 취할 수 있는 최선의 통상전략은 DDA 협상의 재개를 위해 노력하면서도 현재 동시다발적으로 추진하고 있는 FTA 추진을 가속화하는 것이다. 왜냐하면, DDA 협상이 장기간 중단될 경우 미국, EU, 중국, 일본, 인도, 브라질 등 주요 교역국들은 FTA 추진에 가속도를 높일 가능성이 크고, 이 흐름에서 우리가 낙오될 경우 대외의존적인 우리 경제가 큰 손해를 볼 것이라는 것은 자명하기 때문이다. 또한 FTA 추진의 가속화를 통해 DDA 협상에 대한 의존도를 분산하는 것이 필요하다. 예를 들어, 칠레, 멕시코, 싱가포르 등은 그 동

[1] TPA는 2002년에 제정되어 3년간 효력이 발생하다가 2005년에 2년간 연장되어 2007. 6. 30까지 효력을 가지며, 미국 국회가 행정부에 통상협상권한을 포괄적으로 위임하고 통상협상 결과를 수정 없이 가부의 투표만 할 수 있도록 한 것을 말한다. TPA가 없는 경우에는 미국 의회가 행정부가 추진한 통상협상 결과를 수정할 수 있게 됨으로써 미국이 사실상 통상협상을 추진하지 못하는 결과를 가져올 수 있다.

안 거의 모든 주요 국가와 FTA를 마무리해서 DDA 협상이 장기간 중단되더라도 그 파급효과는 크지 않을 것이다. 그러나 한국은 칠레, 싱가포르, 유럽자유무역연합(EFTA, 스위스, 노르웨이, 아이슬란드, 리히텐슈타인)과 FTA를 체결하고 있으나 이들 나라와의 교역이 전체 교역에서 차지하는 비율이 미미하여 DDA 협상의 중단으로 인한 부정적인 효과를 상쇄하기에는 역부족이다.

이런 관점하에서 우리 정부가 미국과의 FTA를 성공적으로 추진하는 것은 무엇보다 중요하다. 즉, 미국과의 성공적인 FTA 추진은 세계최대시장인 미국 시장의 안정적인 확보뿐만 아니라 향후 EU, 중국, 일본, 러시아, 남미공동시장(MERCOSUR: 브라질, 아르헨티나, 파라과이, 우루과이) 등 거대경제권 및 신흥거대시장과 FTA를 성공적으로 추진하기 위한 발판을 마련하는 계기가 될 수 있기 때문이다. 아울러 TPA가 상당 기간 동안 재부여되지 않는다면, 이 기간에는 경쟁국보다 미국 시장에 대한 선점권을 확보할 수 있는 유리한 점도 있다.

미국 입장에서도 미국이 농산물보조금에 대한 추가적인 양보를 하지 않아 DDA 협상이 잠정 중단되었다는 비난이 존재하고, 태국과의 FTA 협상도 중단된 상황하에서 한국과의 FTA 추진은 그 가치와 중요성이 증가하였다고 볼 수 있다. 만약 미국이 한국, 말레이시아 등과의 FTA도 성공적으로 마무리하지 못한다면 다른 교역대상국으로부터 미국의 자유무역에 대한 의지를 의심받을 수 있다.

위와 같은 배경하에서 한·미 FTA 협상에서 우리가 취해야 하는 가장 바람직한 태도는 2007년 6월 말 미국의 TPA 시한이 만료되기 전에 협상이 마무리될 수 있도록 국내적 역량을 집중하는 것이다. 한·미 FTA 추진에 반대하는 입장에서는 DDA 협상 잠정중단이 한·미 FTA 협상을 가속화할 수 있고, 양자 간 협상에서 경제규모가 작은 국가가 손해를 볼 것이라는 이유로 한·미 FTA 추진을 서둘러서는 안 된다고 주장할 수 있다. 그러나 DDA 협상의 중단이 우리측에 불리하게 작용할 것이라고 생각할 필요는 없다. 왜냐하면, 현재 DDA 협상의 장기중단과 태국과의 FTA 협상이 중단된 것이 미측에 한국과의 FTA를 성공시켜야 한다는 압력으로 작용할 수 있고, TPA가 연장되지 않을 경우 미국은 타국과 사실상 FTA 협상을 진행하지 못하는 반면, 한국은 EU, 중국, 일본 등 주요 교역국들과 추가적인 FTA 추진이 가능하므로 미국측에서 한국에 대한 영향력 상실을 우려하여 미국측의 주장을 일부 양보하면서도 TPA 기간 내에 한국과의 FTA를 마무리 지으려고 하는 유인으로 작용할 수 있기 때문이다. 따라서 이러한 미국의 입장을 잘 활용한다면 우리측에서 반드시 지켜야 할 부분을 지키면서도 미국측으로부터 상당한 수준의 양보를 얻어 낼 수 있는 계기가 될 수도 있다. 아울러 TPA가 기간이 연장되는 경우에도 DDA 협상 등 중요 협상을 마무리할 수 있는 단기간에 그칠 가능성이 큰 바, 동 기간 내에 협상을 성공적으로 마무리하기 위해서는 TPA 기간 내에 양국이 협상쟁점에 대한 합의점을 찾는 노력을 집중적으로 할 필요가 있다.

그러나 우리 정부가 미국이 처한 입장을 효과적으로 활용하여 TPA 기한 내에 협상을 마무리하기 위해 노력한다는 것은 TPA 시한 때문에 협상과정에서 우리가 반드시 지켜야 할 부분을 양보하거나, 양국의 이익이 균형을 이루지 않는 미국에 일방적으로 유리한 협상안을 수용하겠다는 것은 절대 아니다. 우리 정부는 어떠한 경우에도 협상시한 때문에 이익의 균형이 이루어지지 않는 협상안을 수용하지는 않을 것이며, 끝까지 우리의 이익을 관철할 수 있도록 최선의 노력을 다할 것이다.

2 DDA 추진현황 및 전망

2.1. DDA 협상추이

2001년 도하 각료선언을 통하여 출범한 DDA 협상은 당초 시한인 2004년 말을 넘어 협상이 진행되어 왔으며, 그 후 주요국 간 이해대립이 계속되면서 농업, 비농산물시장접근(NAMA) 협상 세부원칙(modalities) 합의시한을 두 차례(2005. 12 홍콩 각료회의, 2006년 4월 말) 넘기고 말았다.

또한 2006년 6월 27일부터 7월 1일 간 제네바에서 소규모 각료회의를 개최하여 주요 쟁점에 대한 합의를 도출하려 하였으나 성과 없이 종료되고 말았고, G8 정상회의 지침에 따라 전격적으로 개최된 7월 23일 G6(미국, EU, 인도, 브라질, 일본, 호주) 각료회의도 무위로 돌아가면서 2005년 7월 24일 파스칼 라미(Pascal Lamy) WTO 사무총장은 DDA 협상의 일시중단을 선언하였으며, 이에 따라 홍콩 각료회의에서 합의한 2006년 말 DDA 협상타결은 사실상 불가능하게 되었다.

2.2. DDA 협상 중단원인 및 재개가능성

DDA 협상이 중단된 가장 큰 원인은 농업분야에서의 핵심 쟁점에 대한 이견절충 실패라고 할 수 있다. 그간의 DDA 협상은 3대 핵심 쟁점(농업시장 접근, 농업 국내보조, 비농산물분야 시장접근)을 중심으로 진행되었으며, G6국가가 다음 세 가지 핵심 쟁점에 대해 의견접근에 실패한 것이 협상의 일시중단의 핵심 원인이다.

첫째, EU와 브라질, 인도, 중국 등 개도국들은 미국에 대해 농산물 국내보조분야에 있어 양보가 있어야 협상이 진전될 것이라고 주장한 반면, 미국은 농산물분야에 대한 시장접근이 대폭 확대되어야 국내보조에서 움직일 수 있다는 입장을 표명하였다.

둘째, 미국, 브라질 등은 EU가 제안한 농업의 관세감축률이 너무 낮다고 주장하며, EU의 시장접근분야에서의 추가적인 양보를 요구하였다.

셋째, 미국, EU 등 선진국은 브라질, 인도가 비농산물 시장접근(NAMA)에서 실질적인 시장접근을 가능하게 하는 스위스 공식을 수용할 것으로 요구하였으나, 브라질, 인도 등은 이에 대해 반대입장을 표명하였다.

현 상황하에서 DDA 협상이 언제 재개될지는 불투명하다. 일부에서는 DDA 협상이 완전 중단된 것이 아니라 주요 교역국들이 핵심쟁점에 대해 추가적인 양보를 하기 어려운 상황하에서 국내적으로 검토하고, 합의를 도출할 수 있는 시간을 주기 위한 일시중단으로 금년 말 또는 내년 초에 협상재개가 가능하다는 입장을 취하고 있다. 금년 말 또는 내년 초에 DDA 협상이 재개되기 위해서는 금년 11월로 예정된 미국의 중간선거 이후 미국측에서 농업보조금분야에 대한 신축적인 입장을 취할 수 있느냐에 달려 있다. 만약 연말 이후 미국이 신축적인 입장을 보인다면 각국이 연쇄적인 협의를 이루면서 DDA 협상이 급진전될 가능성이 있다. DDA 협상에서의 급진전은 2007년 6월 말로 종료되는 미국 TPA의 연장 여부에 긍정적인 영향을 미칠 가능성이 크며, TPA의 연장 여부가 DDA 협상의 향배를 결정하는 중요한 요인이 될 것이다.

그러나 DDA 협상이 중단된 이후 각국은 협상의 잠정중단에 대해 상대국에게 책임을 돌리는 것에 집중하는 반견, 실제 국내의 이해관계자들과 정치인들을 설득하여 협상에서 신축적인 입장을 취할 수 있는 여건을 조성하기 위한 노력은 크게 보이지 않는다. 미국 농민의 경우 안정적으로 보조금을 받을 수 있다는 것에 대해 만족하고 있는 것으로 보이고, EU, 일본 등 농산물의 경쟁력이 약한 국가의 정치인들은 자국 농민을 개방으로부터 보호하였다는 것으로 지지를 받을 수 있다. 인도 등 공산품이나 서비스업분야가 취약한 국가의 경우에는 동 분야에 종사하는 단체로부터 협상중단에 대한 지지를 받을 것이다. 즉, 협상중단에 대해 각국에서 국가이익이 크게 손상되는 것으로 보고 국내협상을 통해 신축성을 확보하고, 이를 바탕으로 협상에 임해야 협상의 진전을 기대할 수 있으나, 현재 각국에서 그러한 움직임은 강하지 않은 것으로 보인다. 각국에서는 공히 협상타결을 통해 이익을 얻는 집단은 조용한 반면, 협상을 통해 손해를 보는 집단은 상대적으로 두드러져, 손해를 보는 소수집단의 의견이 상대적으로 큰 영향을 미치는 모순이 존재한다. 이것은 협상과정에서 자국은 적게 양보하는 대신 상대국으로부터는 많은 것을 양보할 것을 요구하는 것으로 이어지며, 결국 협상의 장기중단 또는 결렬로 이어질 수 있다.

위와 같은 이유로 DDA 협상과 관련하여 금년 말이나 내년 초에 돌파구가 마련되지 않을 경우 2007년 6월 말로 종료되는 미국 TPA의 연장을 불가능하게 하여 수년 동안 DDA 협상이 중단되는 사태가 발생할 가능성도 배제할 수 없다.

2.3. DDA 협상중단의 의미와 영향

DDA 협상의 영향은 DDA 협상이 언제 재개되어 타결될 수 있느냐에 따라 달라질 수 있다. DDA 협상이 잠시 중단되었다가 금년 말 또는 내년 초에 재개되어 가까운 시일 내에 타결될 수 있다면 DDA 협상중단으로 인한 부정적인 영향은 크지 않을 것이다. 그러나 DDA 협상이 장기간 중단되면 DDA 협상의 중단이 다자체제에 대한 신뢰성 상실로 이어져 전 세계적인 보호무역주의 확산과 FTA 등 양자 또는 지역 간 협정의 급속한 확산으로 이어질 수 있다.

먼저, DDA 협상의 중단은 농업분야 협상만의 중단을 의미하는 것이 아니라 DDA 협상 전체 의제에 대한 중단을 의미(single undertaking)하고, 이것은 무역규범, 비농산물분야 등 우리측에서 공세적으로 나갈 수 있는 분야에서의 실제 진전된 사항조차 상당 기간 동안 반영되지 못하는 결과가 나올 수 있다.

둘째, 다자체제를 통한 무역자유화 가능성에 대한 신뢰성이 상실되면 각국은 다양한 방법으로 보호무역주의 조치를 취하고, 주요 교역대상국 간 무역분쟁이 증가하는 요인이 될 수 있다. 현재 미국 등을 포함한 주요 교역국가 내에서 개방과정에서 손해를 보는 집단을 중심으로 보호무역주의에 대한 요구가 증가하고 있는 것이 사실이며, DDA 협상의 장기중단으로 인한 신뢰성 저하가 이러한 보호무역주의를 확산하는 계기가 될 수 있다.

셋째, 다자체제인 WTO의 위상이 약화된 상황하에서 주요 교역국들은 DDA 협상중단으로 인한 부정적인 영향을 최소화하고, 외국시장을 선점하기 위해 지금보다 더 양자 간·지역 간 지유무역협정에 집중할 가능성이 크다. 지역주의의 심화는 주요 교역국들로 하여금 다자체제에 대한 의존도를 감소시켜 다자체제의 위상을 더욱더 감소시키는 요인으로 작용할 수 있다.

마지막으로, DDA 협상의 중단이 우리 나라에 미치는 영향은 복합적이기에 한 마디로 말하기는 어려우나 다자 간 협상의 중단으로 얻는 것보다 잃는 것이 많다는 것은 확실하다. 농수산물분야에서는 협상중단으로 잠시 동안 다자 간 개방으로부터 한숨을 돌릴 수 있는 여유가 확보되었으나, 중장기적인 관점에서 반드시 바람직하다고 보기는 어렵다. 제조업분야의 경우 우리가 강점을 가지고 있어 관세인하 등을 통해 수출시장을 상당 수준 확대할 수 있는 여지가 있었으나, DDA 협상이 장기간 중단될 경우 우리 수출산업에는 타격이 될 수 있다. 서비스분야의 경우 분야별로 차이가 있으나 개방을 통한 경쟁력 강화라는 우리의 전략에 차질이 빚어질 수 있다. 특히, 반덤핑 등 무역규범분야에서의 남용을 금지할 수 있는 장치의 도입 등이 장기간 어려워질 수 있다.

2.4. DDA 협상 잠정중단에 대한 대응방안

우리 나라가 안정적인 수출시장을 확보하기 위해서는 다자무역체제에 대한 신뢰성 유지로 보호무역주의 확산이 억제되는 것이 필수적이고, 다자 간 협상을 통해 양자 간 협상으로는 얻기 어려운 한국과 FTA를 체결하지 않은 국가에 대한 시장확대가 가능하다. 따라서 우리의 입장에서는 DDA 협상재개를 위해 최대한 노력하되, 다자 간 무역자유화 협상이 장기간 정지될 것에 대비하여 FTA 상대국과의 교역비중을 확대하여 DDA에 대한 의존도를 줄일 필요가 있다.

먼저, DDA 협상이 재개될 수 있도록 주요 교역대상국들과 협력관계를 형성하여 노력하는 것이 중요하다. 그 이유는 DDA 협상의 성공적인 마무리가 농산물분야에서 부담이 있을 것으로 예상되는 반면, 제조업 수출증가 등 안정적인 세계수출시장 확보에 큰 기여를 할 것으로 예상되고, DDA의 실패로 미국을 비롯하여 전 세계적으로 보호무역주의가 확산되면 한국에 큰 부담으로 작용될 것으로 보이기 때문이다.

다음으로, DDA 협상재개를 위해 노력하는 동시에, 현재 동시다발적으로 추진하고 있는 FTA 추진을 가속화할 필요가 있다. 왜냐하면, DDA 협상이 장기간 중단될 경우 미국, EU, 중국, 일본, 인도, 브라질 등 주요 교역국들은 FTA 추진에 가속도를 높일 가능성이 크고, 이 흐름에서 우리가 낙오될 경우 대외의존적인 우리 경제가 큰 손해를 볼 것이라는 것은 자명하기 때문이다. 또한 FTA 추진의 가속화를 통해 DDA 협상에 대한 의존도를 분산하는 것이 필요하다. 우리보다 앞서 FTA를 적극적으로 추진하여 전체 교역 중에서 FTA 대상국들과의 교역이 대부분을 차지하는 칠레, 싱가포르, 멕시코 등의 경우 DDA 협상중단으로 인한 영향은 크지 않을 것이다. 우리의 경우 칠레, 싱가포르, EFTA와 FTA 협정이 발표되었으나, DDA 협상중단을 상쇄하기 위해 유의미한 것으로 보기는 어렵다. DDA에 대한 의존도를 줄이기 위해서는 현재 추진하고 있는 미국, ASEAN과의 FTA를 성공적으로 마무리하는 것이 중요하다. 특히, 미국과의 FTA 협상의 성공적인 추진은 세계에서 가장 큰 시장의 안정적인 확보와 선점을 위해서 필요할 뿐만 아니라 향후 EU, 중국, 일본, 남미공동시장 등과 FTA 협상을 추진하는 과정에서 협상력을 강화하는 데 큰 기여를 할 수 있다. 2003년 마련한 FTA 추진 로드맵에 따라 거대경제권과의 FTA가 차질 없이 추진될 경우 한국은 DDA 협상중단으로 인한 전 세계적인 FTA 가속화 등에 효과적으로 적응할 수 있는 기반이 마련되고, DDA 협상의 중단 또는 붕괴로 인한 파급효과를 최소화할 수 있을 것이다.

3 한·미 FTA에 대한 시사점

DDA 협상의 잠정중단이 가져오는 파급영향 중에 분명한 것은 한국 및 미국 모두에게 한·미 FTA의 가치와 중요성이 증가하였다는 것이다. 미국 입장에서는 DDA 협상의 중단이 농산물보조금분야에서 미국이 신축적인 입장을 취하지 못하였기 때문이라는 비난이 있고, 미·태국 FTA 협상추진도 중단된 상황하에서 한국과의 FTA마저 성공적으로 마무리짓지 못하면 세계자유무역을 이끌어 가는 국가로서의 신뢰성 상실로 이어질 수 있다. 한국 입장에서도 DDA가 잠정중단된 상황하에서 세계에서 가장 큰 시장인 미국과의 FTA를 성공적으로 마무리하는 것이 미국 시장의 안정적인 확보뿐만 아니라 향후 주요 교역대상국들과의 FTA 추진을 통한 안정적인 수출시장 확보를 위해 무엇보다 중요하기 때문이다.

그러나 DDA 협상의 잠정적인 중단이 한·미 FTA에 미치는 효과를 단정적으로 추정하는 것은 쉽지 않다. 왜냐하면, DDA 협상의 돌파구 마련 여부가 불확실하고, DDA 협상에서의 돌파구 마련 여부가 미국의 11월 중간선거와 더불어 미국 의회가 행정부에 TPA를 연장할지 여부를 결정하는 데 중요한 요인으로 작용할 수 있으며, 더 나아가 TPA 연장 여부가 한·미 FTA 협상에 영향을 미칠 수 있기 때문이다. 시나리오별 DDA 협상의 중단이 한·미 FTA 추진에 미칠 수 있는 영향은 다음과 같다.

첫째, DDA와 관련하여 돌파구가 마련되지 않고 TPA도 연장되지 않는 경우이다. 이 경우 양국은 TPA 기간 내에 협상을 마무리해야 하는 압박을 양국이 동시에 받을 것으로 예상되나, 그 압박은 미국측이 더 클 것으로 예상된다. 왜냐하면, 미국의 경우 의회에 의해 TPA가 다시 부여될 때까지 다자 간 또는 양자 간 협상을 진행하는 것이 사실상 불가능한 반면, 한국은 미국과 협상이 마무리되지 않더라도 다른 나라와 FTA 협상을 추진하는 것이 가능하기 때문이다. 즉, 미국의 경우 TPA가 연장되지 않아 의회가 행정부가 협상한 내용을 하나하나 수정할 수 있게 된다면 어느 나라도 미국을 신뢰성 있는 협상파트너로 인정하지 않을 것이고, 이는 미국 입장에서 사실상의 통상협상 중단으로 이어질 수 있다. 반면, 한국은 미국이 협상을 추진하지 못하는 동안 EU, 중국, 일본 등 주요 교역대상국과 FTA를 추진할 수 있고, 이를 미국 입장에서 보면 한국의 대미국 관심 약화로 받아들여질 수 있기 때문이다. 아울러 위에서 설명한 바와 같이 미국 입장에서는 DDA 협상의 중단이 농산물보조금분야에서 미국이 신축적인 입장을 취하지 못하였기 때문이라는 비난이 있는 상황하에서 한국과의

FTA마저 성공적으로 마무리짓지 못하면 세계자유무역을 이끌어 가는 국가의 하나로서 신뢰성 상실로 이어질 수 있다

둘째, 금년 말 또는 내년 초에 DDA 협상에 돌파구가 마련되어 이를 근거로 미 의회가 미 행정부에 TPA를 연장하는 것이다. 이 경우 우리로서는 좀더 여유를 가지고 협상에 임할 수 있고, 국내적으로도 좀더 준비할 수 있는 시간적인 여유를 가질 수 있다는 장점이 있다. 그러나 미국측으로도 한·미 FTA에 좀더 여유를 가지고 대응할 수 있게 됨으로써 TPA 시한이 정해져 있는 경우보다 미측으로부터 주요 사안에 대한 양보를 받아 내는 것이 더욱더 어려워지는 문제가 발생할 수 있다.

마지막으로, DDA와 관련해서 돌파구가 마련되지 않았으나 다른 이유로 TPA 기간이 연장되는 경우이나, 이는 미국 의회의 정치적 권한분배, 대통령선거의 인접성 등을 고려할 때 사실상 일어나기 어려운 상황으로 보인다. 이 경우 양국은 단기적인 관점에서 돌파구를 마련하기 어려운 DDA 협상보다는 FTA에 집중할 가능성이 크고, 현재 양국이 추진하고 있는 가장 중요한 FTA인 한·미 FTA의 중요성은 그만큼 커질 것이다. 다만, 이 경우 한국이 미국과의 FTA를 TPA 기간 내에 성공적으로 마무리하지 못하게 되면 DDA가 장기중단된 상태에서 세계에서 가장 큰 시장을 가진 미국의 인기가 높아져 미국의 FTA 협상대상국으로서 한국의 중요성이 낮아질 수 있다.

미국 대통령선거가 가까워지고 있는 점, 주요 교역대상국들의 국내정치적 상황을 고려할 때 주요 교역대상국들이 주요 쟁점에 대해 신축적인 입장을 취할 것으로 기대하기는 어려울 것으로 보이는바, 첫 번째 시나리오(DDA 협상 돌파구 마련 실패+TPA 연장 실패)가 가장 현실적인 것으로 보인다. 이 경우 최선의 협상전략은 TPA 기간 내에 협상을 마무리할 수 있도록 우리의 역량을 집중하는 것이다. 한·미 FTA 추진에 반대하는 입장에서는 DDA 협상 잠정중단이 한·미 FTA 협상을 가속화할 수 있고, 양자 간 협상에서 경제규모가 작은 국가가

손해를 볼 것이라는 이유로 우려하는 목소리가 있다. 그러나 위에서 설명한 바와 같이 TPA 연장이 사실상 어려울 경우 TPA 기간 내에 협상을 만료해야 한다는 압박은 미국이 한국보다 더 많이 받을 수 있고, 이를 잘 활용하면 우리가 반드시 지켜야 하는 부분을 지켜 내면서도 미국측으로부터 더 많은 양보를 얻어 낼 수 있다. 또한 TPA 기간이 연장되지 않으면서 한·미 FTA를 마무리하게 하면 TPA가 부여될 때까지 상당한 기간 동안 세계최대시장인 미국 시장에 대한 선점권을 가질 수 있다는 장점이 있다. 아울러 한·미 FTA의 성공적인 추진은 향후 EU, 중국, 일본, 러시아, 남미공동시장 등 주요국과의 FTA 추진시에도 유리한 입장에서 협상할 수 있는 여건을 조성하여 DDA 협상에 돌파구가 마련되지 않더라도 안정적으로 수출시장을 확보할 수 있는 중요 계기로 작용할 것이다. 또한 TPA가 기간이 연장되는 경우에도 DDA 협상 등 중요 협상을 마무리할 수 있는 단기간에 그칠 가능성이 큰바, 동 기간 내에 협상을 성공적으로 마무리하기 위해서는 TPA 기간 내에 양국이 협상쟁점에 대한 합의점을 찾는 노력을 집중적으로 할 필요가 있다.

우리 정부가 미국의 처한 입장을 효과적으로 활용하여 TPA 기한 내에 협상을 마무리하기 위해 역량을 집중한다는 것은 TPA 시한 때문에 협상과정에서 우리가 반드시 지켜야 할 부분을 양보하거나, 양국의 이익이 균형되지 않은 미국에 일방적으로 유리한 협상안을 수용하겠다는 것은 절대 아니다. 우리 정부는 어떠한 경우에도 협상시한 때문에 이익의 균형이 이루어지지 않는 협상안을 수용하지는 않을 것이며, 끝까지 우리의 이익을 관철할 수 있도록 최선의 노력을 다할 것이다.

끝으로, 협상역량을 강화하기 위해 우리가 해야 하는 가장 중요한 일은 지난 8월 한·미 FTA 국내대응 지원을 위해 설치된 한·미 FTA 체결지원위원회와 국회 한·미 FTA 특위활동 등을 통해 한·미 FTA에 대한 국내적 합의를 도출해 내고, 이를 바탕으로 대외협상에 역량을 집중하여 양국 간 이익이 균형된 협상결과를 도출해 내는 것이다. 특히, 국내협상과정에서 중요한 것은 한·미 FTA에 반대입장을 가진 단체들의 주장을 협상에서 활용하려는 방안을 찾도록 할 필요가 있다. 이렇게 될 경우 현재 대외협상과 대내협상으로 갈라져 있는 협상역량이 국내적 지지를 받으면서 국내협상에 집중할 수 있어 협상력이 배가되고, 이는 결과적으로 좀더 나은 협상결과를 도출하는 데 기여할 수 있을 것이다.

이 홍 식

제3장

한·미 FTA 기대이익

1 찬반 핵심 논쟁

한·미 FTA라는 이슈가 우리 사회 전반에 큰 파장을 불러일으키고 있다. 그를 둘러싼 찬반논란이 가열되면서 자칫 국론분열로 이어질 소지마저 나타나고 있다. 이 시점에서 왜 우리는 한·미 FTA가 필요하며, 우리에게 과연 약인지, 독인지 차분히 따져 볼 필요가 있다.

한·미 FTA의 비판론자들은 NAFTA 이후 멕시코와 캐나다 경제를 가장 많이 인용하고 있다. 그렇다면 과연 NAFTA 이후 캐나다와 멕시코 경제가 어떻게 변하였는지를 보다 자세히 살펴보자. 먼저 캐나다의 경우 NAFTA 이후 저생산성 제조업에서 고생산성 제조업으로 자원이 재분배되는 효과를 가져왔으며, 양국 간 관세인하는 생산 및 비생산 노동자 간 소득불균형을 해소하는 데에도 크게 기여하였다. 멕시코의 경우 미친 영향에 대해서는 긍정적으로 보는 시각과 부정적으로 보는 시각이 상존하고 있는 것이 사실이다. 긍정론은 교역(수출)과 외국인 직접투자의 증대를 강조하는 반면, 부정론은 저조한 경제성장률과 노동시장의 양극화 현상을 강조하고 있다. 동일한 결과에 대하여 평가가 엇갈리는 것은 멕시코 경제에 영향을 미친 여러 변수를 배제한 순수한 NAFTA 효과만을 측정하는 것이 사실상 불가능하기 때문이다.

그러나 NAFTA 발효 후 10년간 관세감축 등의 영향으로 멕·미 간 상품교역은 약 186% 증대하였으며, 특히 수출증가율이 수입증가율을 상회하여 대미 무역수지가 적자에서 흑자로 전환되었다. 아울러 NAFTA 발효 후 외국인 직접투자가 연간 120억~160억 달러규모로 유입됨으로써 중남미 제1위의 FDI 유치국으로 부상하였다.

미국과의 FTA를 부정적으로 보는 시각에서 자주 인용되고 있는 NAFTA 이후 멕시코의 저조한 경제성장률도 좀더 자세히 살펴보면 1994년 페소화의 위기에 기인하는 것이지 NAFTA 때문이 아님을 알 수 있다. 즉, 페소화 위기는 1994년 당시의 정치불안, 경직적 환율정책, 미국의 이자율 상승 등에 따라 외국자본이 이탈하면서 발생한 것으로 NAFTA와는 무관한 것이다.

비판론자들이 주장하듯 멕시코가 NAFTA에 편입된 이후 양극화가 심화되었다는 주장 또한 조금만 더 깊이 있게 살펴보면, 근로자간 소득격차는 NAFTA 때문이 아니라 숙련공 수요증가와 기존 무역장벽의 보호를 받던 비효율적인 기업들이 임금수준을 합리화하는 과정에서 발생한 것이며, 지역 간 임금격차는 외국시장 및 자본에 대한 접근용이성 정도에 기인한 것임을 알 수 있다. 즉, 수출과 외국인 직접투자 등 해외시장에 대한 접근이 용이한 지역일수록 근로자의 임금인상폭이 상대적으로 크게 나타남으로써 일어난 결과인 것이다.

이 밖에도 비판론자들은 우리 나라와 미국이 FTA를 체결하면 미국의 서비스산업 경쟁력이 높기 때문에 우리의 서비스산업이 모두 망할 것이라는 주장을 하고 있다. 그러나 서비스분야는 상대적으로 생산성이 높다고 하더라도 서비스의 질은 국가마다 상이한 문화에 따라서 반영된다. 〈표 3-1〉에 나타나 있듯이 미국이 세계에서 경제발전단계가 가장 고도화된 국가이며, 그로 인해 국민경제에서 서비스산업이 차지하는 비중(GDP 기준)이 75%를 넘고(World Bank, World Development Indicators 2005), 서비스산업의 생산성도 한국에 비해 상대적으로 매우 높은 수준을 보이고 있다 할지라도 그 특성상 서비스산업의 생산성이 낮은 국가로 진출하여 현지시장을 당장 장악하기는 어렵다. 그리고 경험적으로 경쟁력 있는 외국기업의 국내진출에 대항하여 국내기업이 영업형태, 노하우 등으로 격차해소를 빠르게 해소해 왔다. 그로 인해 오히려 경쟁과정에서 우리 기업의 경쟁력이 향상될 가능성

표 3-1 | 서비스분야별 노동생산성 비교(2000년, 구매력평가 기준)

(단위: 한국=100)

	전기·가스·수도	건설업	도·소매, 음식·숙박업	운수·창고, 통신업	금융·보험, 부동산업	기타 서비스업
한 국	100.0	100.0	100.0	100.0	100.0	100.0
미 국	89.1	147.9	371.3	186.5	176.9	167.3
일 본	73.7	109.2	264.6	127.8	336.7	184.3
프랑스	66.0	100.0	300.3	152.8	159.2	155.1
독 일	44.3	124.6	195.0	138.9	165.3	156.1

자료: OECD(2002) 및 한국생산성본부(2003).

이 더 크다. 또한 한·미 FTA 서비스분야 협상의 주된 대상은 상업적 주재와 자연인의 이동이기 때문에 미국으로부터의 투자가 확대되어 서비스산업의 총산출과 고용이 늘어나고, 국내전문인력의 미국 진출이 증가하는 등 긍정적인 효과가 발생하게 될 것이다.

이와 같이 FTA에 반대하는 주장의 대부분은 자신의 또는 자신이 속한 집단의 단기적인 이익만을 극대화하기 위해 허구나 과장 또는 오해에 기초한 그릇된 논리를 사용하고 있다. 한·미 FTA를 통한 경제적 실익은 거의 아무것도 없으며, 오히려 양극화를 유발하거나 악화시킨다는 주장은 정확한 자료에 근거하지 못하고 역사적·경험적 사실과도 부합되지 않는다는 것을 알 수 있다.

우리는 현실 곳곳에서 개방이 경제성장에 미치는 긍정적 영향을 목도하여 왔다. 번영을 구가하였던 중세 유럽의 도시들은 예외 없이 세계로 향해 열린 도시(free port)였으며, 세계무대에 적극적으로 뛰어들었던 동아시아 경제가 인류 역사상 유례 없는 고성장을 이루는 동안 수입대체정책을 추구하며 문을 닫아걸었던 중남미 경제는 저성장과 빈곤의 악순환에서 벗어나지 못하였다. 같은 아시아권에서도 개방도가 가장 높았던 싱가포르와 홍콩의 경제발전이 상대적으로 개방도

표 3-2 | 우리 나라의 산업별 성장률 추이

(단위: %)

구 분	1990년대[1)]	금융위기 (1998년)	2000년대[2)]	2001년	2002년	2003년	2004년	2005년
국내총생산	7.7 (100.0)	−6.9 (100.0)	5.2 (100.0)	3.8 (100.0)	7.0 (100.0)	3.1 (100.0)	4.7 (100.0)	4.0 (100.0)
농림어업	1.9 (6.8)	−6.4 (5.1)	0.4 (4.1)	1.1 (4.5)	−3.5 (4.1)	−5.3 (3.8)	9.2 (3.8)	−0.1 (3.3)
제조업	9.3 (27.1)	−7.9 (27.3)	8.4 (27.9)	2.2 (27.6)	7.6 (25.9)	5.5 (26.4)	11.1 (28.6)	7.0 (28.4)
전기·가스·수도	10.7 (2.1)	−0.3 (2.3)	7.8 (2.6)	7.2 (2.7)	7.7 (2.6)	4.7 (2.7)	6.6 (2.4)	8.0 (2.4)
건설업	7.3 (11.6)	−10.0 (10.6)	2.6 (9.0)	5.5 (8.6)	2.8 (8.6)	8.6 (9.6)	1.8 (9.3)	0.1 (9.2)
서비스업	7.1 (51.7)	−3.9 (54.2)	4.2 (56.2)	4.8 (56.3)	7.8 (57.5)	1.6 (57.2)	1.9 (55.6)	3.0 (56.3)

주: ( ) 안은 총GDP 대비 각 산업의 비중(명목 기준).
1) 1990 ~ 1999년(IMF 금융위기를 겪었던 1998년은 제외).
2) 2000 ~ 2005년.
자료: 한국은행.

가 낮았던 인도나 필리핀보다 더욱 눈부셨던 것 또한 주목할 필요가 있다. 소득의 양극화 현상 또한 싱가포르나 홍콩보다는 중남미나 인도 등에서 더 심각한 문제로 대두되고 있음을 잘 알고 있다.

한·미 FTA는 한국전쟁 이후 일본과 더불어 세계에서 유례가 드문 고속성장을 이룬 한국 경제에 재도약할 수 있는 계기를 제공할 것으로 기대된다. 과거 한국은 1980년대 말까지 정부 주도하에서 성장과 효율을 중시하는 불균형성장방식으로 제조업에서 획기적인 성공을 거두었고, 보호무역하의 수출주도형 공업화를 이룩하였다. 하지만 1990년대 7.7%였던 연평균성장률이 2000년대 전반기 5.2%로 감소하는 등, 지식기반 서비스 육성을 통한 신성장동력 산업발전, 서비스산업 육성,

제도와 관행의 선진화가 절실하게 된 상황이다.

근본적으로 한국 경제의 새로운 성장동력을 발굴하기 위해서는 적극적 개방을 통해 수출시장의 확대를 꾀해야 하고, 기업하기 좋은 환경을 지속적으로 조성하여 국내시장에 FDI 유입 등 외국기업의 참여를 보장함으로써 단기적으로는 고용창출의 효과를, 그리고 장기적으로는 국내기업의 경쟁력 제고의 기회를 만들어 한국 경제에 활력을 불어넣어야 한다.

영국의 경우를 살펴보면, 복지국가 완성 후 경제활력이 떨어졌으나 1980년대 이후 광범위한 개혁과 개방정책을 단행하였다. 이에 따른 시장친화적 경제정책의 시행과 시장자유도의 획기적 증대를 통해 1993년 이후 최근까지 영국 경제는 전후 최대의 긴 호황기 속에서 연평균 2.95%씩 경제가 성장하여, 유럽 대륙 국가들보다 훨씬 높은 성장세를 유지하고 있다.[1] 룩셈부르크와 아일랜드도 적극적인 개혁과 개방을 통하여 위기를 극복하고 현재 세계최고수준의 국민소득을 누리고 있다.

한국은 외환위기 이후에 대외개방과 대내개혁 양면에 결쳐 커다란 진전이 있었지만, 개방·개혁은 중단되지 않고 연속되어야 소기의 성과를 거둘 수 있다. 다자체제와 더불어 대외개방의 양대 축인 FTA를 보면 칠레를 시작으로 하여 싱가포르, EFTA[2] 등과 FTA를 체결하였고, 일본과는 이미 협상을 출범시켰으며, 현재 ASEAN, 인도, 캐나다 등과 FTA 협상을 진행중이고 EU와의 협상도 가시권 내에 들어와 있는 것으로 보인다.[3] 따라서 주요 교역상대국 중에서는 미국과 중국

[1] Fraser 연구소(2001)에 따르면, 영국의 경제자유도 지수는 OECD 국가 중에서 지속적으로 상승하였다. 19위(1970년), 15위(1980년)에 이어 2위(1999년)에 이르고 있으며, 경제구조와 시장의 활용도는 13위(1980년)에서 3위(1999년), 법률적 구조와 지식재산권 보호는 14위(1980)에서 1위(1999), 자본과 금융시장 자유도는 7위(1980)에서 1위(1999)로 상승하였다.

[2] 스위스, 리히텐슈타인, 노르웨이, 아이슬란드로 구성된다.

[3] ASEAN과는 상품부문 협상은 타결되었고 서비스와 투자부문 협상이 진행중이다.

만이 남아 있었으며, 이 중 미국이 먼저 FTA 상대국으로 선정되었다.

2 한·미 FTA 기대효과

우리 경제는 대외경제규모가 국내총생산(GDP)의 70% 이상을 차지하고 있는 명실상부한 통상국가이다. 세계경제가 WTO 등 다자무역체제와 FTA 등 양자 간 협상을 통해 끊임없이 개방과 개혁을 추진하고 있는 상황에서, 우리도 FTA를 통해 수출시장을 안정적으로 확보하고 경제시스템을 전반적으로 업그레이드하지 않으면 선진국으로 도약하는 데 한계가 있을 뿐만 아니라 생존 자체도 점점 더 어려워질 수 있다. 특히, DDA 협상의 결렬이 선언된 상태에서 FTA의 적극적인 추진이 필수적이다. 이러한 관점에서 한·미 FTA의 기대효과를 정성적으로 살펴보면 다음과 같다.

2.1. 수출시장의 안정적인 확보

한·미 FTA가 현시점에서 필요한 이유는 이를 통해 대외의존도가 높은 우리의 수출시장을 안정적으로 확보해야 할 필요성이 증가하고 있기 때문이다. 지난 2005년 기준, 우리 나라의 총수출에서 대미 수출이 차지하는 비중은 약 15%로 미국은 우리 나라 제2위의 수출대상국이지만 우리 나라 기업들이 제3국에 진출하여 생산한 제품들의 상당 부분이 미국으로 수출되고 있기에 미국은 가장 중요한 우리의 수출대상국이다.

표 3-3 | 우리 나라의 주요 수출국별 수출비중 추이

(단위: %)

순위	수출국	1999년	2000년	2001년	2002년	2003년	2004년	2005년
1	중국	9.52	10.71	12.09	14.62	18.11	19.60	21.8
2	미국	20.51	21.83	20.75	20.18	17.66	16.88	14.5
3	일본	11.04	11.88	10.97	9.32	8.91	8.55	8.4
4	홍콩	6.30	6.22	6.28	6.24	7.56	7.14	5.5
5	대만	4.42	4.66	3.88	4.08	3.63	3.88	3.8

자료: 한국무역협회, KOTIS.

표 3-4 | 미국의 국별 수입현황(2005년 기준)

(단위: 백만 달러, %)

순위	국가명	수입금액	전년 대비 증가율	수입시장 점유율
총 계		1,670,940.4	13.7	100
1	캐나다	287,870.2	12.5	17.2
2	중 국	243,462.3	23.8	14.6
3	멕시코	170,197.9	9.2	10.2
4	일 본	138,091.2	6.6	8.3
5	독 일	84,812.5	9.8	5.1
6	영 국	51,063.4	10.0	3.1
7	한 국	43,779.5	−5.2	2.6
8	대 만	34,838.0	0.6	2.1

자료: 한국무역협회, KOTIS.

특히, 미국은 세계최대의 내수시장을 보유하고 있고 세계각국들이 미국 시장점유를 위해 치열한 경쟁을 치르고 있으며, 일본 및 대만 등이 미국과 먼저 FTA를 체결하게 될 경우 경쟁관계에 있는 우리나라 상품의 미국 시장 점유는 크게 하락할 것으로 예상된다. 더욱이 최근 미국 시장에서 우리의 시장점유율은 계속 하락하고 있고, 특히 2005년 들어 대미 수출이 경쟁국과는 달리 감소세로 반전된 상황이다. 이런 상황에서 미국과의 FTA 체결은 우리 기업들의 주요 경쟁국보다 미국 시장을 안정적으로 선점할 수 있는 기반마련을 위해 필요하다.

2.2. 외교 및 안보관계 강화

한·미 FTA는 정치·안보적인 측면에서 한·미 양국 간 외교·안보관계를 더욱 강화시켜 한반도의 평화와 동북아의 질서유지에 긍정적인 영향을 미칠 것으로 예상된다. 미국이 일본을 중심으로 한 동북아 동맹전략을 추진하고 있는 가운데, 한국은 한·미 FTA를 통해서 미국의 정치·경제적 파트너로서의 위상을 확보할 수 있고, 미국의 한국에 대한 직접투자가 증대될수록 한국에 대한 안보의지가 강화로 한국의 대외신인도를 개선시킬 수 있는 작용을 할 것이다.

2.3. 외국인 직접투자의 확대

한·미 FTA의 기대효과로 외국인 직접투자의 확대를 들 수 있다. 역내국가로부터의 FDI 중 수평적 FDI는 한·미 FTA를 통해 관세가 철폐되어 거래비용이 낮아지면 수출이 FDI에 비해 상대적으로 유리해지기 때문에 역내국가로부터 수평적 FDI가 증가할 가능성은 줄어들게 된다. 그러나 수직적 FDI는 생산비용을 절감하기 위해 생산단계별로 생산기지를 다른 국가에 두는 것이며, 수직적 FDI를 통해 생산된 제품은 본국으로 재수입되기 때문에 무역과는 보완관계에 있다. NAFTA 형성 이후 멕시코 국경지역에 낮은 임금으로 비용절감을 위한 미국으로부터 FDI가 대량유입된 것은 대부분 수직적 FDI로 볼 수 있다.[4] 따라서 한·미 FTA가 체결되면 관세철폐에 따른 기회비용 감소로 미국으로부터의 수직적 FDI가 증가할 가능성이 높아진다.

역외국가로부터의 FDI의 경우, FTA의 체결로 양국은 관세가 없는 단일시장을 형성하게 되고, 이는 결국 시장규모가 확대되는 것을 의미하게 된다. 역외국가의 입장에서 볼 때, 역내국가로 생산기지를 이전하면 관세철폐의 혜택을 누릴 수 있으므로 역외국가로부터의 수평적 FDI는 증가한다.[5] 따라서 한·미 FTA가 체결될 경우 역외국가이며 한국과 가까운 거리에 있는 일본으로부터 수평적 FDI가 상당히 늘어날 것으로 예상된다. 역외국가로부터의 수직적 FDI의 경우 한·미 FTA가 체결될 경우, 일본에서 미국으로 부품을 비롯한 중간재를 수출하는 기업의 입장에서는 한국에 투자하는 것이 관세를 절감할 수 있기 때문에 유리할 수 있다.

한·미 FTA가 체결되면 양국 간 비상업적 위험으로부터 투자자를 보호하는 법적 장치가 마련됨으로써 미국으로부터의 외국인 직접투자의 증가를 기대할 수 있다. 또한 한·미 FTA를 통한 자유화의 진전을 통한 외국인투자의 증대부분 이외에 이 협정을 통한 외국인투자자들의 한국에 대한 대외신인도 제고에 따른 투자증가부문도 기대할 수 있다.

한편 한·미 FTA 체결시 이를 계기로 내부적으로 정부가 외국인투자자에 의한 분쟁제기 가능성을 충분히 고려하여 외국인투자자의 불만사항 등을 선제적으로 신속하게 해결하는 노력을 배가할 가능성이 높아져서, 우리의 아직 상당 부분 존재하는 투명하지 못한 관행 등이 FTA를 통해 간접적으로 개선될 수 있으며, 이는 곧 외국인투자

---

[4] 멕시코의 경우, 지난 1994년 NAFTA의 발효 이전인 1984~1993년 기간 동안 연평균 27억 달러에 불과하였던 미국으로부터의 직접투자가 NAFTA 발효 이후 1994~2002년 기간 동안 연평균 132억 달러로 크게 증가하였다.

[5] 여기서 역외국가로부터의 수평적、FDI가 증가할 수 있는 가장 이상적인 조건은 FTA를 체결하는 국가가 인접해 있는 경우로, 인접한 국가끼리 FTA를 체결할 경우 역외국가가 어느 한 국가에 FDI를 통해 제품을 생산하면 양국의 시장에 제품을 공급할 때 관세 이외에 운송비용도 함께 절감할 수 있기 때문이다.

의 증대로 이어질 수 있다.

2.4. 서비스산업의 육성

우리 나라는 지난 40여 년간의 경제개발과정에서 수출주도형 경제발전전략을 채택하여, 제조업 발전에 초점을 맞추어 왔으나 임금이 싼 후발개도국에 이전되면서 국내의 저임금에 기초한 공산품의 국제경쟁력이 현저히 감소하고 있다.

한국이 현재 목표로 하고 있는 국민소득 2만 달러에서 이것은 4인 가족을 기준으로 하면 가구당 소득이 연 8,000만 원은 되어야 한다는 의미이다. 이를 위해서는 가격경쟁이 치열한 제조업보다는 이 정도의 급여를 지급하고도 국제경쟁력을 갖출 수 있는 IT 같은 고부가가치 제조업종이나 금융, 통신 및 지식기반 서비스 등 고부가가치 서비스업의 육성이 절실히 요구된다.[6]

그러나 한국의 대부분의 서비스분야는 일본, 미국 및 EU 등 주요 국가들에 비해 생산성이 떨어지는 것으로 나타나고 있다. 이는 결국 서비스를 중간재로 사용하는 제조업 및 여타 산업의 생산성과 효율성에도 부정적인 영향을 주어 국민경제 발전의 저해요소가 되고 있다. 따라서 향후 경제구조의 고도화 과정에서 서비스산업의 육성이 불가피하며, 국가경제의 발전을 위해 서비스분야의 생산성 향상은 매우 중요한 과제가 되고 있다.

또한 앞으로 제조업과 콜센터나 데이터 입력 등 단순한 서비스의 역외조달뿐만 아니라 회계, 컨설팅, 법률 지원, 엔지니어링, 설계, 소프트웨어 등 지식기반 서비스의 역외조달까지 포함할 것이라는 전망이 많다.[7] 이런 세계적 서비스의 역외조달 흐름에서 우리가 어떻게

[6] 지식기반 서비스는 경영컨설팅, 엔지니어링, 광고, 디자인, 마케팅 등 지식을 기반으로 하는 서비스를 칭한다.

[7] Bardhan and Kroll(2003) 참고.

자리매김하느냐에 따라 우리 경제의 미래가 결정될 것이다. 제조업에 이어 서비스업까지 중국과 인도 등지에 뒤처지게 된다면 우리 경제의 앞날은 매우 어둡다고 할 것이다.

이에 한·미 FTA는 서비스산업의 경쟁요소 도입과 그를 통한 경쟁력 확보를 도모함으로써 경제구조의 고도화와 신성장동력 확보 및 지식기반 경제로의 이행을 앞당길 수 있을 것이다. 유통서비스 시장개방의 경험에서 볼 수 있듯이 시장개방은 경쟁촉진 및 기술이전 등을 통해 국내서비스분야의 생산성 향상 및 경쟁력 강화의 계기가 될 수 있다.

또한 한·미 FTA를 통한 시장과 경쟁의 확대는 현재 국내에서 빠르게 성장하고 있는 통신, 금융, 방송(케이블), 운수서비스 등 규모의 경제 특징을 가지고 있어서 자연독점의 위험을 항상 내재하고 있는 서비스시장에서 독점의 피해를 적절한 수준의 개방을 통해 국내시장에 경쟁요인을 유지하고 동시에 시장확대를 꾀할 수 있다.

마지막으로 한·미 FTA를 통한 FDI의 활성화는 한국 내에서 대부분 기업 내에서만 제공되고 있는 지식기반 서비스가 국내에 진출하는 해외기업들에 의해 소비될 가능성을 증진하여 궁극적으로 지식기반 서비스를 발전시킬 것이다.

2.5. 후속 FTA 협상에서 협상력 증진

한·미 FTA는 현재 진행되고 있는 동아시아의 FTA 움직임에서 연결고리 역할을 할 수 있을 것으로 기대된다. 한·미 FTA를 활용함으로써 중국 및 일본과의 FTA를 촉진하고 이 국가들과의 협상과정에서 한·미 FTA를 지렛대로 활용할 수 있다는 것이다. 또한 이와 같은 FTA 네트워크 구축 및 글로벌 스탠더드의 구비로 우리 나라가 명실상부하게 '동아시아 비즈니스 허브'로 자리매김하게 될 수 있다.

실제로 선점효과로서 미국과 FTA 협상개시 선언 이후 EU 및 중국이 한국과의 FTA를 원하고 있고, 농축산물시장의 잠식을 우려한 호주와 뉴질랜드가 한국과의 FTA에 관심을 보이기 시작하였다. 그리고 미국과의 FTA 협상을 통한 지식축적은 앞으로 이어질 일본, 중국, EU 등과의 FTA 협상에 훌륭한 가이드라인이 될 것이다.

2.6. 한·미 FTA의 문제점

물론 위에서 언급된 한·미 FTA의 긍정적인 효과는 우리가 어떻게 준비하느냐에 달려 있다. 우리의 준비가 미흡하고 소홀할 경우 부정적인 영향이 나타날 수도 있다. 부정적인 영향 중 가장 많이 언급되는 문제가 한국 농업에 대한 영향이다. 비록 우리의 기본적인 협상 전략은 쌀을 포함한 많은 부분의 농산물을 민감품목으로 선정하여 협상대상에서 제외한다든지 혹은 장기간의 유예기간을 설정하겠지만, 대부분의 농산물에서 미국이 비교우위를 차지하고 있는 현실에서 단기적으로 우리의 농업부분에서 어느 정도의 타격은 불가피해 보인다.

한·미 FTA를 통해서 우리는 서비스산업의 경쟁력 제고를 기대하고 있으나 우리의 개방에 대한 준비와 대내개혁이 제대로 따르지 못할 경우 경제효과가 기대보다 작을 수 있다. 정부는 서비스산업 발전 전략을 차질 없이 추진하도록 해야 할 것이다.

지식재산권문제 또한 미국이 월등한 우의를 가지고 있는 부분으로 미국의 중요한 FTA 정책 중 하나이다. 지난 제2차 FTA 협상에서 미국은 우리 나라 복지부의 의약품 보험적용에 대한 포지티브 시스템에 매우 민감하게 반응하고 반대를 천명해 왔다. 비록 이는 한국 정부의 정책적 영역이기 때문에 미국의 요구가 그대로 수용될 가능성은 높지 않지만, 미국 내 제약회사들의 영향력을 감안한다면 우리측의 많은 양보를 강하게 요구할 가능성이 크다.[8]

[8] 미국 내 지난 2004년에서 처방약의 약값에 대한 논쟁이 대단히 뜨거웠다. 지나치게 높은 미국의 약값에 노인층을 위시한 유권자들이 캐나다의 복제약 수입에 대한

우리 나라는 1997년 외환위기 이후 상당한 정도 금융시장을 개방해 왔기 때문에 추가적인 금융개방에 따른 문제는 크지 않을 것으로 보인다. 그러나 외국자본이 기업금융보다 안정적인 소매금융에 치중할 가능성, 적대적 M&A의 증가, 소비자 피해발생 등은 신중히 접근해야 할 문제들이다.

한편 제조업의 경우 한·미 FTA 타결 이후 비교우위산업에만 특화할 경우 향후 성장가능 산업의 발전잠재력을 훼손할 가능성이 제기되고 있다. 예를 들어, 지금 현재 대미 경쟁력이 취약한 정밀화학 및 정밀기계 등은 수입품 증가로 어려움에 처할 수도 있다.[9]

3 소 결 론

한·미 FTA는 한국 경제 전반에 걸쳐 개방의 폭을 확대할 것이다. 그러나 한국의 외환위기에서 볼 수 있듯이 준비가 안 된 개방은 예상치 못한 커다란 피해를 낳을 수 있다. 또 전술한 바와 같이 FTA로 인한 개방 그 자체가 경제발전을 보장해 주는 것도 아니다. 개방이라는 기회의 확대가 대내구조 개혁과 미래의 산업발전 비전과 연계되어 국민적 합의를 바탕으로 얼마만큼 지속적으로 추진되는가에 따라 궁극적으로 개방의 성과는 가시화될 것이다. 우리는 이 두 가지에

강한 요구를 했으나, 아직 자유로운 수입은 제한되어 있다. 민주당쪽에서는 이는 거대 제약회사의 미 행정부에 대한 로비력 때문에 생기는 문제라고 주장해 오고 있다.

[9] 이홍식·이경희(2006).

초점을 맞추어 한·미 FTA를 대비해 나가야 할 것이다.

개방의 피해를 최소화하기 위해서는 우선 개방의 폭을 잘 조절하여야 할 것이다. 그러나 여기서 주의할 점은 민감품목이 많고 유보를 많이 할수록 잘 된 FTA 협상은 아니라는 점이다. FTA는 기본적으로 개방해서 시장을 확대하고 경쟁력을 높이기 위해서 하는 것이다. 또한 민감한 분야에 대해서 협상을 통하여 예외를 인정받으려면 다른 분야에서 상대국에 양보해야 한다는 협상의 원칙도 명심해야 할 것이다.

최근 미국과 FTA를 체결한 칠레(2002년 타결), 싱가포르(2003년 타결), 호주(2004년 타결)의 경우를 분석해 보면, 제조업뿐만 아니라 서비스업에서도 높은 개방수준을 포함한 FTA를 체결한 것을 알 수 있다. 미·칠레 FTA의 경우, FTA 체결 이전 미국과 칠레의 평균관세 수준이 각각 1.5%와 6%로 낮은 수준이어서 상품시장보다는 서비스시장 개방에 협상의 초점이 집중되어 있었다. 미·칠레 FTA에서 서비스 협정은 폭넓은 개방을 추구하는 네거티브 리스트(negative list) 접근방식으로 채택되었고, 금융과 통신 등 주요 서비스부문이 개방되었다. 또한 미·칠레 FTA는 서비스무역을 촉진시키기 위해 매년 칠레 기업인 1,400명의 미국 임시입국(temporary entry)을 보장하였다.

싱가포르도 미국과 서비스부문의 FTA는 네거티브 리스트 시스템을 채택하여 폭넓은 개방을 추구하였다. 이 서비스협상에서는 금융·법률 서비스 및 인력이동이 쟁점이었다. 금융서비스의 경우 미국과의 FTA에서 소매은행부문의 규제를 완화하여 발효한 후 18개월 내에 신규 은행인가에 대한 규제가 철폐되고, 미국 보험회사 자회사, 지점 또는 합작회사 설립이 보장되었다. 법률서비스의 경우 미국 로펌이 싱가포르 로펌과 합작회사를 설립하여 싱가포르에서 법률서비스를 제공하는 것이 제한된 범위에서 허용되었고, 인력이동의 경우 매년 싱가포르 기업인 5,400명의 미국 임시입국(90일)이 허용되었다. 제조업부문의 경우 미국의 모든 수입품에 대한 즉시 관세철폐와 글로벌 소싱의 효율성과 유연성을 제고하기 위한 ISI(Integrated Sourcing Initiative)

제도가 도입되었다.[10]

호주의 경우 설탕산업이 FTA 협상에서 제외되었고, 대미 수출의 38%(16억 달러)를 차지하는 호주의 주력수출품인 쇠고기의 대미 수출이 18년간의 관세철폐 이행기간으로 묶여 미국이 평소에 주장하는 예외 없는 전면개방이라는 원칙에서 벗어난 FTA를 체결하였다. 그러나 서비스업의 경우 네거티브시스템으로 체결되어 전 부문에 걸친 개방이 촉진되었으나, 호주의 공중파 방송쿼터는 55%로 유지되었다. 인력이동의 경우 미·호주 FTA에는 포함되어 있지 않지만, 호주는 2005년 별도의 협상을 통해 연간 1만 500명의 E-3 비자쿼터를 미 의회로부터 얻어 내었다.

한·미 FTA의 경우도 미국이 체결한 다른 FTA와 마찬가지로 서비스시장에 대해 폭넓은 개방이 이루어질 것으로 전망된다. 국내에서는 이에 관련하여 특히 교육·의료 등 공공서비스를 포함한 서비스산업 전반의 붕괴를 염려하고 있으나 이미 우리 서비스시장의 많은 부분은 이미 개방되어 있다. 예를 들어, 컨설팅, 디자인 등 사업서비스의 경우 이미 국내에 해외업체 진출의 장애가 없는 실정이다. 또한 공공서비스의 경우 국내시장에 대한 미국의 이해관계가 적은 관계로 미국이 우리 나라에 강력하게 개방을 요청하지 않는 상황이지만 우리 스스로 개혁을 통한 발전을 도모해야 할 것이다.

최근 미국과 FTA를 체결한 국가들의 사례분석에서 얻을 수 있는 또 다른 중요한 시사점은, 각국은 미국과의 FTA 체결 전에 이미 미국과의 FTA를 수단으로 개혁·개방을 가속화하고, 이를 미래 국가발전전략의 도구로 삼았다는 점이다. 싱가포르는 1998년 '산업 21', 2003년 초 '비전 2018' 등 경제개발의 청사진을 준비하고 개방과 개혁을 통해 싱가포르 경제의 경쟁력을 제고하려는 전략을 적극 추진하였다.

10 ISI란 특정 IT제품과 의학기기(주로 WTO/ITA 무관세 품목)제품이 싱가포르를 경유하여 미국으로 수출되는 경우, 이를 원산지 제품으로 인정하여 특혜를 제공하기로 하는 제도이다.

FTA 발효(2004년) 이후에는 경제구조의 고도화 및 금융산업 발전 촉진 및 지원제도를 강화해 미·싱가포르 FTA의 효과를 극대화하려는 노력을 기울이고 있다. 칠레는 미국과의 FTA 체결 전에 민간부문과 공동으로 마련한 구조개혁정책(경제성장 촉진 어젠다: Pro-Growth Agenda)을 지속적으로 추진하면서, 미·칠레 FTA를 성장전략의 수단으로 활용하였다. 또한 시장개방에 대한 확고한 국민적 합의가 미국과의 FTA 협상개시 전에 마련되어서 미국과의 FTA에 대응한 특별한 대책요구가 크지 않았다. 서비스협상의 경우 이미 민영화나 규제완화 등을 통해 서비스분야의 개혁을 심도 있게 추진해 왔고, 또 칠레 내에서 서비스시장 개방이 칠레에 이득이 될 것이라는 공감대가 형성되어 있었기 때문에 큰 쟁점 없이 타결될 수 있었다. 미·호주 FTA의 경우 우리가 교훈을 얻을 부분은 호주의 설탕산업 구조조정정책이다. 이미 호주는 1980년대 중반부터 어려움에 처해 있었던 설탕산업에 대한 구조조정 지원을 추진해 왔고, 미·호주 FTA 체결로 인해 새로운 수출활로가 막힌 설탕산업을 구조조정하기 위한 정책을 2004년부터 적극적이고 대규모로 수행하고 있다. 이 구조조정정책의 핵심 분야는 소득지원방안, 재교육, 사업지원컨설팅, 지역공동체 프로젝트(설탕산업 생산·소비·유통의 효율성 향상) 등에 초점이 맞추어져 있다.

한·미 FTA는 우리에게 새로운 기회를 제공할 수 있다. 우리는 이런 한·미 FTA와 동시에 국내개혁을 통해 제도의 선진화를 이루는 작업을 해야 할 것이다. 그러나 우리가 이 기회를 잘 활용할 수 있기 위해서는 산업피해와 미래위험을 최소화하기 위한 준비를 철저히 해야 할 것이다.

참고문헌

이원기 · 김봉기, 「경제개방의 확대가 생산성에 미치는 영향」, 『조사통계월보』, 한국은행, 2003.

이홍식 · 이경희, 「한·미 FTA 추진의 의의와 경제적 효과」, 『오늘의 세계경제』 제06-02호, KIEP, 2006.

산업연구원, 『한국산업의 생산성 분석』, 연구보고서 439호, 2000.

Bardhan, A. and C. Kroll, "The New Wave of Oursourcing," Research Report, Fisher Center for Real Estate and Urban Economics, University of Califonia, Berkeley, Fall 2003.

Cheong, Inkyo and Yunjong Wang, "Korea-U.S. FTA: Prospects and Analysis," Working Paper 99-03, KIEP, 1999.

Gwartney, J. and R. Lawson, *Economic Freedom of the World: 2001 Annual Report*, Fraser Institute, 2001.

이 창 우

제4장

산업현장에서 보는 FTA

1 FTA에 반대할 이유가 있는가?

도하 DDA 협상결렬과 세계 FTA 확산, 한·미 FTA 협상과 반대시위, 한·인도 FTA 협상의 시작, 중국, EU, 호주, 뉴질랜드 등의 FTA 협상요청 등 우리 경제에 FTA라는 태풍이 몰아치고 있다. WTO 발표에 의하면 2005년 세계교역의 50% 이상이 FTA 국가 간 교역으로 이루어졌다고 한다. 한 마디로 이미 세계무역의 절반 이상이 FTA 교역으로 이루어지고 있는 실정이다. 그런데 FTA 국가 간 교역은 급속도로 늘어나는 반면에 비FTA 국가 간 교역은 그만큼 줄어들고 있어서, FTA를 못하는 나라는 줄어드는 비FTA 시장에서 살아가야 한다.

세계 12위의 수출국가이면서 국가경제의 70% 이상을 해외에 의존하고 있는 우리 나라가 세계무역시장의 절반 이상을 포기하고, 더욱이 미래의 수출시장을 포기하고 비FTA 시장에서 생존한다는 것은 불가능한 일이다. 더군다나 우리 나라는 식량자급도가 30% 미만이고 에너지자급률은 5% 미만으로서 원유를 세계에서 3~4위로 많이 수입하는 식량빈국, 자원빈국이다 보니 식량과 에너지를 해외시장에서 수입하지 못하면 국가존립이 위태로워진다. 그런데 우리 땅에서 생산되는 모든 농산물이나 천연자원 등을 하나도 안 쓰고 수출해도 식량은 고사하고 기름도 못 사온다. 따라서 우리는 필연적으로 해외시장으로 나가야 살 수 있다. 문제는 그 해외시장의 절반 이상이 FTA 시장이라는 것이다.

이런 상황에서 FTA와 우리 기업은 어떤 관계가 있을까? 이 질문에 답하기 전에 기업이란 무엇인가를 먼저 살펴볼 필요가 있다. 기업은 자본, 노동, 토지, 원료, 기술 등 생산요소를 결합하여 재화나 서비스를 생산·판매하여 이윤을 남김으로써 종업원들에게는 일자리를 제공하고, 주주들에게는 이익을 배분하며, 국가에는 세금을 납부하는 경제의 가장 핵심적인 주체이다. 그런데 시대의 흐름에 따라 생산요소도 변화해 왔다. 산업과 사회가 발전함에 따라 기존 생산요소의 조달이 글로벌화되었고, 또한 지식정보화 시대가 도래함에 따라 정보와 지식도 중요한 생산요소가 되었으며, 하나로 통합되어 가고 있는 세계시장에서 정보와 지식을 독점적으로 확보하는 표준과 특허가 새로운 국제경제 플렛폼으로 자리잡게 되었다.

이와 같이 국제경제시장은 급속히 통합되면서 무한경쟁시대가 되어 가고 있는데도, 우리 기업들이 이를 외면하고 자원이 없는 국내에서만 생산요소를 조달한다는 것은 거의 불가능하다. 따라서 생존을 위해서라도 해외시장에서 생산요소를 조달해야 하며, 판매 역시 좁은 국내시장을 벗어나서 절반 이상이 FTA 시장으로 변하고 있는 해외시장에 판매해야 한다. 그러므로 우리 기업들에게 FTA는 생존과 직결되는 시장인 것이다. 사실 조선, 자동차, 반도체, 석유화학 등 대표적인 수출업종의 기업들뿐만 아니라 식당, 미장원, 세탁소 등 국내서비스업종과 건설, 목재, 농업 등 해외시장과 전혀 무관해 보이는 산업의 기업들도 그 생산요소의 많은 부분이 직·간접적으로 해외에서 조달되고 있다. 그만큼 기업들에게 FTA는 절실하다고 할 수 있는 것이다. 한국수입업협회(2006)가 조사한 결과 85%의 무역업계 CEO들이 FTA를 적극적으로 찬성하고 있다. 또한 대한상공회의소(2006)가 조사한 바에 따르면, 중소기업들도 65.2%나 FTA를 찬성하고 있는 것으로 나타난 것을 보아도 우리 기업들에게 FTA가 어떻게 비치고 있는지 알 수 있다. 기업들은 FTA를 적극 찬성하고 있다. 다만 우리 사회의 분위기상 표현을 못하고 있을 뿐이다. 그러므로 기업을 핑계삼아 FTA를 반대해서는 명분이 없다.

그런데도 최근 우리 사회 일각에서는 FTA를 무조건 반대하거나,

한·미 FTA를 반대하거나, 또는 우리만 미국과 FTA를 서둘러 추진중이니 협상을 중단하고 더 준비한 후에 다시 협상하자는 주장 등 다양한 FTA 반대 목소리들이 나오고 있다. 그러나 이러한 주장들은 실제로 무역현장의 플레이어들인 기업들 입장에서 보면 납득하기 어려운 주장들이다. 왜냐하면, 세계시장의 흐름과 너무 동떨어진 주장일 뿐만 아니라 이미 국제시장에서 검증이 끝난 가설이나, 치열한 무역현장을 무시한 가정들을 바탕으로 하고 있기 때문이다.

좀더 자세히 살펴보면, FTA를 반대하는 주장들 속에 FTA에 의한 기업들의 구체적인 피해나 반대사례에 대한 검토가 거의 없다. 이는 아마도 한·칠레 FTA가 매우 성공적이어서 피해를 본 기업이나 산업이 거의 없을 뿐만 아니라, 미국과의 FTA도 이제 시작이므로 실물경제를 통한 검증도 못한 상태에서 한·미 FTA 반대논리를 억지로 이끌어 내다보니, 거의 모든 분야에 우리 기업들은 미국 기업들의 상대가 안 된다는 식의 논리가 반대주장의 바탕이 되었기 때문일 것이다. 실제로 반대주장대로라면 한·미 FTA에서 우리 나라는 이익을 보는 분야가 거의 없는데도 세계에서 우리만 미국과 FTA를 추진하고 있는 것처럼 들린다.

그러나 심각한 것은 한·미 FTA 반대논리 속에는 의외의 사실이 내재되어 있음을 간과하고 많은 사람들이 반대논리의 감성적 접근에 동조하고 있다는 사실이다. 즉, 협상도 하기 전에 모든 부문에서 미국이 우리를 이긴다는 식의 인식하에 출발한 한·미 FTA 반대주장 속에는, 우리 경제의 현실과 국제시장의 통합화, 생산요소 조달의 글로벌화, 기업활동의 본질 등에 대한 이해가 부족한 것은 물론, 미국에 대하여는 필요 이상의 공포감을 가지고 대단하게 평가하고 있는 반면에 세계 10위권의 경제력을 가진 우리 나라와 정부, 협상단, 기업에 대해서는 불신하면서 폄하하고 있음을 알 수 있다. 왜 그럴까? 또한 우리가 강점을 가지고 미국 시장을 열기 위하여 노력하는 부분은 축소되거나 무시되고 있는 점도 문제이며, 대다수 국민들인 소비자 복리 측면도 무시되고 있는 것도 우려되는 점이다.

물론 FTA를 반대하는 의견에도 우리는 귀를 기울일 필요가 있다고 본다. 특히, 반대논리 속의 내부협상 중시, 대국민 홍보강화, 취약분야의 경쟁력 강화, 국민들의 의견수렴, 피해분야 보상 등 건설적인 부분은 적극적으로 수용하여 피해가 예상되는 산업들을 보호해야 한다. 그러나 한·미 FTA가 체결되면 약 한 봉지가 10만 원이나 되며, 미국의 51번째 주가 된다는 등의 터무니없는 선동적 주장에 대해 적극적으로 대응해야 한다. 예를 들면, 많은 국민들이 우리만 미국과 서둘러 FTA를 추진하는 것으로 오해하고 있지만 우리와 미국 시장 점유율이나 수출품목이 비슷한 경쟁국들인 태국이나 말레이시아, 대만 등이 얼마나 열심히 미국과 FTA를 추진하고 있는지를 국민들에게 보여 주어야 한다. 즉, 진정으로 FTA에 반대할 이유가 있는가? 또한 누구를 위한 FTA 반대인가? 등을 국민들이 알게 해 주어야 한다.

본장에서는 이러한 FTA 반대논리를 시장과 기업 등 산업현장에서 살펴봄으로써 대응논리를 발굴하는 한편, 반대주장의 정확한 실체를 파악하여 국민들에게 알리고자 한다. 또한 FTA가 기업들에게는 어떠한 영향을 미치며, 기업들은 이에 대해 어떠한 대비를 해야 하는지도 살펴보겠다.

2 FTA가 기업에 미치는 영향

2.1. 세계시장의 대변혁

시장통합의 가속화

오늘날 세계경제는 유례 없는 대변혁을 겪고 있다. 유가급등과 자원민족주의 대두, 도쿄의정서 발효, 유해물질사용제한지침(ROHS)[1] 등 환경문제의 세계화, WTO 주도의 DDA 협상실패로 FTA 가속화, 신흥거대경제권(BRICS), 중국·인도(Chindia)로 대변되는 신흥경제대국들의 부상 등 단기적이고 가시적인 변화뿐만 아니라 보다 장기적이고 근본적인 변화도 동시에 일어나고 있다.

일본 노무라연구소(2002)의 연구에 의하면, 산업발전은 프로덕트(상품) 혁신과 프로세스(과정) 혁신이 교대로 일어나면서 발전해 왔다고 한다. 그런데 최근에 와서 이러한 법칙이 와해되고 있다. 즉, IT와 유비쿼터스의 급속한 확산과 더불어 경제변화의 속도가 빨라지면서 프로덕트 혁신과 프로세스 혁신이 거의 동시에 일어나고 있으며, 100년 이상이나 위력을 발휘하던 20 : 80 법칙인 파레토법칙이 효력을 상실하고 있는가 하면,[2] 역시 500년이나 금과옥조처럼 여겨지던 "악화

[1] ROHS(Restriction of Hazardous Substances: 유해물질 사용제한지침)는 EU가 납, 수은, 카드뮴, 6가 크롬, 2종의 브로민계 난연제 물질 등 여섯 가지 물질이 포함된 전기·전자제품을 2006년 7월 1일부터 EU 25개국에 수입금지한 조치를 말한다.

[2] 20 : 80 법칙(파레토의 법칙)은 이탈리아 경제학자인 파레토(Vilfredo Federico Damaso Pareto)가 1906년 이탈리아 토지의 80%를 이탈리아 인구의 20%가 소유하고 있다는 사실을 알아 낸 후 80%와 20%의 상관관계는 여러 분야에서 응용되는 등 세

가 양화를 구축한다"라는 그레샴의 법칙도 역사의 뒤안길로 사라지고 있다고 한다. 이제 기업들은 기존 경제이론을 바탕으로 수립한 생존 전략을 바꾸어야 할 때가 된 것이다.

또한 21세기를 특징짓는 거대한 흐름 중 하나는 컨버전스(Convergence: 융합)라고 할 수 있다. 지금까지 관계가 없는 것으로 여겨졌던 전혀 다른 기술들이 융합하고, 산업 간 융합도 일어나는 등 기존의 경계선이 무너지면서 새로운 상품과 서비스, 비즈니스 모델, 시장 등이 창출되고 있다. 우리 나라가 최근 개발한 DMB나 Wibro 등도 컨버전스의 산물이며, 이러한 기술과 산업 간의 융합은 Digital Convergence에 의하여 이루어지고 있다. 그런데 최근에는 이 컨버전스가 공간과 시장 간에도 일어나는 등 공간융합(Space Convergence)이 급격히 확산되고 있다. 물질공간과 사이버공간이 융합하면서 나타나는 공간이 유비쿼터스 공간이며, 국경을 초월하여 시장과 시장이 통합하면서 나타나는 현상이 바로 FTA인 것이다. 즉, FTA도 21세기의 거대한 메가융합(Mega Convergence)의 일환인 것이다.

따라서 FTA라는 이 시대의 흐름, 다시 말해 시장통합의 가속화라는 이 거대한 흐름을 거스르고는 21세기에 살아 남을 수 없는 것이다. 기업들은 이러한 현상을 육감적으로 느끼고 있다. 마치 인도네시아에 쓰나미가 몰아닥칠 때 동물들이 미리 감지하고 피하듯이 치열한 생존경쟁 전쟁터인 국제경제 현장에 있는 기업들은 FTA라는 쓰나미를 동물적 감각으로 감지하고 있다. 기업들은 단기적인 세계경제 변화뿐만 아니라 장기적이고 근본적인 변화에도 적응을 못하면 도태되기 때문에 이런 기업환경 변화에 민감할 수밖에 없는 것이다.

계적으로 유명해졌으나, 최근 디지털과 유비쿼터스의 발전에 따라 초스피드로 진화하고 있는 정보통신분야에서는 100개의 벤처기업이 탄생하면 5개도 생존하지 못하는 등 20 : 80의 법칙이 통용되지 않음에 따라 5 : 95 법칙 등으로 논의되고 있다.

신흥경제강국 기업들의 도전

이러한 장·단기적 변화 이외에 최근에 와서 세계경제에 또 다른 획기적인 변화가 일어나고 있어서 우리 기업들을 긴장시키고 있다. 지금까지 살펴본 세계경제의 변혁을 이끌고 있는 주체는 사실상 미국과 유럽, 일본 등 기존 선진국들의 다국적기업들이다. 그런데 중국이나 러시아, 베네수엘라, 싱가포르 등 신흥경제강국들을 중심으로 거대국영기업들을 국가발전의 견인차로 삼는 '신국가자본주의(The New State Capitalism)'가 세계경제의 판도를 바꾸고 있는 것이다. 예를 들면, 중국의 켐차이나, 러시아의 가즈프롬, 싱가포르의 테마섹 등에서 보듯이 신흥경제강국들은 자국 내에서 독점적 지위를 부여하여 국영기업의 덩치를 키운 후 이를 바탕으로 기존 선진국 중심의 세계경제에 도전장을 던지고 있는 것이다. 국익을 위한 새로운 도전인 것이다.

또한 미국의 세계적 전략컨설팅 회사인 보스턴컨설팅그룹(2006)의 보고서에 의하면, 이와는 별도로 중국, 인도, 러시아, 브라질, 멕시코, 말레이시아 등 성장속도가 빠르면서 새롭게 부상하는 고성장개발도상국(RDE)[3] 12개국들의 100대 민간기업들이 5년 후 한국 기업들을 위협할 것이라고 한다. 그 중에는 중국 기업들이 44개, 인도 기업들이 21개나 포진하고 있는데, 이는 우리 기업들에게 심각한 위협이 아닐 수 없다.

여기서 우리는, 앞의 두 가지 세계경제 변화의 중심에 있는 신흥경제강국들 중 유가폭등으로 거부가 된 러시아를 제외한 중국, 인도, 브라질, 멕시코, 싱가포르 등 거의 모든 국가들이 FTA 선진국들이라는 점을 주목해야 한다. 이들 나라들은 기존 선진국들에 비하여 상대

---

[3] RDE(Rapidly Development Economies: 고성장개발도상국)는 미국의 세계적인 전략컨설팅회사인 보스턴컨설팅그룹이 급속하게 성장하는 12개 개발도상국들을 지칭한 말로써 인도, 중국, 멕시코, 브라질 등이 대표적인 국가들이며, 이들 국가는 능력 있는 경영진과 저비용, 저임금, 풍부한 인재를 보유하고 있는 점이 공통점이다.

적으로 취약한 자국 경제를 FTA를 통하여 과감히 개방함으로써 경제 강국으로 부상하게 된 것이다. 이와 같이 새로운 세계경제 변화의 이면에 FTA가 자리잡고 있는데도 불구하고 우리만 FTA를 거부한다면 우리 기업들은 세계시장에서 도태될 것이고, 그 결과는 우리에게 재앙이 될 것임은 불을 보듯 뻔하다. 오죽하면 세계적인 기업인 포항제철의 이구택 회장이 "졸면 죽는다"라고 했을까?

2.2. FTA가 우리 기업에게 미치는 영향

FTA는 기업의 전 가치사슬에 영향

이상과 같은 세계시장의 대변화 속에서 FTA가 우리 기업들에게 어떤 환경변화를 초래하며, 어떤 영향을 미칠까? 좀더 구체적으로 살펴보자. 이에 대해 최근 한국개발연구원(2006)은 국민경제자문회의에 올린 「최근 경제현황과 참여정부 후반기 과제」를 통하여 국제시장 통합이 경제성장을 좌우하는 주요 요인이므로, 성장잠재력을 높이기 위한 해법으로 한·미 FTA가 필요하다고 주장하였다.

즉, 경제성장을 위해서는 자본, 노동 같은 생산요소 축적과 생산성 향상이 필요한데, 국제시장 통합은 외국인 직접투자(FDI)에 따른 자본과 노동축적을 도모하는 동시에 선진 경제시스템 도입으로 경제제도 변화를 수반해 자본과 노동의 생산성을 향상시키므로, 우리는 국제시장과 통합하는 전략으로서 한·미 FTA를 추진해야 한다는 것이다. 그 사례로 멕시코는 북미자유무역협정(NAFTA) 체결로 인하여 총요소생산성이 5.5~10% 향상되어 1인당 국민총소득(GNI)이 중남미 국가들 중 가장 높은 성장을 보였다고 강조하였다.

하지만 우리 기업은 어떠한가? 비FTA 국가 기업이다 보니 국제시장에서 비싸게 생산요소를 조달해야 하고, 모든 것이 비싼 국내에서 비싸게 생산하였음에도 불구하고 판매는 싸게 해야 한다. 왜냐하면, 우리의 경쟁상대들은 이미 FTA를 체결해서 우리보다 훨씬 싼 가격으로 해외시장에 판매를 하고 있기 때문에, 그들과 경쟁하기 위해서는 더 싸게 팔 수밖에 없기 때문이다. 비싸게 사서 싸게 파는 기업이 망하는 것은 당연하다. 따라서 FTA는 우리 기업들에게 생사가 걸린 문제인 것이다.

FTA가 체결될 경우에 손해를 보는 분야의 기업들은 문을 닫으면 당장은 안심이 될지 모르겠으나 문을 닫는다고 생존이 보장될 수는 없다. 오히려 에너지, 원부자재, 소재부품 등 생산요소 조달비용 증가, 기존 시장에서의 퇴출, 관세 및 비관세 장벽으로 인한 시장접근 기회감소, 경쟁국 FTA 체결에 따른 상대적 피해 증가, 서비스, 투자, 기술획득 등 포괄적 FTA 체결을 통한 산업고도화 기회상실 등 문을 닫은 결과가 곧 비용증가, 경쟁력 위축, 판매시장 상실 등의 부메랑이 되어 돌아올 것이다.

결국 세계가 하나의 시장으로 통합되어 가는 과정에서 FTA는 우리 기업들의 생산요소 조달, 축적, 생산, 판매, 사후서비스 등 전 가치사슬에 영향을 미친다고 할 수 있다. 그런데 만약 우리가 FTA를 못하게 된다면 기업들의 글로벌 가치사슬이 단절되고, 판매처를 상실하기 때문에 우리 기업들은 FTA를 외면하고는 생존조차 어렵다고 볼 수 있다.

FTA로 인한 시장여건 변화와 마케팅 변화

앞에서 살펴본 바와 같이 FTA는 기업들의 가치사슬과 생태계에 직접적인 영향을 미치는 동시에 시장여건을 변화시켜 기업들의 마케팅의 방향도 수정하게 만들고 있다. 대한무역투자진흥공사(2006)에 의하면, FTA로 인하여 시장이 통합됨에 따라 새로운 거래패턴이 생긴다고 한다. 즉, 시장이 통합됨에 따라 이제까지의 대량장기 주문에서 소량단기 반복주문으로 주문행태가 바뀌고, 불특정 다수를 상대하는 거래에서 산업 내 거래, 전략적 제휴 등으로 거래행태가 전환되며, 결제수단도 L/C 등 국제결재수단에서 국내결제수단으로 전환되고, 제조, 수입, 도매, 소매, 소비자로 연결되는 다단계 판매구조에서 제품기획에서 바로 소비자로 연결되는 유통단계 압축현상이 나타나며, 생산비용 인하 등 가격중심 경쟁체계에서 시장수요를 반영한 적기공급을 중시하는 비가격중심 경쟁체계로 전환되는 등 시장여건 전체에 걸쳐서 대변화가 일어난다고 한다.

이러한 시장변화는 필연적으로 기업들의 마케팅방향도 수정하게 만든다. 바이어 발굴시 불특정 수입업체에서 특정 글로벌 기업으로 마케팅대상이 바뀌고, 시장수요를 신속히 반영하다 보니 공급자가 구매자를 발굴하던 방식에서 구매자가 공급자를 발굴하는 방식으로 전환되며, 활동사이클도 독자적이고 단절적인 패턴에서 연쇄적이고 협력적 패턴으로 전환되는 동시에 기업 간 경쟁도 가격경쟁과 단가인하에서 가치제공 및 적기공급으로 초점이 전환되고 있다고 한다.

한·미 FTA가 우리 기업들에 미치는 영향

그러면 현재 한창 협상이 진행중인 한·미 FTA는 우리 기업들에게 어떤 영향을 미칠까? 대미 수출증가, 시장확보, GDP 증가, 서비스 경쟁력 향상, 농업피해, 제약업종 피해 등 한·미 FTA에 대한 매크로한 찬반논리와 기업에 대한 영향은 앞장에서 언급되었으므로 생략하기로 하고, 본장에서는 기존 논리 외에 언론에도 알려지지 않았고, 찬반논란에서도 언급되지 않은 국제시장과 무역을 모르면 알 수 없는 한·미 FTA의 실질적인 효과를 시장 측면에서 추가로 정리해 보고자 한다. 필자는 이를 '한·미 FTA를 해야 하는 진짜 이유'라고 칭하고 싶다.

첫 번째로 한·미 FTA는 반기업정서, 기업규제, 노사분규 등 우리 경제를 옥죄고 있는 3대 현안문제를 완화시켜 줄 것으로 기대되고 있다. 미국과의 FTA 체결로 인하여 국민들의 마인드 변화, 제도변경, 법개정, 사회 선진화 등이 이루어진다면 3대 현안 역시 완화 또는 선진국 수준으로 발전될 것으로 예상되고 있는 것이다. 이는 우리 기업들뿐만 아니라 많은 국민들이 표면적으로는 나타내지 못하지만 내심 바라고 있는 사항일 것이며, 아마도 한·미 FTA 최대의 효과일 수도 있다.

두 번째는 우리 사회의 법, 제도, 마인드 등이 선진화된다면 불필요한 국부유출을 일부라도 막을 수 있을 것이다. 예를 들어, 미국의 반덤핑 등 무역규제로 25년 동안 373억 달러의 손실을 보고 있으며, 최근 하이닉스, 삼성전자 임원들이 과거의 담합협의로 미국 감옥에 수감되고, 미국과의 교역시 허가, 인증, 통관 등에 막대한 비용이 지출되는 등 엄청난 돈이 미국으로 지출되고 있는데, 한·미 FTA로 인하여 이러한 불요불급한 국부유출이 상당 부분이 개선될 전망이다. 그러나 가장 중요한 효과는 한·미 FTA 로 인하여 우리의 국제신뢰가 향상되고, 원부자재를 싸게 구매하고, 시장이 확보되어 제값에 수출하는 등 교역조건이 개선됨에 따라 실질무역손실이 감소되는 것일 것이다.

세 번째는 한·미 FTA가 우리 상품에 대한 국제시장에서의 보증서(Reference) 역할이다. 사실 국제경제시장에서는 미국 시장에서의 성공이 하나의 인증서처럼 통한다. 세계 주요 프로젝트나 민간시장, 조달시장, 공공시장 등에서 미국 시장 성공증명은 자격증과 같은 효과를 나타내고 있는 것이다. 즉, 미국 시장에서 성공한 기술, 디자인, 브랜드 등은 타시장에서 인정해 주고 있으며, 미국 시장에서 성공한 비즈니스 모델은 타시장에 진입하기가 쉽다. 삼성전자가 Wibro를 가지고 미국 시장에 우선 진출한 것도, 전 세계 많은 기업들이 미국 시장의 진출을 갈망하는 것도 다 이유가 있는 것이다.

네 번째는 우리 기업들의 국제시장 리스크 헤징능력 향상일 것이다. 미국은 세계최대의 시장일 뿐만 아니라 세계최고의 선진시장이다. 따라서 미국 시장과의 통합은 우리 기업들로 하여금 신기술과 선진경영기법뿐만 아니라 각종 리스크를 회피하는 최신기법도 배우게 할 것이다. 사실 이 분야는 실제 시장에서는 마케팅 못지않게 매우 중요한

데도 불구하고 한·미 FTA 찬반논란에서 부각되지 않고 있다.

예를 들면, 국제거래에 있어서 시장정보 수집 및 분석, 바이어 신용조사, 환율 리스크 헤징, 국제금융 운용기법, 로열티 절감방안, 계약기법, 복합물류비용 절감방안, 자금조달기법 등 어느 하나 중요하지 않은 것이 없다. 한·미 FTA로 인한 모든 찬반의 단초가 바로 이 분야에서 출발하는데도 누구도 이의 중요성을 인식하지 못하고 있어서 딱하다.

다섯 번째로 한·미 FTA로 인하여 우리가 차세대 세계경제의 기본틀(Platform)을 짜는 데 참여하기가 용이해질 것이다. 이 또한 우리 경제의 장래를 위하여 한·미 FTA 효과 중 어느 것 못지않게 중요한데도 모두 간과하고 있다. 예를 들면, 미국의 동조로 APEC e-Learning 연수센터(우리 나라가 이미 유치) 같은 신경제 국제본부나 지역거점 등을 한국에 유치한다면 수많은 새로운 일자리가 탄생하게 되며, 21세기 세계경제의 기본플렛폼인 특허나 표준, 기술협상 등에서 미국의 협조를 얻어 우리 기술이나 표준 등이 세계표준으로 많이 확정된다면, 이는 돈으로 환산할 수 없는 무한한 가치가 창출될 것이기 때문이다.

이상에서 정리해 본 사항들은 실제 시장개척이나 무역에서 필수적임에도 불구하고 이제까지의 한·미 FTA 찬반논란에서 언급되지 않고 있다. 그러나 국제시장에서 무역을 해 보고, 투자를 해 보고, 사업을 해 본 사람들에게는 상식이다. 한·미 FTA를 반대하면서 내세운 각종 가설과 가정, 통계나 수치 등도 이러한 실물경제에서 검증받아야 한다. 이 점은 한·미 FTA를 찬성이나 반대하는 사람들은 물론 협상공무원들이나 기업들도 유념해야 할 것이다.

3 우리 기업들의 대응방안

3.1. 시장확대에 대비하라

이제 FTA는 우리 기업들의 기업환경, 시장여건, 생태계, 가치사슬, 마케팅 등 거의 모든 분야에 걸쳐서 지대한 영향을 미치고 있다. 이미 FTA는 선택의 문제가 아니라 생존의 문제가 된 것이다. 특히, 우리 나라는 FTA 후진국 상황을 탈피하기 위하여 미국뿐만 아니라 아세안, 캐나다, 인도, EU, 멕시코 등과 FTA를 추진하고 있다. 우리 나라가 현재의 계획대로 FTA를 추진한다면 2008년 이후에는 20억 명이 넘는 거대한 소비자군단을 확보하게 된다. 내수시장이 그만큼 커지는 것과 같은 효과이니 기업인들에게 절호의 기회가 아닐 수 없다. 또한 FTA 시장은 많은 중소기업들이 입주를 희망하고 있는 개성공단 제품의 유력한 판로가 될 전망이니 중소기업들에게도 수출시장을 넓일 수 있는 좋은 기회가 오고 있는 것이다. 따라서 국내시장만 쳐다보지 말고, 문을 열고 해외로 나갈 준비를 해야 한다.

그러나 한·미 FTA는 농업, 제약업계, IT업계, 도서업계, 영화업계, 법률업계, 보험업계, 교육업계, 택배업계 등에 부정적인 영향을 미칠 수도 있는데, 특히 중소기업, 소상공인, e-비즈니스기업, 벤처기업, 여성기업 등 상대적으로 글로벌 경쟁력이 취약한 기업들에게 지대한 영향을 미칠 것으로 예상된다. 따라서 업계는 물론 정부도 이에 대비해야 한다. 그러나 섬유업계, 자동차업계, 의료서비스업계, 전기전자업계, 기계업계, 무역업계 등에는 오히려 시장을 개척하고 수출을 늘릴 수 있는 획기적인 기회가 될 것으로 보인다.

그러므로 이제는 FTA를 알아야 한다. FTA 찬반을 떠나서 FTA를 정확히 알아야 한다. 먼저 아는 자가 FTA에 효율적으로 대처할 수 있을 뿐만 아니라 나아가 FTA라는 블루오션을 차지하게 될 것이다. 한·미 FTA가 성공적으로 마무리되면 곧이어 인도, EU, 중국, 중동(GCC) 등 거대한 시장이 다가올 것이다. 우리 기업들은 이에 대비해야 한다.

3.2. 내부 시스템을 개혁하라

기업들이 FTA에 대한 대응방안을 마련하기 위해서는 내부적으로 이에 대한 준비가 되어야 한다. 즉, FTA 환경에 적응할 수 있도록 내부 시스템을 개혁해야 하는 것이다. 그런데 필자의 경험에 비추어 볼 때 내부 개혁에서 무엇보다도 중요한 것은 CEO의 FTA에 대한 올바른 인식이다. 한국적 기업풍토에서 CEO의 이해 없이 새로운 환경에 적응할 수 있는 방안을 마련한다는 것이 쉽지 않기 때문이다. 산업은행(2005)에 의하면, 벤처기업이 성공하기 위하여 가장 중요한 것은 '경영자의 능력'이라는 것이다. 스피디하고 효율적인 의사결정과 강력한 리더십이 중요하기 때문이다. 따라서 FTA에 대해서도 CEO가 직접 챙겨야 성공할 수 있다.

CEO의 인식이 바뀌었다면 다음은 종업원들의 FTA에 대한 인식을 바꾸어야 한다. 그러기 위해서는 교육이 매우 중요하다. 임직원들에게 FTA에 대한 교육을 집중적으로 실시하여 인식을 바꾸어야 한다. 특히, FTA로 인한 기업환경 변화와 이에 대한 기업의 대응방안 및 종업원들의 대응자세에 대한 교육을 실시해야 한다. 이 때 가능하면 교육시스템도 FTA 환경에 맞게 개선해야 한다. 교육시스템을 정보화 시대에 적합한 온라인 교육방식인 e-Learning을 스킨십이 가능한 집합교육과 병행하는 것도 무방할 것이다. e-Learning을 통해서 종업원들은 물론 전 세계 소비자들이나 해외주재 임직원, 협력업체들을 상대로도 교육 및 마케팅 추진이 가능할 뿐만 아니라 일정한 시간에, 일정한 장소에서 실시하는 집합교육에 참석이 어려운 군인, 학생, 주부, 도서벽지 거주자 등 불특정 다수의 미래 고객을 확보할 수 있는 기반도 구축할 수 있다.

또한 e-Learning은 Mobile 방송, DMB(디지털 멀티미디어 방송) 등이 서비스됨에 따라 u-Learning(유비쿼터스 교육)단계로의 업그레이드가 용이하다. 즉, 이제까지 컴퓨터 앞에 앉아야 가능하였던 e-Learning 교육환경이 앞으로 유비쿼터스 네트워크를 통하여 목욕탕에서, 버스에서, 기차에서, 낚시터에서, 휴가지에서 또한 낮이든 밤이든, 남녀노소 할 것 없이 누구나 시간과 장소에 구애를 받지 않고 교육이 가능해지기 때문에, 국내외 구분이 없어지고 유통과 무역, 물류의 구분이 모호해지는 FTA 환경하에서, 바쁜 임직원뿐만 아니라 고객들에 대한 교육시스템으로서는 최적의 시스템이라고 하지 않을 수 없다.

다음으로 내부 시스템을 개혁하기 위하여 CDO(Chief Destruction Officer)제도를 도입하라고 권하고 싶다. 기업이나 단체 심지어 국가기관이라 하더라도 이제까지의 내부 시스템에 대하여 철저히 개혁을 해야 한다. 왜냐하면, FTA라는 시장은 이제까지 우리가 겪어 보지 못한 새로운 시장인데다 우리의 처지가 FTA에 대하여 한가로운 입장이 아니기 때문이다. FTA 후진국인 우리가 선발주자를 따라잡기 위해서는 두 배, 세 배의 노력을 하는 특단의 대책이 필요하기 때문이다. CDO는 회사나 조직, 단체를 파괴하라는 것이 아니라 기존의 규정, 제도, 인재, 자산, 시스템, 수익모델, 마케팅전략 등 모든 것을 파괴하는 심정으로 원점에서 재검토하여 미래에 대비하는 최고책임자로서, 이미 일부 기업에 도입되어 효과를 거두고 있기도 한 제도이다. 이제 4,800만 명 시대의 사고방식이나 제도는 버려야 한다. 곧 밀어닥칠 20억, 30억 시장에 맞는 시스템으로 개혁하라.

이는 김쌍수 LG전자 부회장의 "조직을 파괴하라"라는 말과도 일

맥상통한다. 조직을 파괴하라는 것은 조직이 불필요하다는 것이 아니다. 이는 마치 고정관념처럼 전통적으로 지켜 오던 위계질서만을 고집할 것이 아니라 최고의 성과를 낼 수 있도록 기능적으로 결합하자는 것을 의미한다. 새겨 볼 만한 주장이다

아울러 RTE(Real Time Enterprise: 실시간 기업) 기업으로 변신하라고 권하고 싶다. CEO와 임직원들이 교육 등을 통하여 FTA에 대하여 마인드가 바뀌고, CDO가 임명되었다면 다음으로는 기업의 체질을 바꾸어야 한다. FTA라는 새로운 시대를 살아가려면 우선 기업체질부터 FTA적으로 바꿔야 하지 않겠는가?

그러기 위해서는 장차 국적에 관계 없이 사업을 추진할 수 있어야 하기 때문에 효율성과 비교우위에 의하여 세계 어디에서나 사업이 가능한 초국적기업 모델도 연구해 볼 만하다. FTA에 의하여 국경이 없어지는 글로벌 네트워크시대를 살아가는데, 국경을 따지고 본·지사를 따지는 것이 무의미한 세상이 되었기 때문이다. 바로 이러한 초국적기업은 내부적으로는 미래 기업의 모습인 RTE 기업이 되어야 한다. RTE 기업은 내·외부를 포함하는 회사 전체적인 관점에서 지속적인 프로세스 개선과 정보를 실시간으로 전달함으로써 업무지연을 최소화하고 의사결정 스피드를 높여서 경쟁력을 극대화하는 기업으로서, 신속성과 민첩성이 필수요건인 기업이다. 최근 FTA시대를 맞이하여 국내대기업들에게 RTE 바람이 거세게 부는 것도 다 이유가 있는 것이다. 즉, 글로벌시대에 더구나 FTA시대에는 기획, 연구, 디자인, 금융, 생산, 마케팅, 본사 등의 조직이 효율성과 경쟁력을 위하여 전 세계에 흩어져 있기 때문에 RTE기업이 되지 않고는 살아 남을 수가 없기 때문이다.

3.3. 정부정책을 활용하라

FTA는 어차피 정부 간의 협상이다. 정부협상이 끝나면 그 후로

는 기업들의 전쟁이다. 따라서 FTA 시장에 진출하고자 하는 기업들이나 개인들은 다음과 같은 정부정책이나 정책도구를 활용하는 것도 매우 효율적인 방안이 될 것이다. 일반적인 국제시장 진출방안이 아니라서 일반인들에게는 다소 생소하겠지만 무역을 하는 사람들에게는 익히 잘 알려져 있는 효과적인 몇 가지 방안을 소개하겠다. 왜냐하면, FTA가 일상화되고 있는 이 시대에는 이제 누구나 국제교역을 알아야 하기 때문이다.

우선 우리 나라가 가입한 국제기구를 활용하여 FTA 국가에 진출하는 방안을 검토하기 바란다. 국제기구들은 신뢰가 가능하므로 그만큼 국제거래상의 리스크를 줄일 수 있을 뿐만 아니라 정부지원도 얻을 수 있기 때문이다. 예를 들면, 중남미 FTA 시장 진출시 우리가 가입한 미주개발은행(Inter-America Development Bank: IDB) 프로그램을 활용할 수 있다. IDB는 중남미 국가들을 지원하는 각종 사회간접자본, 정부조달시장(연간 90억 달러 규모), IT분야, 서민경제지원 프로젝트 등을 발주하고 있는데, 우리 기업들이 정부지원을 받아 우리와 FTA를 체결한 칠레나 곧 협상이 이루어질 남미공동시장(브라질, 아르헨티나, 파라과이, 우루과이)에서 IDB 프로젝트를 수주하는 것도 탁월한 선택이 될 것이다. 이는 또한 곧 이루어질 것으로 전망되는 FTAA(미주자유무역지대)라는 거대한 시장에 사전 진출하는 방안도 될 것이다.

아울러 우리 나라는 중남미 지역과의 IT협력을 위하여 멕시코, 칠레에 IT협력센터를 구축하였으며, 브라질 등에도 설치할 예정이므로, 이를 활용하여 우선 IT분야 상품이나 서비스 위주로 칠레, 멕시코, 브라질 등에 진출하는 것도 좋은 방안이다.

또한 정부가 지원하는 각종 FTA 관련 네트워크를 활용하는 것도 매우 효율적인 방안이 될 수 있다. 예를 들면, 우리 기업들의 한·칠레 FTA 및 FTAA 시장진출을 지원하기 위하여 결성된 20여 개 수출관련 유관기관들의 협의체인 한·중남미 IT협력위원회를 활용하면 중남미 FTA 시장진출이 매우 용이할 것이다.

특히, 700만 한상네트워크를 활용하라고 권하고 싶다. 우리 민족들은 생활력이 강하다 보니 거의 전 세계 모든 나라에 퍼져 있어서 평소에는 이들을 연결하기가 매우 어려웠으나 인터넷이라는 절묘한 도구가 출현함으로써 그들을 하나의 네트워크로 연계할 수 있게 되었다. 전 세계의 700만 동포들과 국내의 4,800만 명이 하나의 네트워크로 연결된다면, 네트워크 세상인 유비쿼터스시대에, FTA라는 글로벌 네트워크시대에 우리 민족의 또 다른 웅비를 예비하는 커다란 무기가 될 것으로 보인다.

3.4. FTA 시장진출전략이 필요하다

FTA 시장개척을 위한 전략으로 먼저 현지파트너를 잘 활용할 수 있는 전략을 수립하는 것이 좋다. FTA는 기본적으로 시장이 통합되는 것이지만 현지화하는 데에는 많은 시간과 비용이 소요되므로 직접 진출보다는 우선 현지파트너를 활용하는 것이 네트워크 구축도 용이하고 비용과 노력, 시간을 절감할 수 있다. 특히, 중남미 지역에서는 IT, CT 등의 분야에서 우리와 협력을 원하는 기업들이 많으므로 이를 잘 활용하면 좋은 결과를 얻을 수 있을 것이다.

두 번째로는 전자무역을 활용하라고 권하고 싶다. FTA 시장은 유통시장이면서 무역이 되는 새로운 비즈니스 시장이므로 여기서 온라인거래는 곧 전자상거래이면서 전자무역이 된다. 따라서 우리가 세계최강의 경쟁력을 가지고 있는 전자무역을 활용하면 FTA 시장 선점에 유리할 것이다. 미국과의 FTA 협상에서도 전자상거래분야는 우리가 자신감을 가지고 협상에 임하는 분야이다. 원거리 국가들인 중남미나, EU 등과의 거래시 전자무역은 시간과 거리의 제약을 극복하고 비용을 절감하면서 신속, 소량, 소액, 다양한 품목거래 등에서 매우 유용할 것이다.

세 번째로는 세계 주요 시장에 공동물류거점을 확보하는 전략도 필요하다. 국내기업들은 물류비용 과다, 복합물류 취약, 물류거점 부족, 물류인력 부족 등 수출물류에 취약하다. 중소 수출기업들은 더욱 취약하다. 그러므로 해외고객들의 까다로운 주문과 신속한 배달요구에 부응하기 위해서도 시장 근처에 물류기지를 확보하는 것이 중요하다. 그러나 중소기업들은 단독으로 물류기지 확보가 어려우므로 중소기업 공동으로, 또는 정부기관들이나 대기업등과 협조하여 우리가 FTA를 체결하는 세계 주요 지역에 공동물류기지를 확보하는 방안도 검토해야 할 것이다.

네 번째로는 문화분야와 연계하여 FTA 시장에 진출하는 전략도 필요하다. FTA는 서로 이질적인 시장이 통합하는 것이므로 현지의 문화적 이해가 시장을 공략하는 관건이라고 할 수 있다. 예를 들면, 일본이 우리보다 앞서 멕시코와 FTA를 성사시킨 배경에는 민간 차원의 문화적 교류와 활동이 큰 역할을 하였음은 주지의 사실이다. 따라서 우리 기업들도 FTA 체결국 현지에 효율적으로 네트워크를 구축하고 현지화하기 위해서 우리 문화와 동반진출하는 방안도 검토해야 한다.

3.5. FTA 시장진출 비즈니스 모델을 만들어라

FTA 체결국에 적합한 비즈니스 모델을 만들어야 한다. FTA 시장에서 돈을 벌기 위해서는 우선 진출하고자 하는 시장의 특성을 알아야 하고, 그 시장에 맞는 장사를 해야 한다. 즉, 시장친화적 비즈니스 모델을 만들어야 하는데, 외국에서 우리와 협력을 희망하고 있는 IT분야를 중심으로 몇 가지 모델을 소개한다.

우선 디지털 복합 프로젝트분야가 유망하다. 최근 우리 나라가 동시다발적으로 FTA를 추진하고 있는 중남미, 동남아 시장 등에서 우리의 IT분야에 대한 평판이 좋고 또한 IT에 대한 협조요청이 있는 점을 활용하여, 이들 지역에서 활성화되고 있는 전자정부, 인터넷 시티, 디지털공단, 사이버대학 등 IT기반의 디지털 복합 프로젝트를 수

주할 경우 중소 IT기업 진출은 물론 지속적인 수출유발효과로 인하여 IT분야 수출이 획기적으로 증대될 것이다. 왜냐하면, 디지털 복합 프로젝트는 서버, 모니터, 단말기 등 H/W, 운용시스템, 보안시스템 등 S/W, 콘텐츠, 컨설팅, 프로그래머, 보안전문가, 네트워크 전문가 등 IT인력에 이르기까지 IT와 관련된 여러 분야가 공동으로 진출할 수 있어서 부가가치가 매우 높을 뿐만 아니라 그들에게 우리 나라 IT표준을 채택하게 함으로써 지속적으로 수출과 인력진출 등이 가능하게 되는 분야이다. 또한 건설, 자재, 부품, 노동 등 비IT분야도 동반진출이 가능해져서 그야말로 달러벌이에 제격인 분야라고 할 수 있다.

두 번째로는 디지털 콘텐츠분야도 좋은 수출분야이다. 예를 들면, 중남미 국가들이 우리 나라와 협력하기를 가장 원하는 분야 중 하나는 IT분야인데, IT분야에서도 거리상의 문제를 극복할 수 있으면서 FTA 시장진출에 가장 적합한 분야가 앞에서도 언급하였듯이 바로 전자무역을 활용하여 수출할 수 있는 디지털 콘텐츠분야가 될 수 있다. 그러한 지역별 사례를 살펴보면 칠레, 브라질 등 중남미에 이동통신이 급속히 확대되고, 노트북 PC가 업무용으로 활성화 되는 등 IT산업이 활성화되면서 이와 관련된 모바일 콘텐츠, 게임분야 등 우리 디지털 콘텐츠기업들의 중남미 시장진출이 호기를 맞고 있다. 또한 중미의 인터넷 강국인 코스타리카에서는 e-Learning을 위주로 하는 디지털 콘텐츠분야에 우리 기업들의 진출을 공식적으로 요청해 온 바도 있다.

세 번째로는 FTA 체결국 정부조달시장에 진출하는 것도 좋은 방안이다. 국제정부조달시장은 거대한 시장임에도 불구하고 그 동안 우리의 진출이 미약하였으나 FTA로 인하여 시장이 열리고 있으니 우리 기업들이 적극적으로 진출해야 한다. 최근에 국제시장에서 폐쇄되어 있던 국제조달시장이 통합되고 디지털화함으로써 우리 기업들이 진출하기에 좋은 환경이 조성되고 있다. 국제조달시장은 OECD 국가에서만 3조 달러가 넘으며, WTO의 정부조달협정(GPA)에 가입한 국가들의 IT조달분야만 10조 원이 넘는 거대한 시장이다.

네 번째로는 FTA 체결국의 해양서비스시장 진출도 우리 기업들에게 좋은 기회가 될 것이다. 해양시장은 크게 조선, 수산, 해양개발, 해양서비스 등으로 분류되는데, 우리 나라는 조선·수산·해양개발분야 등에서는 세계적 강국이지만 유독 해양서비스시장에서는 약하다. 그런데 이 해양서비스시장에도 인터넷 바람이 불고 있다. 이른바 e-Ocean시장이 개화되고 있는 것이다. 해양서비스시장은 전 세계의 500만 명이 넘는 외항선원들이 선상에서 먹는 선식공급, 배에서 쓰는 소비제품 공급, 배에 필요한 선용품 조달, 배 급유, 배 청소, 선원수급, 항해정보 제공, 선적·하역·항해관련 시스템 구축 등 다양한 서비스 시장인데, 이 시장이 디지털화하면서 우리 나라 기업들이 진출할 수 있는 좋은 기회가 오고 있는 것이다. 때마침 정부도 5년 내 세계 5위 해양강국으로 발돋움하겠다는 야심찬 계획(2006. 8: 해양수산부 출범 10돌 기념사)을 발표하면서 '고부가가치 신해양산업 진출'에 정책의 중점을 둘 것이라고 밝혔는데 e-Ocean 모델도 적극 검토하기 바란다. 아울러 부산시도 신발산업의 퇴조 이후 새로운 수익모델 발굴에 부심하고 있는데 이 분야도 검토해 볼 만하다.

다섯 번째로는 IT기반 유통기업과 중소기업들이 FTA 시장에 동반진출하는 비즈니스 모델도 좋은 모델이 될 수 있다. 예를 들면, FTA 체결국에 백화점이나 할인점 등 현지시장과 상충되는 유통모델보다 우리가 세계적인 경쟁력을 가지고 있는 IT기반의 홈쇼핑, T-커머스, e-쇼핑몰, 온라인체인점 등이 중소기업들과 컨소시엄 또는 합작형태로 진출하는 것도 매우 효과적인 진출모델이 될 것이다.

4 소 결 론

"이대로 가면 우리 나라가 국제FTA 미아가 될 것은 불을 보듯 뻔해요. 수출시장이 죽어 가고 있는데, 정부나 국민 모두 FTA에 대하여 왜 그렇게 무심합니까?" 얼마 전에 한 일간지에 실린 어느 국내업체 멕시코 지사장의 하소연이다. "태국은 이번 미국과의 FTA를 통해 아세안(ASEAN)의 리더가 될 꿈을 꾸고 있습니다. 그런데 우리 나라에서는 한국만 미국과 FTA를 서두르는 것으로 잘못 알고 있는 것 같아서 안타깝습니다." "말레이시아와 미국과의 FTA 협상 스케줄은 협상시작 시점과 협상기간, 잠정타결 예정시점 등이 모두 한·미 FTA와 유사합니다." 태국과 말레이시아에 주재하는 우리 무역관 관계자들의 현지 FTA 추진에 대한 증언들이다. 이래도 우리만 한·미 FTA를 서두른다고? 이보다 더 FTA의 필요성을 웅변으로 말하여 주는 사례는 없다.

현재 세계는 300여 개에 달하는 FTA가 발효중이거나 협상중 또는 협상예정이라고 한다. 세계가 이런데도 우리는 WTO 회원국 중에서 FTA 후진국임에도 불구하고 어떻게 하면 FTA를 잘하느냐가 아니라, 해야 하느냐 마느냐 하고 집안싸움이니 앞서 FTA를 추진한 많은 나라들이 우리를 보고 속으로 얼마나 비웃을까? 오죽하면 주한 멕시코 대사까지 나서서 FTA를 권하였을까? 세계는 한국을 기다려 주지 않는다. 세계는 이미 우리의 준비나, 우리의 의사와는 관계 없이 FTA를 추진하고 있다. 오직 강자만이 살아 남는 것이 국제경제시장의 냉혹한 질서이다. 여기서는 노사가 따로 없고, 민관이 따로 없이 오직 국익만이 존재할 뿐이다. 2등은 필요 없다. 1등만이 살아 남는다. 기업들에게서 FTA는 이미 선택이 아니라 생존의 문제다.

"Rising History"(역사가 솟구치고 있다). 아랍에미레이트연합(UAE)의 두바이 시내를 남북으로 관통하는 왕복 8차선 셰이크 자예드 대로를 따라서 가다 보면 고층건물에 걸려 있는 대형 현수막에 쓰여진 글이다. 산유국인 두바이가 석유가 고갈되는 것에 대비하기 위하여 새 역사를 창조하는 현장에 써 붙인 글이다. 이렇듯 세계가 살아 남기 위하여 뛰고 있는데 우리는 어떠한가?

세계의 여러 나라들이 살아 남기 위하여 FTA도 추진하는 것이다. 그런데 그들 산유국(GCC)들이 우리에게 FTA 추진을 제안하고 있다. 왜 그럴까? 한·미 FTA로 인하여 세계시장과 동북아 경제권에서 우리의 경쟁력이 강화되고, 위상이 올라갈 것이 예상되기 때문이다. 석유 한 방울 안 나면서 세계석유소비 7위, 석유수입 3~4위인 우리에게 이런 기회도 없다. 자 이제 어찌할 것인가? 이래도 FTA는 안 된다는 말인가? 이제 우리도 FTA를 두려워만 하지 말고 과감히 맞서자. 남들도 다하고 있는데 우리가 왜 못한단 말인가? 무엇이 그리 두려운가? 우리가 문을 열고 밖으로 나간 것에는 세계 1, 2위가 많다. 박세리 등 여자골프, 이승엽·박찬호 등 야구, 박지성 등 축구, 조수미 등 음악이 있다. 또한 조선, 휴대폰, 반도체, 자동차 등이 있다. 이들이 문을 닫고 국내에만 있었다면 과연 세계적이 되었을까? 이제 문을 닫지 말고 무한한 블루오션시장인 FTA를 치고 나가자. FTA를 할 수 있는 이번 기회를 놓치지 말자. 다시 한 번 강조한다. 세계는 한국을 기다려 주지 않는다. 이것이 필자가 주장하는 본장의 결론이다.

FTA는 이론도, 논리도, 담론도, 이념도, 사상도, 정치는 더욱 아닌 현실이요, 현장이요, 시장이요, 무역이요, 국제경제 전쟁터이다. 그 전쟁이 이미 시작되어서 전투가 벌어지고 있다. 무역으로 먹고사는 우리는 이 전쟁을 피할 수 없다. 그렇다면 살기 위해서라도 FTA를 해야 한다. FTA를 해야 하는 이유가 또 있다. FTA는 후손을 위해서 해야 한다. 오늘의 우리가 힘들다고 FTA를 안 한다면 먼 훗날 우리 후손들은 무엇을 먹고 산단 말인가? 그 때 가서 후손들을 어떻게 볼 것인가?

참고문헌

노무라연구소 저, u-네트워크연구회 역, 『유비쿼터스 네트워크와 시장창조』, 2002.

대한상공회의소, 『한·미 FTA 관련 기업의견 조사』, 2006.

보스턴컨설팅그룹, 『고성장 개발도상국(RDE)의 100대 기업』, 2006.

산업은행 자료, 『IT벤처기업의 성공요인 분석』, 2005.

한국수입업협회, 『무역업계 CEO FTA에 대한 찬반조사』, 2006.

한국개발연구원, 『최근 경제현황과 참여정부 후반기 과제』, 2006.

대한무역투자진흥공사, 『한·미 FTA가 중소기업 수출에 미치는 영향 및 대응전략』, 2006.

제 2 부

한·미 FTA 찬반주장 분석

이 시 옥

제5장

경제성장 및 수출효과

1 주요 찬반논쟁

한·미 FTA 협상관련 이슈가 공론화된 이후 찬반 양 진영 간에 가장 큰 쟁점사항 중의 하나가 한·미 FTA의 경제적 파급효과, 특히 경제성장과 수출에 미치는 효과이다.[1] 정부와 주류 경제학자 등 한·미 FTA를 찬성하는 측은 한·미 FTA의 경제적 효과로 크게 대미 시장접근 확대와 경쟁촉진을 통한 생산성 제고 및 산업구조 고도화를 제시하고 있다. 이러한 찬성론자들은 한·미 FTA 체결이 관세철폐 및 통상마찰 해소를 통해 일본, 대만, 중국 등 우리의 주요 대미 수출경쟁국 대비 우리 수출품의 경쟁력을 강화시킬 것으로 예상하고 있다. 특히, 미국은 전 세계 연간 수입량의 21.8%를 차지하는 세계최대의 수입시장으로서 한·미 FTA 추진은 중국 등 후발개도국의 부상으로 답보상태에 머무르고 있는 대미 시장점유율을 높이는 데 결정적인 계기가 될 것으로 내다보고 있다. 보다 중요하게는 한·미 FTA와 같은 능동적인 개방전략의 채택이 경쟁촉진 및 해외의 혁신자원과 글로벌 스탠더드 도입을 통해 최근 약화되고 있는 우리 경제의 성장잠재력을 제고시키는 결정적인 계기가 될 것으로 기대하고 있다.

한편, 이에 반해 한미FTA저지 범국민운동본부를 중심으로 한 한·미 FTA 반대론자들은 미국의 평균유효관세율 수준이 낮아 우리 나라 대미 수출의 증가효과가 크지 않을 것인 반면, 우리 나라의 관세율 축소는 대미 수입의 급격한 증가를 가져와 전반적으로 우리 나라 무

---

[1] 본고는 지난 6월 21일 KDI 주최 「한미 FTA와 한국경제」 토론회에서의 내용을 바탕으로 수정·보완한 것이다.

역수지의 악화로 귀결될 것으로 내다보고 있다. 아울러 한·미 FTA는 신자유주의적 세계화 확산의 수단으로서 '외압에 의한 구조조정'이자 '초국적자본에의 예속화 과정'에 불과하며, 정부가 기대하고 있는 한·미 FTA 추진을 통한 새로운 성장동력의 확보는 단순한 환상에 지나지 않는 것이라 일축하고 있다.

이러한 한·미 FTA의 경제적 효과에 대한 찬반 양 진영 간의 견해차는 일찍이 소위 일반균형연산모형(Computable General Equilibrium model: 이하에서는 CGE모형)의 추정치에 대한 해석을 두고 표면화된 바 있다. 이 글에서는 현재 진행되어 있는 한·미 FTA의 경제적 파급효과에 대한 찬반 양 진영 간의 논의를 경제학적 이론과 지금까지의 관련문헌에서 제시되고 있는 실증분석 결과를 중심으로 평가해 보기로 한다. 즉, FTA의 경제성장에 대한 파급효과 논의에 대한 이론적 배경을 살펴보고, 이를 바탕으로 CGE 추정치 해석에 대한 필자의 견해를 밝혀 보고자 한다. 아울러 FTA의 무역증대가 세간의 논의의 초점이 되고 있는 관세율효과에만 국한되지 않고, 특정 제품에 대한 소비자의 인지도 상승, 개방 및 경쟁촉진을 통한 국내기업의 생산성 증가 등 매우 광범위한 경로를 통해 이루어진다는 점을 NAFTA와 EU의 경험적 근거를 바탕으로 제시한다.

2 한·미 FTA와 경제성장

2.1. 시장개방과 경제성장

한 나라의 경제성장을 결정짓는 주요 요소로서는 노동, 자본 등 생산요소의 축적, 인적 자원의 향상, 그리고 기술진보 등이 있다. 경제성장이론에서는 이 중 장기적인 지속가능한 경제성장의 핵심 요인으로 인적 자원의 육성 및 기술혁신을 통한 생산성 제고의 중요성을 강조하고 있으며, 특히 시장개방이 생산성 제고를 위한 매우 효과적인 방식이라는 사실에 대해 다음과 같은 이론적·실증적 근거를 제시하고 있다.

첫째, 시장개방은 경쟁촉진을 통해 산업 간 및 산업 내 자원배분의 효율성을 증가시킨다. 높은 관세장벽의 보호하에서는 시장구조가 왜곡되고 기술개발투자나 효율적인 생산요소의 사용에 대한 유인이 상대적으로 적을 가능성이 높은 반면, 시장개방은 경쟁압력을 증가시켜 기업들로 하여금 비용을 절감하고 기술혁신 노력을 강화하게 된다.[2] 이러한 과정에서 비효율적인 한계기업은 퇴출되고 새로운 혁신기업은 시장에 신규로 진입하는 등 경쟁에서 살아 남은 기업들을 중

---

[2] Trefler(2004)는 캐나다의 경우, 1989년 발효된 미·캐나다 FTA의 결과로 관세감축이 높았던 산업에서 기업별 노동생산성이 14~15% 수준의 개선이 나타난 것으로 분석한 바 있다. 전체적으로 FTA로 인한 중장기적 실익이 단기적인 구조조정비용에 비해 크다는 결론을 도출하였다. 이와 유사하게 Lopez-Cordova(2002)는 멕시코의 경우, NAFTA의 체결로 1993~1997년 기간 동안 총요소생산성이 약 10% 수준 상승한 것으로 추정한 바 있다.

심으로 산업 전반의 생산성 향상을 기할 수 있다. 또한 국가 간 비교우위원칙에 입각하여 경쟁력 높은 산업으로 생산요소의 이동도 촉진된다.

둘째, 시장개방은 국가 간 지식과 기술의 확산을 촉진시킨다. 특히, 전 세계 연구개발투자의 90% 이상이 미국을 위시한 일부 선진국에서 행해지고 있는바, 이들 국가들과의 경제교류 활성화를 통한 기술학습효과 내지 R&D 파급효과의 중요성은 대우 크다고 할 수 있다. Eaton and Kortum(1996)은 전체 기술혁신 중 국내의 아이디어로부터 창출된 부문의 비중이 미국(82%), 일본(27%), 독일(11%) 등 일부 국가를 제외한 대부분의 OECD 국가들에서 3% 미만에 불과한 것으로 추정하였다.

한편, 최근의 관련문헌에서는 이러한 국가 간 지식과 기술의 확산이 이루어지는 구체적인 경로로 교역과 외국인 직접투자의 중요성을 강조하고 있다. 가령 외국에서 생산설비를 수입하는 경우, 이는 설비 자체만 들어오는 것이 아니라 설비에 체화된 기술적 지식도 함께 도입되는 것이며, 이에 동 설비를 사용 또는 연구하는 과정에서 학습효과(learning effect)가 발생한다. 뿐만 아니라 무역장벽 해소는 생산업체가 보다 싼 값에 품질 좋은 자본재를 안정적으로 구입할 수 있는 환경을 조성한다.[3] Coe and Helpman(1995)은 OECD 국가를 대상으로 한 실증분석에서 R&D투자가 많은 상대국과의 교역이 확대되면 될수록 총요소생산성이 높고, 특히 경제규모가 상대적으로 작은 OECD 국가들의 경우 내부의 연구개발투자보다 교역으로 창출된 해외로부터의 R&D 파급효과가 생산성에 더 큰 영향을 미친다는 분석결과를 제시하였다.[4]

---

[3] 김기화(2005)는 우리 나라의 경우, "경제개방을 통한 성장증대효과가 경제선진국의 효율적 기술이 체화된 자본재 수입을 통해 나타나고 있으며, 수출이 아닌 수입자본재 투자가 성장의 견인차 역할을 해 왔음"을 주장한다. Lawrence and Weinstein (1999)도 일본과 한국에 대한 실증분석에서 수출보다는 수입이 총요소생산성 증가에 기여한 바가 더 크다는 결론을 내리고 있다.

이 밖에도 시장개방은 시장확대를 통한 규모의 경제(economies of scale)의 시현, 선진 경영기법의 도입, 경영여건의 개선, 경제의 투명성 제고 등을 통해 경제 전반의 효율성 및 생산성을 높이는 데 기여한다.

2.2. CGE 추정치관련 논의의 평가

이상의 논의를 바탕으로 최근 불거져 있는 한·미 FTA의 경제적 파급효과의 규모에 대한 논란을 한·미 FTA 체결이 경제성장에 주는 효과를 중심으로 살펴보도록 하자. FTA의 경제적 기대효과를 사전적으로 추정하는 가장 일반적인 방식 중의 하나가 CGE모형이다. CGE 모형은 경제주체를 소비자와 생산자로 구분하고 이들 개별 주체의 최적화 행위를 통해 국민경제의 전체적인 흐름을 파악하는 경제모형의 일종이다. CGE모형은 시장구조, 생산기술, 요소부존량, 정부정책 등에 대한 구체적인 가정하에 개별 경제주체 및 시장의 균형조건으로 구성되는 연립방정식체계의 해를 구하는 모형이다. 동 모형은 1980년대 이후 무역자유화 등 경제정책이나 제도의 변화가 경제변수에 미치는 영향을 파악하는 데 널리 사용되고 있다.

그러나 CGE모형은 본시 단순화된 몇몇 가정하에 경제 전반의 작동원리를 추상화한 것으로서 동 모형을 통해 FTA 등 특정 정책변화에 따른 경제적 파급효과를 정확히 예측하는 것은 매우 어려운 일이다. CGE모형의 유용성은 파급효과의 정확한 예측치 추정에 있기보다는 파급경로 및 이들 간의 상대적 중요성을 파악하는 참고자료로 활용되는 데 있다.[5] 그럼에도 불구하고 우리 나라는 대내적으로 CGE

[4] Schiff and Wang(2004)은 NAFTA 회원국과의 교역으로 인해 멕시코의 총요소생산성이 5.5~7.5%까지 증가하였으며, 여타 OECD 국가와의 교역에서보다 NAFTA 회원국과의 교류에서 오는 파급효과가 크다고 추정한 바 있다.

[5] Kehoe(2003), Fox(2004) 등은 NAFTA 회원국을 대상으로 NAFTA 체결 이후 실제로 적용된 특혜관세율의 변화를 CGE모형에 적용하여 추정치를 산출한 후 경제변

표 5-1 | 한·미 FTA가 경제성장에 미치는 기대효과

	CGE 정태모형	CGE 자본축적모형	
		생산성 증가 미고려시	생산성 증가 고려시
실질GDP	0.42% 관세율 감소의 순효과만 고려	1.99% 관세율 변화로 창출된 추가소득을 통한 자본축적효과 고려(생산성 계수는 고정)	7.75% 자본축적효과 이외에 1%의 생산성 증대효과 고려(생산성 자체의 동태적 상승작용효과는 미고려)

추정치 자체의 규모에 대한 불필요한 논란이 지속적으로 진행되고 있다. 더욱이 전문성이 높지 않은 일부 사람들이 CGE 추정치에 대한 잘못된 해석을 제시하며 불필요한 논란을 확대재생산하고 있는바, 안타까움을 금할 길이 없다. 필자는 이 글에서 그간의 논의를 정리·평가해 봄으로써 CGE모형을 둘러싼 각종 오해와 편견을 줄이는 동시에 한·미 FTA의 성장효과에 대한 보다 건설적인 논의의 방향을 제시해 보고자 한다.

〈표 5-1〉에는 대외경제정책연구원이 CGE모형을 이용하여 추정한 한·미 FTA에 따른 실질GDP 증대의 예측치가 나타나 있다. 우선, 관세율 하락을 통한 순가격효과만을 고려할 경우에는 실질GDP가 0.42% 증가하는 데 그치는 반면, 관세율 변화로 창출된 추가소득을 통한 자본축적효과를 고려할 경우에는 이의 약 4.5배에 해당하는 실질GDP가 1.99% 증가하게 된다. 여기에 생산성 효과까지 추가할 경우에는 0.42%의 약 18배에 달하는 7.75% 수준의 GDP 증가효과가 있는

수의 실측치와 비교하여 CGE모형의 예측력을 평가한 바 있다. 이들에 따르면, 첫째 NAFTA 내 교역은 CGE모형의 추정규모보다 큰 폭으로 증가하였으며, 둘째 모형이 예측하는 대로 교역증가율은 멕시코, 캐나다, 미국의 순이고, 셋째 개별 산업별 영향도에 대한 CGE모형의 예측력은 매우 낮은 것으로 나타났다. 다만, 거시환경 변화 및 생산성 증가 등 외생적으로 주어지는 파라미터값을 현실성 있게 고려할 경우 예측력이 다소 개선되며, 따라서 CGE모형과는 별도로 이들 파라미터값을 엄밀히 추정하는 계량분석이 필요하다고 제시하고 있다.

것으로 나타난다. 앞서 살펴본 바와 같이, FTA 등 시장개방이 주는 가장 큰 기대효과는 생산성의 증대에 있다. CGE모형의 추정치가 수치 자체의 예측력보다는 FTA 효과의 주요 파급경로 및 상대적 중요성에 대한 참고자료로 활용함이 적정함을 전제로 할 때, 이러한 결과는 생산성의 증대규모에 따라 추정치 이상의 경제성장효과 시현이 가능함을 의미한다.

한·미 FTA의 경제적 기대효과와 관련해서 쟁점사항 중의 하나가 정부가 '장밋빛 결론'을 도출하기 위해 CGE모형의 추정치를 조작하였다는 것이다. 필자는 이 부분에 있어 우선 정부 차원의 한·미 FTA 홍보방식상의 문제점을 제기하고 싶다. CGE 추정치는 무역창출효과를 과소평가하는 경향이 있으며, 보다 중요하게는 한·미 FTA의 총체적 거시경제효과는 생산성 증가규모에 의해 결정된다. 그럼에도 불구하고 정부는 한·미 FTA 협상개시가 공표된 이래 CGE 추정치에 근거한 관세철폐 위주의 기대효과에 홍보의 초점을 둠으로써 한·미 FTA를 체결할 경우 실익보다 비용이 더 크다는 인상을 초래하였다는 비난을 면하기 어렵다. 정부가 최초 공표한 0.42% 수준의 GDP 증가는 생산성 증대나 자본축적효과를 고려하지 않은, 관세철폐의 순가격효과로서 규모면에서 "차라리 환율 100원 하락하는 것을 막는 것이 더 효과적(이해영, 2006)"이라는 논리에 설득력을 부여한다.

또한 수치조작을 주장하는 반대론자들의 CGE 분석에 대한 이해부족과 이로 인한 잘못된 해석의 수위 역시 심각한 수준이다. 장상환(한미FTA 국민보고서, p. 114)은 "……처음엔 1.99%의 실질GDP 성장률을 제시하더니 나중에 7.75%라는 엄청난 성장률을 제시한다. 정부 스스로도 잠재성장률을 5% 미만으로 제시하고 있는 상태에서 거의 8%에 육박하는 성장률(그리고 높은 고용과 후생수준)을 제시하는 것은 그 진의가 매우 의심스럽다"라고 주장한다.[6] CGE모형에서 고려하는 관

[6] 정태인도 "우리의 실제 GDP 더하기 7.75% 해서 약 11~12%의 성장을 매년 계속한다는 게 도대체 말이나 됩니까?"라고 강변한다.

세율 및 무역장벽 철폐효과란 본시 수준변수의 변화(level effect)를 의미하지, 성장률 자체의 변화(growth effect)를 의미하지 않는다.[7] 그럼에도 불구하고 이를 성장률로 잘못 해석해 정부가 한·미 FTA의 효과를 엄청나게 과대포장하려 한다는 주장을 반복하는 것은 같은 경제학자로서 사뭇 당혹스럽기 그지없다.

한편, 일반적인 CGE모형에서 생산성과 한계대체율은 외생적으로 주어지는 고정된 계수값이다. 따라서 외생적으로 모형 내의 생산성 계수를 바꾸지 않는 한, 생산성 증대효과는 추정치에 직접적으로 반영되지 않는다. 일부에서 제기하는 바와 같이, 정부가 '가정의 가정'식 덧칠하기를 통해 생산성 증대효과를 높이려 하였다는 주장도 기실 CGE모형 추정방식에 대한 실질적인 이해도 부족에 기인한 것이다.[8]

이상을 요약해 보건대, 현재까지 한·미 FTA의 경제적 기대효과에 대한 불필요한 논란이 지속되는 데에는 초기단계에 정부의 한·미 FTA 홍보방식상의 문제점과 반대론자들의 CGE 분석에 대한 이해부족과 잘못된 해석을 바탕으로 한 수치조작의 공론화에서 기인한 것으로 평가할 수 있다. 아울러 한·미 FTA의 가장 큰 기대효과는 자원배분의 효율성 제고, 경쟁력 있는 자본재의 접근 용이, 기술의 학습효과 등을 통한 생산성 제고로서 기존의 CGE 분석에서는 이러한 효과를 충분히 고려하지 못하였다는 점도 인지하여야 한다.

---

7 만약 당초 7.75%의 성장률 변화를 의미하였다면, CGE모형의 실질GDP 증가규모는 향후 10년 기준으로만 잡아도 75%, 향후 30년이면 224%로 도출되었어야 한다.

8 이해영은 "……그 중 동태분석에 해당할 자본축적모형에는 관세·비관세장벽의 철폐라는 충격에 따른 경쟁격화 등, 말하자면 생산성 요인이 이미 반영되어 있는 것임에도 여기에 생산성 1%라는 또 다른 가정에 기초한 가중치를 주고 있는데, 이는 '가정의 가정'식의 덧칠하기라는 지적을 모면하기 어렵다……"라고 단언하고 있다(이해영, 2006, p. 48).

3 한·미 FTA와 수출입

3.1. 한·미 FTA의 무역증대효과

앞서 언급한 바와 같이, 정부 등 한·미 FTA를 추진하는 측은 한·미 FTA 체결이 관세철폐 및 통상마찰 해소를 통해 우리의 대미 수출시장 점유율을 제고시킬 것으로 예상하고 있다. 그런 반면, 반대론자들은 미국의 현행 평균유효관세율은 1.5%로서 우리 나라의 7.2%의 약 1/5 수준이라는 점을 들어, 대미 수출의 증가효과가 그리 크지 않은 채 수입만 크게 늘어 전체적으로 무역수지를 악화시킬 것이라는 우려를 제기한다.

실제로 순수한 관세감축효과만을 고려해 보았을 때, 한·미 FTA 체결로 인해 단기적으로 우리 나라 무역수지가 악화될 개연성은 높은 편이다. 그러나 과거 NAFTA의 경험을 살펴보면, NAFTA 체결 당시 미국의 관세율이 상당히 낮은 수준이었음에도 불구하고 멕시코나 캐나다의 대미 수출이 NAFTA 체결 이후 상당한 증가세를 보였으며, 두 나라 모두 대미 무역흑자의 폭이 오히려 증가하는 추세에 있다. 아울러 NAFTA의 체결 이후 회원국 간의 교역활성화가 어느 정도까지 관세율 축소로 인한 효과인가에 대해서는 경제학계 내에서 아직 결론이 내려지지 않은 상태이다.[9]

[9] FTA 체결로 인한 관세감축효과를 실증분석하는 데 가장 큰 난점은 FTA와 연관성이 낮은 여타 국내외 거시환경의 변화 및 제도개혁이 교역에 미치는 영향을 FTA의 관세감축효과와 분리하는 것이 어렵다는 데에 있다.

그림 5-1 | 멕시코의 대미 교역추이

(단위: 10억 달러)

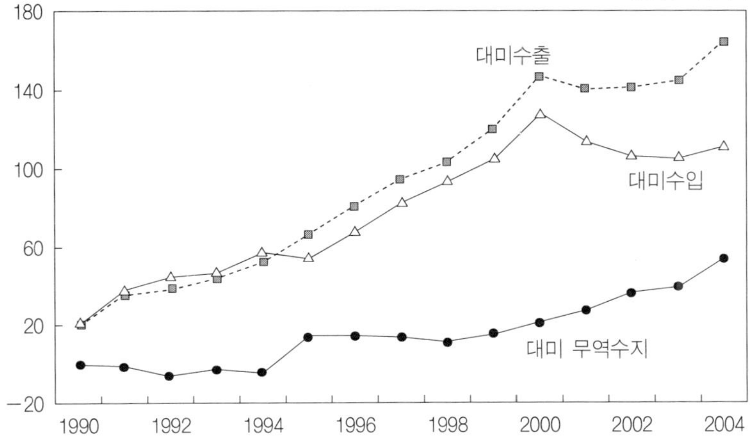

Kehoe and Ruhl(2002), Begin and Glick(2005) 등은 FTA 체결 이전 상대적으로 교역규모가 작았던 제품군에서 교역증대효과가 매우 현저하게 나타나는 점에 주목할 필요가 있다고 주장한다. 가령 〈표 5-2〉에 제시된 바와 같이, NAFTA의 경우 FTA 체결 이전 시점인 1989년 기준으로 교역이 미미하였던 하위 10% 제품군(이하에서는 LTG)이 1999년에는 전체 교역량 중 16~42% 수준으로 확대되었으며, EU의 사례에서도 비슷한 추세가 나타나고 있다.[10] 예를 들어, 캐나다에서 멕시코로 수출되는 품목 중 화물용 및 여객용 원동기(SITC 7810)는 1988년에 전체 수출 중 0.01%에 불과하던 것이 1999년에는 5.06%로 증가하였으며, 냉동쇠고기(SITC 0111)가 0.08%에서 2.28%, 그리고 미가공 알루미늄제품(SITC 6841)이 0%에서 1.33%로 증가하였다. 이 밖에도 매우 광범위한 LTG 제품군에서 괄목할 만한 수출신장세가 시현

10 여기에서 LTG란 SITC 4 digit 자료를 이용하여 1989년 시점에 제품단위별로 교역액이 가장 적은 하위 10%의 제품군을 지칭한다.

표 5-2 | FTA의 무역창출효과: Least-traded goods(LTG)의 경우

a. NAFTA의 사례

수 출 국	수입국(지역)	1989년 기준 총교역 대비 비중	1999년 기준 총교역 대비 비중	LTG 증가분/총수출증가분
캐 나 다	멕 시 코	10%	42%	0.99
멕 시 코	캐 나 다	10%	28%	0.41
멕 시 코	미 국	10%	17%	0.25
미 국	멕 시 코	10%	16%	0.24

b. EU의 사례

수 출 국	수입국(지역)	1990년 기준 총교역 대비 비중	2000년 기준 총교역 대비 비중	LTG 증가분/총수출증가분
스 웨 덴	EU	10%	17%	2.02
이탈리아	EU	10%	14%	1.44
포르투갈	EU	10%	19%	0.86
프 랑 스	EU	10%	13%	0.35
영 국	EU	10%	14%	0.34
스 페 인	EU	10%	16%	0.25

자료: Bergin and Glick(2005).

되었다.

무엇보다도 중요한 것은 LTG 제품군들이 여타 제품군들에 비해 FTA 체결로 인해 무역장벽의 축소폭이 상대적으로 크지 않았다는 점(Kehoe and Ruhl, 2002)이다. 이는 결국 FTA의 수출창출효과가 단순히 관세율의 조정을 통한 수출품의 가격하락에 머무르지 않음을 의미하며, 특히 특정 제품에 대한 소비자의 인지도 상승, 개방 및 경쟁촉진을 통한 국내기업의 생산성 증가 등이 이러한 수출증대의 주요한 요인이라 볼 수 있다.

표 5-3 | 포도주 수입추이와 수입대상국별 점유율 변화

(단위: 십만 달러, %)

연 도	전체 수입액 (증가율)	프랑스 (점유율)	이탈리아 (점유율)	미 국 (점유율)	칠 레 (점유율)
2000	199.6(31.3)	102.3(51.3)	15.5(7.8)	33.9(17.0)	4.8(2.4)
2001	232.3(16.4)	109.2(47.0)	17.2(7.4)	56.7(24.4)	6.5(2.8)
2002	295.5(27.2)	165.1(55.9)	23.7(8.0)	43.7(14.8)	12.0(4.1)
2003	458.7(55.2)	226.8(49.5)	42.6(9.3)	81.4(17.7)	29.9(6.5)
2004	580.9(26.7)	263.5(45.4)	48.0(8.3)	81.5(14.0)	80.1(13.8)
2005	678.3(16.8)	249.7(36.8)	68.4(10.1)	95.5(14.1)	118.9(17.5)

자료: 무역협회.

제품의 인지도 상승이 교역증가로 이어지는 대표적 사례로는 칠레산 와인을 들 수 있다. 우리 나라와 칠레 간의 FTA 체결 이후 칠레산 와인의 수입이 꾸준히 증가하고 있는데, 이는 단순한 관세율 효과라기보다는 질 좋은 칠레산 와인에 대한 우리 나라 소비자들의 인지도 상승에 기인한 것으로 평가된다. 따라서 우리 나라도 한·미 FTA 체결로 제품 전반에 대한 미국 소비자의 인지도 상승 및 이를 통한 무역창출효과에 대한 기대감이 매우 높다고 할 수 있다.

한·칠레 FTA의 경우에도 한국의 대칠레 수입에 있어 FTA 체결 이전에 교역이 미미하였던 제품군(HS 10 digit 기준)의 비약적 증가현상이 나타난다(〈그림 5-2〉 참조). 관세감축에 따른 칠레 농산물 수입증가는 당초의 우려와는 달리 그리 크지 않은 것으로 나타난 반면, 몰리브덴광, 메탄올 등 과거 수입규모가 상대적으로 작았던 제품의 수입이 증가하였다. 반면, 한국의 대칠레 수출은 자동차부품 및 제품, 합성수지 등 주력상품군의 증가가 현저해 수입실적과 대조적이다.

그림 5-2 | 한·칠레 FTA 체결 전후의 수출입 구성 변화

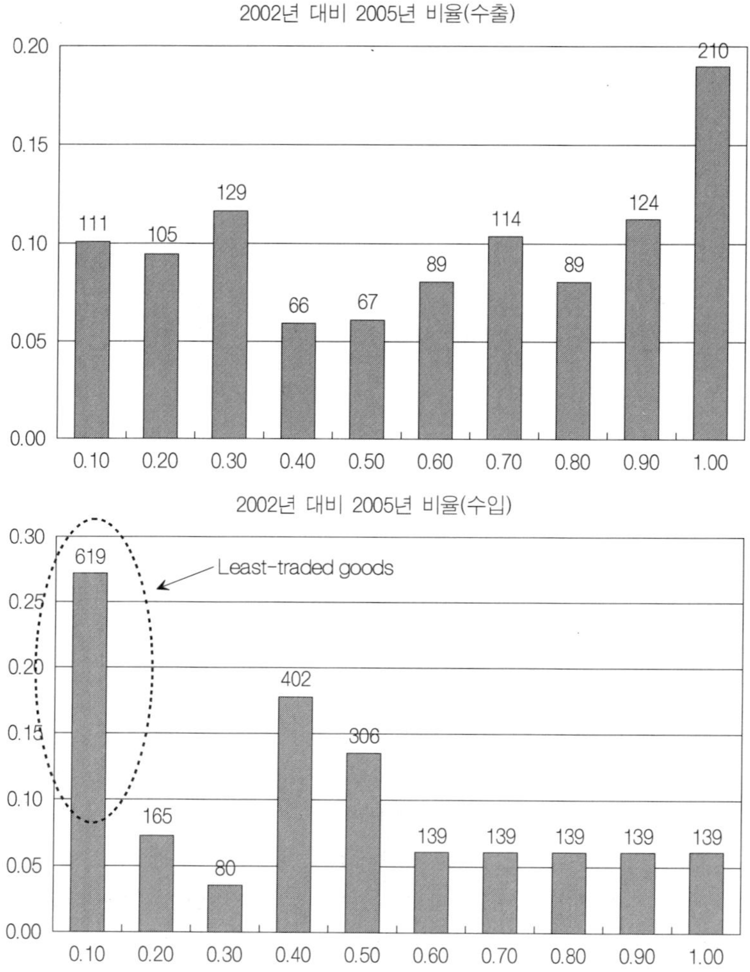

주: 가로축은 2002년 기준으로 전체 수출(입)가능 품목들을 실적이 가장 높은 제품순으로 우측부터 10%씩 분할한 것임. 세로축에는 동 제품군들의 2005년 기준 전체 교역량 대비 비중을 나타낸다.

자료: 관세청 무역통계.

3.2. 무역수지와 소비자후생

무역수지문제에 대해 다시 한번 생각해 보자. 언제부터였을까? 수출이 느는 것은 좋고 수입이 느는 것은 나쁘다는 이분법적 사고방식이 알게 모르게 우리의 잠재의식 속에 자리잡고 있다.[11] 아마 개발연대 이후부터가 아닌가 싶다. 당시에는 경제성장에 필요한 국내의 투자재원이 부족하였고, 이에 수출증대를 통한 외환의 확보만이 우리가 살 길이라는 공감대가 형성되어 있었다. 국민 모두가 허리띠를 졸라맸고 수출할 만한 것은 모두, 심지어 머리카락도 잘라 파는 그런 시절을 보냈다. 물론 수입은 가급적 생산에 필수적인 자본재 위주로 제한하여 피땀 흘려 벌어들인 외환이 해외로 유출되는 것을 막았다. 이러한 수출지향형 성장전략은 지난 30여 년간 세계도 놀라는 급속한 경제성장의 밑거름이 되었다는 점은 부인할 수 없다.

그럼 최근의 상황은 어떠한가? 우리 나라의 대외무역의존도, 즉 GDP에서 차지하는 교역의 비중은 지속적으로 증가하고 있는데도 경제성장률은 오히려 하락하는 추세에 있다. IT, 자동차 등 주력제품의 수출호조에 힘입어 무역수지 흑자규모도 전례 없이 높은 수준을 유지하고 있는데다, 현재 우리는 세계 제4위의 외환보유국 위치에 있다. 그런데도 우리는 여기저기서 성장잠재력이 약화되고 있다는 이야기를 자주 접하게 된다. 이쯤 되면 '수출을 통한 외환확보가 곧 성장'이라는 논리에 대해 상당한 허전함을 느끼게 된다.

앞서 살펴본 바와 같이, 최근 한·미 FTA에 관련하여 논란이 끊이지 않는 쟁점 중의 하나가 미국의 평균유효관세율이 우리 나라의 5분의 1 수준이므로 FTA 체결 이후 우리 나라의 대미 수출은 별로 늘

[11] 이해영은 "그렇다면 정부측 주장처럼 수출로 먹고 살기 때문에 FTA를 한다 하더라도, 대미 무역적자국이 되기 위해 FTA를 할 수는 없을 것이다. 수출만 알고 수입을 모른다면 덧셈만 알고 뺄셈을 모르는 것과 다를 바 없다"라고 단언한다(이해영, 2006, p. 48).

그림 5-3 | 경제성장률 vs 무역의존도

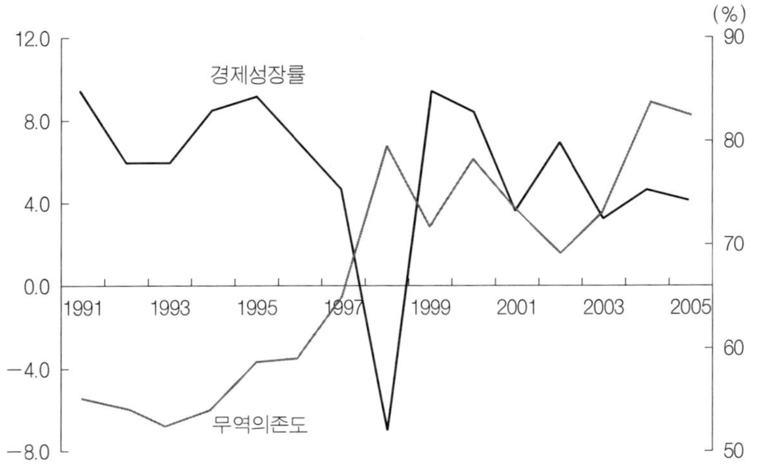

지 않는 대신, 대미 수입이 대폭 증가하여 무역수지가 악화되지 않느냐는 점이다. 분명 관세율효과만 고려한다면 현재의 대미 무역흑자의 규모가 줄어들 개연성은 충분히 있다. 차라리 관세율수준이 우리보다 높은 개도국과의 FTA를 추진하는 것이 더 나아 보이기도 한다. 그러나 이 때문에 한·미 FTA 추진의 실익이 적다고 판단하는 것은 나무는 보고 숲은 못 보는 우를 범하는 것이다. 한·미 FTA의 추진은 기존의 성장전략이 한계점에 다다랐다는 위기의식하에 새로운 성장 패러다임 및 성장동력을 확보·정착시키는 계기로 활용하는 데 가장 큰 목적이 있다. 즉, 능동적인 시장개방을 통해 우리 나라의 시스템을 선진화하고, 경쟁을 촉진시켜 경제 전반의 생산성을 제고함으로써 새로운 성장동력을 확보하자는 것이다.

수입문제도 한번 생각해 보자. FTA를 통한 수입관세의 인하는 수입중간재 조달비용을 낮추어 우리 기업의 생산비를 절감하는 효과가 있다. 아울러 소비자들로 하여금 보다 저렴하고 다양한 상품에 대한 선택의 폭을 넓혀 후생증진에 기여한다. 과거 개발연대시절에는 압축성장을 위해 소비재의 수입을 제한하였고, 이로 인한 소비자후생의 감소는 상당 부분 정당화되었다. 그러나 언제까지 우리는 무역수지 흑자유지를 위해 소비자후생을 희생시켜야만 하는 것일까?

무역수지 흑자는 미래의 성장을 위한 투자자금을 확보하게 하는 동시에, 여러 거시경제정책을 안정적으로 추진하는 기반을 제공한다. 따라서 같은 값이면 무역수지 흑자가 그렇지 않은 경우보다 나을 수 있다. 그러나 지속적인 대미 무역흑자는 미국으로부터의 원화절상이나 여타 통상압력을 불러 올 가능성을 높인다. 반면, 우리 나라의 대일 무역적자는 부품·소재의 수입을 중심으로 꾸준히 확대되고 있는데 별달리 손을 쓸 방도가 떠오르지 않는다. 한·미 FTA는 부품·소재의 대일 수입을 대미 수입으로 전환시키는 효과가 있어, 무역수지 구조개선에 적지 않게 기여할 수 있다. 우리 나라의 대미 수입 중 부품·소재 및 자본재가 차지하는 비중이 55% 이상이고, 국내 부품·소재수입 중 미·일 간 품목이 일치하는 비중도 54%나 되므로 그 가능성은 매우 크다고 평가한다.

4 결 론

과거 외환위기를 전후로 자본과 노동의 집중투입에 의한 이른바 '요소투입형' 경제의 한계를 경험하고 있는 우리 나라로서는 기술혁신과 인적 자원이 성장의 주 원동력이 되는 '혁신주도형' 경제로 이행되어야 할 필요성이 그 어느 때보다 높다고 하겠다. 이러한 상황인식하에 한·미 FTA 추진은 국내생산활동의 고부가가치화를 위한 능동적 개방화 전략의 일환으로서 그 의의가 크다고 사료된다. 한·미 FTA 등 능동적 개방화 전략을 통해 해외의 글로벌 스탠더드와 혁신자원을 흡수하는 한편, 내부적으로 추진하고 있는 제도개혁의 추동력을 확보하는 것이 우리 경제의 미래를 결정하는 주요한 요소라 하겠다.

이와 더불어 이 글에서 제시한 바와 같이 우리는 무역수지를 보는 시각, 소비자후생을 보는 시각, FTA의 경제적 효과를 보는 시각 등 다방면의 인식의 대전환이 필요한 시점에 있다고 평가할 수 있다. 우리 나라 경제의 미래가 새로운 시각에서 좀더 진지하고 심도 깊게 논의되기를 희망한다.

참고문헌

김기화, 「수출주도형 국가의 경제성장과 수입: 한국의 사례」, 『경제학 연구』 제53집 제3호, 2005.

이시욱, 「한·미 FTA와 한국경제: 최근 논의의 평가」, 한·미 FTA가 한국경제에 미치는 영향, KDI 정책토론회, 2006.

이해영, 「낯선 식민지, 한미 FTA」, 메이데이, 2006.

한미FTA저지 범국민운동본부, 『한미 FTA 국민보고서』, 그린비, 2006.

Bergin, P. R. and R. Glick, "Tradability, Productivity, and Understanding International Economic Integration," NBER Working Paper No. 11637, 2005.

Coe, D. T. and E. Helpman, "International R&D Spillovers," *European Economic Review*, 39, 1995, pp. 859~887.

Eaton, J. and S. Kortum, "Trade in Ideas: Patenting and Productivity in the OECD," *Journal of International Economics*, 40, 1996, pp. 251~278.

Kehoe, T. and K. J. Ruhl, "How Important is the New Goods Margin in International Trade?," mimeo, The University of Minnesota, 2002.

Lawrence, R. and D. Weinstein, "Trade and Growth: Import-led or Export-led? Evidence from Japan and Korea," NBER Working Paper No. 7264, 1999.

Schiff and Wang, "Regional Integration and North-South Technology Diffusion: the Case of NAFTA," Central Bank of Chile Working Papers No. 283, 2004.

Trefler, D., "The Long and Short of the Canada-U.S. Free Trade Agreement," *American Economics Review*, 94, 2004, pp. 870~895.

박 형 래

제6장

한·미 FTA 4대 선결조건

1 주요 찬반논쟁

미국은 우리 나라와 가장 긴밀한 경제협력관계를 가지고 있는 나라이다. 특히, 한국의 10대 주력수출상품의 최대 수요지이며 투자관계에서도 우리 나라에 대한 최대 투자국이며 우리 기업의 최대 해외 투자국 중의 하나이기도 하다. 그 동안 양국은 상호 통상확대와 점진적 발전을 위해 많은 협의와 부단한 노력을 기울여 왔다. 현재 우리 경제는 급격한 변화의 시점에 있다. 선진국 진입을 위해 대내적으로는 기업의 경쟁력 확보와 대외적으로는 고소득 거대시장에서의 시장 점유율 확대를 통한 성장동력의 확보가 필수적이며, 이 과정에서 한·미 FTA의 성공적 추진은 필수적이라 할 수 있다. 이러한 측면에서 동시다발적인 FTA가 급속히 추진되고 있으며, 각국 간의 통상환경을 우호적으로 개선하려는 노력이 다각도로 진행되고 있다. 우리가 미국과의 FTA를 제안하고 나선 것도 이러한 상황변화를 반영하고 있다고 볼 수 있다.

한·미 FTA는 중국을 비롯한 경쟁국의 미국 시장 급부상으로 인한 대미 수출, 투자여건이 현저히 악화되고 있는 상황에서 우리가 미국 시장을 보다 지속적·경쟁적으로 진출할 수 있는 제도적 장치로서 의의를 가지고 있다고 볼 수 있다. 그러나 이러한 긍정적 의의와 함께 우리가 협상과정에서 미국의 요구조건을 대폭 수용할 수밖에 없을 것이라는 우려도 있다. 그러나 협상이라는 것은 서로 주고받는 것이며, 우리가 선진국으로의 경제도약을 위해 반드시 필요한 대미 시장 진출에 필요한 우리의 요구조건을 관철시키고 미국의 요구조건을 수용하는 형식을 취하는 것이다. 특정 집단의 정치적 의도에 의해 우리가 양보한 측면을 일방적으로 과대선전하는 모양은 지양되어야 할 필요가 있다. 이러한 사례는 한·칠레 FTA 추진과정에서 알 수 있듯이, 한·칠레 FTA가 타결되면 마치 우리 나라의 농업이 전멸할 것이라는 특정 집단의 정치적 구호와 선동이 얼마나 근거 없는 주장이었으며, 한·칠레 FTA를 저지하기 위한 폭력과 시위가 어떻게 사회의 혼란과 국력을 낭비하게 하였는지 잘 경험한 사건이었다.

협상이라는 것은 이해관계가 있는 양 당사국이 행하는 것이다. 쌍무적인 협상은 다양한 형태와 내용으로 이루어지지만 기본적으로는 상호주의하에서 양국 간에 통상이익을 서로 교환하는 것이다. 통상의 경우 이익의 연계교환은 상호주의에 의하여 받는 혜택과 주는 혜택이 균형 있게 유지되도록 함으로써 달성되는 것이다. 서로에게 필요한 이익을 교환함으로써 전체로서의 이익을 증가시키게 하는 작업이라 할 수 있다. 한·미 FTA는 한국의 국가이익을 한 단계 도약시킬 수 있는 절호의 기회이며 경제성장의 동력이 될 것으로 기대된다. 이러한 협상의 결과 한국 내에서는 손해를 보는 집단과 이익을 보는 집단이 공존할 수 있겠지만, 이러한 문제는 전체 이익부분 중에서 손해 보는 부분을 보전하는 정책을 어우러지게 함으로써 한국의 국가이익을 극대화시킬 수 있을 것이다. 손해 보는 부분을 민감하게 자극시켜 특정 집단의 정치적 이해로 악용되거나, 손해 보는 집단의 조직적인 저항이 겉으로 드러나 보이지는 않지만 침묵의 다수가 얻게 될 큰 이익을 손상시키는 결과로 나타나서는 안 될 것이다.

이 글에서는 한·미 FTA에 대한 이해를 제고하는 것을 목적으로 한다. 이를 위해 먼저 그간 논란이 되어 왔던 한·미 FTA 4대 선결조건과 이에 대한 핵심 쟁점을 설명하고, 둘째 한·미 FTA 추진과정, 셋째 4대 선결조건의 각 쟁점을 평가하고 우리 나라가 견지해야 할 입장을 나름대로 제시하여 보기로 한다.

우리 나라는 2003년 8월부터 전반적인 FTA 추진전략을 마련하고, 2004~2005년 수정된 로드맵에 따라 경제적 효과를 극대화할 수 있는 거대경제권과의 FTA를 본격 추진하기로 하였다. 이러한 추진전략에 따라 우리 나라는 거대경제권과의 FTA 추진의 일환으로 한·미 FTA를 추진하게 되었으나 한·미 FTA 추진에 대한 찬반논쟁으로 갈등을 일으키고 있다.

우선 우리 나라는 대외무역을 통한 경제발전과 성장에 의존하고 있어 세계시장이 중요하고, FTA는 거스를 수 없는 세계적인 조류이며, 개방은 우리 경제시스템의 선진화와 경쟁력을 제고시키므로 적극적·능동적인 개방수단인 FTA는 선택이 아닌 필수라고 주장한다. 이에 반하여 FTA가 산업의 구조조정과 발전을 위한 하나의 수단이 될 수는 있지만 목적은 될 수 없으며, FTA가 발전도구로서 유용성을 갖기 위해 무엇보다 한국의 다양한 산업발전단계를 고려해 목표를 명확하게 하는 방식이어야 한다는 원론적인 입장에서부터 상충하고 있다.

또한 FTA 추진결정까지 정부 내 논의도 거의 없었으며, 졸속으로 추진될 뿐만 아니라 선협상 후대책의 병폐를 드러내고 있다고 주장한다. 이에 반하여 2000년 한·미 재계회의에서 FTA가 최초로 검토되는 등 양국 업계는 오래 전부터 FTA의 필요성에 대한 논의와 함께 2003년부터 정부 내 검토와 전문가 연구, 설문조사 등을 통해 FTA 협상 출범준비를 단계적·지속적으로 진행하였고, 2003년 8월 FTA 추진 로드맵에 따라 추진해 왔으며, 2005년 여섯 차례의 한·미 통상장관회담을 통해 FTA 협상 출범가능성에 대한 협의와 2005년 2~4월 세 차례에 걸친 한·미 FTA 사전점검회의를 통해 상호 예상쟁점을 미리 파악하였다는 의견이 입장차이를 보이고 있다.

한편, 한·미 통상현안으로서 스크린쿼터 축소, 쇠고기 수입재개, 자동차 배출가스기준, 의약품 약가 등 이른바 한·미 FTA 4대 선결조건을 미리 양보하여 협상카드를 소진하였을 뿐 아니라 미국의 협상전략에 끌려 가고 있어 협상의 주도권을 상실하였다는 논란과, 4대 선결조건이라는 것은 이전부터 한·미 양국 간의 주요 통상현안 과제로서 한·미 FTA 제2차 협상에서 한·미 간의 치열한 논쟁이 벌어지고 있는 의약품 약가를 제외하고는 스크린쿼터 축소, 쇠고기 수입재개, 자동차 배출가스기준은 이미 처리될 사안이었고, 사실상 FTA가 아니더라도 4대 선결조건은 해결하였어야 할 현안이라는 점에서 견해를 달리하고 있다.

2 한·미 투자협정(BIT)과 스크린쿼터

2.1. 경 과

우리 나라와 미국의 투자협정은 1994년 미국이 우리 나라와 투자협정의 체결을 제의한 것으로 시작되었으나, 당시 우리 나라의 투자 자유화 및 외국투자자의 권리보호 수준이 국제수준과는 너무나 현격한 차이가 있어 추진되지 못하였다.

그러나 1997년 IMF 경제위기 이후 경제의 새로운 패러다임 및 시장경제를 위한 우리 나라의 경제자유화 조치가 상당 부분 이루어졌기 때문에 이를 활용하여 한국 경제정책의 대외신인도를 높이고, 국제경쟁력 강화를 위한 외국기업과의 전략적 제휴를 촉진하기 위하여 우리 나라는 미국과의 투자협정 체결을 제의하고 협상을 추진하게 되었다. 즉, 경제위기 이후 광범한 자유화 조치로 시장개방에 대한 우려가 감소되고, 적극적인 외국인투자 유치가 핵심 경제정책으로 부상함에 따라 우리 나라는 한·미 투자협정 추진을 검토하게 된 것이다.

이에 1998년 6월 9일 한·미 정상회담에서 양국 정상은 투자협정

체결을 추진키로 합의하여 실무협상이 개시된 이래로 실질적인 협정 내용에 관해 상당한 의견접근이 이루어졌으나 외국인투자의 우대에 관한 일반원칙인 무차별원칙 협정문 조항, 이행의무 금지조항, 수용조치 조항, 송금조항, 투자분쟁해결 조항 등 몇 가지 난제, 특히 이행의무 금지조항과 관련된 스크린쿼터의 난제가 더욱 부각되면서 그 결실을 보지 못하였다.

2.2. 주요 쟁점

한·미 투자협정 체결을 위한 협상은 1998년 6월 9일의 양국 정상회담의 합의에 의하여 1998년 7월 21~22일 워싱턴에서 첫 번째 실무회의가 개최되었으며, 협정문안의 골격에 대한 합의가 이루어짐으로써 시작되었다.

이 때 국내에서 쟁점으로 떠오르게 된 양국 간 투자협정문안의 주요 내용은, 투자와 관련하여 내국민 및 최혜국 대우할 것을 원칙으로 하고 일부 민감 업종만 예외로 한다는 것(협정문안 제2조 및 부속서), 투자관련 분쟁해결절차의 강화를 위해 외국인투자자에게 국내법원을 거치지 않고 국제공인 중재기관에 제소할 수 있는 권한을 부여한다는 것(협정문안 제9조), 외국인투자자가 투자한 원금 및 이에 따른 과실을 국내외로 송금할 수 있는 권리를 보장한다는 것(협정문안 제5조), 외국인투자자에게 일정 비율 이상의 국산부품이나 서비스를 사용하도록 하는 강제적 이행의무 부과행위를 금지한다는 것(제6조) 등이었다.

특히, 한국에서 시행되고 있는 국산영화 의무상영제도, 즉 스크린쿼터제도가 현지 생산품 사용의무를 금지한 양자 간 투자협정 표준문안 제6조 (a)항 "각 체약국은 협정적용대상 투자의 설립, 취득, 확장, 경영, 영업 또는 운영에 관한 조건으로서 아래의 어떠한 의무(정부허가 또는 인가의 취득과 관련한 약속 또는 보증 포함)도 명령 또는 강제할 수 없다; 일정 수준 또는 비율 이상의 국내부품 사용, 국내산 재화 또는 용역의 구매, 사용……"[1]에 위배됨을 지적하며 철폐를 요구하여 핵심 쟁점으로 부각되었다. 이러한 문제는 결국 미국의 투자자본이 한국의 영화상영관으로 투자되었을 경우, 미국 투자자본으로 지어진 영화관에 한국법에 의해 특정 일수의 한국 영화 상영을 강제적으로 준수하라는 것이 되므로 그간 미국의 투자자본을 적극적으로 유치하기 위해 한·미 투자협정을 추진해 왔던 우리 입장으로서는 미국의 자유로운 투자활동을 보장하지 못하고 미국의 투자활동에 특정 의무조항 및 제한을 부과한 채 미국의 투자를 요구하는 모순된 상황을 맞이하게 되었다. 한·미 양자 간 투자협정이 성사되기 위해서는 근본적으로 스크린 쿼터제도의 변화가 있어야 한다는 미국측의 주장을 반박하기에는 이러한 논리적 약점이 있다고 할 수 있다.

2.3. 스크린쿼터

스크린쿼터는 국내영화상영관의 연간 상영일수 중 일부에 대하여 자국산 영화를 상영하도록 하는 제도를 말한다.[2] 한·미 투자협정 협상 당시의 우리 나라 영화진흥법 시행령[3]에 의하면 연간 의무상영일

---

[1] ARTICLE 6 "Neither Party shall mandate or enforce, as a condition for the establishment, acquisition, expansion, management, conduct or operation of a covered investment, any requirement(including any commitment or undertaking in connection with the receipt of a governmental permission or authorization): (a) to achieve a particular level or percentage of local content, or to purchase, use or otherwise give a preference to products or services of domestic origin or from any domestic source……."

[2] 스크린쿼터제도는 "영화진흥법 제28조(한국 영화의 상영의무) 영화상영관 경영자는 연간 대통령령이 정하는 일수 이상 한국 영화를 상영하여야 한다"에 근거하고 있다.

[3] 영화진흥법 시행령 제13조(한국 영화의 상영의무) ① 법 제28조의 규정에 의하여 영화상영관의 경영자는 매년 1월 1일부터 12월 31일까지 연간 상영일수의 5분의 2 이상 한국 영화를 상영하여야 한다. ② 문화관광부 장관은 제1항의 규정에 불구하고, 한국 영화의 수급상황 등을 고려하여 특히 필요하다고 인정되는 경우에는 시(전년도 말 기준 주민등록인구수 10만 이하의 시를 말한다)지역 및 군(광역시의 군

수는 146일이며, 이 상영규정은 문화관광부 장관이 연간 20일, 지방자치단체장이 20일, 통합전산망 가입극장에 대해서 20일의 범위 내에서 수급 사정을 감안하여 축소할 수 있는 재량권을 부여하고 있으나,[4] 실제 극장에서 적용되고 있는 스크린쿼터의 규모는 연간 106일 수준에서 시행되고 있었다.

그러나 스크린쿼터는 영화상영업에 투자하는 외국인투자자에 대한 국내산 서비스 사용의무에 해당되므로 한·미 투자협정문 제6조 (a)에는 이러한 이행의무(performance requirement) 부과를 금지하고 있다.

그로 인해 한·미 투자협정을 조속히 체결하기 위해 여러 차례의 실무협상과 비공식 협상을 진행하는 과정에서 스크린쿼터의 유지문제가 최대 난제로 부각되기 시작하였다. 문제가 되는 내용은 한·미 투자협정 문안 제6조 (a)에 명기되어 있는 "……체약국 정부가 외국인투자자로 하여금 일정 비율 이상의 국산재화나 현지 생산품을 어떠한 수준이나 비율로 국내생산량을 달성하도록 하거나 혹은 어떠한 형태로든지 국내에서 생산된 상품 또는 용역을 구매하거나 사용하거나 다른 형태로 특혜를 주도록 하는 조건을 금지한다……"는 조항에 근거한다.

이 조항에 따르면 미국 투자자 개인이나 법인이 국내에 투자하여 소유하거나 경영하는 극장에 대해 국산영화 상영의무를 부과하게 되면 물론 투자유치국 관점에서 보면, 본국이나 투자국 모두에게 동등한 대우인 내국민대우를 부여하고 있는 듯하나 투자국에서 보면 이행의무부과 금지조항과 상충하게 된다. 즉, 국내극장업에 투자한 미국인 투자자는 영화진흥법에 의거 영화산업보호를 위해 부과한 국산영

을 제외한다)지역의 영화상영관에 대하여는 40일의 범위 안에서, 그 외 지역의 영화상영관에 대하여는 20일의 범위 안에서 한국 영화의 연간상영일수를 단축할 수 있다.

[4] 영화진흥법 시행규칙 제11조 (영업정지시의 한국 영화 의무상영일수의 감경) 2. 영업정지를 명하는 해의 1월 1일부터 12월 31일까지 다음 각목의 요건을 갖춘 영화관 입장권전산망에 참여한 경우에는 한국 영화의 연간 의무상영일수 20일을 감경한다.

화 의무상영일수라는 현지 생산품(local content) 사용의무를 충족시켜야 하므로, 이는 어떠한 수준 혹은 비율의 내국생산량을 달성하도록 하거나 혹은 국내에서 생산조건을 명령하거나 강제해서는 안 된다는 상기의 조항과 상충하게 된다. 결국 미국은 한·미 투자협정을 체결하기 위해서는 국내의 스크린쿼터제를 폐지해야 한다고 주장한 것이다.

그 과정에서 우리 나라의 협상대표들이 현행 국내스크린쿼터를 단계적으로 축소 내지 폐지를 검토하고 있다는 사실이 알려지게 되면서 스크린쿼터의 존폐 및 그 역할에 대한 논란이 제기되기에 이르렀다. 국내영상관련자들은 스크린쿼터가 자유시장의 원리에 위배되는 제도가 아니라 시장독점을 막고 공정한 기회를 마련해 주는 최소한의 제도이며, 나아가 이 제도를 폐지할 경우 국내영상산업은 몰락의 길을 걷게 될 것임을 강조하고 있다.

그러나 스크린쿼터제가 한국 영화 보호를 위한 제도적 지원방안 중의 하나일 수는 있지만 어떠한 상황에서도 유지해야 할 제도인지 또한 그것이 소기의 효과를 발휘하고 있는지, 운영과정에서의 모순이나 개선점은 없는지 숙고해야 한다.

한국 영화산업이 아직 국제경쟁력이 약한 시점에서 스크린쿼터가 폐지가 된다면 미국의 블록버스터 영화의 공세를 이겨낼 도리가 없다는 주장도 있으나 현재의 스크린쿼터를 언제까지나 유지할 수는 없을 것이다. 외국시장에 배타적으로 비치는 데다 더 큰 이익을 위해서 축소는 불가피한 것이다. 또한 WTO 국제규범 GATT 제4조에서 스크린쿼터를 인정하고 있으나 GATT 제4조 (d)항에 의하면[5] 스크린쿼터가 자유화 또는 철폐를 위한 협상의 대상임을 명시하고 있다.

[5] Article IV Special Provisions relating to Cinematograph Films "……(d) Screen quotas shall be subject to negotiation for their limitation, liberalization or elimination."

3 4대 통상현안의 주요 내용과 평가

3.1. 스크린쿼터

스크린쿼터제도는 영화를 상영하는 모든 극장은 의무적으로 한국 영화를 상영하도록 하는 국산영화 의무상영제도를 말한다. 한·미 통상현안으로 부각된 논란이 아니더라도 이 제도는 1967년 첫 시행 이후부터 영화제작계와 극장업계가 첨예하게 대립하는 요인으로 떠올랐고, 그 논란은 결국 법개정으로 이어지곤 하였다. 연간 의무상영일수가 최저 30일에서 최고 146일까지로 증감을 거듭한 이유도 그와 같은 대립적 갈등의 결과라고 할 수 있다.

일반적으로 스크린쿼터제도로 통용되는 한국 영화 의무상영제도가 법적인 근거를 갖는 제도로 등장한 것은 1966년부터라 할 수 있다. 1962년에 제정된 영화법에는 정부가 한국 영화의 진흥을 위해 "정부는 우수영화 제작의 장려와 영화문화의 발전 향상 및 영화의 국제교류를 위하여 영화사업에 보조할 수 있다"라는 조항[6]을 두었으나 당시에는 한국 영화의 의무상영을 명기하지는 않았다. 그러나 1966년에 2차로 개정된 영화법에서는 보다 전향적인 입장에서 구체적으로 진흥의 방향을 명시하게 되는데, 제19조는 영화사업의 조성을 위해 정부는 우수한 국산영화의 제작과 영화문화의 발전향상 및 국제교류를 위하여 필요한 조성방안을 강구·실시하여야 하며, 정부는 영화제

[6] 영화법(1962) 제19조.

작자 또는 국산영화의 수출자에 대하여 대통령령이 정하는 바에 의하여 보조할 수 있다. 또한 영화를 상영하는 공연장의 경영자는 대통령령이 정하는 외국영화와의 상영비율에 따라 국산영화를 상영하여야 하며, 외국영화의 수입편수는 당해 연도 국산영화 상영편수의 3분의 1을 초과할 수 없다는 등의 4개 항을 조치하도록 하였는데, 이 때 한국 영화의 의무상영제를 제도적으로 명시하게 된 것이다.

이에 따라 1966년 12월 27일에 7차로 개정·공포된 대통령령 제2847호인 영화법 시행령 제25조는 영화법(2차 개정) 제19조 제3항의 규정에 근거한 국산영화의 상영기준을 "연간 6편 이상으로 하되 2개월마다 1편 이상으로 하고 총상영일수는 90일 이상이어야 한다"고 규정하고 있으며, "다만 공보부 장관은 지역별 및 영화상영 상황에 따라 총상영일수를 조절할 수 있다"는 단서조항을 두었다. 이 조항이 바로 우리 나라에서 처음으로 시행된 국산영화 의무상영제도의 구체적인 모습이며, 이에 따라 1967년부터 영화법에 의한 국산영화 의무상영제가 본격적으로 시행되기 시작하였다.

당시 한국 영화의 제작편수는 폭발적으로 증가하고 있었다. 1965년 161편에 이르렀던 한국 영화 제작편수는 1966년 173편, 1967년 185편, 1968년 195편, 1969년 229편, 1970년 231편으로 늘어났다. 그러나 제작편수의 증가에도 불구하고 한국 영화에 대한 사회적 평가나 시장경쟁력은 외국영화에 비해 현저하게 낮았으며, 영화배급시장은 외국영화가 주도하는 현상이 계속되었다.

이와 같은 상황에서 한국 영화의 시장확보를 위해 제도화한 국산영화 의무상영제도는 극장주나 외국영화 수입업자들에 의해 현실을 무시한 조치라는 반발이 제기됨으로써 1970년 12월 10차로 개정된 영화법 시행령에서는 국산영화의 상영기준을 "극산 극영화 및 이에 준하여 상영할 수 있는 문화영화로 하며 연간 3편 이상, 4개월마다 1편 이상으로 하고 총상영일수는 30일 이상"으로 정하기에 이르렀다. 적어도 2개월에 1편 이상 상영하되 연간 6편 이상이 되어야 하며, 연간 상영일수가 90일 이상이어야 하던 것에서 4개월마다 1편, 연간 3편 이상으로 하되 총상영일수도 30일 이상만 상영해도 된다는 것으로 완화하여 조정한 것이다.

이와 같은 기준은 1984년의 영화법 개정 및 1985년 7월 시행령의 개정에 따라 국산영화 의무상영제는 더욱 강화되었다. 즉, 모든 공연장은 국산영화를 연간 상영일수의 5분의 2 이상 상영해야 하며, 서울특별시, 직할시, 인구 30만 명 이상의 시지역 안에 있는 공연장은 외국영화를 상영한 다음에는 반드시 국산영화를 상영하도록 해야 한다는 것이었다. 이전에는 상영편수를 기준으로 적용하던 방식을 상영일수 기준으로 전환한 것과 한국 영화와 외국영화를 차례로 상영하는 이른바 교호(交互) 상영제를 도입함으로써 특정한 시기에 상영이 몰리는 것을 막도록 한 것이다.

이는 그 때까지 제정된 국산영화 의무상영제에 관한 규정 중에서는 가장 강화된 것이기도 하다. 이 규정은 현재까지 존속되고 있는데, 한국 영화의 시장보호를 위한 마지막 보호조항으로 남아 있는 것이라고 할 수 있다.

결국 1966년의 영화법 개정 및 1967년의 영화법 시행령 개정에 따라 처음 시행된 스크린쿼터제는 네 차례의 개정을 거치는 과정 속에서 연간 6편 이상의 한국 영화 상영과 연간 90일 이상의 상영일수 준수(1966년), 연간 3편 이상, 총상영일수 30일 이상(1970년), 연간 상영일수 3분의 1 이상(121일)(1973년), 연간 상영일수 5분의 2 이상(146일)과 인구 30만 명 이상의 시지역은 한국 영화와 외국영화의 교호상영(1985년)을 준수해야 한다는 것으로 완화와 강화 사이를 오가며, 현재의 상영일수 73일(2006년)에 이르고 있다.

우리 나라의 스크린쿼터제도 시행 역사는 외국과 비교하더라도 결코 짧다고 할 수 없으며, 연간 시행일수와 이를 어겼을 때 이루어지는 처벌 등을 감안하면 세계에서 가장 강력한 제도를 유지하고 있다고 해도 지나치지 않을 정도라 할 수 있을 것이다. 그러나 스크린쿼터제도가 한국 영화의 산업적 지원제도로서 충분한 성과를 거두었는지에 대해서는 다소 회의적이라 할 수 있고, 최근 한국 영화의 성장이 스크린쿼터제도 때문이라고 단정할 수 있는 근거 또한 미약하다 할 수 있다.

또한 자국산 영화의 의무상영제도인 스크린쿼터는 영화가 특정한 국가의 문화적 정체성을 대표하며, 이를 제도적으로 보호하는 것은 문화주권을 지킨다는 의미를 부여하고도 있으나 영화제작이나 문화적 정체성 문제는 특정한 매체의 문제로 한정되거나 대표되기는 어려울 것이다. 영화를 비롯한 영상분야의 여러 가지 작업이 산업적 자생력을 갖추는 일은 영화계 내부의 문제만으로 한정할 수 없는 일이며, 다른 산업과의 연계, 국제적 관계 등을 고려하지 않을 수 없다는 점을 간과해서는 안 될 것이다.

제도를 통한 독과점적 보호와 개방적 경쟁 중 어떤 것이 영화산업의 발전에 더 크게 기여할 수 있는 것인지, 산업적 기반이 미약하고 정치적 수사가 더욱 강조되던 때에 개발된 제도를 오늘날의 변화된 환경에서도 그대로 유지할 수 있는지에 대해서 다른 접근이 필요하다는 뜻이다.

제도로서의 효용을 잃어버린 스크린쿼터제에 지나치게 집착하는 것은 제도적 효율에 대한 평가에 근거하는 것이 아니라 정치적 명분이나 운동의 수단으로 접근하고 있는 것이라고도 할 수 있다. 영화는 다양한 문화적 장르 중의 하나이며, 제도는 각 분야의 자생력을 확보하기 위한 최소한의 장치로 그칠 필요가 있다.

3.2. 쇠고기 수입재개

지난 2003년 12월 미국에서 광우병 발병이 확인됨에 따라 우리나라를 포함한 63개국이 미국산 쇠고기 수입을 중단하였다. 광우병 발병에 대한 정확한 역학조사와 과학적으로 안전이 확인되기 전까지 미국산 쇠고기 수입은 전면 중단하기로 한 것이다. 미국산 쇠고기 수입중단조치에 관하여 우리 나라는 안전성을 확보할 수 있는 과학적 근거가 마련되지 않으면 수입을 재개할 수 없다는 입장을 고수해 왔고, 미국은 강한 불만을 안고 있었다. 미국산 쇠고기의 수입재개가 한·미 통상현안의 또 하나 쟁점사항으로 부각된 것이다.

2004년 10월 일본이 미국산 쇠고기 수입재개에 합의하고, 이를 근거로 미국은 한국에서도 조속한 시일 내에 수입을 재개할 것을 요청해 왔다. 일본의 수입재개 결정 전 베트남, 멕시코, 캐나다 등도 이미 수입을 재개한 터라 수입재개를 위한 협의를 늦출 경우 WTO 동식물 위생 및 검역조치에 관한 협정(SPS) 위반 등의 통상마찰로 이어질 가능성을 배제할 수 없는 상황이었다. WTO SPS협정에 따르면 여러 가지 안전문제로 인해 수입을 중단할 수 있고, 이러한 문제가 해결되면 수입을 재개할 수 있다고 규정함으로써 수입을 일방적으로 또는 과학적인 근거 없이 제한할 수 없도록 하고 있다.

이러한 점을 고려해 한·미 양국은 2004년 12월 수입재개 여부를 검토하기로 합의한 후 2005년 2월부터 12월까지 세 차례의 전문가협의회와 두 차례의 가축방역협의회를 통해 미국산 쇠고기의 안전성 검증에 나섰다. 이러한 절차를 거쳐 2006년 1월 국제수역사무국(OIE)의 국제기준보다 더 까다로운 기준을 적용하는 것을 조건으로 수입을 재개하기로 양국 간에 합의가 이루어졌다.

2006년 5월 농림부는 미국 내 37개 작업장을 점검한 결과 일부 몇몇 작업장에서 미국산과 캐나다산 쇠고기가 구분되지 않은 채 처리되거나 광우병 위험성이 있는 30개월 이상 소를 도축하면서 쓴 작업도구를 국내수입대상인 30개월 이하 소에도 사용하는 문제점이 발견되어 보완조치를 요구하였고, 작업장 승인을 유보한 상황이다. 그러나 추후 이미 열려 있는 시장을 아무런 근거 없이 계속 닫아 둔다면 또 다른 통상마찰과 무역제재로 이어질 수 있다. 한국으로 수입되는 미국산 소고기가 미국 현지뿐만 아니라 한국 내에서도 철저하게 관리·감독되어 건강상 안전한 제품으로 검증되는 한 미국산 소고기 수입을 규제할 명분이 약하다는 점을 인식할 필요가 있다. 무엇보다 중요한 것은 이에 대한 정부와 생산자, 소비자 모두의 노력이 중요한 것이다. 정부는 국내에 수입되는 쇠고기의 안전에 문제가 없도록 철저히 검역조치를 해야 할 것이며, 이를 제대로 지키고 있는지 감시하는 것은 소비자의 역할일 것이다. 또한 한우고기의 품질고급화를 통한 경쟁력 확보가 한우산업 발전의 관건일 것이며, 한우의 품질고급화를 위해 우수브랜드 육성 및 안전관리 강화, 음식점에서의 쇠고기 원산지표시제 실시, 쇠고기 이력추적 시스템 조기 실시, 품질개량을 위한 핵심 육종농가 육성, 양질의 조사료 생산 및 급여확대 등 한우산업 발전대책이 차질 없이 추진되어야 한다.

3.3. 자동차 배기가스기준

대기오염 개선을 위해 추진한 휘발유 승용차의 배출가스 허용기준 강화방안은 일산화탄소나 질소산화물 등 배출가스기준을 44~74%까지 강화하여 2006년 1월부터 시행하고, 1만 대 이하 소규모 판매자의 경우 제조공정 변화 등을 감안해 2006년 말까지 유예를 두어 1년 정도의 말미를 주는 것이었다.

그러나 단일 배출가스기준을 적용하는 우리와 달리 미국은 네 가지 차종에 따라 다양한 배출가스기준과 평균배출량제도(FAS)라는 독특한 시스템을 통해 여러 단계의 배출기준을 허용하고 있어, 일부 업체의 경우 국내에 판매되는 자국산 차량 중 90% 이상이 새 기준에 맞지 않는 상황이었다. 그래서 미국 자동차업체들은 미국 연방기준을 인정해 주거나 1년 정도로 되어 있는 소규모 판매자 유예기간을 2008년 말까지 2년 더 연장해 주기를 요청하였다. 이에 대해 우리 나라의 입장은 당연히 두 가지 모두 수용불가 입장을 표명하였다. 이는 미국 연방기준의 허용은 우리의 환경기준 완화를 초래하기 때문에 수용이 불가능할 뿐 아니라 소규모 판매자 유예기간을 1년에서 2년으로 늘리는 것도 곤란하다는 입장이었다.

그러나 미 의회에서 이 문제를 제기하면서 통상마찰로 비화할 우려가 있었다. 이미 1997년 한·미 자동차 통상마찰로 슈퍼 301조가 발동되고 1998년 10월까지 긴 협상을 통해 한·미 자동차 양해록을 체결하고 슈퍼 301조를 철회하는 선례가 있었기 때문이다. 또한 미국 의회가 여전히 한 해 100억 달러가 넘는 한·미 자동차교역 불균형에 큰 관심을 가지고 있었고, 당시 심각한 경영난으로 신용등급 하락과 주가폭락을 겪던 GM, 포드 등 미국 자동차업체들은 의회와 행정부를 통해 한국과 일본에 대한 무역장벽 철폐를 강력히 압박하고 있는 상황에서 양국에 Win-Win할 수 있는 해결점을 모색하게 되었고, 그 대안으로 1만 대 이하 소규모 판매자들의 유예기간을 2008년 말까지 2년 연장해 주는 것이었다.

우리 나라의 자동차 배출가스기준은 휘발유 차량의 경우 미국 기준, 경유 차량은 유럽 기준을 준용하고 있다. 휘발유 차량기술이 미국을 중심으로 발전하였고, 경유차는 유럽에서 원천기술을 확보하고 있는데다 국내업체의 기술개발 중복투자 부담을 해소하고 자동차산업을 보호하기 위해 주요 수출대상국을 중심으로 배출허용기준을 설정하고 있다. 이 때문에 우리 나라의 배출가스기준은 미국과 흡사하고 차량 종류에 따라서는 미국의 기준이 더 세부적이고 엄격하다. 다만 미국만의 독특한 제도 때문에 국내에서 시판되는 외국산 차종 상당수가 2단계로 구분된 우리 기준을 맞추지 못해 예외기간을 연장해 준 것은 우리의 환경정책원칙을 훼손하지 않고 주요 통상국에 대하여 호혜적 원칙에 입각한 선택이라 할 수 있다.

3.4. 약가산정

한·미 FTA 제1차 협상이 시작되기 전부터 미국은 우리 나라가 추진하고 있는 포지티브방식을 반대하며 철회하거나 추진중단을 요청하여 한·미 통상현안으로 부각되었다.

약제비의 적정화는 건강보험 재정의 합리적 사용뿐만 아니라 국민이 품질 좋은 약을 적정한 가격에 필요한 양만큼 소비하게 함으로써 궁극적으로 국민건강을 증진시키는 것에 목적을 두고 있으며, 현재의 보험등재방식은 일부 비급여대상을 제외하고는 약 2만 2,000여 개 품목에 달하는 대부분의 의약품을 보험적용 의약품으로 등재하고 있어 비용에 비해 효과적인지에 대한 판단이 어려우며, 효율적 관리도 미흡하다는 단점을 가지고 있다는 판단에서 합리적인 방안을 모색하는 과정에서 제시된 것이다.

약제비 적정화 방안의 주요 과제인 선별등재, 즉 포지티브 리스트방식은 이러한 단점을 보완하여 가격에 비해 효능이 우수한 의약품을 선별하여 보험을 적용함으로써 같은 비용을 지불하더라도 품질 좋은 약을 사용할 수 있으며, 가격과 치료효과를 객관적으로 평가하여 보험적용 의약품을 선별하고, 이를 기초로 적정한 가격을 투명하게 산정하는 포지티브방식이 필요하다는 것이다.

그러나 의약품 작업반 mandate와 FTA 시장개방정신에 반하는 조치이며, 포지티브방식이 신약개발을 하는 미국 등 다국적제약사에 차별적으로 적용될 것이고, 신약에 대한 환자의 접근성은 제한될 것이라는 미국의 우려도 제기되고 있다.

건강보험 약제비 적정화 방안, 특히 포지티브방식과 관련한 한·미 간의 입장차이로 한·미 FTA 제2차 협상에서 의약품·의료기기 작업반 회의가 초기에 중단된 상황을 직시하여 객관적이고 합리적인 약가협상이 이루어지기 위해서 협상기준과 절차의 투명성 및 객관성이 보장되어야 하며, 이를 위한 세부기준은 업계의 의견수렴을 거쳐 마련해야 할 것이다.

4 소 결 론

세계경제는 현재 글로벌리즘의 물결 속에서 시·공간의 어떠한 장벽 없이 자유로운 경제협력은 물론 국익을 이유로 한 자유무역협정(FTA)이 매우 활발히 이루어지고 있다. 특히, 1990년대에 들어 WTO를 중심으로 세계경제가 통합되면서도 동시에 지역경제권 통합이 급속히 확산되고 있는 추세에 있다. 이러한 FTA는 외형적인 확산과 질적인 심화뿐만 아니라 여타의 FTA와의 연계를 모색하여 경제통합체가 국제경제질서의 중요한 한 축을 형성하고 있다

이러한 국제무역환경의 흐름 속에 우리 나라는 FTA 후진국으로 불릴 정도로 FTA 확산 흐름에 뒤처져 있었으나 2004년 4월 1일 칠레와의 FTA 발효로 본격적인 FTA 경쟁에 합류하게 되었고, 압축적이고 동시다발적인 FTA 체결을 위한 협상을 진행하겠다는 의지와 추진을 보이고 있다.

또한 우리 나라는 지역 및 자원적 조건이 여타 국가에 비하여 불리한 상황에서 수출증대와 해외시장 개척을 통하여 경제를 성장시켜 왔으며, 향후 경제성장을 지속시키기 위해서도 무역과 해외투자 등 해외부문에 의지할 수밖에 없는 상황이라 할 수 있다. 그러나 세계무역 및 경제의 상호 의존성 심화가 계속되고 있는 현실 속에서 한국의 수출시장 여건은 매우 불리한 방향으로 전개되고 있다. 이러한 추세에 효과적으로 대응할 수 있는 하나의 방안으로서 FTA의 적극적인 활용이 필요할 것이며, 특히 거대경제권과의 FTA 체결은 필수불가결한 선택이라 할 수 있다. 이러한 추진전략에 따라 우리 나라는 거대

경제권과의 FTA 추진의 일환으로 한·미 FTA를 추진하게 된 것이다. 미국과의 FTA는 우리 나라가 추진하는 FTA 정책의 지향점으로서 이미 FTA 추진전략을 마련할 당시부터 고려해 오고 있었다.

미국은 자유무역 확산의 핵심 수단으로 FTA를 적극 추진하고 있으며, 경제뿐만 아니라 정치, 외교 등 종합적인 대외전략 목표를 달성하기 위한 수단으로 FTA를 체결하고 있다. 그러나 우리 나라는 최대 수출시장인 미국이 추진중인 FTA 흐름에서 소외되지 않기 위해 미국과의 FTA를 추진해야 하는 당면과제를 안고 있으나 한·미 FTA 체결에 있어 통상현안이라 할 수 있는 스크린쿼터, 쇠고기 수입재개, 자동차 배출가스기준, 약가적정화 문제를 해결하지 못하여 한·미 FTA 추진에 적지 않은 부담을 주고 있다.

협상이라는 것은 이해관계가 있는 양 당사국이 행하는 것이다. 쌍무적인 협상은 다양한 형태와 내용으로 이루어지지만 기본적으로는 상호주의하에서 양국 간에 통상상의 이익을 서로 교환하는 것이다. 통상의 경우 이익의 연계교환은 상호주의에 의하여 받는 혜택과 주는 혜택이 균형 있게 유지되도록 함으로써 달성되는 것이다. 서로에게 필요한 이익을 교환함으로써 전체로서의 이익을 증가시키게 하는 작업이라 할 수 있다. 한·미 FTA는 한국의 국가이익을 한 단계 도약시킬 수 있는 절호의 기회이며 경제성장의 동력이 될 것으로 기대된다. 이러한 협상결과 한국 내에서는 손해 보는 집단과 이익 보는 집단이 공존할 수 있겠지만 이러한 문제는 전체 이익부문 중에서 손해 보는 부분을 보전하는 정책을 어우러지게 함으로써 한국의 국가이익을 극대화시킬 수 있을 것이다. 손해 보는 부분을 민감하게 자극시켜 특정 집단의 정치적 이해로 악용되거나, 손해 보는 집단의 조직적인 저항이 잘 나타나 보이진 않지만 침묵의 다수가 얻게 될 큰 이익을 손상시키는 결과로 나타나서는 안 될 것이다.

국제무역환경의 큰 흐름 속에 FTA 체결이 한국 경제의 지속적인 성장·발전의 한 축이므로 한·미 FTA 체결이 초국가적 사안이라는 것을 인지하고, 국제사회에서 정치·경제적으로 고립되지 않으려면 미국과의 FTA 체결이 필요하다는 것을 인식해야 한다.

참고문헌

강문성, 「한·미 FTA의 경제적효과」, KIEP, 2004.

강문성·김원호·박순찬·전종규·권기수·김진오·나수엽, 「미주자유무역지대(FTAA)의 협상동향과 경제적 효과분석」, 『정책연구』 03-11, KIEP, 2003. 12.

김세영·박영기, 「한·미투자협정의 난제와 제언」, 『관세학회지』 제6권 제2호, 한국관세학회, 2005. 5.

김휴종, 『스크린쿼터와 한국영화산업』, 삼성경제연구소, 1998.

______, 『한국영화산업 돌파구는 없는가』, 삼성경제연구소, 1999.

박번순, 「한국의 FTA 전략」, issue paper, 삼성경제연구소, 2003.

______, 「세계 FTA 경쟁과 한국의 선택」, CEO Information, 삼성경제연구소, 2004.

박순찬·강문성, 「한·미 FTA의 무역 및 투자창출효과와 교역구조에 대한 연구」, 『정책연구』 04-12, KIEP, 2004. 12.

박찬호, 「미국의 FTA 정책방향과 시사점, KIEP·KITA·전경련 공동연구 제2차 FTA 세미나 발표자료, 2001. 12. 17.

박형래, 『사례로 보는 WTO와 무역마찰의 이해』, 도서출판 두남, 2004.

박형래·박영기, 『국제무역환경론』, 도서출판 두남, 2004.

삼성경제연구소, 「미국의 FTA 전략과 시사점」, 삼성경제연구보고서, 2004. 12.

오정일, 「스크린쿼터제—영화산업 사활을 쥔 열쇠인가?」, 산업연구원, 『산업경제정보』 제168호, 2003. 11. 13.

정인교, 「미국 FTA 정책의 전개와 시사점」, KIEP, 1999.

정재화, 「한국기업인들의 한·미 FTA에 대한 견해 및 한·미 FTA의 효과」, KITA, 2004.
조용균,「한·미 FTA의 효과」, 외교안보연구원, 2004.
한국문화정책개발원,「한국 스크린쿼터의 현황과 발전방안에 대한 연구」, 한국문화정책개발원, 2002.
Choi, In bom and Jeffery J. Schott, Free Trade between Korea and the United States? Washington, D.C.: Institute for International Economics, 2001.
Jeffery J. Shott, "Assessing US FTA Policy," in Shott. eds., *Free Trade Agreements: US Strategites and Priorities*, IES, 2004.
Kim, Young Han, .The Optimal Path of Regional Economic Integration between Asymmetric Countries in the North East Asia," 한국관세학회 추계학술대회 발표논문집, 2004. 11. 27.
Krishna, Pravin, "Regionalism and Multilateralism: A Political Economy Approach," *The Quarterly Journal of Economics*, February 1998.
USITC, The Pros and Cons of Entering into Negotations on Free Trade Agreements with Taiwan, the Republic of Korea, ASEAN, or the Pacific Rim Region in General, Report to the Senate Committee on Finance, Publication 2166, Washington, D.C.: USITC, 1989.
USITC, U.S.-Korea FTA: The Economic Impact of Establishing a Free Trade Agreement(FTA) between the United States and the Republic of Korea, Investigation No. 332-425, USITC Publication No. 3452, Washington, D.C.: USITC, 2001.
대외경제정책연구원 http://www.kiep.go.kr
삼성경제연구소 http://www.seri.org
영화진흥위원회 http://www.kofic.or.kr
외교통상부 http://www.mofat.go.kr

김관호

제7장

FTA 투자분야 이슈

1 주요 찬반논쟁

벌써 10여 년 전의 일이지만 1995년 가을부터 약 3년여의 기간 동안 OECD에서는 다자 간 투자협정(Multilateral Agreement on Investment: MAI) 제정을 위한 협상을 진행한 바 있다. 그러나 여러 가지 이유로 이 협정은 체결되지 못하였고, 협상이 난관에 봉착할 즈음, 당시 협상그룹의 의장이었던 엥거링(F. Engering)은 "이번 협상은 투자협정의 난해함만을 확인시켜 준 협상이었다"라는 멘트를 한 기억이 난다.

이 난해한 투자협정이 한·미 FTA 협상과정에서 우리 시민단체들의 주요 비판사항 중의 하나로 나타나고 있는 것은 결코 놀라운 일이 아니다. 이미 세계의 각종 시민단체들은 MAI 협상 이래 투자협정에 대한 비판을 줄곧 제기해 왔으며, 현재 우리 사회에서 제기되고 있는 투자협정에 대한 비판사항은 이러한 기존의 비판사항과 별로 다른 점이 없다. 단지 한 가지 중요한 차이점이 있다면 상대국이 미국이라는 점에서 유발되는 비판이 가세하고 있다는 점이라 할 것이다.

이미 우리 나라는 일본과 한·미 FTA상의 예상되는 투자협정의 내용과 큰 차이 없는 내용을 담고 있는 투자협정을 체결하였고, 칠레, 싱가포르와는 FTA 차원에서 역시 흡사한 내용과 수준의 투자협정을 체결한 바 있다. 그러나 이러한 투자협정들은 그다지 관심의 대상이 되지 않았다. 그런데 한·미 FTA상의 투자협정에 대해 이렇게 관심이 집중되고 각종 비판이 제기되고 있는 것은 투자협정에 대한 사회적 인식과 이해가 증대된 이유도 있겠지만 기본적으로 상대국이 미국이고, 그것도 투자협정 자체만이 아니라 포괄적인 FTA 차원에서 투자협정 협상이 이루어지고 있다는 점에 그 이유가 있을 것이다.

투자협정을 처음 접하는 사람들은 투자협정의 내용에 상당히 놀라움을 표시하는 경우가 많은데, 그것은 어떻게 보면 당연하기도 하다. 외국인이 소유하거나 통제하고 있는 모든 자산과 관련하여 차별적인 대우를 해서는 안 되며, 상당 수준의 보호를 해 주어야 한다는 내용을 처음부터 수긍하는 사람이 과연 얼마나 될 것인가? 외국인 직접투자에 대한 인식은 과거보다 상당히 좋아지기는 했지만, 외국인 직접투자는 유치는 하되 이로부터 우리의 이익을 최대한 얻어 내기만 하면 되는, 즉 단지 활용의 대상일 뿐이라는 일반적인 사고하에서 외국인투자자에게 국제법적으로 인정되는 권리를 부여한다는 것이 아무런 저항감 없이 받아들여질 수 있을 것인가?

투자협정에 대한 이해를 위해서는 단지 협정의 내용뿐만 아니라 외국인투자에 대한 전반적인 이해가 필요하다. 그러나 이를 모두 설명하기에는 본장의 지면만으로는 부족할 뿐만 아니라 전문적인 설명은 가뜩이나 난해한 투자협정의 내용을 독자들로 하여금 더욱 난해하게 느끼게 하지 않을까 한다. 따라서 본장에서는 현재 한·미 FTA 협상과 관련하여 우리 사회에서 제기되고 있는 투자협정에 대한 주요 비판사항만을 점검하고 평가하기로 한다.

현재 제기되고 있는 투자협정에 대한 주요 비판사항들을 열거하면 다음과 같다. 첫째, 미국만이 FTA에서 투자협정의 체결을 요구한다. 둘째, 미국의 투자협정은 외국인 직접투자뿐만 아니라 투기자본에까지 완전한 개방과 수익의 보호를 요구한다. 셋째, 이른바 간접적 수용에 대한 보상규정으로 인해 환경보호정책 등 정부의 공공정책의 추진이 어려워진다. 넷째, 이른바 이행의무 금지규정으로 인해 국내기업을 인수한 미국 투자자에게 고용승계 의무를 부여하지 못하고 이로 인해 근로자의 고용불안이 증대한다. 다섯째, 투자협정은 FTA의 최대 독소조항인 투자자의 국제중재제소권을 규정하고 있고, 이는 외국인투자자가 정부의 정당한 규제정책의 수행을 어렵게 만든다.

2 주요 쟁점사항의 평가

2.1. 투자협정은 미국 FTA의 독특한 요소인가?

먼저 투자협정에 대해 간략히 설명하면, 투자협정이란 체약국들 간의 투자증진 및 투자보호를 목적으로 체결하는 협정을 말한다. 두 국가 간에 쌍무적 차원에서 체결되는 협정을 양자 간 투자협정(Bilateral Investment Treaty: BIT)이라 부르며, 현재 전 세계적으로 2,400여 개의 협정이 존재하고 있다. 양자 간 투자협정은 투자의 설립 후(post-establishment) 단계의 투자보호에 관한 내용만을 다루는 투자협정과 투자자유화에 관한 내용까지 포괄적으로 다루는 투자협정의 두 가지로 크게 구분할 수 있다. 전자의 투자협정을 흔히 투자보장협정이라 부르며, 현재까지 체결된 양자 간 투자협정의 거의 대부분을 차지하고 있다. 투자자유화의 내용을 담고 있는 양자 간 투자협정의 대표적인 경우는 미국이 체결하고 있는 양자 간 투자협정이라 할 수 있다. 우리 나라와 일본 간에 체결한 한·일 투자협정도 투자자유화의 내용을 담고 있는 양자 간 투자협정이다.

전통적으로 FTA는 단지 상품교역에 있어 체약국 간의 관세철폐라는 얕은 단계의 경제통합으로 인식되어 왔다. 따라서 이러한 인식에 따르면 체약국 간의 투자와 관련된 문제는 FTA의 적용범주에 포함되지 않는다. 그러나 세계경제교류가 상품뿐만 아니라 서비스, 투자 등의 경로까지도 확대되면서 FTA의 적용범주가 확대되었다. 1994년 출범한 NAFTA에서 투자의 자유화와 투자보호 등을 내용에 담고 있는 투자부문 협정을 FTA의 한 부분으로 포함시킨 이후 투자협정은 FTA의 중요한 구성요소의 하나로 자리잡아 가고 있다.

그러나 모든 FTA에서 투자협정이 구성요소로서 포함되고 있는 것은 아니다. 대표적으로 EU가 체결하는 FTA는 투자협정부분이 존재하지 않는다. 그러나 EU의 FTA가 투자와 관련된 내용을 전혀 다루지 않는다는 것은 아니다. EU의 FTA는 EU의 자본이동조약에서 규정하고 있는 국가 간의 자유로운 자본이동에 관한 내용을 FTA에 담고 있다. 그러나 투자보호 등과 같은 투자협정의 고유한 내용요소들을 담고 있지는 않다. EU 집행위원회는 회원국들로부터 양자 간 투자협정 협상에 관한 권한을 위임받지 못하고 있다. 그 결과 EU가 체결한 FTA에서 투자협정의 내용과 관련된 사항은 EU 각 회원국과 FTA 체결국 간에 체결된 양자 간 투자협정의 내용에 따름을 명시하고 있다. 즉, 투자협정의 경우 기본적으로 EU는 각 회원국이 별도로 추진하는 것을 원칙으로 하고 있는 것이다.

따라서 투자협정이 미국형 FTA의 독특한 요소라고 볼 수도 있다. 그러나 이는 투자협정이 FTA의 패키지에 포함되고 있다는 점에서 특징이지, 투자협정 자체가 독특한 것은 아니다. 양자 간 투자협정을 더 열심히 체결하고 있는 국가는 미국보다도 독일 등 유럽 국가들이다. 유럽 국가들의 양자 간 투자협정은 투자자유화에 대한 내용을 담고 있지는 않다. 그러나 EU의 FTA는 자본이동의 자유화에 관한 내용을 담고 있다. 따라서 EU의 FTA와 양자 간 투자협정을 더하면 미국의 FTA상의 투자협정과 상당히 근접해지는 것이다.

2.2. 투기자본의 보호문제

투자자의 입장에서 볼 때 해외투자는 여러 가지 위험요소를 안고 있다. 즉, 투자에 따르는 통상적인 사업상의 위험은 물론이고, 투자유치국의 정치·경제상황에 따른 이른바 국별 위험(country risk)요소까지도 수반된다. 즉, 투자자의 자산에 대한 투자유치국 정부의 수용 또는 국유화, 투자유치국 내의 무력충돌 등으로 인한 투자자산의 손실, 해외송금에 대한 제한 또는 통화의 불태환 결정 등과 같은 비상업적 위험(non-commercial risk)요소 역시 투자자가 해외투자에 앞서 고려해야 할 위험요소라 할 수 있다.

사업상의 위험이야 투자자가 어쩔 수 없이 감당해야 할 부분이라 하겠지만, 비상업적 위험은 일국의 조치(투자유치국의 보호조치 또는 투자국의 보장조치), 또는 양국 간의 공동보장 등에 의해 상당히 경감될 수 있다. 투자협정은 체약당사국 정부 간의 공동보장을 통해 비상업적 위험으로부터 투자자를 보호하는 법적 장치를 마련하고 있는 것이다.

즉, 투자자본의 수익성을 보호한다는 투자협정에 대한 비판은 전혀 근거가 없는 것이다. 투자자본이 이익을 보던가, 아니면 손실을 보던가 하는 것은 투자협정이 전혀 관여하고 있는 문제가 아니며, 관여할 수도 없는 것이다.

그러면 이러한 비상업적 위험으로부터의 보호대상에 투기자본도 포함되느냐 하는 것이다. 이는 포함된다. 투자협정에서 보호대상이 되는 투자는 일방 체약국의 국민이나 회사에 의해 직·간접적으로 소유되거나 통제되는 모든 형태의 자산으로서 타방 체약국의 영역에 위치하고 있는 투자를 말하며, 이러한 투자형태로는 회사, 주식, 지분, 채권, 각종 계약, 각종 지적재산권, 부동산, 인허가권 등이 포함된다. 즉, 외국인투자자가 소유 또는 통제하고 있는 모든 자산이 보호의 대상이 된다.

투기자본까지도 보호해 주어야 하는가 하는 비판이 제기될 수 있다. 그러나 앞에서도 언급한 바와 같이 여기서 보호란 상업적 위험으로부터의 보호가 아니라 비상업적 위험으로부터의 보호인 것이다. 비상업적 위험으로부터의 보호에 투기자본이라 하여 배제할 이유는 없는 것이다. 이러한 보호의 범위는 비단 한·미 간 투자협정의 고유한 내용이 아니며, 1950년대 후반 이래 체결되고 있는 양자 간 투자보장 협정의 일반적인 내용인 것이다.

우리는 투기는 나쁜 것이라는 고정된 인식을 갖고 있다. 이로 인해 투기자본을 보호한다는 문구 자체에 저항감을 가질 수 있다. 투기자본은 아예 비상업적 위험으로부터의 보호대상에서도 제외시키면 좋겠다는 생각을 가진 사람들이 많을 것이다. 투기자본에 대해 긍정적인 인식을 갖는 사람은 전 세계적으로도 거의 없을 것이다. 그러면 투자협정에서도 투기자본을 보호대상에서 제외시키는 것이 올바른 접근방향이 아니겠는가? 문제는 투자와 투기를 구분하는 것이 사실상 어렵다는 점에 있다. 투자와 투기의 차이점은 무엇인가? 투자와 투기를 구분하는 기준은 사실상 없다. 단기자본이 모두 투기인 것은 아니다. 사모펀드의 투자가 모두 투기인 것도 아니다. 투자와 투기는 사실상 연속선상에 있는 것이지 분리할 수 있는 것이 아니다. 그래서 투자와 투기에 대한 가장 확실한 기준은 "내가 하면 투자, 남이 하면 투기"라는 말까지 있는 것이다.

투자와 투기의 구분이 어렵다고 해서 국가경제에 해악을 미칠 수 있는 투기자본의 유입과 국내투자활동에 대해서 전혀 규제를 하지 않는다면 이는 적절한 정책이 아닐 것이다. 투자협정에서 투기자본에 대한 규제를 허용하지 않는다고 생각하면 잘못된 생각이다. 우리 정부가 필요상 투기자본에 대한 규제조치를 갖고자 한다면 이를 투자자유화의 유보대상으로 설정하면 된다. 물론 투기자본이라는 명칭하에 유보할 수는 없다. 아주 구체적으로 어떤 형태와 성격의 자본에 대해 어떤 규제를 하는지에 대해 명시해야 한다.

그런데 필자가 알기로는 현재 우리 나라는 투기자본이라는 이유로 외국자본의 국내유입을 규제하는 조치가 없는 것으로 알고 있다. 환투기를 억제하기 위해 비거주자의 원화차입에 대한 규제가 있지만 이는 거주자와 비거주자 간의 거래에 적용되는 것으로 내국민대우의 위배조치가 아니다(내국민대우는 거주기준이 아니라 국적기준에 따른 차별금지이다). 즉, 우리 나라는 투기자본을 겨냥하여 유보할 규제조치가 이미 없다는 것이다. 즉, 한·미 FTA상의 투자협정으로 인해 투기자본에 대해 더 이상 문호를 개방할 필요도 없이 이미 전면 개방된 상태에 있다는 것이다. 따라서 한·미 FTA로 인해 투기자본의 유입을 확대시키는 자유화가 이루어질 것이라는 주장은 전혀 근거가 없는 것이다.

한·미 FTA 투자협정상의 다른 이슈들도 그렇지만 투기자본의 문제 역시 한·미 FTA로 인해 변화되는 내용이 없다는 것이다.

2.3. 간접적 수용과 공공정책의 추진문제

투자자의 입장에서 볼 때 가장 큰 위협이 되는 것은 자신의 투자 자산에 대한 소유권이 어떤 형태로든 박탈당하는 경우라 할 수 있다. 따라서 이러한 위협요인에 대한 안전장치를 마련하는 것은 투자보호의 가장 중요한 측면이라 할 수 있다. 자산의 박탈은 여러 가지 형태로 일어날 수 있지만, 그 중에서 투자협정상에서 대상이 되는 것은 수용 내지 국유화이다. 수용이란 공공의 이익을 위하여 특정물의 소유권 또는 기타의 권리를 강제적으로 징수하여 국가나 제3자의 소유로 옮기는 처분이다. 일반적으로 수용이 개별적인 사안에 관한 것이라면, 국유화는 경제 전체 또는 일부분에 걸친 조치라 할 수 있다.

일반적인 양자 간 투자협정과 마찬가지로 미국의 투자협정 모델에서도 수용의 범위에는 직접적 수용뿐만 아니라 수용 또는 국유화에 상응하는 조치, 즉 간접적 수용도 포함된다. 이러한 수용조치는 공공목적을 위한 경우에만 허용되며, 비차별적 방식으로 이루어져야 하며, 신속하고 적절하며 유효한 보상이 수반되어야 하고, 적법한 절차에 따라 이루어져야 한다.

수용규정은 양자 간 투자협정의 가장 고전적인 규정이며 핵심적인 규정의 하나라 할 수 있다. 그러나 NAFTA 투자협정을 배경으로 간접적 수용을 이유로 한 분쟁제기 사례가 주목을 받으면서 투자협정

논쟁의 뜨거운 감자로 부각되고 있다. 간접적 수용조치는 일반적으로 국가가 투자의 직접적인 소유권에는 영향을 미치지 않으면서 재산권을 잠식하는 조치로 이해되고 있다. 그런데 사실상 정부의 모든 규제조치는 이와 관련된 경제주체에 유·무형의 재산적 손실을 야기할 가능성이 있으며, 따라서 이 개념이 광범위하게 해석되는 경우 외국인투자자가 현지국 정부의 각종 규제조치에 대해 손실보상을 요구하는 상황이 발생할 수 있다는 문제점이 제기되어 왔다. 실제 이런 상황이 발생한다면 정말 우려하지 않을 수 없는 문제이다.

이러한 우려에 따라 미국은 2004년 개정된 투자협정 모델에서 간접적 수용의 개념을 명료화함으로써 이 개념의 임의적인 해석에 따른 분쟁제기를 억제하고자 하는 내용을 담은 설명규정을 도입하였다. 즉, 수용이란 공식적인 소유권이 이전 또는 명백한 몰수의 성격은 없지만 직접적 수용에 상응하는 효과를 유발하는 조치 내지 일련의 조치들로서, 이의 해당 여부의 판단을 위해서는 구체적 사안별로 사실에 입각한 검토가 요구되며, 이러한 검토에서 특히 고려해야 할 요소로서 정부조치의 경제적 충격의 정도, 정부조치가 명백하고 합리적인 투자기대이익에의 침해 정도, 정부조치의 성격의 3개 요소를 명시하고 있다. 그리고 극히 희소한 상황을 제외하고는(except in rare circumstances), 공공의 건강, 안전, 환경 등과 같이 정당한 공공후생의 목적을 위해 고안되거나 적용된 비차별적 성격의 규제수용은 간접적 수용에 해당하지 않음을 명시하고 있다. 즉, 미국의 투자협정 모델은 여타 양자 간 투자협정과 비교하여 간접적 수용의 범위를 축소하면 축소하였지 결코 확대하고 있지 않은 것이다.

그렇다면 실제 외국인투자자들이 이 규정을 근거로 얼마나 정부를 국재중제에 제소하고 있는가? NAFTA의 경우 2005년까지 42건의 국제중재 제소사안이 발생한 것으로 알려지고 있다. 이 중 약 30여 건에 있어 투자자가 정부를 상대로 한 중재제소 사유로서 수용규정의 위반을 거론하고 있다. 즉, 이 규정이 중재제기의 사유로서 상당히 많이 인용되고 있는 것은 사실이다. 그러나 이러한 30여 건의 분쟁에서 수용규정의 위반만이 중재제기의 사유로서 거론된 것은 아니다. 즉, 내국민대우의 위반, 공정하고 공평한 대우의 위반 등 여타 규정의 위반과 함께 수용규정의 위반을 거론한 것이다. 수용규정의 위반만을 이유로 중재를 제기한 분쟁은 단 한 건인 것으로 알려지고 있다.

수용규정의 위반을 이유로 중재를 제기한 사안의 판정결과는 어떻게 나왔는가? 지금까지 현지국 정부의 수용규정 위반을 인정한 경우는 단 한 건에 머물고 있다. 멕시코 정부를 상대로 미국의 Metalclad사가 제기한 중재의 경우이다. 물론 아직 중재가 진행중인 사안도 있어 수용규정의 위반을 인정한 사례가 늘어날 가능성은 있다.

외국인투자자가 수용규정의 위반을 자주 거론하고는 있지만 실제 중재판정에서 이를 인정하는 잣대는 지금까지 매우 엄격하였다고 할 수 있다. 재산권의 상당 부분이 침식된 경우에도 보상의무가 수반되는 간접적 수용규정의 위반이 아님을 판정하고 있다. NAFTA의 사례는 아니지만 미국의 CMS사가 아르헨티나 정부를 상대로 제기한 중재사안의 경우 투자자산의 약 80% 가치가 상실되는 피해를 입었음을 중재판정부가 인정하였지만 이를 간접적 수용으로 인정하지 않았다. NAFTA 사례의 경우에서도 미국의 Feldman이 멕시코 정부를 상대로 제기한 중재에서 중재판정부는 멕시코 정부의 차별적 조치로 관련사업부문이 더 이상 영업을 할 수 없는 재산권의 피해를 입었지만 다른 사업부문이 아직 영업을 할 수 있는 상황이라는 이유로 역시 간접적 수용을 인정하지 않았다.

설령 중재판정에서는 간접적 수용에 대해 엄격한 잣대가 적용된다 해도 단지 투자자가 이 규정을 이유로 중재를 제기하는 것 자체가 현지국 정부가 공공정책을 추진하는 데 위축효과를 발휘할 것이라는 우려가 제기되기도 한다. 투자자가 승산이 없는 문제를 국제중재에 제기하는 것은 사실 어리석은 일이다. 적지 않은 변호사 비용과 중재비용만을 낭비하는 결과가 나타날 수 있다. 그러나 실제로 중재를 제기하는 과정에서 중요 역할을 하는 것은 변호사들이며, 이들이 그다지 승산이 없는 사안의 경우에도 투자자를 오도하여 중재를 제기하도록 하는 경우가 있을 수 있다. 그러나 이러한 악덕변호사들은 결국 평판의 하락으로 피해를 볼 것이다. 요컨대, 투자자의 중재 제기과정에서는 상당한 자기 스크린 과정이 있기 마련이고, 승산이 없는 분쟁의 제기는 억제될 수밖에 없다는 것이다.

그러나 NAFTA에서 지금까지 30여 건의 분쟁에서 이 규정의 위반이 인용되었다는 사실은 이러한 자기억제효과가 그다지 발휘되지 않은 것으로 볼 수 있다. 이는 지금까지 간접적 수용과 관련된 국제중재의 사안이 그다지 많지 않았던 이유로 이의 구체적인 판정기준에 대한 이해가 부족하였다는 점에 하나의 원인이 있을 것이다. 또한 미국의 협정모델이 제시하고 있는 명료화 규정과 같은 내용이 부재함으로 인해 나타난 결과인 측면도 있을 것이다. 지금까지의 엄격한 판정잣대가 지속되고 미국의 개정협정 모델의 명료화 규정이 해석의 근거로 사용되면 간접적 수용을 주장하는 투자자의 중재제기는 상당히 줄어들 가능성이 있다고 하겠다.

정부가 비차별적이고 정당한 목적의 공공정책을 추진함에 있어 위축될 필요가 없다. 만일 이러한 정부 정책에 외국인투자자가 도전한다면 이는 중재판정에서 결코 승산이 없다. 이러한 투자자는 금전, 평판도 등 여러 측면에서 피해를 볼 뿐이다. 단 정부는 정부 정책의 추진에 있어 좀더 신중할 필요는 있다. 즉, 정부가 추진하는 각종 정책이나 구체적인 정책적 조치가 관련 이해당사자들에게 재산상 어떤 피해를 야기할 수 있는지에 대해 한번쯤 더 생각해 볼 필요는 있는 것이다. 정부의 공공정책 추진을 억제하는 효과(chilling effect)라기 보다는 한번쯤 더 생각하게 만드는 효과(think twice effect)라 보는 것이 더 적절할 것이다.

2.4. 이행의무와 고용승계의무 문제

투자협정에서 이행의무(performance requirements) 금지규정이란 투자자에게 어떤 부담을 부여하는 의무를 부여해서는 안 됨을 명시하고 있는 규정이다. 이 규정은 투자자에게 부담이 되는 조치를 부여하지 말자는 의도와 함께 세계의 무역 및 투자흐름을 왜곡시키는 조치를 각국이 부과하지 말자는 의도를 담고 있다. 이러한 이유로 WTO에서는 이를 무역관련 투자조치(TRIMs)라 부른다.

이 규정은 중요한 특징을 갖고 있다. 즉, 외국인투자자뿐만 아니라 국내투자자에게 부과하는 의무조치 역시 이행의무로서 규제대상이 된다는 것이다. 왜 국내투자자에게 부여하는 이행의무까지 규제하는가? 이는 앞에서 언급한 바와 같이 국내투자자에게 부과하는 이행의무도 자유로운 무역 및 투자의 흐름을 왜곡시키는 효과가 있기 때문이다.

규제대상이 되는 이행의무로는 국내부품의 사용의무, 수출의무, 특정 지역에의 판매의무 등 다양한 의무들이 규정되고 있다. 미국의 투자협정 모델은 이러한 이행의무의 부여를 금지하는 분야를 전 분야로 확대하고 있다. 즉, TRIMs의 경우 제조업분야에서의 이행의무 부여 금지만을 규정하고 있다. 이에 반해 미국의 투자협정 모델은 서비스업에서도 이행의무 부여를 금지하고 있다. 스크린쿼터가 투자협정에 위배되는 것은 이 조치가 국내극장에 부여되는 일종의 국내부품 사용에 해당되기 때문이다.

이행의무는 두 가지 종류로 구분된다. 하나는 무조건적인 금지이행의무로서 국내부품 사용의무 등이 이에 해당된다. 또 하나는 반대급부가 있는 경우에 허용되는 이행의무이다. 예컨대, 정부가 인센티브나 각종 특혜를 부여하는 조건으로 인정되는 이행의무이다. 국내연구개발의무 등이 여기에 해당된다.

이러한 미국의 투자협정 모델에서 이행의무 금지규정은 우리에게 결코 새로운 규정이 아니다. 한·일 투자협정에도 미국의 투자협정 모델 내용과 거의 흡사한 내용을 담고 있으며, 한·칠레, 한·싱가포르 FTA 투자협정도 마찬가지이다. 칠레나 싱가포르의 경우 우리 나라에의 투자가 별로 없지만 일본의 경우 미국만큼 우리 나라에의 주요 투자국이며, 일본의 투자자에게 이미 이행의무의 부여 금지를 약속하고 있는 것이다.

한·일 투자협정에서 현지고용의무는 무조건적 금지이행의무가 아니라 반대급부 부여시 허용되는 이행의무로 규정되어 있다. 미국의 투자협정 모델에서도 현지고용의무는 반대급부 부여시 허용되는 이행의무임을 명시하고 있다. 따라서 외국인투자자에게 국내기업의 인수를 허용하는 조건으로 고용승계의무를 부여하는 것은 협정의 취지에 어긋나는 것이 아니다.

2.5. 투자자 대 정부 간 분쟁해결절차

투자협정이 갖고 있는 대표적인 특징 중의 하나는 투자자 대 정부 간 분쟁해결절차를 두고 있다는 점이다. 즉, 현지국 정부의 협정위배사항에 대해 투자자가 국제중재라는 수단을 통해 직접 문제를 해결하도록 하는 메커니즘을 담고 있는 것이다.

투자자 대 정부 간 분쟁해결절차는 미국의 투자협정에 고유한 특징이 아니며, 이미 1960년대부터 양자 간 투자협정에 도입되기 시작한 분쟁해결절차이다. 이러한 분쟁해결절차가 도입된 이유 중의 하나는 투자자와 현지국 정부 간에 발생하는 문제를 투자자의 모국 정부와 현지국 정부 차원에서 해결하기보다는 투자자가 직접 문제해결을 위해 나설 수 있도록 하는 것이다. 정부 대 정부 차원의 분쟁으로 발전되면 외교적 갈등사안으로까지 비화될 수 있는 위험성을 안고 있기 때문이다. 투자자가 국제중재라는 절차를 통해 스스로 문제해결에 나서는 경우 투자자 모국 정부는 이 사안에 일체 개입할 수 없다.

물론 외국인투자자는 국내투자자와 마찬가지로 국내 행정·사법적 절차를 통해 문제를 해결할 수도 있다. 이러한 국내의 구제절차는 경우에 따라 외국인투자자에게 상당한 부담이 될 수 있다. 특히, 국내 구제절차의 객관성이나 신뢰도가 떨어진다고 판단되는 경우 이러한 절차는 투자자에게 바람직한 문제해결수단이라 볼 수 없을 것이다. 외국인투자자에게 객관적이고 신뢰할 만한 구제절차를 제공한다는 것이 국제중재가 갖는 또 하나의 의의이다.

최근의 투자협정들은 외국인투자자에게 국내구제절차를 이용할 것인지, 아니면 국제중재라는 수단을 이용할 것인지에 대해 선택권을 부여하고 있다. 과거의 투자협정들은 모든 국내구제절차를 일단 이용하고, 그래도 이의가 있는 경우 국제중재라는 절차를 밟도록 규정하는 경우가 많았다. 이를 국내구제절차의 소진의무라 하는데, 최근의 투자협정들은 이러한 의무를 배제하고 있다. 단 국내구제절차와 국제중재라는 수단을 병행할 수는 없다. 이러한 국내구제절차의 소진의무 배제는 우리 나라가 한·일 투자협정 등을 비롯하여 상당수의 투자협정에서 이미 채택하고 있는 내용이다.

또한 최근의 투자협정들은 투자자가 국제중재를 통한 해결을 요청할 때 해당국 정부가 이에 동의해야 하는 의무를 내용에 담고 있다. 특히, 투자자가 ICSID(국가와 타방 국가 국민 간의 투자분쟁에 관한 국제센터. 세계은행의 산하기구임) 중재를 택하는 경우 ICSID는 분쟁에 관한 관할권 행사를 위해 분쟁당사자 간의 서면동의가 필요하다. 즉, 투자유치국 정부의 동의 없이는 ICSID에서 분쟁에 관한 관할권을 행사할 수 없는 것이다. 이 때문에 미국의 투자협정 모델을 포함하여 다수의 양자 간 투자협정은 투자자의 요청이 있는 경우 투자유치국 정부의 무조건적인 동의를 규정하고 있다. 즉, 이러한 무조건적 동의 의무는 비단 미국의 투자협정 모델에만 국한된 것이 아니며, 한·일 투자협정 등을 비롯하여 우리 나라가 체결하고 있는 적지 않은 투자협정에서 이미 우리 나라가 수용하고 있는 내용인 것이다.

미국의 투자협정 모델에서 나타나고 있는 투자자 대 정부 간 분쟁해결절차는 결코 새로운 내용이 아니다. 그러나 한·미 FTA에서 이 분쟁해결절차가 특히 관심의 대상이 되고 있는 것은 최근 투자자가 현지국 정부를 상대로 국제중재를 제기하는 분쟁사안이 크게 증가하고 있는 양상을 보이고 있기 때문이다. UNCTAD의 집계에 따르면 1994년까지 투자협정에 근거한 국제중재건수는 5건에 불과했지만, 2005년 11월까지 총누적건수는 219건(ICSID 132건, 그 외 87건)인 것으로 나타나고 있다. 이 중 2002년 이후 제기된 분쟁건수가 69%를 차지하고 있으며, 2005년 11개월까지 42건의 사안이 국제중재에 제기된 것으로 나타나고 있다.

이와 같이 최근 국제중재에 제기되는 투자분쟁의 수가 증가하고 있는 원인으로는 전 세계적으로 외국인투자가 크게 증가하고 있고, 양자 간 투자협정 등 각종 투자협정의 체결 또한 크게 증가한 데 있다고 볼 수 있을 것이다. 또한 투자협정에 대한 투자자나 변호사들의 인지도가 증가한 것도 중요 원인으로 볼 수 있을 것이다.

한편, 이러한 200여 건의 분쟁 중에서 NAFTA 투자협정을 배경으로 한 분쟁건수는 2005년까지 42건을 차지하고 있는 것으로 나타나고 있다. 이러한 NAFTA 분쟁 중 현재까지 투자자가 부분적으로나마 승소한 사안은 5건에 머물고 있다. 이 중 한 사안은 국제중재의 판결결과가 아니라 장외에서 정부가 투자자에게 행한 잘못된 조치를 인정하고 피해를 보상한 사안이므로, 사실상 국제중재의 판결결과 투자자에게 보상이 이루어진 사안은 4건뿐이다. 이러한 4건 역시 투자자가 요구한 모든 이의사항을 국제중재부가 인정한 것이 아니며, 일부 이의사항에 한 해 투자자 요구의 정당성을 인정하고 투자자의 보상요구금액보다 훨씬 적은 금액의 보상판결을 내린 정도이다.

문제는 이러한 투자분쟁이 한·미 FTA 체결로 인해 우리 나라에서도 발생하지 않을까 하는 우려라 할 수 있을 것이다. 우리 나라는 80여 개국과 양자 간 투자협정 등을 체결하고 있지만, 아직까지 투자협정을 배경으로 한 국제중재에 제소된 경우는 없다. 우리 나라는 이러한 투자분쟁의 무풍지대를 계속 유지할 수 있을 것인가? 미국과의 투자협정이 설령 없더라도 이는 장담할 수 없다. 지금처럼 국제중재에 제기되는 투자분쟁의 증대추세가 계속된다면 미국의 투자자가 아니라도 여타국의 투자자가 우리 정부를 상대로 제소하는 사안이 향후 발생할 가능성은 충분하다. 그리고 한·미 FTA의 결과 미국과의 투자협정이 체결되면 그 가능성은 분명히 늘어난다고 볼 수 있다. 미국은 우리 나라에 대한 최대투자국이며, 국제중재의 경험 또한 많기 때문이다.

이러한 분쟁의 우려 때문에 한·미 FTA상의 투자협정에서 투자자 대 정부 간 분쟁해결절차를 제외시켜야 한다는 주장도 제기되고 있다. 그리고 미국과 호주 간의 FTA에서 이러한 제외사례가 존재함을 근거로 제시하고 있다. 한·미 FTA에서도 이 규정이 배제된다면 미국 투자자가 우리 정부를 상대로 국제중재를 제기할 수 있는 가능성은 크게 줄어들 것이다(완전히 가능성이 배제되는 것은 아니다. 다른 경로, 예컨대 제3국의 자회사나 지점을 통한 투자의 경우 제3국이 우리와 투자협정을 체결하고 있으면 가능하다). 그러나 이 문제는 현실성과 타당성 등에서 잘 살펴보아야 할 문제이다.

먼저 이 규정을 배제한 한·미 FTA가 가능할 것인가의 문제이다. 미국 의회는 무역증진권한을 행정부에 부여하면서 이 규정의 존치를 반드시 관철시켜야 할 과제로 제시한 바 있다. 따라서 이 규정을 배제한 한·미 FTA는 미 의회의 동의를 받기 어려울 것이다. 호주의 경우 이 규정이 배제된 이유로, 미국은 호주의 사법적 절차 등을 신뢰할 수 있고 호주의 경우 미국과 같은 영미법 체계를 갖고 있다는 이유 등을 제시하고 있다. 그러나 실제 이유는 호주가 협상과정에서 미국에 다른 분야에서 상당한 양보를 한 결과로 알려지고 있다. 우리 나라가 이 규정의 배제대가로 미국에 양보할 만한 사항이 있는가? 더 근본적으로 미국이 우리 나라의 행정 및 사법시스템에 대해 신뢰하고 있는가? 우리는 미국에게 우리의 시스템이 신뢰할 만하다고 주장할 수 있을 것이다. 그러나 이를 미국이 받아들일 수 있는가 하는 문제는 미국의 평가에 달린 문제이다.

이 규정이 배제되는 경우 향후 또는 현재 진행중인 개도국과의 투자협정 협상에서 개도국이 미국과의 사례를 근거로 우리에게 이 규정의 배제를 역시 요구할 수 있을 것이다. 이 경우 우리는 어떻게 대응할 수 있겠는가? 당장 현재 진행중인 중국과의 투자협정 개정협상에서 우리는 중국에 이 규정의 강화된 내용을 도입할 것을 요구하고 있는 것으로 알려지고 있다. 또한 이 규정이 배제되는 경우 투자와 관련된 각종 분쟁이 정부 대 정부 차원의 분쟁으로 나타날 가능성이 있다. 정부 대 정부 차원의 분쟁의 경우 역시 국제중재로까지 발전될 수 있다.

그러나 보다 근원적인 문제는 일본이나 유럽국의 투자자에게 부여하고 있는 대우를 미국의 투자자에게만 배제할 타당한 명분이나 논리가 있는가 하는 문제일 것이다. 단지 미국의 투자자가 국제중재를 제기할 가능성이 큰 것 같다는 이유는 적절한 논리가 될 수 없다. 미국의 투자자를 차별할 만한 합리적인 논리가 있는가?

3 소 결 론

한·미 FTA에서 투자분야는 매우 복잡한 이슈인 것같이 보이지만 사실 매우 간단한 이슈이다. 위에서 언급한 바와 같이 현재 우리 정부가 일본이나 유럽 국가 등 양자 간 투자협정을 체결하고 있는 국가의 투자자들에게 부여하고 있는 대우를 미국의 투자자에게도 그대로 줄 것인가 안 줄 것인가 하는 문제만 고려하면 된다. 미국의 투자자에게도 동등한 대우를 해 주겠다는 생각만 있으면 문제될 것이 없다. 미국의 투자협정 모델의 내용 거의 대부분은 이미 우리 나라가 여타국과 체결하고 있는 투자협정에 반영되어 있는 내용일 뿐이다. 우리 나라에 대한 최대투자국인 미국의 투자자에게 여타국의 투자자보다 불리한 대우를 부여할 이유는 없을 것이다.

문제는 분쟁의 발생가능성이다. 미국과의 투자협정 체결시 분쟁의 발생가능성이 증가하는 것은 사실이다. 따라서 이러한 분쟁발생 가능성을 생각하여 이에 대한 국내의 대비책을 마련하는 것이 필요하다. 외국인투자자가 전혀 불만을 갖지 않는 그러한 투자환경을 만들 수는 없다. 그러나 불만이 분쟁으로까지 악화되지 않도록 하는 것은 충분히 가능한 목표이다. 패소의 가능성도 있고, 패소시 적지 않은 법조비용의 부담을 감당해야 하고, 설령 승소하는 경우에도 현지국에서 투자자 이미지의 훼손우려가 있는 외국인투자자도 불만을 우호적으로 해결하기 원하며 국제중재로까지 비화되기를 원치 않는다. 외국인투자자의 불만을 수렴하고 이의 해결을 모색하는 국내의 제도적 장치가 강화될 필요가 있을 것이다. 이러한 메커니즘하에서 한·미 FTA의 투자협정은 위협적인 요소가 아니라 우리의 투자환경을 업그레이드하는 계기가 될 수 있을 것이다.

오 정 근

제8장

금융서비스

1 주요 찬반논쟁

한·미 금융서비스부문 FTA에 대한 우려의 목소리가 적지 않다. 이는 아마도 다음의 두 가지 측면에 기인한 것으로 보인다. 첫째로는 1990년대 들어, 특히 1996년 OECD 가입을 앞두고 금융감독 미비 등 미처 준비가 제대로 갖추어지기도 전에 이루어진 과도한 금융시장 개방이 1997년 금융위기의 원인 중 하나로 작용하였다는 점이다. 당시 금융시장 개방으로 국내외 금리차이를 노린 단기차입 등을 중심으로 자본이 과도하게 유입되면서 철강 등 장기자금이 소요되는 설비투자는 증가하고 단기외채는 증가한 반면, 환율은 절상되고 경상수지가 악화되는 등 경제체질이 취약해진 가운데 1997년 7월의 태국 금융위기 발생을 계기로 유입되던 자본이 유출로 반전되자 유동성 부족으로 위기가 발생하였다는 것이다.

둘째로는 위기 이후 부족하였던 외환을 급하게 조달하는 등 위기를 극복하는 과정에서 자본시장이 완전히 개방되면서 부족한 외환의 공급은 물론 기업지배구조 개선, 경영투명성 증대, 재무건전성 제고, 현금흐름 중시 경영풍토 확산, 금융과 기업경영에 글로벌 스탠더드 도입 등 긍정적인 효과에도 불구하고 국내금융산업 기반잠식, 일부 과도한 매각차익에 따른 국부유출, 경제의 불안정성 증대, 산업자금 공급기능 위축, 일부 단기투자이익의 극대화를 위한 무리한 구조조정과 그에 따른 노동환경 악화는 물론 고율배당과 유상감자 등에 따른 기업의 장기성장력 약화와 적대적 M&A 등에 따른 기업경영의 안정성 저해 등의 문제점이 제기되고 있는 점이다.

이러한 문제점들이 한·미 FTA 체결로 금융이 더욱 개방되면 더 심해지지 않겠느냐 하는 우려가 제기되고 있는 것이다. 좀더 구체적으로 지적되고 있는 문제점들을 살펴보면 다음과 같다. 첫째로는 외국자본의 금융지배현상이 증가하면서 외국투기자본은 막대한 시세차익을 향유하는 등 국부가 유출되는 반면, 미국 대형 금융기관에 의한 국내금융산업의 잠식현상이 커지고, 과도한 경쟁에 따른 국내금융산업의 부실화 증대 등 국내금융산업의 기반이 훼손될 우려가 크다.

둘째로는 초국적금융자본의 이동자유화, 소유권 보장, 이익송금 보장 등으로 정책당국의 국민경제에 대한 통제력이 더욱 약화될 것이다.[1] 투기성 금융자본의 공략이 더욱 가속화될 것이고, 이는 자유화된 외환거래와 맞물려 빈번한 자본유출입으로 국내금융시장의 불안정을 높이게 될 것이다. 경우에 따라서는 과도한 자본유입으로 금융거품이 발생할 수도 있다. 또한 빈번한 자본유출입에 따른 환율의 변동성 증대로 거시경제의 불안정성이 커질 수도 있을 것이다.

셋째로는 외국금융회사들이 과도하게 위험회피적인 소매금융에 치중하면서 산업자금 공급기능이 위축되거나 자금이 부동산 등 비생산적인 분야로 순환되는 등 자금중개기능이 왜곡될 가능성도 커질 수 있다. 뿐만 아니라 아무래도 장기적 안목보다는 단기적인 이익이 우선하게 됨으로써 기업의 안정성과 경제의 장기성장력이 약화될 우려가 있다.

넷째로는 신금융서비스 허용으로 기존에 존재하지 않았던 새로운 금융상품들이 쏟아져 들어올 경우 소비자보호제도가 상대적으로 미흡한 국내금융소비자들이 피해를 입을 우려가 크다.

다섯째로는 무리한 구조조정과 노동유연성 제고, 비정규직 양산

[1] 심지어 이러한 현상을 '경제주권'의 강탈이라고 표현하고 있다(이종탁, 2006, p. 399). 아마도 경제주권이라 함은 일국이 경제정책을 독립적으로 수행할 수 있는 주체적인 권리 또는 금융과 같은 경제의 주요 부문에 대한 소유권 등을 의미하지 않는가 싶다.

등으로 근로자의 권익과 근로환경이 약화될 우려가 있다는 점 등이다.

이상에서 지적되고 있는 우려들은 상당 부분 일리가 없는 것은 아니다. 일부 외국투자펀드들의 막대한 시세차익 향유, 국내금융산업과 시장에 대한 외국인 지배력 증가, 금융시장과 경제의 불안정성 증대, 산업자금 공급기능 위축, 다소 무리한 구조조정, 기업의 안정성과 경제의 장기성장력 약화 등 일부는 이미 나타나고 있는 현상도 없지 않다. 그러나 문제는 첫째로 이러한 문제점들 때문에 금융을 중심으로 한 지식기반 고부가가치 서비스산업이 중심축이 되는 선진국 경제로의 도약을 포기해야만 할 것인가 하는 점이며, 둘째는 이러한 문제점들에 우리가 현명하게 대응하여 극복해 나갈 수는 없는가 하는 점이다.

필자의 생각으로는 이러한 문제점들이 단기적으로 우리 경제에 상당한 피해와 안타까움으로 다가오더라도 우리 경제가 선진국이 되어 보다 풍요로운 경제환경 속에서 우리의 후손들이 살아가도록 하기 위해서는 불가피하다는 것이다. 경쟁과 개방에서 살아 남아야 선진국이 되는 것이고, 또 경쟁과 개방을 통해서만이 선진국에 진입할 수 있는 것이다. 뿐만 아니라 우리는 과거 산업화 과정에서도 초기의 어려운 과정을 극복하고 세계 11위의 통상국가로 발전해 왔듯이 이번에도 극복해 나갈 수 있다고 믿고 있다.

사실 위에서 지적되고 있는 많은 문제점들이 개방 그 자체보다는 우리의 대응 잘못에도 상당 부분 원인이 있다는 점을 반성해야 할 것으로 생각된다. 예를 들어, 요즈음 가장 첨예한 문제로 이슈가 되고 있는 일부 외국투자펀드들의 막대한 시세차익 향유와 국내금융산업에 대한 외국인 지배력 증가문제의 경우에는 금융·산업 분리정책과 금융기관 소유에서 외국인에 대한 내국인의 역차별문제가 적지 않은 요인으로 작용하였을 것으로 보인다.[2]

[2] 현재 은행의 동일인 소유지분 한도(의결권 있는 발행주식 총수에 대한 소유비율 한도)는 10%(지방은행은 15%)인바, 10%, 25%, 33%를 초과할 때마다 금융감독위원

금융위기 이후 부실화된 금융기관을 처리하는 과정에서 부실 정도가 심하여 회생이 불가능하다고 판단되는 금융기관은 폐쇄하고 부실 정도가 덜 심하여 회생이 가능하다고 판단되는 금융기관은 구조조정과 정부의 공적자금 투입으로 재생의 길을 가도록 하였는데, 그러한 과정에서 정부의 공적자금 지원을 받은 금융기관은 자연히 정부소유가 되었다. 그러나 정부소유로서는 금융이 발전할 수도 없고 정부도 투입한 공적자금을 회수하여야 하므로 정부소유 은행을 매각하게 되었는데, 그 과정에서 금산분리정책으로 산업자본은 매입할 수 없도록 하였으니 명분상으로는 전혀 일리가 없지는 않았으나 그 때까지 금융은 실물경제 발전을 뒷받침하는 정도로만 인식해 왔던 우리 나라에서 규모가 큰 은행을 인수할 만한 금융자본이 과연 존재할 수 있었겠는가?[3] 거기에다 외국인과의 합작은행의 경우에는 내국인 지분율은 외국인 지분율을 상회하지 못하게 하였으니 자연히 매각금융기관들은 외국인 손에 넘어갈 수밖에 없었던 것이다.

따라서 개방에 따른 외국자본에 의한 국내금융산업 잠식문제는 개방 자체를 거부하기보다는 이러한 금산분리정책, 국내금융산업에 대한 역차별문제를 해소하는 데서부터 해결책을 모색해 나가야 할 것이다. 또한 그 동안 많은 규제완화에도 불구하고 여전히 상당한 규제가 금융부문에 상존하고 있어 국내금융기관의 외국금융기관과의 공정

회의 승인을 얻어 소유지분 한도를 초과하여 보유할 수 있도록 하고 있다. 그런데 비금융주력자(산업자본)인 경우에는 소유지분 한도를 4%(지방은행은 15%)로 제한하고 있는데, 외국인과의 합작은행의 경우에는 1개 은행에 한하여 10%, 25%, 33%를 초과할 때마다 금융감독위원회의 승인을 얻어 소유지분 한도를 초과하여 보유할 수 있도록 하고 있지만, 내국인 지분율은 외국인 지분율을 상회하지 못하게 함으로써(은행법 제15조 및 제16조) 오히려 내국인에 대한 역차별문제가 제기되고 있는 실정이다. 최근에는 외국인소유 금융기관 매각에 따른 외국자본의 막대한 시세차익 향유가 문제가 되면서 내국인에 대해 역차별을 초래하고 있는 이와 같이 지나친 금산분리정책에 대해서 재고해야 한다는 주장도 제기되고 있다.

[3] 이에 대한 대안으로 외국펀드에 대항할 수 있는 토종펀드 육성정책을 주장하기도 하였으나 단시일 내에 육성되는 것도 아니어서 실제 매각과정에서는 실효성이 없었을 뿐만 아니라 아직도 제대로 된 토종펀드가 육성되지 못하고 있는 실정이다.

한 경쟁을 어렵게 하는 등 국내산업의 발전을 저해하고 있는 부분이 있으므로 이러한 요인들도 고쳐 나가야 할 것이다. 뿐만 아니라 투기성 외국자본의 과도한 매각차익에 대해서도 합리적인 과세제도 도입으로 어느 정도 해결할 수도 있을 것으로 생각된다. 예를 들어, 현재 예외적인 경우를 제외하고는 비과세하고 있는 주식양도차익에 대해서 합리적인 과세제도를 도입하되 미국, 독일처럼 장기보유에 대해서는 혜택을 주는 방안 등을 고려해 볼 수 있을 것이다.

자본이동 자유화, 소유권과 이익송금 보장 등 일각에서 문제점이라고 주장하고 있는 논의들은 외국자본의 국내투자를 위해서는 기본적인 요건들이므로 논란의 소지가 없다고 판단되며, 다만 빈번한 자본유출입에 따른 국내금융시장 불안정성 증대문제는 유출입자본에 대한 밀착 모니터링과 그때 그때 필요한 미시적 대응책[4]을 마련하여 대응해 나가도록 해야 할 것이다. 또한 거시경제의 불안증대문제에 대해서도 국내거시경제정책의 안정적 운용은 물론 관련국과의 통화환율 정책의 협조강화 등으로 대처해 나가되 필요한 경우에는 긴급구제조치(safe guard)를 발동할 수도 있을 것이다.[5]

외국금융회사들의 위험회피적인 경향에 따른 산업자금 공급기능 위축이나 자금중개기능 왜곡 또는 단기이익 추구에 따른 기업의 안정성과 경제의 장기성장력 약화에 대해서도 그 동안 우리 경제가 고도성장을 하는 과정에서 다소 지나치게 위험수용적인 대출과 그를 이용한 투자를 해 오지 않았는가를 돌이켜볼 때가 아닌가 싶다. 그것이

[4] 예를 들어, 금융기관의 외화대출이 과도하게 늘어날 경우에는 외화유동성비율, 외화자산 만기불일치비율 등 외화유동성 리스크 지도기준을 강화하는 것 등이다. 한국은행은 금융위기 이후 자본유출입을 모니터링하기 위한 방대한 '외환전산망'을 구축·운영하여 오고 있으며, 금융감독원은 2005년부터 외화유동성 위기를 조기에 예측할 수 있는 '외화유동성 조기경보 시스템'을 개발하여 운영해 오고 있다.

[5] 국제금융센터 등은 외환위기를 조기에 예측할 수 있는 '외환위기 조기경보 시스템'을 운영하여 오고 있으며, ASEAN+3(한·중·일) 회원국 간의 통화스왑협정 체결 등 외환위기 재발방지를 위한 동아시아 통화협력을 강화하기 위한 다각적인 연구와 정책이 추진중에 있다(Oh, 2006 참조).

오히려 우리 나라 금융기관으로서는 대출심사능력이 제대로 배양되지 못하는 결과를 초래하였고, 투자부문에서는 부실투자가 증가하여 그것이 다시 금융기관에 부실금융으로 부메랑이 되어 돌아옴으로써 금융위기가 발생하였던 것이다.

따라서 새로 한국 시장에 진입한 외국금융기관으로서는 한국의 투자에 대하여 조심스러워하는 것은 어찌 보면 당연한 것인지도 모른다. 우선 위기 이후 우리 나라 금융기관부터 그러하지 않았는가. 그러므로 이 문제에 관해서는 기업신용평가제도 개선 등으로 기업금융이 활성화될 수 있는 여건을 조성하는 일이 중요하다. 무엇보다도 투자불확실성 해소 등 기업의 투자환경을 개선함으로써 금융기관과 기업이 모두 투자수익에 대한 밝은 전망을 할 수 있도록 해야 할 것이다. 그래야만 금융기관에 의한 산업자금 공급도 확충되고 외국인 직접투자도 증가하게 될 것이다.

새로운 금융상품들이 쏟아져 들어옴으로써 국내금융소비자들이 피해를 입을 우려에 대해서는 당연히 소비자피해를 최소화할 수 있는 금융감독기능 제고가 선결조건이다. 금융감독기능도 보다 국제화되어야 함은 물론이다.

구조조정과 노동유연성 제고는 우리 나라에 진입하는 외국금융기관뿐만 아니라 우리 나라 금융기관은 물론 경제 전체가 안고 있는 필요하면서도 어려운 과제이다. 필요하다는 것은 경쟁력 제고를 위해 불가피하다는 것이고, 어려운 과제라는 것은 사람이 살아가는 기본적인 일자리와 관련된 문제이기 때문이다. 따라서 단기차익만을 노리는 무리한 구조조정과 노동환경 악화는 물론 수용되어서도 안 된다. 또 그러한 문제는 법률로서 규제되어야 하겠지만 건전성 유지와 경쟁력 제고를 위한 구조조정과 노동유연성 제고는 불가피하다는 점을 인식하고 사회안전망 확충 등 그에 따른 보완대책을 강구하는 것이 바람직하며, 구조조정과 노동유연성 제고 자체가 금융서비스 FTA의 반대명분이 될 수는 없는 것으로 생각된다.

2 금융서비스부문의 FTA 필요성

우리 모두는 한국 경제의 선진국 진입을 염원한다. 이는 우리 세대뿐만 아니라 후손들이 오늘날 선진국과 같은 보다 풍요로운 경제환경 속에서 살아가기를 바라기 때문이다. 이는 인간이 지니고 있는 보편적인 염원이라고 할 수 있을 것이다.

그러나 선진국이 된다는 것은 쉬운 일이 아니다. 일찍이 미국의 경제학자 레스터 서로우(Lester Thurow)가 그의 유명한 『경제전쟁(*Head to Head*)』(1993)에서 1870년과 1988년의 세계 20대 선진국을 비교·분석한 결과 분석기간중 일이십 년 정도 성장하였던 나라들은 있지만 이들은 대부분 중도에 주저앉고 말았으며, 결과적으로 1870년에 선진 20개국이 아니었던 나라로서 1988년에 선진 20개국에 진입한 나라는 일본[6] 정도밖에 없었다는 점을 발견하고, 새롭게 선진국이 된다는 것이 얼마나 힘든 일이며 선진국이 되기 위해서는 최소한 100여 년 정도는 성장이 지속되어야 한다는 점을 강조하고 있다는 데서도 잘 알 수 있다.

그런데 이렇게 선진국으로 가는 길목에서 부딪치게 되는 불가피한 문제 중에 빼 놓을 수 없는 중요한 문제가 바로 개방과 고부가가치 서비스산업 육성이라는 과제이다. 먼저 개방이라는 문제를 보면 오늘날 인터넷 등 전자통신의 발달과 국가 간 자본이동의 자유화로 세계화와 개방은 거스를래야 거스를 수도 없는 세계적인 대세가 되었

[6] 일본의 경우에는 1868년에 시작된 메이지유신에 따른 산업화 정책으로 1870년대에 이미 상당 수준의 산업화가 진행되어 선진국의 기틀이 마련된 것으로 분석되고 있다.

다. 하물며 한국과 같이 수출입이 GDP에서 차지하는 비중이 70% 수준에 이를 정도로 경제의 대외의존도가 높은 나라에서는 더더욱 피해 갈 수 없는 큰 흐름이다. 그야말로 한국은 그 동안 수출로 성장해 온 통상국가이다. 따라서 이러한 세계화와 개방은 위기이기도 하겠지만 보다 적극적으로 활용되어야만 하는 피할 수 없는 기회인 것이다.

세계화와 개방을 두고 일각에서는 외국자본의 영향력 증대와 양극화 심화를 비판하는가 하면, 또 다른 한편에서는 생산성 향상과 경쟁력 제고라는 이점을 강조한다. 그러나 그 어느 쪽이든 세계화와 개방이 돌이킬 수 없는 시대적 대세라면 일방적인 찬반보다는 어떻게 유리하게 세계화와 개방을 도약의 기회로 활용할 것인가에 지혜를 모아야 할 것이다. 더욱이 수출로 성장해 오고 있는 통상국가인 한국으로서는 재론의 여지가 없는 명제라고 할 수 있다.

둘째로 고부가가치 서비스산업 육성이라는 문제를 생각해 보기로 하자. 경제가 성장할수록 임금·땅값 등 생산요소가격은 비싸지기 마련이다. 국민들의 소득이 높아지면서 종래처럼 공장에서 블루칼라 노동을 하기를 기피하는 경향도 증가하게 된다. 뿐만 아니라 저임금 후진국의 추격도 만만치 않게 된다. 따라서 자연히 가격이 싼 생산요소 투입의존도가 높은 제조업의 비중은 감소하고 서비스업의 비중이 증가하게 된다. 미국, 영국, 프랑스, 이탈리아 등 선진국은 대체로 GDP

표 8-1 | 주요국 서비스생산의 대GDP 비중

(단위: 경상가격기준, %)

	1970(A)	1980	1990	2000	2003(B)	B−A(%p)
미 국	65.5	67.0	72.9	75.7	77.4	+11.9
영 국	53.7	56.0	64.2	71.8	75.0	+21.3
프랑스	54.3	60.8	67.9	72.5	73.6	+19.3
이탈리아	51.3	55.6	64.4	69.4	70.8	+19.5
일 본	49.8	56.9	58.7	66.6	68.5	+18.7

표 8-2 | 한국의 산업별 국내총생산과 취업자 구성비

	GDP 구성비(%)				취업자 구성비(%)	취업자수 (만 명)
	1990년	1995년	2000년	2005년	2005년	2005년
제조업	24.5	24.9	26.1	25.3	18.5	423
건설업	10.2	10.5	7.4	8.2	7.9	181
서비스업	44.5	46.7	48.3	50.1	68.5	1,490
(도소매 및 음식숙박업)	11.7	10.0	9.6	8.4	25.4	581
(운수, 창고 및 통신업)	6.1	6.0	6.2	6.5	6.2	143
(금융보험업)	5.2	6.2	6.1	7.5	3.3	75
(부동산 및 사업서비스업)	8.1	10.3	11.8	11.1	8.9	204
(교육서비스업)	4.3	4.5	4.4	5.1	6.9	157
(보건 및 사회복지)	1.7	1.7	2.2	2.8	2.8	65

에서 차지하는 서비스업의 비중이 70%를 넘어서고 있다.

그런데 고부가가치 지식기반 서비스분야 가운데서 핵심적인 분야가 금융서비스분야이다. 2005년 현재 취업자구성비로는 3.3%에 불과한 75만 명이 종사하고 있지만, 이들이 생산하고 있는 부가가치는 GDP의 7.5%에 이르러 분야별로 생산성이 가장 높은 분야이다. 뿐만 아니라 제조업과 건설업은 물론 생산자서비스, 사회서비스, 개인서비스 등 모든 분야의 발전에 금융은 필수적이다.

지난 1970~1980년대의 고도성장기간 동안 금융은 성장이 필요한 실물부문에 자금을 배분하는 등 실물경제의 발전을 뒷받침하는 분야로 인식되어 왔다. 제한된 재원으로 경제성장을 이루기 위해서는 부분적으로 불가피한 측면도 없지는 않았다. 그러나 그러한 정책은 금융부실을 초래하여 결국에는 금융위기까지 겪게 하였다.

그러나 이제 한국 경제가 고부가가치 지식기반 서비스업의 발전으로 한 단계 업그레이드하여 선진국으로 도약하기 위해서는 금융산업 자체가 고도의 부가가치를 생산하는 독립된 산업으로 거듭나지 않으면 안 되는 단계에 이른 것이다. 이런 배경에서 동북아 금융허브 구상이 나오게 된 것이다. 뿐만 아니라 통신, 부동산, 사업서비스, 교육, 보건, 영화, 오락, 문화 등 고부가가치 지식기반 서비스업을 육성하는 데에는 타당성 분석, 자금조달 등 엄청난 새로운 금융서비스가 필요하게 된다. 이처럼 금융산업의 발전은 단순히 금융산업의 발전에 그치지 않고 한국 경제가 고부가가치 지식기반 서비스업으로 발전하는 데 필요한 각종 금융서비스를 제공하는 등 한국 경제구조를 한 단계 업그레이드시키는 초석의 역할을 하게 되는 것이다.

한국에서 이 정도로 금융산업이 발전되어 새로운 금융서비스수요에 부응하려면 금융산업분야에서만도 상당한 고용과 부가가치가 창출된다. 뿐만 아니라 금융산업은 종국적으로는 고급인력산업이므로 금융산업에 종사할 많은 전문인력 양성을 위한 교육서비스가 필요하게 된다. 말하자면 많은 후방연쇄효과가 창출되는 것이다. 국제금융센터로 발전한 싱가포르가 최근 들어 세계유수의 경영대학과 합작으로 경영대학들을 설립하고 있는 데서도 이러한 사실을 잘 알 수 있다.

이 밖에도 한국이 동북아 금융허브로 발전되면 향후 다가올 북한개발에 필요한 막대한 자금을 조달하는 데 필요하게 될 동북아개발은행의 설립도 보다 용이해질 것이다. 그리고 언젠가 유럽연합처럼 동아시아에서도 통화통합이 이루어지는 경우에는 여전히 패권주의가 우려되는 중국과 일본보다는 한국이 그 중심 역할을 하면서 동아시아 중앙은행이 서울에 유치되는 등 서울이 동아시아 국제금융센터로서 거듭날 수 있는 계기가 될 수도 있을 것이다.

단기적으로는 한국 경제가 고부가가치 지식기반 서비스업 중심으로 한 단계 업그레이드되기 위해서, 그리고 중장기적으로는 원활한 통일비용 조달과 동아시아 통화통합의 중심 역할을 하기 위해서 금융산업의 발전은 핵심적인 과제인데, 문제는 과거 금융의 본래기능인 효율적인 금융중개보다는 정책적인 자금배분에 치우쳐 옴으로써 제대로 발전해 오지 못하였고, 그 결과 금융위기까지 겪은 한국의 금융산업을 어떻게 발전시킬 것인가 하는 점이다.

여기서 나온 해답이 바로 금융자유화이다. 금융자유화는 대내적으로는 금융자율화 또는 규제완화, 그리고 대외적으로는 금융개방이다. 경제성장과 규모의 확대로 종래와 같은 금융으로는 더 이상 금융산업 자체의 발전은 물론 경제발전도 어려울 수 있다는 점은 1980년대 이후 줄곧 인식해 온 과제이다.

금융이란 우리가 주식거래나 외환거래를 보면 알 수 있듯이 속성상 1분 1초를 다투면서 정보를 먼저 입수하고 거래를 하여 이익을 창출하는 산업이다. 따라서 금융산업의 발전에 규제완화는 필수적이다. 뿐만 아니라 개방되고 세계화된 경제환경하에서 세계적인 국제금융센터로 발전하기 위해서는 자본의 유출입이 자유화됨은 물론 국적을 불문하고 세계유수의 금융기관들이 자유롭게 영업할 수 있는 환경을 조성하는 일이 중요하다.

금융위기를 겪으면서 엄청난 구조조정으로 금융기관의 건전성과 자율성도 많이 제고되었고 금융시장도 거의 개방되었다. 외환거래도 거의 자유화되었고 자본시장규모도 크게 신장되었다. 그러나 아직 금융규제가 상당 부분 남아 있는가 하면 기업금융 등 투자은행기능 미발달, 파생상품 등 일부 금융시장 발달 미흡, 그러한 첨단금융을 수행할 수 있는 금융전문인력 부족, 금융관행의 글로벌 스탠더드 미흡 등 여러 가지 극복해야 할 과제들이 적지 않게 남아 있는 실정이다. 지금도 당장 기업구조조정 M&A 등 규모도 크고 첨단금융기법이 필요한 금융분야에서는 우리 금융기관들이 제대로 역할을 못함으로써 외국금융기관들이 거의 독식을 하다시피 하고 있는 실정이다.

이러한 부족한 부분들이 바로 이번 한·미 금융서비스부문 FTA를 통해서 달성될 수 있을 것으로 기대되는 부분들이다. 한·미 금융서비스부문 FTA가 체결되면 동북아 금융허브로서의 위상이 높아짐은 물론 세계적인 경쟁력을 가진 미국 금융산업과의 경쟁이 심화되면서 불가피하게 국내금융회사들은 강도 높은 구조조정, 전문인력 배양 등 경쟁력 강화에 나설 수밖에 없을 것이다. 이 밖에도 국내금융소비자들은 미국 금융시장에서 제공되는 파생금융상품 등 다양한 선진금융상품에 보다 쉽게 접근할 수 있어 금융상품과 금융서비스의·선택폭 확대에 따른 소비자편익 증대도 기대된다고 하겠다.

3 한·미 FTA 금융서비스부문 주요 예상쟁점

현재 협상이 진행중인 한·미 FTA 금융서비스부문 협상과 관련해서는 아직 구체적인 협상내용이 밝혀진 것이 없기 때문에 정확하게 주요 쟁점을 파악하기는 어렵다. 그러나 그 동안 미국이 다른 나라와 체결한 FTA 협정문을 분석해 보면 미국이 어떤 주장을 해 올 것인가를 어느 정도 예상해 볼 수 있다.

1994년 1월 1일 발효된 북미자유무역협정(North American Free Trade Agreement: NAFTA)에서부터 2003년에 체결된 미·싱가포르 FTA와 미·칠레 FTA, 2004년에 체결된 미·호주 FTA 협정문을 분석해 본 결과 놀라운 것은 1994년부터 2004년까지 10년의 기간중에 체결된 미국의 FTA가 상대국을 불문하고 협정문의 목차에서 본문에 이르기까지 내용이 대부분 대동소이하다는 점이다. 즉, 미국이 기존에 체결한 FTA 협정문 금융서비스 조항에서는 ① 금융기관의 시장접근과 대우, ② 금융서비스의 국경 간 거래[7]와 신금융서비스 허용,[8] 보험서비스 제공

[7] 국경 간 금융서비스는 일국의 금융회사가 타국에 거주하는 금융소비자에게 지점 및 자회사 설립, 즉 상업적 주재(commercial presence) 없이 공급하는 금융서비스로

허용 등 금융상품 개방, ③ 규제의 투명성 제고를 규정하되 ④ 건전성 유지를 위해 필요한 경우 또는 각국의 여건을 반영하여 일부 조항에 대해서는 적용을 유보하거나 또는 배제할 수 있도록 하고 있다.

특히, 미국은 NAFTA에서부터 미국·호주 FTA에 이르기까지 지난 10여 년 동안 일관되게 이런 조항을 관철시켜 오고 있다. 금융기관의 시장접근이 안 된 나라에 대해서는 시장접근을 요구하고, 금융상품의 개방이 저조한 나라에 대해서는 금융상품의 개방을 요구하며 규제가 불투명한 나라에 대해서는 규제의 투명성을 요구하고 있는 것이다. 따라서 한국에 대해서도 당연히 이러한 주장을 예외 없이 제기해 올 것이라는 점을 어렵지 않게 짐작해 볼 수 있다.

기존 미국 FTA 협정문에 나타난 금융서비스부문 주요 예상쟁점을 살펴보면 다음과 같다. 첫째, 금융기관의 시장접근과 대우문제에 관해서는 상대국 금융기관, 투자자 및 투자, 금융서비스의 국경 간 거래에 내국인대우(national treatment)와 최혜국대우(most-favored-nation treatment)를 부여할 것을 규정하고 있다. 그리고 상대국 금융기관의 수, 금융서비스 거래규모, 금융서비스 운용규모, 고용인원에 대한 규제를 모두 철폐하여야 한다는 금융기관의 시장접근(market access for financial institutions)규정을 다루고 있다. 또한 상대국 금융기관의 고급경영진 또는 기타 특정 보직에 특정 국적인의 참여요구를 금지하고 상대국 금융기관의 이사회 과반수 이상을 자국인으로 구성하도록 요구하는 것을 금지하고 있다.[9]

둘째, 금융상품 개방문제를 보면 금융서비스의 국경 간 거래(cross-border trade in financial services) 조항에서는 상대국 국경 간 금융서비

정의된다.

[8] 타국의 영토 내에서는 공급되지만 일국의 영토 내에서는 공급되지 않고 있는 금융서비스를 의미한다.

[9] 그러나 미국은 은행의 지배구조와 관련하여 미국 통화감독청이 총이사수의 소수범위 내에서 시민권 요건을 면제해 주는 경우를 제외하고는 전국은행(a national bank)의 모든 이사는 미국 시민권자여야 한다는 내용을 이행계획서에 포함하고 있다.

스 공급자의 서비스 공여와 자국민의 상대국 국경 간 금융서비스 구입을 허용할 것을 규정하고 있다. 그러나 여기서 주목되는 것은 국경 간 거래가 가능한 금융서비스의 종류를 부속서에서 다루기로 하고 있다는 점이다. 따라서 금융시장의 개방화·국제화와 인터넷 전자통신의 발달로 앞으로는 국경 간 금융서비스 거래확대가 필요할 뿐만 아니라 불가피하게 될 것으로도 전망되지만 현 단계에서는 각국의 금융시장 발달 정도와 동 조치가 해당국 금융시장과 경제에 미칠 영향을 고려하여 부속서에 명시된 금융서비스에 한하여 국경 간 거래를 허용한다는 것이다.

부속서에 명시되어 있는 국경 간 거래가 허용되는 금융서비스의 종류를 보면 해상운송·상업비행·국제운송상품 관련 보험, 재보험과 재보험 이전, 보험보조서비스, 보험중개 등 보험상품과 금융정보의 제공과 이전, 금융통계 가공, 예금과 기타 자금의 수취서비스를 제외한 자문 및 기타 보조서비스로 규정하고 있다. 요약하면, 해상보험·운송보험·재보험 등 일부 보험상품과 투자자문서비스의 국경 간 거래 허용을 규정하고 있는 것이다.

주목되는 점은 보험 가운데서도 일반국민이 보다 광범위하게 가입하고 있는 자동차보험 등 일부 손해보험과 생명보험은 허용되는 국경 간 거래서비스에 포함되지 않고 은행예금 대출업무도 포함되어 있지 않다는 점이다. 이는 생명보험, 은행예금 대출 등의 국경 간 거래가 허용될 경우 국내외 금리차에 따른 빈번한 자금이동, 자금의 해외유출 등 국가경제에 미치는 파장도 클 뿐만 아니라 많은 일반국민들이 가입하고 있는 금융상품이므로 외국금융서비스 공급자가 부실해질 경우에는 보다 많은 피해자가 발생할 수도 있는 데 따른 것으로 보인다.[10]

---

[10] 예외적으로 싱가포르는 싱가포르 금융기관과의 단기금융상품·외환·환율 및 금리상품의 거래 및 금융리스를 가능한 국경 간 금융서비스 거래에 포함하고 있다. 즉, 미국 금융기관들은 싱가포르에 자회사나 지사의 설립, 즉 상업적 주재 없이 싱

신금융서비스(new financial services) 조항에서는 상대국 금융기관에 의한 신금융서비스 제공을 허용하되 일국은 신금융서비스가 제공되는 제도적·법제적인 형태를 규정할 수 있고 동 서비스 공급에 대한 허가를 요구할 수 있도록 하고 있다. 그러나 허가를 요구하는 경우에는 합리적인 시간 내에 허가 여부를 결정하여 주어야 하고, 거부는 건전성만을 이유로 할 수 있도록 하고 있다. 이처럼 신금융서비스 허용이 미국이 가장 강력히 요구할 것으로 예상되는 분야 중의 하나일 것으로 전망된다.[11] 이는 건전성에 위협이 되지 않는 경우에는 대부분의 신금융서비스를 허용해 주어야 하지만 일국 금융시장이나 금융기관의 건전성이 위협을 받을 것으로 예상될 경우에는 허가를 아니할 수도 있다는 점이 중요하다고 하겠다. 특히, 보험서비스가 신속히 제공될 수 있도록 필요한 조치를 마련하며, 필요한 경우에는 협상을 할 수도 있음을 언급하고 있다.

한국의 경우에도 국내법[12]이 허용하는 범위 내에서 그리고 금융시장 안정, 소비자보호 등 건전성 확보를 위한 감독당국의 허가하에서 신금융서비스 공급허용을 요청하고 있는 것으로 알려지고 있다.

셋째, 규제의 투명성 조항에서는 금융서비스 규제의 투명성(transparency)을 제고하여야 하며, 국내규제가 필요한 경우에는 모든 조치

가포르 금융기관과의 단기금융상품·외환·환율 및 금리상품을 거래하거나 금융리스를 제공하는 것을 허용한다는 의미이다. 특히, 단기금융상품·외환·환율 및 금리상품의 국경 간 거래허용은 경우에 따라서는 금융시장의 단기적 변동성과 불안정성을 높일 가능성이 있음에도 싱가포르가 이를 허용한 데는 아마도 싱가포르가 이미 상당히 발전된 국제금융시장이기 때문에 웬만한 단기변동성과 불안정성은 수용가능할 것이라는 자신감과 더불어 앞으로도 국제금융시장으로서의 지위를 유지하고 더욱 발전시키고자 하는 싱가포르 당국의 의지가 반영된 것이 아닌가 여겨진다. 반대로 미국은 이러한 금융상품을 가능한 국경 간 금융서비스 거래에 포함하지 않고 있다.

11 미국 등 선진국은 세계무역기구(World Trade Organization: WTO) 금융서비스 부속서에서도 신금융서비스와 관련하여 제한 없는 양허를 요구한 바 있다.

12 우리 나라는 현재 자본시장 발전을 위하여 자본시장 관련업무 겸영과 금융투자상품에 대한 규제완화를 도모하는 가칭 「자본시장통합법」을 추진중에 있는데, 미국은 동 법안을 염두에 두고 있는 것으로 보인다.

가 합리적·객관적이고 공정한 방향으로 관리되도록 하여야 한다고 규정하고 있다. 여기서 규제의 투명성이란 금융기관과 국경 간 금융서비스 공급자의 금융시장 접근과 영업활동에 영향을 주는 규제와 정책의 투명성을 의미한다. 보다 구체적인 투명성 제고조치로는 금융기관과 국경 간 금융서비스 공급자의 활동에 영향을 주는 규제내용은 늦어도 적용되기 전에 발간되어야 하며, 사전에 제안된 규제내용에 대하여 관계자나 상대국이 코멘트할 수 있는 합리적인 기회가 부여되어야 하고, 금융서비스 공급신청과 관련해서는 규제당국은 늦어도 120일 전에 결정을 해야 한다고 규정하고 있다. 이러한 내용은 미국 등 선진국이 일관되게 주장해 본 바로서 이미 WTO의 「서비스무역에 관한 일반협정(General Agrement on Trade in Services: GATS)」에도 반영되어 있는 내용이다.

또한 일국이 상대국의 금융기관 또는 국경 간 금융서비스 거래자로 하여금 자율규제기관(self-regulatory organization)의 회원이 되도록 요구할 때는 동 자율규제기관으로 하여금 내국인대우 및 최혜국대우를 받을 수 있도록 조치하여야 하며, 양국은 자국 영토 내에 설립된 상대국 금융기관으로 하여금 공적 기관이 제공하는 지급결제제도(payment and clearing system)와 공적인 자금조달 및 리파이낸싱제도를 이용하도록 허용하여야 한다고 규정하고 있다.

넷째로는 이상의 협정 적용이 유보되거나 배제되는 경우를 규정하고 있다. 우선 예외조항에서는 일국 영토 내에 공급되는 금융서비스와 관련하여 투자자와 예금자보호 등 건전성 유지를 위해 필요한 조치의 도입을 허용하고 비적용조치(non-conforming measures) 조항에서는 동 협정이 적용되지 않는 경우를 부속서의 이행계획서에 명시하도록 함으로써 각국의 여건이 반영되도록 신축성을 부여하고 있다.[13]

[13] 이와 관련한 주요 내용을 몇 가지 살펴보면, 먼저 싱가포르의 경우에는 세계유수의 국제금융시장임에도 불구하고 외국금융기관의 시장접근과 소유구조 및 지배구조뿐만 아니라 ATM 등 서비스 이용면에서 상당히 엄격한 제한을 두고 있는 것으

나머지는 협정의 이행사항 점검과 분쟁조정절차를 다루고 있다. 양국의 금융서비스 당국자가 수석대표로 참가하는 금융서비스위원회(financial services committee)를 설치하여 이 협정의 이행사항을 점검하고 분쟁조정절차에 참가하도록 하고 있으며, 일국은 협정과 관련된 사항에 관하여 상대국에게 협상을 요구할 수 있으며, 협상을 요구받은 상대국은 능동적으로 참가하여야 함을 명시하고 있다. 분쟁이 제기될 경우 해결을 위한 패널을 구성하여 조정하도록 규정하고 있다.

한국은 그 동안 OECD 가입과 금융위기를 겪으면서 외국금융기관의 한국 시장접근, 즉 외국금융기관에 대한 시장개방은 거의 완전

로 나타났다. 소유구조면에서 외국인은 단독 또는 관계인과 연대하여 싱가포르 법인 은행을 지배할 수 없도록 하고 개인 또는 관계인이 싱가포르 법인 은행 또는 금융지주회사 자회사의 지분 또는 투표권의 5%, 12%, 20%를 상회하는 경우에는 싱가포르 재무부로부터 허가를 받도록 규정하고 있다. 다만 이미 미국 금융기관이 지배하고 있는 싱가포르 법인 은행은 예외로 하고 있다. 지배구조면에서는 미래의 은행부문 자유화와 관련하여 싱가포르는 은행과 금융회사 이사회 구성상의 필요조건, 금융회사 지점수에 대한 제한 등 최혜국대우조항이 일부 유예 또는 배제되는 새로운 비적용조치를 도입할 수 있도록 하고 있다. 한편, 선물거래와 관련해서는 싱가포르는 증권 및 선물시장의 설립 또는 운영을 제한할 수 있는 권한을 가지며, 금융선물거래는 상업적 주재를 통해서만 가능하고 국경 간 거래를 통해서는 안 되도록 하고 있다.

외환위기를 경험한 칠레에서는 외환거래에 관하여 다소 엄격한 조항을 추가하고 있다. 칠레에서 법인으로 설립된 은행, 법인, 주식중개인 및 증권대리점만이 공식 외환시장에 참가할 수 있으며, 법인, 주식중개인 및 증권대리점이 공식 외환시장에 참가하기 위해서는 칠레 중앙은행의 허가를 받아야 하고, 칠레 영토 내에 거주하는 사람들과 거주에 관계 없이 칠레인이 미국의 금융서비스 공급자로부터 금융서비스를 구입하는 경우에는 칠레 중앙은행이 채택한 환율규제의 적용을 받는다고 규정하고 있다. 또한 외국인 기관투자가에 의해 설립된 외국인 자본투자펀드의 관리는 칠레에 주소를 둔 법적인 대표를 통하여 할 수 있으며, 외국인 자본투자펀드의 자본은 출자일로부터 5년 이내에 외국으로 송금할 수 없다고 규정하고 있다.

한편, 미국 이행계획서의 주요 내용을 보면 상대국을 불문하고 다음과 같은 몇 가지를 규정하고 있다. 첫째, 은행의 시장접근과 관련하여 외국은행의 지점과 사무소의 설치가 일부 주에서는 금지되어 있으며, 둘째 은행의 지배구조와 관련하여 미국 통화감독청이 총이사수의 소수범위 내에서 시민권요건을 면제해 주는 경우를 제외하고는 전국은행(a national bank)의 모든 이사는 미국 시민권자이어야 한다는 등이다.

하게 이루어짐으로써 오히려 외국인의 시장점유율이 너무 과도한 데 따른 우려가 제기되고 있는가 하면, 오히려 내국인에 대해서는 엄격한 금산분리정책으로 내외국인 합작은행의 경우에는 내국인이 외국인 소유지분율을 상회하지 못하게 규정함(은행법 제15조 및 제16조)으로써 내국인에 대한 역차별문제가 제기되고 있는 실정이므로 금융기관의 시장접근문제는 커다란 이슈가 되지 않을 것으로 보인다. 따라서 자연히 금융서비스의 국경 간 거래와 신금융서비스 허용, 보험서비스 제공 허용 등 금융상품 개방과 규제의 투명성 제고가 주요 의제가 될 것으로 예상된다.

금융상품에 대해서는 아직까지 열거주의(positive system)를 유지해 오고 있고, 금융서비스의 국경 간 거래에 대해서도 극히 일부를 제외하고는 원칙적으로 허용하고 있지 않기 때문에 신금융서비스 공급과 새로운 보험서비스 제공 및 금융서비스의 국경 간 거래의 허용을 강력히 요구해 올 것으로 예상된다. 규제의 투명성에 대해서도 그 동안 한국 금융규제상의 불투명성 문제가 여러 차례 제기되어 왔다는 점을 고려해 볼 때 이 문제도 주요 의제가 될 것으로 전망된다.

4 영향과 대응전략

위에서 살펴본 바와 같이 금융기관의 시장접근과 대우, 금융서비스의 국경 간 거래와 신금융서비스의 허용 및 보험서비스 제공 허용 등 금융상품 개방, 규제의 투명성 제고가 중요한 의제로서 협정서 본문에 기본적으로 포함하되 한국 금융의 건전성 유지와 여건을 고려하여 이러한 사항 중 어떤 조항을 어느 정도로 적용을 유보하거나 배제할 수 있도록 부속서에 반영하느냐가 협상의 관건이 될 것으로 생각된다.

이러한 이번 한·미 FTA 금융부문 협상에서 고려해야 할 기본방향은 한편으로는 어떻게 하면 한국 금융산업을 글로벌경쟁에 노출시켜 한 단계 발전시킴으로써 한국이 추진하고 있는 동북아시아 금융허브의 토대를 마련하는 데 도움이 되도록 할 것인가 하는 점과, 다른 한편으로는 이미 과도하다는 지적마저 나오고 있는 외국자본의 한국 금융지배현상을 더욱 심화시키지 않을까 하는 우려에 어떻게 대응하느냐 하는 일견 서로 상반되는 것처럼 보이기도 하는 이 두 과제를 어떻게 조화롭게 달성할 것인가 하는 데 두어야 할 것으로 판단된다.

한국의 경우에는 이미 금융기관의 상업적 주재를 통한 금융시장의 외국인투자에 대해서는 거의 완전하다고 할 정도로 개방되어 있다. 따라서 이번에는 금융상품에 대한 규제완화와 개방 및 규제의 투명성 제고가 중요한 이슈가 될 것으로 전망된다. 금융기관, 금융시장에 이어서 금융상품의 개방이라는 금융산업 개방의 마지막 단계에 직면하고 있는 것이다.

따라서 이번 한·미 FTA 협상에서는 이러한 기본방향을 토대로 최근 미국이 체결한 FTA 협정문 부속서에서와 같이 한국도 부속서에 포함될 것으로 예상되는 국경 간 거래에 포함되는 금융서비스의 종류와 범위, 본문의 적용유보나 배제 또는 이행계획을 다루고 있는 이행계획서, 그리고 한국과 미국의 특수성을 반영하는 특별의무조항의 내용에 역점을 두어야 할 것으로 판단된다.

첫째, 금융서비스의 국경 간 거래와 관련하여 미국이 체결한 기존의 FTA 협정문을 보면, 금융서비스의 국경 간 거래에는 아직까지 대부분 해상보험·운송보험·재보험 등 일부 보험상품과 투자자문서비스만 포함되고 있다. 그런데 한국은 이미 1999년에 해상보험·운송보험·재보험 등 일부 보험과 투자자문업 및 신용평가업·신용정보업에 대하여 국경 간 거래를 허용하였다. 따라서 미국이 칠레, 호주 등과 체결한 기존의 FTA 협정문 수준에서 국경 간 금융서비스 거래가 허용된다면 그 영향은 현재보다 크게 달라지지 않을 것으로 예상된다.

그러나 아직 미국이 다른 나라와의 협정문에는 포함하지 않고 있는 자동차보험 등 일부 손해보험과 은행예금 대출업무 등을 협정문에 포함할 경우에는 국내금융산업과 소비자에게 미치는 영향은 상당히 클 것으로 생각된다. 일반국민들은 보다 안전하고 보다 높은 수익성을 보장해 주는 금융기관과 거래하고자 할 것이기 때문에 세계적으로 명망 있는 금융기관으로의 자금이전이 일어날 것이기 때문이다. 이러한 경우 잘못하면 안전성과 수익성 면에서 경쟁력이 약한 국내금융산업이 적지 않은 타격을 입게 됨은 물론 금융시장의 불안정이 증폭되고, 경우에 따라서는 외국금융기관들에 대한 정보부족 등으로 국내소비자들이 피해를 입는 경우도 발생할 우려가 있다고 하겠다.

한편, 싱가포르에서와 같이 한국 금융기관과의 단기금융상품·외환·환율 및 금리상품의 거래를 가능한 국경 간 금융서비스 거래에 포함할 것인지 하는 문제도 상정될 가능성이 있는 협상의제로 생각해 볼 수 있다. 이러한 금융거래를 국경 간 거래에 포함할 경우 국제금융거래의 활성화로 한국 금융시장의 국제금융시장으로의 발전은 분명히 한 단계 업그레이드될 수 있을 것으로 예상해 볼 수 있다. 그러나 아직은 싱가포르에 비하여 턱없이 작은 규모에 머무르고 있는 한국의 국제금융시장 규모를 감안해 볼 때 단기금융상품·외환·환율 및 금리상품의 국경 간 거래허용은 금융시장의 단기적 변동성과 불안정성을 높일 가능성이 크다는 점을 유의해야 할 것으로 판단된다.

따라서 금융서비스의 국경 간 거래에서 아직 미국이 다른 나라와의 FTA 협정문에는 포함하고 있지 않은 자동차보험 등 일부 손해보험과 은행예금 대출업무 등을 협상의제로 요구할 경우에는 국내금융산업과 소비자에게 미칠 것으로 예상되는 영향을 고려하여, 이러한 부문의 국경 간 거래를 허용하지 않고 있는 미국·싱가포르, 미국·칠례, 미국·호주 FTA 협정문을 지렛대로 하여 더 이상의 추가적인 허용은 하지 않는 것이 바람직할 것으로 판단된다. 특히, 싱가포르도 금융선물거래의 경우에는 아직 상업적 주재를 통한 거래만 허용하고 국경 간 거래는 허용하고 있지 않고, 국제투기자금 거래에 자주 이용되고 있는 역외은행 업무에 대해서도 일부 제한을 두고 있는 점을 상기해야 할 것으로 생각된다.

그러나 한편으로는 인터넷 등 정보통신의 발달로 앞으로도 계속 이러한 부문의 국경 간 거래를 허용하지 않을 수는 없을 것이므로, 외국금융기관과의 동등한 경쟁하에서도 국내소비자가 국내금융기관을 선택할 수 있도록 국내금융산업의 경쟁력과 국내금융기관의 평판을 높이기 위한 제반 조치가 병행하여 추진되어야 함은 물론이다. 여기에는 금융기관 경쟁력 제고를 위한 규제완화, 국경 간 거래에 대비한 감독체계 마련, 소비자와 투자자의 보호장치와 국가 간 분쟁절차 마련 등의 제도정비[14]와 더불어, 수익성과 건전성을 제고하기 위한 금융기관 스스로의 노력 등이 포함된다고 하겠다.

둘째, 미국이 다른 나라와 체결한 FTA 협정문에서 예외조항을 거의 두고 있지 않아서 미국이 역점을 둘 것으로 예상되는 신금융서비스의 허용은 어떤 영향을 초래할 것인가? 미국이야말로 자유화된 금융여건과 막대한 금융자본 및 세계시장이라는 무한한 수요를 배경으로 금융상품이 다양하게 발달하여 금융상품의 경쟁력이 세계 어느 곳보다도 높은 곳이다. 반면 한국은 아직까지 금융상품에 관한 한 열거주의 규제방식을 유지하고 있는 등 규제가 상대적으로 많아서 금융상품이 다양하게 발달하지 못하고 있는 실정이다.

---

[14] 국경 간 금융서비스 제공국가의 감독체계와 법규를 적용할 것인가, 아니면 이용국가의 감독체계와 법규를 적용할 것인가 하는 첨예하게 대립되는 문제가 제기된다. 처음에는 이용국가 감독체계의 적용이 불가피하겠지만 점차 제공국가 감독체계와 조율을 해 나가야 할 것이라는 주장이 제기되었다(신용상, 2006). 미국이 기존에 체결한 FTA 협정문에서는 분쟁발생시 양국이 패널을 구성하여 논의하도록 하고 있는데, 동 조항에는 감독체계 차이에 따른 분쟁도 포함되는 것으로 보여진다.

따라서 한국에서는 아직 거래되지 않고 있는 첨단금융상품의 등장은 한편으로는 동북아 금융허브를 지향하고 있는 한국의 입장에서는 금융시장의 발전과 금융산업의 경쟁력 제고를 위해 필요한 조치인 반면, 또 다른 한편으로는 그러한 금융상품을 아직 개발하지 못하고 있는 국내금융기관들에게 상당한 타격을 줄 것으로 예상된다. 특히, 첨단의 금융공학이 응용되고 있는 파생금융상품시장의 경우에는 그 정도가 더욱 클 것임은 어렵지 않게 예상해 볼 수 있다. 뿐만 아니라 신금융상품의 등장은 자유화된 외환거래와 맞물려 빈번한 자본유출입으로 국내금융시장의 불안정을 높이는 요인으로 작용하게 될 것으로 보인다.

따라서 한국의 입장에서는 국내금융상품의 발달 정도에 맞추어 단계적으로 상품별로 허용하는 것이 바람직하겠으나 미국·싱가포르, 미국·칠레, 미국·호주 FTA 협정문에서 살펴본 것처럼 미국은 건전성에 위협이 되지 않는 한 대부분의 신금융서비스 허용을 요구해 올 것으로 전망된다.

여기서 미국이 체결한 기존의 FTA 협정에서 일국은 신금융서비스가 제공되는 제도적·법제적인 형태를 규정할 수 있고, 동 서비스 공급에 대한 허가를 요구할 수 있도록 하고 있으며, 일국 금융시장이나 금융기관의 건전성이 위협을 받을 것으로 예상될 경우에는 허가를 아니할 수도 있다고 규정한 점을 최대한 활용하여야 할 것으로 생각된다. 미국도 한국의 국내법이 허용하는 범위 내에서 그리고 금융시장 안정, 소비자보호 등 건전성 확보를 위한 감독당국의 허가하에서 신금융서비스 공급허용을 요청하고 있는 것으로 알려지고 있다. 따라서 현재 추진중인 자본시장통합법이 매우 중요해졌다.

단기금융상품, 주식관련 상품, 채권관련 상픔, 외환관련 상품, 파생금융상품, 보험관련 상품 등 금융상품별로 경쟁력을 점검해 본 다음 금융시장의 안정성이나 금융기관의 건전성이 위협받을 것으로 예상되어 허가가 필요하게 될 것으로 예상되는 분야는 어떤 분야인지,

개방가능한 분야는 어떤 분야인지에 대한 검토가 필요하다고 하겠다. 우리 나라도 외환위기를 경험하였으므로 외국인 자본투자펀드의 자본은 출자일로부터 5년 이내에 외국으로 송금할 수 없다든지 특정 금융서비스나 활동을 금지할 수 있다는 조항을 포함하고 있는 칠레의 경우처럼 외환시장 안정을 위한 안전장치(safe guard)를 마련하는 것도 현명한 대안 중의 하나라고 생각된다.

그러나 무엇보다도 중요한 것은 한국의 금융상품이 다양하게 발달하여 금융기관의 경쟁력이 제고되고 금융산업이 발전하기 위해서는 금융상품에 대한 규제가 완화되어야 한다. 한국이 동북아 금융허브가 되기 위해서는 소비자의 수요를 창출하는 다양한 금융상품의 발달 없이는 불가능하다. 그런데 금융상품에 대한 규제가 존재하는 여건에서는 소비자의 수요에 맞는 다양한 금융상품이 꽃피울 수 없다. 감독과 규제는 영업규제에서 금융시장의 안정성과 금융기관의 건전성 중심 규제로 개편되어야 할 것이다. 그런 의미에서 금융규제를 현재의 열거주의에서 포괄주의로 전환하고자 하는 시도는 매우 바람직한 조치라고 할 수 있다.

여기서 중요한 과제 중의 하나가 미국의 예상되는 신금융상품 허용요구에 맞서서 금융시장의 안정성이나 금융기관의 건전성을 유지해야 하는 정책과 금융상품의 발달과 금융기관의 경쟁력 제고를 위해 규제를 완화해야 하는 정책, 즉 일견 상반되어 보이는 듯한 두 정책을 어떻게 조화롭게 추진할 것인가 하는 과제이다.

여기서 우리는 매키넌(1991)의 금융자유화 순서를 다시 상기해 볼 필요가 있다. 매키넌은 금융억압(financial repression)하에 있던 개발도상국이 금융자유화(financial liberalization)를 할 때 국내금융규제 완화(financial deregulation)를 먼저하고 대외금융개방(financial opening)을 나중에 할 것을 제안하였다. 이는 국내금융규제 완화를 먼저 함으로써 국내금융산업의 경쟁력을 제고한 다음 금융을 개방하여야 한다는 의미이다.

그러나 많은 개도국들이 1980년대 중반 이후 급속하게 추진된 대외적인 금융개방에도 불구하고 여전히 대내금융규제 완화가 불충분하게 이루어짐으로써 결과적으로 금융산업의 외국지배를 초래한 결과를 적지 않게 보여 주고 있다. 이는 1980년대 중반 이후 풍부해진 유동성을 배경으로 금융선진국들의 개도국들에 대한 금융시장 개방압력은 크게 높아졌고, 또 한편으로는 개도국 입장에서도 개방을 통하여 그 동안 금융억압 등으로 낙후되어 왔던 금융산업을 발전시키고자 하는 측면이 있었던 반면, 개도국 내부에서는 오랫동안 지속되어 온 금융규제 완화에 대한 저항이 만만치 않았던 데 기인한 것으로 보인다. 그러한 금융규제 완화에 대한 저항은 그 동안 금융규제에 따른 지대를 향유해 온 규제당국, 더 나아가서는 그를 매개로 이루어져 온 정경유착 세력들이 기득권을 계속 유지하려고 한 데에도 일부 원인이 없지 않은 것으로 보인다.

1980년대 이후 진행된 금융시장 개방과정에서 있었던 이러한 교훈을 상기해 볼 때 이번의 금융상품 개방에서는 먼저 금융상품에 대한 국내규제를 완화[15]하여 금융시장의 안정성과 금융기관의 건전성, 소비자와 투자자 보호를 위한 최소한의 규제 속에서 가능한 한 제약없이 다양한 복합금융상품의 출현을 가능하게 함으로써 국내금융기관들의 상품설계나 판매경쟁력을 높이고, 그 다음 순차적으로 개방해 나가는 전략을 수립하여 이를 협상에서 반영하도록 노력해야 할 것으로 생각된다. 따라서 신금융상품 허용에 대한 이행계획은 최근 자본

---

15 규제완화는 규제당국의 조직을 개선하지 않고 규정만 개정해서는 제대로 이루어질 수 없다는 것이 역사적 교훈이다. 그런 측면에서 현재 금융감독위원회, 금융감독원의 중층적 구조로 되어 있는 금융감독체계를 금융감독위원회를 금융감독원의 독립된 최고의사결정기구로 내부조직화하는 등 금융감독위원회와 금융감독원을 축소단일화하면서 독립성을 강화할 필요성이 최근에 제기된 바 있다. 이러한 필요성은 최근 외환은행 매각관련 사건을 통해서도 다시 한번 입증되었다. 사실 1998년 금융감독위원회 설립 당시 최소한의 사무국 기능만 필요하다고 하던 금융감독위원회가 오늘날의 독립된 부서로 확대된 것이다. IMF도 운영면에서나 재정면에서 독립적인 금융감독기구의 설립을 주장한 바 있다(IMF, 1997).

시장 규제완화와 경쟁력 제고를 목표로 추진되고 있는 자본시장통합법의 시행스케줄을 고려하여 수립되도록 하는 것이 바람직할 것으로 생각된다.[16]

셋째, 규제의 투명성 제고는 어떤 영향을 미칠 것인가? 규제가 많으면 많을수록 해당 산업의 경쟁력은 낮아지고 해당 시장의 발달은 늦어지기 마련이다. 금융산업과 금융시장도 예외가 아니다. 따라서 한국의 입장에서도 이 부분에 관해서는 커다란 이견은 많지 않을 것으로 전망된다. 한국에서는 최근 새로운 자본시장통합법을 선보이고, 앞으로 금융규제가 포괄주의(negative system)로 이행할 것임을 예고한 바 있다.

그러나 미국이 기존에 체결한 FTA 협정문이나 GATS 협정문을 보면 미국이 요구할 것으로 예상되는 규제의 투명성은 단순히 이러한 규제완화 차원이 아니다. 앞에서 살펴본 바와 같이 당국으로서는 도입되는 규제내용에 대해서 사전에 상대국의 코멘트도 받아야 하고, 적용 전에 반드시 문서로 발간하여야 하며, 신청받은 새로운 금융상품에 대해서는 소정의 기일 내에 합리적이고 공정하게 결정을 내려야 하는 등의 조치가 오랫동안 창구지도방식에 익숙해져 온 한국의 입장에서는 철저한 문서주의를 토대로 한 미국 방식의 규제절차를 시행해 나가는 과정에서 잘못하면 루프홀로 예기치 않은 금융시장의 혼란이 초래되거나 문서정비 부담과 레드테이프문제 발생으로 문서주의에 익숙해 오지 않은 국내금융기관들에게 새로운 부담이 될 우려도 없지 않다고 하겠다.[17]

---

16 만약 한국 진출 미국 금융기관이나 투자자들에게 FTA 시행과 동시에 바로 내국인대우를 해 줄 경우에는 자본시장통합법의 시행과 동시에 한국 금융기관과 같이 자본시장통합법상의 금융상품 규제완화 혜택을 받게 되므로 매키넌이 주장하고 있는 자유화의 순서, 즉 선규제완화 후개방의 원칙과는 배치되어 상품설계능력이 낮은 한국 금융기관들은 경쟁에서 어려움을 겪을 것으로 예상되므로 신금융상품 허용과 내국인대우에 대한 문제는 이 점을 고려하여 결정하여야 할 것으로 생각된다.

17 1986년 영국이 빅뱅(Big Bang)이라고 불리는 금융자유화를 단행한 후 영국 국제

따라서 철저한 문서주의를 토대로 한 미국 방식의 투명한 규제절차를 시행해 나가는 과정에서 제도나 규정상의 루프홀로 인한 예기치 않은 금융시장의 혼란이나 불필요한 문서정비 부담과 레드테이프문제 발생으로 국내금융기관들에게 새로운 부담이 되지 않도록 하는 세심한 주의가 필요할 것으로 생각된다.

마지막으로, 협상의 추진과 더불어 FTA 발효에 대비하여 필요한 내부제도 정비도 아울러 추진되어야 한다. 예를 들면, 개방에 앞서 국내금융상품에 대한 선제적인 규제완화가 중요함은 앞에서 이미 지적한 바이다. 최근에는 외국인투자자에 의한 국부유출과 과세문제가 사회적 이슈로 대두되고 있으나 기본적으로 주식양도차익에 대한 비과세를 지속하는 한 이 문제의 근본적인 해결은 어렵다는 점과, 주식양도차익에 대하여 이미 과세를 하고 있는 선진국과의 형평성 문제 등을 고려해 볼 때 금융상품에 대한 조세체계도 정비할 필요성이 있을 것으로 보인다. 양국 간의 감독체계 차이에서 초래될 수도 있는 갈등 문제에 대한 대책도 마련해야 하고, 미흡한 소비자·투자자 보호제도도 개선되어야 할 것이다. 또한 한국은 소규모 개방경제이고 아직 외환시장의 규모가 크지 않으므로 금융상품의 개방으로 국제투자자금, 특히 투기자금의 유출입이 더욱 빈번해지는 데 따른 외환시장의 불안정성 증대가능성에 대한 대비책도 강화되어야 할 것으로 보인다. 양국 간의 빈번한 금융상품거래로 분쟁이 발생하였을 경우, 양국 당국자가 참가하는 금융서비스위원회와 같은 패널로 해결하도록 하고 있으나 패널만으로 원만한 해결이 어려울 경우에 대한 대비책도 강구해 두어야 할 것으로 생각된다.

금융시장으로의 진입이 크게 늘어난 문서주의에 익숙한 미국계 금융기관에 비하여 불문율에 익숙해져 있던 영국계 금융기관들에게 늘어난 문서정비와 레드테이프가 영국 금융기관들의 경쟁력을 약화시킨 원인 중의 하나로 작용한 것으로 지적되고 있다(Gorge H. Webb, 1987).

5 소결론

한국 경제는 종래의 생산요소 투입에 의존하였던 제조업 중심의 고도성장단계를 지나 생산성 향상과 국민의식 성숙이 필요한 지식기반 고부가가치 서비스산업이 중심이 되는 성숙단계로 넘어가는 전환기에 놓여 있다. 이 단계가 선진국으로 진입하느냐 주저앉느냐의 관문이다. 이러한 지식기반 고부가가치 서비스산업 발전에 핵심이 되는 부문이 금융산업이다. 특히, 세계화되고 개방된 금융환경하에서 금융산업의 발전은 개방과 경쟁이 없이는 불가능하다. 그 동안 고도성장단계에서 금융산업은 실물경제 발전을 위해 필요한 자금을 배분하는 기능을 담당하는 부문 정도로 인식되어 온 탓에 발전이 늦었다. 그 결과 금융위기도 겪었고, 금융위기를 극복하는 과정에서는 외국자본이 과도하다고 할 정도로 우리 금융산업을 잠식해 온 측면이 있다. 따라서 한·미 FTA를 통하여 금융이 더욱 개방되어야 한다고 하는 데 대한 비판과 우려가 적지 않은데, 일리가 있는 부분도 없지는 않다.

그러나 지금까지 우리 경제는 산업화 초기의 개방진통을 넘어서 선진통상공업국으로 발전해 왔다. 이제 임금·지가 등 생산요소가격은 비싸져서 지금까지 추구해 온 경제구조와 정책으로는 생산요소가격이 싼 중국·인도 등 후발개도국의 추격을 따돌리고 성장을 지속하기 힘든 여건에 직면하고 있다. 나아가지 않으면 후퇴하는 것이 세계경제 발전의 역사가 가르치고 있는 교훈이다. 다시 한번 금융개방의 파고를 극복하고 지식기반 고부가가치 서비스산업이 중심이 되는 선진국으로 도약해야 한다. 그러기 위해서는 금융개방에 대한 찬반논의

보다는 어떻게 개방의 폐해를 최소화하고 이익은 극대화할 것인가에 지혜를 모아야 할 때인 것으로 생각된다. 초국적 투기자본에 국내금융시장을 내줄 수 없다는 식의 단순한 반대는 금융산업 발전과 국익에 도움이 되지 않는다.

미국이 기존에 체결한 FTA 협정문을 보면 이번 한·미 FTA 금융서비스부문에서는 금융기관의 시장접근과 대우, 금융서비스의 국경 간 거래와 신금융서비스 허용 및 보험서비스 제공 허용 등 금융상품 개방, 규제의 투명성 제고를 규정하되 건전성 유지를 위해 필요한 경우 또는 우리 나라의 여건을 반영하여 일부 조항에 대해서는 적용을 유보하거나 배제할 수 있도록 할 것으로 예상되고 있다.

우리 나라의 경우에 외국금융기관의 시장접근면에서는 이미 거의 완전하다시피 개방되어 있으므로 자연히 금융서비스의 국경 간 거래와 신금융서비스 허용, 보험서비스 제공 허용 등 금융상품 개방과 규제의 투명성 제고가 주요 의제가 될 것으로 예상된다. 금융상품 개방은 금융기관, 금융시장의 개방에 이은 금융개방의 마지막 단계에 해당된다고 할 수 있다. 무분별한 개방이 외국자본의 지배를 증가시킬 우려가 있는 반면, 다른 한편으로는 개방 없이는 다양한 금융상품의 발달을 통한 동북아 금융허브의 꿈을 달성하기 어렵다는 양면을 동시에 내포하고 있는 과제이다. 따라서 이번 협상에서는 이 두 과제를 어떻게 조화롭게 해결해 나갈 것인가 하는 데 역점을 두어야 할 것으로 보인다.

이 경우 국내금융상품에 대한 규제를 먼저 완화하여 국내금융상품의 발달과 국내금융기관들의 경쟁력 제고를 도모한 후 금융상품에 대한 개방을 순차적으로 하는 것이 바람직할 것으로 생각된다. 그러나 국내금융상품의 수준과 국내금융기관들의 경쟁력을 글로벌 수준으로 높이는 데는 규제완화와 더불어 개방에 따른 글로벌경쟁이 필수적이므로 트레이드업 관계에 있는 보호와 개방 사이의 최적점을 어느 수준으로 유지할 것인가가 중요한 관건이다. 필자의 생각으로는 과도

한 보호는 금융산업의 발전을 오히려 저해하고, 과도한 개방은 외국 금융자본의 지배를 심화시키므로 취약한 부문은 어느 정도 보호를 하되 항상 긴장이 유지되는 정도의 개방을 해 나가다가 마침내는 완전한 글로벌경쟁에 노출시키는 전략이 바람직할 것으로 판단된다.

이와 더불어 어떤 분야 어떤 상품들은 경쟁력이 있고, 어떤 분야 어떤 상품들은 보호·육성이 더 필요한 부문인지를 잘 파악하여, 사안별로 적용의 유예나 배제 또는 특별조치사항에 반영해 나감은 물론 보다 확대될 금융상품의 개방에 부응하는 금융감독체계 개편, 과도한 국부유출 방지를 위한 조세체계 정비, 외환시장 불안정 증대가능성에 대비한 안전장치 강화, 소비자와 투자자 보호장치 도입, 양국 간 분쟁절차 마련 등 내부제도도 아울러 정비해 나갈 필요가 있다고 하겠다.

참고문헌

서윤석, 「한·미 FTA 체결추진이 금융(보험)산업에 미치는 영향」, 하나금융경영연구소, 2006.

신용상, 「한·미 FTA 금융서비스부문의 쟁점사항과 대응전략」, 『주간금융브리프』 15권 10호, 한국금융연구원, 2006, pp. 12~15.

오정근, 「금융위기 이후의 금융산업 발전방향」, 『금융위기와 금융통화정책』, 다산출판사, 2000.

______, 「금융위기 이후의 금융정책방향」, 『금유위기와 금융통화정책』, 다산출판사, 2000.

______, 「한미FTA 금융서비스부문 예상쟁점과 대응전략」, 한국경제연구학회 · 국제통상학회 공동정책심포지움, 2006. 4. 28.

이종탁, 「한미FTA와 금융서비스」, 『한미FTA국민보고서』, 한미FTA저지 범국민운동본부 정책기획단 편, 그린비, 2006.

IMF, *Korea: Memorandum on the Economic Program*, 1987.

Krugman, Paul, "The Myth of Asia's Miracle," *Foreign Affairs*, Nov. 1994.

Manyin, Mark E., "South Korea-U.S. Economic Relations: Cooperation, Friction and Prospects for a Free Trade Agreement(FTA)," *CRS Report for the Congress*, Congressional Research Service, 2006.

McKinnon, Ronald I., *The Order of Economic Liberalization*, Baltimore and London: The Johns Hopkins University Press, 1991.

Office of the United States Trade Representative (USTR), *US Australia FTA Final Text*, www.ustr.gov/trade_agreements [2006, April].

______, *US Chile FTA Final Text*, www.ustr.gov/trade_agreements [2006, April].

______, *US Singapore FTA Final Text*, www.ustr.gov/trade_agreements [2006, April].

______, *NAFTA Final Text*, www.ustr.gov/trade_agreements [2006, April].

Oh, Junggun, *Needs and Directions of Monetary Cooperation in East Asia*, 5th Asia Pacific Economic Forum, Chucheon, Korea, July 5~6, 2006.

Thurow, Lester, *Head to Head*, London: Nicholas Brealey Publishing, 1993.

Webb, George H., *The Bigger Bang: Growth of a Financial Revolution*, London: Waterlow Publishers, 1987.

World Bank, *World Development Indicator*, 2006.

World Trade Organization (WTO), *GATS(General Agrement on Trade in Services*, http://www.wto.org/english/docs_e/legal_e/26-gats_01_e.htm [2006, April].

______, *Understanding on Commitments in Financial Services*, http://www.wto.org/english/docs_e/legal_e/54-ufins_e.htm [2006, April].

김 방 철

제9장

의료서비스와 약가산정

1 주요 찬반논쟁

이 장에서는 의료서비스와 약가산정방법에 대한 주요 찬반논쟁을 제시하고, 이들 분야에 대한 관련 단체의 입장을 논의하고자 한다. 의료서비스와 약가산정방법은 서로 다른 이슈이지만, 의료에 관련된 사항이라는 점에서 두 가지 이슈를 함께 분석하고자 한다.

1.1. 의료서비스 개방에 대한 쟁점

의료서비스에 대한 한·미 FTA 협상이 성공되면 선진의료기술 유입으로 의료발전에 기여하고 의료산업 육성의 계기가 되어 선진국 진입을 이룩할 수 있을 것인가? 아니면 미국의 거대자본에 종속되어 한국 의료계의 몰락을 초래하고 공공의료를 붕괴시킬 것인가?

한·미 FTA 협상과정에서 약가문제를 제외한 의료서비스는 아직 쟁점으로 떠오르지 못한 상태이나 이는 미국이 한국의 의료시장에 대하여 건강보험제도상의 강제지정제도나 의료법상의 비영리법인원칙 등의 제도상의 진입장벽에 대한 문제이거나, 미국 수가에 비해 매우 낮은 의료수가로 인한 투자동기가 성숙되지 않았다는 관점이 있는가 하면, 한국에서 추진하고 있는 경제자유구역제도 도입으로 이미 상당 부분 미국 병원의 한국 진입이 진행되었기 때문이란 시각 등이 있다.

그러나 의료시장 개방에 대한 논의는 WTO DDA 협상을 거쳐 인천 및 제주도에 특정 지역지정에 따라 해외병원을 유치하기 위하여 의료제도에 관한 규제를 완화하기로 한 이상 의료시장 개방에 대한 한·미 FTA 협상과정보다는 WTO DDA 협상과정과 특구지정에 따른 과정을 같이 살펴보아야 할 것이다.

시장이 개방될 때 해당 산업을 공급하는 당사자가 가장 피해를 입게 될 것으로 예상되어 공급당사자의 반대에 직면하는 것이 일반적 예로서, 농산물 개방에 극렬하게 반대하는 농민들이나 영화개방에 한참 반대투쟁을 하고 있는 영화인들의 예에서 보는 것과 같다. 그러나 의료시장 개방에 대해서 의료공급자인 의료인들은 오히려 개방에 긍정적인 면을 보이고 있는가 하면, 의료시장에 가장 반대하는 일부 시민단체인 건강세상네트워크는 의료공급자들이 현재 시행되는 건강보험제도 등에 의해 시행되고 있는 의료규제조항을 철폐시키려는 기도로 해석하고 있는데, 과연 글로벌시대에 시장개방의 흐름을 거역한 채 경쟁에서 뒤처진다면 급변하는 세계시장에서 극심한 경쟁을 이겨내고 선진국으로 성장할 수 있을 것인가?

의료시장 개방에 따른 영리법인 허용 여부에 대하여 종합병원 단위 중심의 병원협회는 적극적인가 하면 동네 병·의원 단위 단체는 소극적 경향을 보이고 있으며, 의료시장이 개방되면 동네 병·의원의 줄도산이 예측되고 있는데 이에 대한 사전대책은 과연 마련되고 있는 것인가?

1.2. 약가산정방식에 대한 쟁점

보건복지부는 그 동안 시행되어 오던 실거래가 상한제도 대신 의약품 선별등재방식을 적용하여 증가되는 약제비 소비를 조정하려고 추진하고 있다. 이에 대하여 한국제약협회, 다국적 제약협회에서는 제약산업의 도산을 염려하며 즉각 반대하고 나섰으며 헌법소원도 불사하겠다고 천명하고 있다. 그런가 하면 약사회는 적극 찬성하며 제도정착에 적극 지원하겠다고 성명을 발표하고 있으며, 대한의사협회는 조심스러운 반응을 보이고 있다.

다국적 제약회사들의 모임에서는 다국적 제약회사의 고가약에 대한 규제를 위한 제도로 인식하여 반대하는 입장으로 알려지고 있으며, 제도도입 초기 미국측의 강력한 반대에 직면하였다. 과연 의약품 선별등재방식은 강력한 반대를 무릅쓰고 성공적으로 시행되어 소기의 목적을 달성할 것인가?

한·미 FTA 제1차 협상과 제2차 협상에서 미국측 대표는 약가산정방식에 강한 반대 목소리를 내었으며, 유시민 보건복지부 장관의 본 제도시행의 강력한 의지표명을 한·미 FTA를 하지 않으려는 기도로 해석한 '음모론' 등이 가십에 오르는 등 한국측의 강력한 시행의지와 미국의 저지의지가 맞서는 듯하였으나, 2006년 8월 미국이 갑자기 수용의사를 전격적으로 표명하여 그에 대한 해석이 분분한 실정이다. 또한 수용의지 표명과 동시에 13개 항의 질의를 내어 다른 정책적인 변수가 없는 것인가 의혹이 커지고 있다.

건강세상네트워크, 환자 권리를 위한 환우회 연합모임은 미국의 갑작스러운 의약품 선별등재방식 수용과 13개 항 질의성 요구에 관련하여 의혹을 표명하고 강력한 반대를 하면서, 2006년 8월 21일 싱가포르에서 열리는 약가협상 자체를 중지하고 한·미 FTA 협상 자체를 중단하라고 강력히 요구하고 있다(메디게이트뉴스 참조).

미국이 일본, 중국 등 다른 나라와 FTA 협상을 성공적으로 마치고 우리는 반대논리에 막혀 협상이 저지되었을 때, 과연 BT산업시대에 직면한 제약산업의 발전은 지속될 것인가?

선별등재방식으로 전환되면 과연 다국적 제약회사에게 불리하고 국내제약회사에게 유리하게 작용할 것인가? 아니면 영세제약회사의 도산으로 이어질 것인가? 이에 대비한 철저한 분석과 연구를 통한 대비책은 마련되어 있는 것인가?

2 의료서비스 한·미 FTA 추진과정

2.1. 의료서비스 개방경과와 대책추진과정

의료서비스 개방에 대한 국제적인 논의는 도하개발의제(DDA) 협상에서부터 시작되었다. 우리 정부는 2002년 6월 서비스분야 양허요구안(Request List)을 WTO에 제출하였고, 2003년 3월에는 우리 나라 양허안(Offer List)를 제출하였으나 보건의료분야는 양허안에서 제외시켰다.

우리 나라는 중국, 미국, 일본, 호주, 영국, 캐나다, 뉴질랜드에 의료인 진출을 허용해 달라고 요청하였으며, 중국, 폴란드, 파키스탄 등에서 우리 나라에 의료인 진출을 요구해 왔다. 그러나 협상과정에서 미국, 일본, 유럽연합은 의료인 상호 진출안 협상에 소극적이었다.

그 동안 의료계의 대책추진과정을 보면, 의료서비스 관련 직능단체인 대한의사협회, 대한병원협회, 대한치과의사협회, 대한치과병원협회, 대한한의사협회, 대한간호협회, 대한조산협회로 WTO DDA 의료공동대책위원회를 구성하여 총 39회에 걸쳐 대책회의를 개최하고 WTO DDA 및 EFZ(경제자유구역)에 대한 지속적인 논의를 하는 한편, WTO DDA 각 협회의 양허내용을 공동제출하였다.

그러나 2003년 WTO 칸쿤각료회의 결렬 이후 2005년 1월까지 양허협상종결계획이 무산되었고 2006년 7월 24일 WTO DDA 협상결렬이 선언되어 FTA 협상대책이 더욱 중요하게 되었으며, 특히 현재 진행중인 한·미 FTA 협상은 철저한 연구와 대책이 필요하다.

표 9-1 | WTO DDA 의료공동대책위원회(2003년)

분류코드	Mode 1 (국경 간 공급)	Mode 2 (해외소비)	Mode 3 (상업적 주재)	Mode 4 (자연인 이동)	관련협회
CPC93121: 일반의료서비스 CPC93122: 전문의료서비스	양허하지 않음	양허하지 않음	의견수렴중	양허하지 않음	대한의사협회
CPC93110: 병원서비스	양허하지 않음	양허하지 않음	양허함	MRA 조건부 양허함	대한병원협회
CPC93123: 치의료서비스	양허하지 않음	양허하지 않음	양허하지 않음	양허하지 않음	대한치과의사협회 대한치과병원협회
CPC9312중 한방의료서비스 CPC9311중 한방병원서비스	양허하지 않음	양허하지 않음	양허하지 않음	양허하지 않음	대한한의사협회 대한한방병원협회
CPC93191중: 간호서비스	양허하지 않음	양허하지 않음	양허하지 않음	MRA 조건부 양허함	대한간호협회
CPC93191중: 조산관련서비스	양허하지 않음	양허하지 않음	양허하지 않음	MRA 조건부 양허함	대한조산협회

최근의 한·미 FTA에서의 의료서비스분야에 대한 대한의사협회의 의료서비스분야별 입장을 정리하면 다음과 같다.

- Mode 4(자연인의 이동): 양허 강력요청

WTO DDA 및 GATS에서는 서비스교역의 유형을 라이센스(Licence) 등을 전제 전문자격을 갖춘 전문직 서비스와 그 외 비전문직 서비스로 구별하고, 라이센스 등에 대한 상대국의 인정(의사면허 취득절차, 즉 교육과정, 면허시험 내용 등의 절충) 등에 관하여 규정하고 있으며, 이에 따라 우리 나라의 의료인력이 추가의 별도 시험이나 아무런 제약 없이 미국으로 진출할 수 있는 면허상호인정협정(Mutual Recognition Agreement: MRA)을 체결할 것을 강력히 요구한다. 한·미 FTA

를 통해서 미국과의 MRA를 맺어 우리의 우수한 의료인력의 미국 진출을 마련하도록 한다.

▪ Mode 1(국경 간 공급, 원격진료): 양허반대

정보통신기술의 발전과 선진의료기술의 습득으로 의료발전이라는 긍정적 측면이 있으나, 국내제도에 대한 세부 가이드라인이 체계화되어 있지 않고, 외국과의 원격진료에 대한 안전성, 책임성, 비용효과성 등의 검증이 채 되어 있지 않으며, 국내의료체계 내에서는 방향성이 설정되지 않은 제도로서 FTA 협상의제로 상정함은 시기상조이다.

▪ Mode 2(해외소비): 양허유보

내국인의 해외의료소비는 이미 일부에서 개별적으로 이루어지고 있는데, 규모는 연간 600억 원 정도로 추산되고 있다. 현재 정부에서 해외환자 유치 등을 위해 제도적인 검토를 시행하고 있으므로 경제자유구역 및 제주특별자치도의 운영결과를 지켜본 후 신중히 추진해야 한다.

▪ Mode 3(상업적 주재, 영리법인 허용): 양허유보

미국에서도 양허요구를 하지 않을 것으로 예상되며, 영리의료법인을 허용할 때 국내의료제도에 미치는 파급효과를 반드시 고려해야 한다. 현재 우리 나라 의료시스템이 비영리법인 운영을 원칙으로 하고 있으며, 경제자유구역 및 제주특별자치도에서 시범사업을 진행하기로 대통령 직속의 의료산업선진화위원회에서 논의된 바 있으므로, 우리 나라 의료제도에서 시행되지 않은 영리법인문제를 협상의제화하는 것은 실익이 없을 것으로 판단된다.

이상은 대한의사협회의 한·미 FTA 의료서비스의 유형별 의견이며, 다른 직능단체도 비슷한 성향으로 여겨진다. 특히, 대한간호협회와 대한조산협회 등은 이미 미국 진출을 추진하고 있어 더욱 Mode 4(자연인의 이동)를 강력히 요구할 것이며, 다른 단체에서도 미국에 진출하는 것을 요구할 것으로 판단된다. 다만 영리법인 허용에 관한 Mode 3에 대해 대한병원협회의 적극적인 요구가 있을 것으로 판단된다.

2.2. 관련 단체의 입장

의료시장 개방에 대하여 국민들이나 전문가들이 비교적 긍정적으로 여기고 있으나 일부 시민단체 등에서 강력한 반대를 하고 있다. 경희대 의료산업연구원이 청년의사신문과 함께 2004년 9월 경제자유구역 내 외국병원에 대한 수용도 조사를 한국 갤럽에 의뢰하여 일반인을 대상으로 실시한 결과를 보면, 우리 국민들은 국내의 의료서비스 수준에 상당수가 만족하지 못하여 부분별 만족도는 의료기술 31.6%, 고객서비스 27.9%, 의료비 수준 18.9%에 불과하였다. 따라서 우리 국민의 68.6%가 경제자유구역 내에 외국병원을 유치하기를 바라며, 외국병원에서의 내국인 이용도 80.7%가 찬성하였다. 또한 경제자유구역 내 외국병원의 경우, 비싼 진료비를 감수하고 외국병원을 이용할 의향이 54.5%에 달하여 비싼 진료비를 지불해도 고급의료서비스를 받겠다는 수요가 상당히 존재함을 알 수 있다(정기택, 2005).

전문가들인 보건의료 관련학과의 대학교수 61명을 대상으로 한 조사에서 경제자유구역 내 외국병원 진출에 86.9%가 찬성하고, 외국병원의 내국인 진료에 대해 78.7%가 찬성하고 있으며, 영리법인 허용에 대하여는 제한적으로 실시하여 부작용을 검토한 후 중장기적으로 확대하자는 의견에 78.7%가 찬성하였다. 또한 이러한 경제자유구역 내에서 외국인 병원을 수용하고 내국인 진료를 하는 것이 "국내의료시스템 발전의 계기가 될 것"이라고 75.4%가 기대를 가지면서도 "사회적 위화감 조성(49.2%), 국내의료기관 역차별(44.3%)" 등의 우려를 표시하는 등 신중한 편이었다(정기택, 2005).

대한의사협회가 의사들을 대상으로 한 2002년 조사에서 Mode 3(상업적 주재)에 대하여 비의료인의 투자허용도 찬성 54.5%, 반대 44.3%로 나왔으며, 국내의료기관의 외국분원 설치는 찬성 75.8%, 반대 22.6%였고, 국내의료기관과 외국의료기관 간의 합작허용은 찬성 74.8%, 반대 22.5% 의견을 밝혔고, Mode 4(자연인 이동)에 대해서는 찬성 90.6%,

반대 7.3%로 나와 압도적 찬성을 보였다.

또한 대한의사협회는 2006년 2월 대한의사협회 회원 1,057명에 대한 설문조사에서도 의료시장 개방에 대하여 매우 필요 16.9%, 어느 정도 필요 56.9%로 찬성 69.9%, 별로 필요 없음 22.6%, 전혀 필요 없음 6.1%로서 반대 28.7%를 보였으며, 민간보험도입에 대하여는 찬성 71.4%, 반대 16.6%, 모름이나 무응답이 12.0%였다(대한의사협회 의협신문 참조).

그러나 인도주의실천의사협회를 비롯한 12개 보건의료단체는 2003년 10월 15일 성명서를 발표하고 정부의 의료시장 개방을 즉각 중단하라고 촉구하였다. "경제자유구역의 외국병원 설립허용, 내국인진료 허용이 우리 나라 건강보험체계를 근간부터 뒤흔들 수 있다. 이와 더불어 의료기관의 비영리법인화, 해외송금 허용, 민간의료보험 도입 등 전면적 시장개방조치들이 궁극적으로는 국민건강과 생명을 담보로 한다는 사실을 폭로하고 이를 저지하기 위해 끝까지 투쟁할 것이다"라고 밝혔다(메디게이트 뉴스).

또한 대한의사협회 의료정책연구소가 WHO와 WTO 사무국이 공동연구한 의료시장 개방과 국제규약을 번역하여 발간한 자료에 따르면, "의료서비스무역은 전문의료인력의 두뇌유출과 의료취약계층 보호문제가 유발되고 있는 것으로 보고하였다"(박윤형 등, 2005).

건강세상네트워크는 2004년 2월 경제자유구역 내 외국병원 허용과 내국인진료 허용 등 보건복지부의 보건의료서비스산업 육성방안은 "국민, 민간보험, 의료기관의 빈부 양극화 현상을 초래할 것"이라고 주장하였다. 또한 "의료서비스의 상품화가 가속화된다면 의료비에 대한 사회적 부담뿐만 아니라 국민의 부담이 증가하게 될 것이다. 현재와 같은 급여수준이 개선되지 않는다면 공적보험은 몰락하고 공공의료 역시 파괴될 것이다"라고 지적하며, 노무현 대통령에 대해서도 "지난 선거당시 보건의료에 대한 국가적 책임을 강조하며 건강보험 보장성의 개선과 공공의료 확충을 약속했다"며, "그런데 이제는 동북아 중심국가로 지향하기 위해 국민의 건강조차 시장에 내다 팔 수 있는 상품으로 바꿀 정책을 전개하고 있다"고 비난하였다(메디게이트 뉴스).

2004년 9월 국민건강보험공단이 서울대학교 보건대학원에 연구용역한 결과에 따르면, 경제자유구역 외국계 병원설립으로 국내 병·의원의 불만과 내부계층화가 심화될 것으로 전망하였다. 연구보고서는 경제자유구역 입주 또는 합작병원과 그렇지 않은 대다수 병·의원, 영리법인 허용으로 투자를 유치한 일부 잘나가는 병·의원과 그렇지 않은 대다수 병·의원, 민간의료보험과 계약관계를 형성하는 유명 병·의원과 그렇지 못한 대다수의 지방병원 및 동네의원 등 사이에 계층화 현상이 심화될 것으로 지적하였다. 특히, 요양기관 당연지정제가 폐지되면서 건강보험을 이탈하여 민간의료보험 환자만을 진료하는 최신 고급병원과 건강보험 적용을 받은 일반 병·의원 등으로 의료공급체계가 촉발될 가능성이 제기되었다(조병희 등, 2004).

3 의약품 선별등재방식(포지티브 리스트 시스템) 추진과정

3.1. 경 과

지난 7월 초 서울에서 개최된 한·미 FTA 제2차 협상에서 미국측은 우리 정부의 의약품 선별등재방식에 대해 이의를 제기하면서 협상을 파행으로 몰고 갔다. 선별등재방식은 약가 대비 약효가 우수한 약만을 의료보험지원 대상으로 지정하는 것으로, 포지티브 리스트 시스템으로도 불린다. 이 제도는 2003년부터 논의가 시작된 것으로, 의료보험재정 중 약제비 부담을 줄이기 위해 검토되었다. 포지티브 리스트 시스템에 대한 우리 정부의 검토과정은 다음과 같다.

2003. 5. 보건복지부, 건강보험발전위원회 구성—포지티브 시스템 도입, 사용량 약가연동제 도입방안 논의

2005. 2. 한국보건사회연구원 포지티브 리스트 중심의 보험의 약품 등재관리제도의 개선방안 연구

2006. 1. 보건복지부, 2006년도 업무보고서—포지티브 리스트 등재제도 전환추진

2006. 5. 보건복지부, 건강보험 약제비 적정화 방안 발표
- 약제비 등재시스템 전환
- 약제급여 적정성 평가 강화
- 약가결정 관련 실거래가 상환제도 지속

2006. 7. 26 보건복지부, 건강보험 요양급여의 기준에 관한 규칙 개정(안) 입법예고
- 약제에 대한 경제성 및 적정성을 평가하여 보험에 등재
- 공단과의 가격협상을 통한 신약가격 결정

보건복지부, 신의료기술 등의 결정 및 조정기준 개정(안) 입법예고
- 현행 약제전문위원회 폐지→약제급여평가위원회 신설
- 신약의 상한금액 결정기준 삭제
- 재평가대상 약제, 퇴장방지 의약품관리 및 상환금액 조정기준 마련

3.2. 약가제도 변천과정

우리 나라 약가제도는 1977년 도입된 직권실사제가 시초이나, 이

후 신고제(고시가 상환제도), 실거래가 상환제도, 참조가격제로 발전하였다.

직권실사제

전국 271개 약제 생산업체에 대한 원가조사를 실시하여 생산원가에 일정한 유통마진율(당시 도매마진율 12%)을 가산하고 상한가를 결정하여 1977년 의료보험 도입과 더불어 의료보험 약가제도가 최초로 도입되었다.

신고제(고시가 상환제도)

의약품 제조업자가 제약협회를 경유하여 신고한 공장도 출하가격에 도매마진율을 가산하여 보험약가를 고시하는 신고제도를 1982년부터 1999년까지 유지하였으며, 신고제 도입 당시의 도매마진율은 저가약 12.38%, 고가약 8.0%, 약 27.6%로 산정하였다.

실거래가 상환제도

2000년 의약분업 전면 시행을 앞두고 약가마진을 통제하기 위하여 실거래가 상환제도가 전면 도입되었다. 실거래가 상환제도는 시장에서의 거래내역을 토대로 약품비 상환액을 결정하는 시스템으로 매 분기별 약제의 실구입가격의 가중평균가격(실구입 총액의 합을 총구입량으로 나눈 가격)을 다음 분기의 구입가격으로 결정하는 제도이다. 약가의 가중평균가격이 상한금액을 초과하는 경우에는 상한금액을 구입약가로 산정하고, 약가마진에 대한 일부 보존책으로 저가 필수의약품 사용 장려비용(퇴장방지)을 선정하고 건강보험 수가에 의약품 관리료를 추가하였다.

참조가격제

의약분업 실시 이후 고가약의 처방 급증에 대한 규제와 약제비 절감을 목적으로 참조가격제도의 시행이 논의된 바 있으며, 동 제도는 건강보험을 적용하는 의약품들을 동일 성분과 동일 효능을 지닌 그룹으로 분류하여 그룹별로 평균가격을 산정한 뒤 평균가격 초과분은 환자가 부담하도록 하는 제도인데, 1989년 독일에서 처음 시행되었으며 네덜란드, 스웨덴, 뉴질랜드, 오스트레일리아, 캐나다 등 국가에서 시행되고 있다.

3.3. 우리 나라 약제비제도 현황

약가 상환가격 결정

의약품의 가격은 보건복지부의 약제전문위원회에서 평가하고 있으며, 심사평가원은 각 제약회사가 제출한 서류를 검토하여 약제전문위원회의 의사결정을 지원한다. 심사평가원은 "약제 상한금액 산정기준"에 따라 신청의약품과 투여경로 및 성분이 같은 제품이 약제급여 비급여 목록 및 급여 상한금액표에 등재되어 있는 경우(기등재 의약품)와 신규 등재 의약품의 경우로 분류하여 가격결정방식을 다르게 적용하고 있다.

기등재 의약품의 경우, 신청의약품과 동일 제형의 동일 함량 제품이 등재되어 있는 경우와 동일 제품은 등재되어 있으나 동일 함량 품목이 등재되어 있지 않은 경우로 분류하여 가격결정이 이루어지고 있다.

신규 등재 의약품의 경우, 해당 품목의 외국가격이 있고 비용 또는 효과 등에서 기등재 의약품과 비교하여 뚜렷이 개선된 것으로 평가되는 제품과 그 외의 제품을 다르게 취급하여 가격결정이 이루어지고 있다.

① 개선점이 뚜렷한 신약(혁신신약)—외국 7개국 조정 평균가: 외국 7개국(미국, 영국, 독일, 프랑스, 이탈리아, 스위스, 일본)의 공장도 출하가격을 평균한 금액에 부가가치세와 유통거래폭(고가 8.69%, 저가

10.41%)을 가산한 금액으로 가격결정

② 개선점이 뚜렷하지 않은 약제(일반신약)—상대비교가: 동일 또는 유사효능의 국내제품들과 신청제품의 외국 7개국 가격을 조사하여 각 제품에 대한 국가별 상대비교가를 구한 후 평균값을 내어 제품별 상대비교가를 결정하고, 제품별 상대비교가를 평균하여 나온 값으로 가격결정

③ 국내개발 신약: 개발에 소요된 비용을 고려한 원가산정방식 적용

④ 복제약: 5번째까지는 최고가의 80% 이하, 6번째 이상은 최저가의 90%

모니터링 및 사후관리

상기 과정을 거쳐 결정된 상한금액은 이후 요양기관이 제출한 실구입가자료와 일부 요양기관에 대한 현지 모니터링과정을 통해 약가를 통제하고 있다. 또한 약가인하를 유도하는 차원에서 사후관리를 통한 약값 조정기준으로 최저실거래가를 적용하고 있으며 약가재평가제도를 도입하고 있다.

보험등재제도

제약회사는 의약품을 보험급여 등록에 등재시키기 위하여 심사평가원에 신청서를 제출하여야 하고, 심평원의 약제전문평가위원회는 약품의 안전성, 유효성, 요양급여대상 여부를 평가하여 보건복지부 장관에게 보고한 뒤 보건복지부의 건강보험정책심의위원회의 심의를 거쳐 해당 약제의 보험등재 여부를 최종 결정한다.

3.4. 의약품 선별등재방식

보건복지부는 2006년 5월 3일「건강보험 약제비 적정화 방안」을

발표하여 '의약품 건강보험 선별등재방식(포지티브 리스트 시스템)' 도입을 주요 내용으로 하는 국민건강보험 요양급여의 기준에 관한 규칙 개정안을 마련, 7월 26일부터 9월 24일까지 60일 만 입법예고를 실시한다고 밝혔다.

의약품 선별등재방식의 주요 내용과 절차는 다음과 같다. 의약품의 제조업자나 수입자가 의약품을 건강보험 급여대상으로 적용받고자 하는 경우에는, 현행의 의무적 적용방식과 달리 자율적으로 신청하고 신청한 의약품에 대하여는 심사평가원에 설치된 약제급여평가위원회에서 경제성 급여의 적정성 및 급여기준 등 평가를 거치고, 복제약이 아닌 신규 의약품은 경제성 평가를 받고 국민건강보험공단과 약가협상을 거친 뒤 보건복지부 장관은 경제성 평가, 약가협상 결과 등을 건강보험정책심의위원회의 심의를 거쳐 보험급여 대상 및 상한가격을 고시한다.

3.5. 각계 의견

한국 정부가 약제비 적정화 방안으로 현행 약가산정방식인 실거래가 상환제도를 선별등재방식으로 개정하는 데 대하여 미국측은 한·미 FTA 제1차, 제2차 협상에서 강하게 반대하여 한·미 FTA 협상을 어렵게 하는 분야로 여겨져 왔고, 심지어는 한국 정부가 한·미 FTA를 성사시키지 않으려고 정책적으로 선별등재카드를 사용하고 있지 않나 하는 루머까지 나돌고 있던 중 미국측이 돌연 선별등재방식 수용의사를 밝혀 새로운 국면으로 접어들었다.

이에 건강세상네트워크, 환자권리를 위한 환우회 연합모임 등은 선별등재방식 수용과 더불어 질의성 13개 요구항에 강한 의혹을 표명하며, 2006년 9월 제3차 본협상에 앞서 2006년 8월 21일 싱가포르에서 개최예정인 한·미 의약품협상을 즉각 중지하라고 성명을 발표하였다(메디게이트 뉴스).

의약품 선별등재방식의 개정을 앞두고 2006년 6월 국회에서 열린 '약가제도 개선을 위한 정책토론회'에서 한국제약협회는 "약제비 증가는 소득수준 향상, 생활패턴의 변화, 고령화에 따른 약의 수요변화 등에 있는데, 단지 약가만 줄이겠다는 것은 미시적 접근이며 근본적으로 종합적인 검토가 필요하다. 그리고 포지티브제도는 제약업계의 재산권을 침해하는 것이므로 위헌소송도 가능하다. 또한 오히려 국민이 필요한 의약품을 필요한 양만큼 복용하도록 하는 행정지도 시스템 도입을 하는 것은 물론 제약업계, 의·약사, 병원, 국민이 고통을 분담하는 새로운 대책이 필요하다"고 말하였다(메디게이트 뉴스, 한국제약협회 자료).

한국의약품도매협회는 "이번 방안은 의약품산업의 발전을 저해하는 극약처방이므로 제도추진 전에 해외실시 국가들의 장단점을 종합적으로 철저히 재검토하는 동시에 신중을 기해야 한다"고 주장하였다(메디게이트 뉴스).

반면에 약사회는 "현재의 약가제도가 지나친 영세 난립에 기인하고 있고 제약업소의 경영이 보험약가와 판촉에 의존하고 있어 포지티브 리스트제도가 필요한 제도"라고 하면서, 정부정책에 협조할 의사를 드러내면서 본인 부담과 보험재정 절감을 위하여 대체조제가 필요하다는 주장을 하였다(메디게이트 뉴스).

대한의사협회는 약제비 절감의 필요성과 포지티브 리스트제도의 기본취지는 동감하나 의약품의 품목수 감소의 처방권 제한 여지를 경계하며 포지티브 리스트 도입으로 품목이 선별될 경우 급여저해품목에 대한 약국 임의조제 가능성이 있고, 이것이 만일 성분명 처방의 길목이라면 의약분업 이상의 반발이 있을 것이라고 경고하며 조심스러운 반응을 보였다(메디게이트 뉴스).

4 소결론

많은 미래학자들이 21세기는 BT산업시대가 도래할 것으로 예측해 왔고, BT산업시대의 개막은 이미 시작되었으며, 우리 나라가 BT산업 발전의 선도국으로서 선진국 진입의 좋은 기회라 예측하고 있다. 따라서 BT산업의 기반이 되는 의료산업을 획기적으로 발전시키기 위하여 의료시장 개방은 필연적이며, 우리 나라도 이미 경제자유구역에서의 외국병원 설립 등을 추진하여 의료시장의 문은 열리기 시작하였다.

한·미 FTA 협상이 체결되어 의료시장이 개방되면 우선적으로 한국 의료계의 미국 진출이 증가되고, 선진의학기술 도입으로 의학발전이 이루어져 BT산업 발전에도 기여할 것이나, 한국에 많은 영향을 주어 의료규제 완화 등과 같은 의료제도 변화와 의료기관의 계층화가 예상된다.

이러한 변화에도 국민들이나 의료공급자들도 의료시장 개방을 긍정적으로 여기고 있으며, 정부에서도 의료시장 개방을 통한 의료산업 육성과 의료선진국 진입을 위한 정책수행에 노력하고 있다. 다만 일부에서 염려하고 있는 공보험 붕괴나 공공의료 몰락, 영세 동네 병·의원 도산 등과 같이 예견될 수 있는 부작용에 대하여 추진과정의 충분한 합의와 철저한 대비책이 우선적으로 마련되어야 할 것이다.

한·미 FTA 협상과정에서 미국측이 의약품부문을 중점분야로 여기고 한국측의 의약품 선별등재방식에 강력 반대하다가 갑자기 수용의사를 보인 것은, 앞으로 다국적 제약회사의 신약특허기간 연장과 오리지널 약 임상시험자료 독점권, 카피 약의 특허침해 여부 사전검토, 약값에 대한 독립적 이의신청기구 설립 등을 요구하며 의약품시장 지배를 기도할 가능성이 예측되므로 이에 대한 많은 연구가 필요할 것이다.

또한 미측이 의료시장 개방에 소극적인 것은 우선적으로 거대한 미국의 의료시장에 대한 방어논리가 작용할 가능성이 크며, 이미 경제자유구역 내 병원진출로 교두보를 마련한 셈이므로 순차적으로 우리 나라 의료제도 변화에 적응하며 접근할 가능성이 많다고 예상할 수 있어, 우리 측은 오히려 한·미 FTA에서 의료시장 개방문제를 강력히 주장하는 정책적 접근이 필요하다.

WTO DDA 다자 간 협상이 결렬된 상황에서 미국과의 FTA 협상은 더욱 큰 의미를 가지며, 다른 나라에 미국과의 협상에서 뒤지면 글로벌시대의 국제경쟁에서 이룹지 못할 것이므로 전문가들과 충분히 협의하여 한·미 FTA 협상에서 훌륭한 성취를 이루어 선진국으로 발전하기를 기대한다.

참고문헌

국민건강보험공단 서울대학교보건대학원, 「약제비 관리 방안 연구」, 2004. 5.

박윤형, 「의료시장 개방과 국제규약」, 대한의사협회 의료정책연구소, 2005. 5.

배은영, 「우리나라 약가제도의 변천사」, 『대한병원협회지』, 2001. 7~8 월호.

배은영 · 김진현, 「보험약가관리제도의 개선방안」, 한국보건사회연구원, 2001.

신의철, 「경제자유구역 내 외국인 병원 진입 유형과 대응전략 개발」, 대한의사협회 의료정책연구소, 2004. 12.

이규식 · 정형선, 「선진국의 약가정책 고찰을 통한 건강보험약가제도의 개선방안」, 『병원경영학회지』, 2003.

이영대 외, 「의료인의 국제 이동에 따른 면허관리 규범 정립에 관한 연구」, 대한의사협회 의료정책연구소, 2003. 12.

전현희 외, 「영리법인 허용이 의료계에 미치는 영향에 관한 연구」, 대한의사협회 의료정책연구소, 2005. 6.

정기택, 「국내 의료시장 개방에 따른 의료제도의 변화」, 한국보건정보정책연구원 세미나집, 2005.

조병희 외, 「시장개방 등 환경변화가 의료보장에 미치는 영향」, 국민건강보험공단 서울대학교보건대학원, 2004. 9.

한국제약협회, 「정부의 약제비 절감정책에 대한 우리의 입장」, 2006. 3.

______, 「정부의 Positive List (선별목록) 제도로의 보험등재방식전환에 대한 우리의 입장」, 2006. 6.

조 전 혁

제10장

한·미 FTA, 교육개방과 한국의 교육시스템

1 주요 찬반논쟁

교육시장 개방과 관련하여 미국측의 입장은 그리 공격적이지는 않은 것으로 보인다. 이미 많은 한국 학생들이 자국에 조기유학하고 있는 상황에서 초·중등 교육시장을 개방하라고 요구하는 것은 실익이 없을 뿐만 아니라 미국 역시 이 분야를 외국에 개방할 생각이 없기 때문이다. 논란이 되는 미국대학수학능력시험(SAT) 등을 포함한 테스팅 및 원격교육(국경간공급)시장 역시 협상이 별 의미가 없다. 실제로 수만 명의 학생이 미국 대학에 진학하는 현실적 상황을 고려하면 테스팅시장은 이미 개방되어 있는 것과 마찬가지며, 원격교육은 인터넷을 통해서 이루어지는 만큼 그 자체를 막을 현실적 수단이 없기 때문이다.

미국의 대학 역시 한국 진출에 적극적이지 않다. 미국 사립대학의 경우, 교육의 질이 담보되지 않는 한 해외진출을 꺼리는 경향이 있다. 해외에 진출하더라도 해외의 자국민 자녀를 교육하는 데 더 큰 목적을 가진다. 우리 나라보다 더 큰 시장이 있는 일본에조차 미국 대학의 진출은 지지부진한 상황이다. 특히, 미국에 가장 많은 유학생을 보내고 있는 한국에 미국 대학의 진출을 위해 시장개방을 요구하는 것은 실익이 없다.

그럼에도 불구하고 한·미 FTA 반대론자들은 한·미 FTA 협상을 '제2의 한일합방'이라는 용어를 써가며 현실을 호도하고 있으며 SAT 등 테스팅시장이 개방될 경우, 'SAT폭탄'이 우리 교육시스템 전체를 붕괴시킬 것이라는 등 과장된 위협을 가하고 있다. 그러나 이들의 극렬한 반대 또는 저항이 협상과 관련한 국익에는 결코 도움이 되지 않는다. 협상당사자로서 미국은 국내에서 가장 반대가 심한 분야를 협상카드로 내놓고 포기하는 대신 다른 분야에서 양보를 얻어 내려는 전략을 구사할 수 있기 때문이다. 즉, 실익이 없는 교육서비스분야에서의 양보를 담보로 금융이나 섬유분야 등에서 우리의 양보를 얻어 내려 할 수 있다. 개방 반대론자들은 말끝마다 국익을 외치지만 결과적으로는 그들의 반대가 오히려 미국의 이익에 기여할 수 있다는 측면을 망각해서는 안 될 것이다. FTA 협상은 '예술(art)'인 동시에 '과학(science)'이다.

교육문제만을 따로 떼어놓고 논의한다면 한·미 FTA 체결에 따라 우리 교육의 경쟁력이 강화되도록 개방의 범위와 폭을 정하는 것이 중요하다. 최근 한·미 FTA 교육서비스분야 협상이 진전되면서 교육개방에 임하는 교육당국의 입장이 드러나고 있다. "교육의 공공성을 유지하면서 교육의 경쟁력을 강화하는 방향으로 개방한다"는 정도로 요약된다. 즉, 현재 우리의 교육시스템을 고수하는 한도 내에서 개방하겠다는 것이다.

그러나 오늘날 우리 교육이 황폐화된 원인이 평준화 등 교육의 공공성을 '지나치게' 강조한 결과임을 감안하면 이와 같은 협상의 기본원칙으로는 교육경쟁력 강화는 공염불에 그칠 가능성이 높다. 국가독점에 따라 경쟁이 부재(不在)한 교육시스템에 유효(有效)한 경쟁을 도입할 수 있는 파급력이 있는 개방을 하지 않고서는 우리 교육의 경쟁력 강화라는 목표는 결코 획득될 수 없기 때문이다.

2 한국 교육의 현주소

2.1. 한국 교육문제의 진단

오늘날 우리 나라의 학교교육 현장에서는 심각한 '가치파괴'가 일어나고 있다. 이러한 가치파괴는 전적으로 '교육의 국가독점'구조 때문이다. 우리 나라의 교육은 교과서, 교육과정, 교육시설, 학생선발 등 모든 부문에서 국가가 개입·간섭·규제하고 있다. 그러다보니 학교에서 교육서비스의 혁신(innovation)은 기대할 수 없다. 학교도 교사도 변화하거나 움직이려 하지 않는다. 교육의 국가독점구조하에서 학교는 '관청화'되었고, 교사는 '관료화'되었기 때문이다.

세계는 지금 과거 어느 때보다도 개성과 창의가 중요시되는 지식정보화가 고도화되는 추세다. 그러나 우리 교육은 아직도 과거 산업시대의 교육논리에서 사로잡혀 있다. 교육수요는 21세기에 맞추어져 있는데 공급은 20세기에 맞추어져 있는 '시대지체(時代遲滯)', 이것이 우리 교육의 현실이다. 학교의 교육공급이 학생·학부모의 수요에 따라가지 못하다 보니 모두 '스스로의 교육개혁'에 나서고 있다. 학교교육의 보완재이어야 할 학원·과외 등 사교육이 학교를 대체하고 있고, 국제화·세계화에 따른 변화를 반영하지 못하는 교육커리큘럼 때문에 속칭 '기러기 아빠', '펭귄 아빠'를 양산하고 있다. 이 과정에서 가정경제가 압박받고 교육재정이 낭비되고 있다.

초·중등 학교뿐만 아니라 대학들마저 국가의 통제와 간섭 때문에 혁신적 교육실험을 방해받고 있다. 일례로 신입생의 선발은 대학의 고유권한이다. 그럼에도 불구하고 대학의 신입생 선발방식에 대해 교육부는 물론 정치권까지 나서서 간섭한다. 간섭을 넘어 대학에 대한 협박도 불사한다. 얼마 전 서울대학교의 통합교과형 논술고사 출제방침이 발표되었을 때, 대통령이 '나쁜 뉴스'라고 언급한 후 정치권에서는 "서울대를 조져야 한다." "서울대를 초동진압해야 한다." ……막말까지 동원하여 대학의 자유와 자율권을 크게 훼손하는 협박이 남발하였다. 이 사례에서 보는 바와 같이 우리 교육은 관치의 도를 지나쳐 정치화까지 하고 있지 않는가 하는 우려가 든다.

교육은 기본적으로 공공성이 큰 서비스다. 교육에서의 공공성은 교육을 통해 형성된 지식, 태도 등이 네트워크 외부성(network externality) 등을 포함한 외부경제성(external economy)을 가지기 때문이다. 이와 같은 특성을 가진 재화를 경제학적으로는 '가치재(價値財: merit good)'라고 부른다. 외부효과 등과 같은 시장실패의 요인이 있을 경우 정부가 개입하는 것은 물론 정당화된다. 그러나 가치재에 대한 정부의 개입방식은 공공재의 경우와는 다르다. 시장에서의 효율적인 배분이 이루어지는 부분에 대해서는 가급적 정부의 개입과 규제를 피해야 한다. 그럼에도 불구하고 우리 나라에서는 교육의 전 부문을 마치 공공재인 것처럼 취급함에 따라 정부실패의 폐해가 점점 커지고 있다. 그 결과 정규교육시장인 학교가 암시장인 학원·과외에 기능을 빼앗기고 있는 것이다. 대학의 경우도 산업계로부터 "불량학생을 생산한다"는 비난을 피하지 못하고 있다.

최근 세계화·지식정보화가 급물살을 타면서 교육환경에도 커다란 변화가 일어나고 있다. 특히, 학생 저마다의 자질, 개성과 창의를 극대화하는 '능력 위주의 교육'에 대한 수요가 폭증하고 있다. 과거 산업화 시대의 교육이 국민교육, 시민교육을 목표로 한 대량생산·대량소비의 교육이었다면 지식정보화 시대의 교육은 개인의 능력을 극대화할 수 있는 교육으로 그 주안점이 바뀌는 것이다. 이러한 변화는 교육자원의 배분에서도 중요한 함의를 가진다. 즉, 교육이 보다 사적재(私的財)의 성격에 가까워지는 것을 의미하는 것이다.

주지하다시피 우리 나라 학부모의 교육열은 세계에서 가장 높다고 해도 과언이 아니다. 높은 교육열은 결국 교육에 대한 높은 '지불용의(willingness to pay)'를 의미한다. 간혹 뉴스거리가 되는 고액과외, 중산층 이상의 가정이라면 누구든 한 번은 생각해 보았음직한 조기유학 등이 바로 이러한 지불용의를 증명한다. 자녀를 위해 수월한 교육기회를 제공하겠다는 부모의 마음은 결코 규제나 통제를 통해서 억압할 수 없다. 규제하면 할수록 사교육 수요는 증가하고 교육자원 배분의 효율성은 떨어진다. 시장을 규제하면 암시장이 기승을 부리는 이른바 '시장의 복수'가 현재 우리 나라의 교육부문에서 일어나고 있는 일이다.

2.2. 경제논리와 교육자원의 배분

교육부문에 대한 경쟁구조 도입을 논의하고자 할 때 반대론자들이 항상 주장하는 것은 '경쟁은 비교육적'이라는 논리다. 그러나 어떤 환경에서도 경쟁은 피할 수 없다. 물론 우리 나라 학교에서 벌어지고 있는 바와 같은 '노트 안 빌려주기' 심지어 '남의 노트 숨기기' 등과 같은 비교육적·비인격적 경쟁은 바람직하지 못하다.[1] 문제는 "생산적(生產的)인 경쟁이냐"의 여부다. 현행의 교육구조가 바람직스럽지 못한 것은 학교 간 경쟁이 부재하다는 것이다. 잘하는 학교든 그렇지 못한 학교든 국가가 신입생을 배정해 주는 평준화 시스템을 고집하는 한 개별 학교는 잘해야 한다는 경쟁유인이 없다. 우리 나라의 학교교육이 비생산적이다 못해 황폐화된 것은 '학교 간 무(無)경쟁-학생 간 무한(無限)경쟁'의 잘못된 유인구조에 기인한다고 해도 과언이 아니다.

세계화·지식정보화에 따라 사회의 기능들이 점점 중층·다기화

[1] 물론 이런 '살풍경'도 현행 교육정책의 결과다.

하고 있다. 이러한 변화는 당연히 다양한 분야에서 두각을 나타내는 개성 있고 창의적인 인력을 요구한다. 물론 이러한 인력의 개발은 교육·훈련을 통해서만 가능하다. 수요자로서 학생·학부모는 자신과 자녀가 미래를 대비하기 위하여 어떤 교육이 필요한지를 잘 안다. 문제는 공급이다. 수요가 폭발하는데도 불구하고 공급이 따라 주지 않는 현재 우리 나라의 학교교육구조는 잘못되어도 한참 잘못된 구조다. 학교교육에서 교육자원의 낭비와 비능률을 막기 위해서 우리는 이러한 공급구조를 시급히 바꾸어야 한다. 무엇보다도 다양한 교육철학과 커리큘럼을 가진 학교가 설립되고, 이들의 교육서비스가 학생·학부모의 선택을 받기 위해 경쟁하는 구조가 되어야 한다.

다양해진 교육수요에 대처하기 위하여 무엇보다도 교육에 대한 규제가 철폐되고 학교의 자율성이 신장되어야 한다. 학교단위뿐만 아니라 학급단위에서도 다양하고 창의적인 '미시적 교육실험'이 가능해야 한다. 성공한 실험은 학생·학부모의 선택을 받음으로써 보상받고, 실패한 실험은 다른 성공을 위한 밑거름이 되어야 한다. 예컨대, 미국의 사관중·고등학교, 중국의 소림무술학교 등과 같은 특색 있는 학교들이 정부의 규제 없이 설립되고, 경쟁해야 하는 것이다.[2] 어떤 학교는 체육을 강조하고, 또 다른 학교는 음악이나 미술 등 예능을 강조하고 또 다른 학교는 실생활에 필요한 요리, IT, 디자인 등을 강조한 커리큘럼을 교육상품으로 내놓고 경쟁하는 이른바 '교육백화점'이 21세기 지식정보사회에 맞는 교육구조의 모습이다.

만약 우리의 교육이 시대지체에서 벗어나지 못한다면 학생·학부모로서는 '스스로의 교육개혁'에 기댈 수밖에 없다. 과외·학원 등 사교육, 조기유학은 공교육 붕괴에 따른 학생·학부모의 자기방어수단이다. 다른 모든 분야에서와 마찬가지로 경쟁력은 경쟁구조에서만 발현된다. 교육개방 역시 이러한 측면에서 이해될 수 있다. 뒤에서도 논

[2] 최소한의 규제장치는 필요할 것이다. 일정 이상의 교육품질을 보장하기 위해 '학교인증제' 등을 검토할 수 있다.

의하겠지만, 교육개방의 방향은 우리의 교육시스템에서 이른바 '유효경쟁'을 증진시킬 수 있는 실질적인 개방이 되어야 할 것이다. 즉, 개방의 여파가 국내교육시스템의 전 부문에 막대한 파급효과를 미치는 방향으로 개방의 폭과 깊이를 정해야 할 것이다.

3 교육시장 개방논의 현황

3.1. 자유무역의 경제적 이익

스미스(Adam Smith), 리카도(David Ricardo) 이래 경제이론은 자유무역을 포함한 자발적 거래는 거래상대방 모두의 후생을 증가시킨다는 점을 증명하고 있다. 특히, 상품 또는 서비스교역에 따른 시장개방은 '주요한 기술개발'과 유사한 기술진보효과를 개방당사국에 가져다 준다는 주장도 설득력이 있다. 이러한 논리에 대한 상식적인 설명은 다음과 같다. 시장개방을 통해 외국의 제품이 수입되면 다양한 수입상품에 내재된 디자인, 기능, 편의성 등을 국내의 생산자들이 관찰하고, 이들 경쟁수입상품보다 나은 디자인, 기능, 편의성을 개발하기 위하여 노력한다. 이는 소위 개방을 통한 '따라잡기(catch-up)효과'를 말하는 것이다.

물론 시장개방은 개방당사국의 모든 구성원들에게 이익을 주는 것은 아니다. 국제경쟁력을 가진 내국상품의 경우에는 생산자들이 개방에 따른 혜택을 누리게 되나 소비자 또는 국제경쟁력이 없는 생산자의 경우에는 후생면에서 손실을 보게 된다. 한편, 내국상품이 국제경쟁력이 없다면, 개방에 따라 생산자들이 후생손실을 입게 된다. 그럼에도 불구하고 국내소비자들은 개방에 따른 후생증가의 혜택을 누리는 것이다. 즉, 특정 상품의 시장개방과 관련하여 개방이 미치는 손익은 생산자냐 아니면 소비자냐, 국제경쟁력을 갖춘 생산자냐 아니면 경쟁력이 없는 생산자냐 등 개별적 입장에 따라 다를 수 있다는 것이다. 그러나 경제이론은 어느 경우든 시장 전체의 후생을 평가할 때 시장개방은 후생의 순증가를 가져온다고 말하고 있다.

경제이론에 따르면 국내생산자의 경쟁력이 높은 시장의 경우, 생산자의 후생증가가 소비자의 후생손실보다 크기 때문에 개방에 따른 후생의 순증가효과가 있으며, 반대로 국내생산자의 경쟁력이 낮은 시장의 경우에는 소비자의 후생증가가 생산자의 후생손실보다 크기 때문에 역시 후생의 순증가효과가 발생한다. 초점이 되는 교육시장과 관련해서는 우리의 교육경쟁력이 낮기 때문에 개방시 국내교육소비자의 후생증가가 클 것으로 기대할 수 있다. 즉, 교육시장 개방의 실질적인 혜택은 학생·학부모의 몫으로 돌아온다.

교육개방을 통해서 학생·학부모는 개방 전에는 누리지 못하였던 다양한 교육서비스를 누릴 수 있다. 교육의 다양성에 따른 혜택뿐만 아니라 국내교육시장의 경쟁구조를 강화한다는 장점도 크다. 경쟁해야 할 외국교육기관의 다양한 교육커리큘럼이나 학교운영 노하우를 직접 경쟁을 통해서 배울 수 있다. 심지어 따라잡기를 통해서 국내에 진출한 외국학교보다 높은 경쟁력을 갖출 수도 있다.

교육개방과 관련하여 국내의 각 이익단체들이 심각한 우려를 나타내고 있다. 경험칙(經驗則)으로 보면 개방의 당사자는 예외 없이 우려를 표시하고 거세게 저항하였다. 예컨대, 유통시장 개방시에도 마찬가지였다. 당시 월마트, 까르푸 등 세계 굴지의 유통업체가 국내시장에 진입하였을 때 한결같은 예측은 국내의 유통회사들이 모두 도산할 것이라는 것이었다. 그러나 유통시장 개방 10여 년이 지난 지금의 결과는 어떠한가? 신세계, 롯데 등 토종업체들이 세계유통업계의 골

리앗들을 모두 물리치고 승리하지 않았는가? 국내에서 이들과 경쟁해 이긴 국내업체들은 이제 자신감과 경쟁력을 무기로 중국 등 해외에 성공적으로 진출하고 있다.

3.2. 폭증하는 해외조기유학

미 대사관에 따르면 작년도(2005년) 정식으로 비자를 받아 유학 중인 한국 유학생수는 8만 6,626명으로 인도(7만 7,220명), 중국(5만 9,343명), 대만(3만 6,091명)을 제치고 1위를 기록하였다고 한다. 비단 총원뿐만 아니라 인구 1,000명당 유학생수로 따져도 우리 나라의 대미 유학생수는 세계 1위다. 정식 비자를 받지 않고 편법으로 유학하는 사람들을 포함하면 그 수가 10만 명을 훨씬 넘을 것으로 추산되고 있다.

보다 심각한 것은 조기유학이 최근 급증하고 있다는 점이다. 최근 서울시 교육청이 발표한 통계자료에 따르면, 2005년 3월에서 2006년 2월 사이 조기유학을 떠난 초·중·고교생이 서울에서만 7,001명으로 나타났다. 이는 전년도 같은 기간중 6,089명에 비해 무려 15%나 증가한 것이다. 학교 급별로는 중학생이 2,133명에서 2,521명으로 18. 2% 늘었고, 초등학생은 2,453명으로 15.3%, 고교생은 2,027명으로 10.9% 각각 증가하였다. 국가별로 보면 미국이 2,575명으로 가장 많고, 다음으로 캐나다(1,106명), 중국(902명), 동남아시아(656명), 뉴질랜드(312명), 호주(268명), 영국(77명), 일본(64명) 등의 순이었다.[3]

한편, 한국교육개발원이 발표한 초·중·고 유학출국 학생통계에 따르면, 2004학년도(2004년 3월~2005년 2월) 전국 초·중·고 학생의 유학은 1만 6,446명으로 집계되었다. 1998년도 조기유학생수 1,562명과

[3] 그러나 교육청의 조기유학 통계에는 회사 일 등으로 해외에 파견된 부모를 따라 출국한 학생 등은 포함되어 있지 않아 실질적인 조기유학생은 이보다 훨씬 더 많을 것으로 추정된다. 2004학년도의 경우 해외에 파견된 부모와 함께 출국한 서울 지역 초·중·고교생은 3,007명이었다.

비교하면 6년 만에 10배 이상의 증가를 보여 주는 것이다. 이 통계는 조기유학의 연령이 점점 낮아지고 있음을 보여 준다. 즉, 초등학생의 유학은 1998학년도 212명에서 2004학년도 6,276명으로 무려 30배가량 증가하였음을 보여 준다. 교육개발원 통계에서 한 가지 주목되는 점은 최근 동남아 각국에 대한 조기유학이 크게 증가하고 있다는 점이다. 동남아 조기유학생수는 2003학년도 1,872명에서 2004학년도 2,898명으로 54%의 높은 증가율을 보였다.

한국은행은 조기유학이 급증함에 따라 2005년 우리 국민이 해외여행과 유학 등으로 해외에서 쓴 돈이 무려 15조 원대에 이르는 것으로 발표하였다. 2005년 1월에서 11월중 우리 국민의 해외여행경비 지출액은 약 137억 5,000만 달러로 전년 동기 대비 무려 19.9%나 증가하였다. 집계되지 않은 12월 한 달치를 감안하면 연간 지출액은 150억 달러에 이를 것으로 추산된다.

주목할 것은 동남아 지역에 대한 조기유학수요다. 앞서 교육개발원의 통계에서 보듯 해외조기유학의 약 절반이 동남아지역 유학이다. 우리에 비해 국민소득 등 여러 가지 사회지표에서 떨어지는 나라에 대한 유학수요는 무엇을 의미하는가? 즉, 조기유학에 대해 일부 부유층의 이야기라며 외면하고 뒷짐만 지고 있기에는 이미 너무 현실 속 깊이 들어와 있다. 얼마 전 보도된 한 유학업체의 여론조사에 따르면, 우리 나라 학부모의 30%가 조기유학을 보낼 의향이 있는 것으로 나타난 것만 보더라도 이제 조기유학은 일부 부유층만의 전유물이 아니라 중산층에까지 확산되고 있다는 것을 증명한다.[4] 아울러 동남아 지역에 대한 조기유학은 우리 나라 교육시장의 개방도(開放度)가 상대적으로 낙후하였다는 것을 증명한다. 대부분의 동남아 조기유학은 해당

[4] 최근 엄마와 동반유학한 조기유학생의 아빠를 빗댄 '기러기 아빠' 외에 '펭귄 아빠'라는 신조어가 회자되고 있다. 기러기 아빠는 철철이 외국에 유학하고 있는 자녀들을 방문할 수 있는 경제적 능력을 가진 부유층 아빠를 지칭한다. 반면, 펭귄 아빠는 가족은 외국에 보내 놓고 수시로 방문을 할 경제적 능력이 못 되는 이른바 중산층 또는 중산층 이하의 아빠를 지칭한다.

지역의 국제학교 또는 외국인 학교로의 유학이다.

3.3. 교육시장의 개방, 현황과 경과

교육서비스분야는 WTO 국가들이 서비스시장 양허안 제시와 관련하여 가장 소극적인 부문이다. 우리 나라가 WTO에 제출한 양허안을 보면 교육시장 개방과 관련한 우리 나라의 정책대응을 파악할 수 있다. 우리 나라는 2003년 WTO에 제출한 제1차 양허안에 초·중등교육을 제외한 반면, 대학교육 등 고등교육의 경우 부분개방하고, 성인교육의 경우 개방하되 제한을 두기로 하였다. 이어 2005년 제2차 수정 양허안에서는 국경 간 공급, 예를 들어 원격교육(사이버대학)은 개방하지 않으며, 해외소비(해외유학)에 대해서는 학점에 대한 제한 이외에는 별다른 제한을 두지 않았다.

외국사립학교의 분교설립에 대해서는 교육부 장관의 허가를 얻어 설립된 학교법인만이 장관의 인가를 얻어 교육기관을 설립할 수 있도록 하였으며, 학교법인은 정규교육기관을 설립할 목적으로 설립되는 '비영리법인'으로 한정하였다. 한·미 FTA 협상도 이러한 개방정책의 기조를 유지하는 틀에서 진행되고 있는 것으로 보인다.

현재 우리 나라의 교육서비스분야 개방현황을 보면 해외유학이나 향후 큰 영역을 차지하게 될 국경 간 공급(원격교육, 사이버대학 등)은 사실상 완전히 개방되어 있다. 사실 이들 부문에 대해서는 정부가 서비스를 제한할 수 있는 정책수단을 가지고 있지 못하다. 예컨대, 앞서 살펴본 바와 같이 중학생 이하 조기유학은 원칙적으로 금지되어 있지만 실제 광범위하게 이루어지고 있다.

현재 많은 국내대학들이 외국대학과 공동학위프로그램을 설치·운영하고 있다. 다수의 대학들은 외국의 자매대학에서 졸업학점의 2분의 1을 취득하면 외국대학 학위를 수여하는 복수학위제도를 운영하고 있고, 일부 대학은 외국대학과 공동으로 교육과정을 개설, 양 대학 공동명의의 학위를 수여한다. 외국대학의 학점을 인정하고 학생교류를 하는 학교 역시 수없이 많다. 최근 들어서는 외국대학에서의 수강연한의 최대한도를 2학기에서 4학기로 늘이는 대학들이 많아지고 있다.

정부는 2005년 '경제자유구역 및 제주국제자유도시의 외국교육기관 특별법'과 시행령을 제정, 원칙적으로 현행 교육관계법 적용을 배제하고 외국교육기관 설립·운영에 대한 규제를 완화하였다. 특별법과 시행령에 따르면 경제자유구역 내 외국인학교에 입학할 수 있는 내국인의 비율을 개교 이후 5년 동안 30%까지 허용하였다. 아울러 외국교육기관의 초기 설립투자비용을 줄여 주기 위해 학교부지, 건물 등에 대해 임차가 가능하도록 하고 수익용 기본재산은 보증보험 가입으로 대체가 가능하도록 설립요건을 완화하였다. 다만 이 법의 제2조 및 제4조에서 외국교육기관 설립자격을 국가, 지방자치단체, 비영리법인에 한정함으로써 개방에 따라 외국교육기관이 얼마나 많이 국내에 진출할 것인지 여부는 불투명하다. 이에 따라 외국인학교의 설립이 얼마나 국내교육시장의 경쟁력 강화를 위한 유효경쟁을 촉발시킬 수 있을지에 대해서는 회의적이다.

한·미 FTA 추진에 따른 교육시장 개방을 둘러싼 가장 큰 쟁점은 개방의 범위와 영리법인의 진출허용 여부다. 교육개방의 범위와 관련, 정부는 유치원과 초·중등 교육부문은 그 동안 미국과의 협상에서 한 번도 제기된 적이 없기 때문에 향후 현안이 되지 않을 것으로 보인다. 개방을 하지 않더라도 미국이 초·중등 학교 한국인 유학생으로 인해 이익을 보고 있는 상황에서 미국의 교육관련 업계가 스스로 한국 시장 개방을 통해 얻는 실익이 크지 않을 것으로 판단된다.

대학 이상의 고등교육분야는 미국의 개방요구 가능성이 크고, 이에 따라 정부도 이번 협상에서 전략적인 개방을 추진중인 것으로 알려지고 있다. 이 경우 교육기관의 운영수익을 본국에 송금할 수 있는 영리법인의 허용문제가 가장 중요한 문제로 떠오르게 된다. 그러나 이 경우 내외법인 간 역차별의 문제가 제기될 가능성이 높다. 즉, 현재 사립학교법상 영리법인을 불허하고 있는 상황이기 때문에 외국영리법인의 진출을 허용할 경우 역차별 등을 해소하기 위해 당연히 국내사학들의 영리법인 설립요구를 어떻게 받아들일까에 대한 문제가 사회적으로 큰 이슈가 될 수 있다.

4 교육시장 개방과 한·미 FTA 협상

4.1. 논의현황

한·미 양측은 제2차 협상까지 유보안만을 제출하였을 뿐 한·미 FTA 교육서비스협상과 관련해서는 구체적인 협상이 진행되고 있지 않다. 교육부는 기본적으로 한·미 FTA 교육서비스협상을 '교육경쟁력 강화'라는 목표달성을 위해 추진한다는 입장을 갖고 있다. 협상과 관련하여 교육부는 '교육의 공공성 확보'를 기본원칙으로 하여 초·중등 교육 미개방, 고등 및 성인교육 서비스분야의 제한적 개방을 원칙으로 하고 있다. 그러나 이러한 제한적인 개방을 통해 교육부가 목표하는 '교육경쟁력 강화'를 얻을 수 있을지는 여전히 의문이다.

다만 최근 이슈가 된 것은 "인터넷 교육서비스와 미국 대학수학능력시험(SAT)의 시장접근에 관심이 있다"는 웬디 커틀러(Wendy Cutler) 미국측 수석대표의 발언과 관련한 것 정도에 그치고 있다. 그러나 이 부분과 관련해서도 미측 관계자의 발언배경을 확인한 결과 특별한 의도나 배경을 가지고 말한 것이 아니라는 것이다. 즉, 미측은 국내외 언론 기자회견 당시 교육서비스 시장개방에 관심이 없느냐는 질문에 의무교육을 제외하고 '예시적'으로 협상대상이 될 수 있는 분야로 인터넷 교육서비스와 테스팅 서비스를 언급한 것뿐이라는 입장이다.

정리하자면 미국측의 입장은 초·중등 교육의 개방에는 관심이 없으며 대학 및 성인교육시장 정도에 관심을 가지고 있는 것으로 보인다. 그럼에도 불구하고 우리측의 대응논리는 한마디로 군색하다. 즉, "우리 나라 교육시스템을 변경할 수 있는 개방은 할 수 없다"는 것이다. 그러나 떨어질 대로 떨어진 공교육에 대한 신뢰와 경쟁력을 감안할 때, 우리 교육시스템의 근본에 어느 정도 영향을 미칠 수 있는 실질적인 개방을 적극적으로 추진하는 것이 바람직하다.

예컨대, 논란이 되고 있는 SAT 등 테스팅 시장의 개방 여부는 이미 미국 대학으로의 유학이 일반화된 현 시점에서는 현실적으로 아무 의미가 없다. 온라인교육 역시 마찬가지다. 현실적으로 미국 등 외국에서 제공하고 있는 원격교육을 제재할 방법이 없기 때문이다. 그런 점에서 이들 부문에서의 개방 여부는 FTA 협상의 기본목표인 '개방을 통한 경쟁력 향상'과는 거리가 멀다.

무엇보다도 21세기 우리의 교육시스템을 어떻게 설계할 것인지에 대한 그랜드 플랜이 우선되어야 한다. 교육개방에 대한 접근은 두 가지 측면에서 이해할 수 있을 것이다. 즉, '그랜드 플랜하에서 개방의 범위와 수위를 조정하는 것'과 '그랜드 플랜을 추구하기 위한 하나의 '지렛대'로서 개방을 활용하는 것'이 그것이다. 그러나 교육의 공공성이라든지 평준화 틀에 갇혀 있는 교육당국의 입장을 감안할 때 개방을 통한 교육경쟁력 향상이라는 구호는 공염불에 그칠 가능성이 높다.

4.2. 자유무역 및 교육개방에 대한 반대론자의 논리

한미FTA저지 범국민운동본부(범국본), 전교조 등 한·미 FTA 반대단체들의 논리는 한마디로 시대착오적이다. 범국본이 발간한 『한·미 FTA 저지를 위한 국민교양자료집』의 첫머리는 다음과 같이 시작한다. "자본의 이익을 위해 국민생존권을 파괴하는 한·미 FTA를 결사 저지하고 양극화 해소와 사회공공성 강화를 위한 대안투쟁에 적극적으로 참여합시다. ……" 즉, 자유무역협정을 특정 계급(자본가)의 이익을 위한 정책임을 주장하고 이들만을 배불릴 것이라고 가정하고 있는 것이다.

그러나 이들의 주장은 한 번만 더 생각해 보면 일방적인 주의 주장 또는 심지어 현실을 호도하는 '거짓'임을 알 수 있다. 일례로 금융시장을 고려하자. 미국에 비해 비교열위가 분명한 금융시장 개방이 그들이 주장하는 '우리 나라의 자본가'들에게 이익이 되는가?

이들은 심지어 한·미 FTA를 '제2의 한일합병'으로 근거 없는 매도까지 하고 있다. "일제 강점기 동안 일본의 자본과 기술이 대거 들어와 조선은 상당히 근대화된 것처럼 보였습니다. 그러나 주지하듯이 이는 일본 자본의 초과이윤과 만주 침략용 일본군 인프라를 구축하기 위한 근대화였지 조선 백성에게는 가혹한 착취를 뜻했을 뿐입니다. ……일제 강점기 동안 조선 땅에서 이익을 본 자들은 일본 자본과 군부를 제외한다면 단지 소수의 매판관료들과 소수의 국내자본가들뿐이었습니다. ……(중략)" 한·미 FTA는 기본적으로 무역에 관한 협정 그 이상도 이하도 아니다. 그럼에도 불구하고 이들 반대론자들은 무역협정을 마치 강압적 식민지병합에 빗대어 설명하고 있다.

이처럼 범국본 등 반개방론자들은 무역협정을 마치 '가진 자'와 '못 가진 자' 두 개의 계급으로 나누고 근거 없는 논리를 동원하여 이를 대결국면으로 몰고 나가고자 한다. 이는 좌파 이론가들과 운동가들의 상투적인 수단이다. 특히, 좌파가 종교처럼 믿고 있는 이른바

‘독점자본’의 논리를 동원해도 그들의 개방반대 주장이 ‘스스로의 함정’에 빠져 있음이 증명될 수 있다. 그들은 항상 생산과 시장을 지배하고 있는 이른바 독점자본이 정치와 연대하여 소비자와 노동자 나아가 중소기업을 수탈·착취한다고 주장해 왔다. 주류경제학의 표현에 의하면, 이들이 말하는 독점자본이란 “정부 또는 정치권과 결탁하여 보호막(진입장벽)의 특권을 통해 대다수의 사람들에게 비싸게 상품을 파는 존재”다. 경제학적으로 ‘개방’이란 ‘자발적 거래의 범위를 외국의 재화와 서비스로까지 넓히자는 것’이다. 즉, 국내시장에서 독점자본의 보호막을 깨는 조치인 것이다. 따라서 개방은 독점자본가의 힘을 무력하게 하는 매우 강력한 수단이다. 그렇다면 오히려 좌파가 나서서 개방을 적극적으로 요구해야 하지 않을까?

교육개방에 대한 좌파의 논리 역시 마찬가지다. 전교조 등 범국본 참여단체들은 외국학교가 들어오면 등록금이 치솟을 수밖에 없어 소수를 위한 ‘귀족학교’가 되고 학교는 ‘돈벌이 수단’으로 전락하게 된다고 주장한다. 나아가 국내사학들도 결국 학교를 장사수단으로 삼게 되어 교육비 폭등과 공교육 붕괴를 낳을 것이라고 한다. 전교조는 특히 교육개방이 이루어지면 미국의 교육과정이 미국인 교사에 의해 한국의 학생들을 교육시키게 되고, 이에 대한 사회적·국가적 통제가 불가능해 교육의 대외의존도가 심화된다고 주장한다. 또한 전교조는 미국의 대학들이 국내교육과정을 해외유학생 유치를 위한 어학준비단계로 삼거나 교양과정만 운영함으로써 오히려 외국유학을 늘리는 부작용도 나타날 수 있다고 주장하고 있다.

한·미 FTA 교육서비스협상과 관련하여 최근 논란이 되고 있는 SAT 등 테스팅분야 및 원격교육분야의 개방효과에 대해서도 이들은 그 파장을 과도하게 과장한다. 이 분야가 개방된다면 “국내의 사교육시장은 물론 공교육에까지 엄청난 파장이 예상된다”는 것이다. 이들은 “SAT시장이 개방되면 초·중등 의무교육시장에 ‘SAT폭탄’이 터진다”, “SAT를 비롯해 미국의 대학 입학시험이 국내에 개방될 경우 미국이 관심 밖이라고 밝힌 초·중·고 교과과정에 SAT, 미국 대학 입학 시험 대비 교과가 생겨날 수밖에 없다"고까지 주장하면서 우리 나라 공교육 전체가 붕괴될 것이라는 과도한 주장을 서슴지 않고 있다.

앞서도 지적한 바와 같이 SAT의 경우 미국 대학에 진학하려는 학생들이 이미 시험을 보고 있다. 이미 제도적으로 유학이 개방되어 있기 때문에 유학을 하기 위해서는 SAT를 치러야 하며, SAT를 비롯한 각종 테스팅이 지금도 정부규제 없이 개방된 상태인데, FTA 협상 테이블에 테스팅 서비스를 개방해 달라는 요구가 왔다고 해서 우리 공교육체제가 무너지거나 미국 표준으로 교육제도가 바뀔 것이라고 생각하는 것은 지나친 우려다.

5 소 결 론

좋은 것을 추구하는 소비자는 누구도 막을 수 없다. 이는 교육이라고 해서 예외가 아니다. 그러나 우리 교육시스템은 좋은 것을 추구하고자 하는 학생·학부모를 대상으로 "사회통합을 위해서……", "교육의 공공성을 위해서……" 등 갖은 명목으로 "당신은 잘못되었소", "지나친 이기주의요"라고 강요하고 있다. 이는 한마디로 교육을 '공공재'로 보는 관점에서 비롯된 것이다. 그러다 보니 이상과 현실이 괴리되고[5] 부작용이 기승을 부린다. 어떤 교육개혁정책을 내놓아도

[5] 교육수장이었던 김진표, 김병준 씨 자녀들의 외고졸업 및 외국어계열 이외의 전공으로 대학에 진학한 사실이 한때 세간의 물의를 일으킨 적이 있었다. 교육수장을 지낸 인사들마저 자녀교육을 위해서라면 국가정책에 반하는 편법을 사용하는데 일

결국 실패하는 것은 바로 이런 이유다.

교육소비자로서 좋은 교육을 추구하는 학생·학부모의 행위는 당연하다는 전제에서 출발해야 한다. 교육개방 역시 마찬가지다. 다양한 교육, 수월한 교육, 국제화된 교육을 추구하는 학생·학부모가 다수 존재하는데도 불구하고 평준화 체제, 교육의 공공성 추구를 위해 개방을 저지하겠다는 것이 가능한가? 미개방체제하에서도 이미 학생·학부모는 '스스로의 개방'을 하고 있지 않은가? 게다가 그 수도 최근에는 폭증하고 있는 추세다. 우리의 교육시스템이 경쟁력을 갖추지 못하고 개방요구를 수용하지 못한다면 이런 '스스로 개방족'이 더욱 늘어날 것이다.

비단 교육문제뿐만 아니라 좌파·집단주의자들의 논리는 원인과 결과를 혼동하는 치명적인 결함을 가지고 있다. 오늘날 문제가 되고 있는 '사교육', '스스로의 개방'은 교육문제의 원인이 아니라 결과다. 그럼에도 불구하고 "사교육이 공교육시스템을 붕괴시킨다", "조기유학은 부자들의 허영심의 결과다"라는 등의 말로 이들을 공격한다. 엄밀히 말하면 사교육에 소득의 많은 부분을 지출하고 그것마저도 모자라 조기유학을 떠나는 학생·학부모는 경쟁력을 상실한 우리 교육시스템의 '피해자'들이다.

최근 여러 조사에서 교육문제가 우리 국민의 행복감을 떨어뜨리는 가장 주된 요인이라는 결과가 공표되고 있다. 이 모든 것들이 학교교육의 실패에 기인한 것이다. 우리의 학교교육이 정상화된다면 사교육, 조기유학에 따른 문제는 지금보다 훨씬 완화될 것이다. 그렇다면 교육개방문제에 대한 논의 역시 학교교육이 왜 점점 황폐화되고 있는지에 대한 고민으로부터 출발해야 할 것이다. 거듭 강조하지만 한국 교육시스템 붕괴의 주원인은 교육을 공공재로 간주하여 국가가 독점하였기 때문이다. 교육개방이 실질적인 교육경쟁력 향상으로 연

반국민들에게 이를 강요하는 것이 과연 가능할까?

결되기 위해서 우선적으로 타파되어야 할 것은 교육을 공공재로 보는 시각이다. 세계화·정보화가 진전되면서 교육은 점점 사적재적(私的財的) 성격이 강화되고 있다는 것도 고려해야 할 것이다.

고 영 회

제11장

지식재산권

1 주요 찬반논쟁

1.1. 지식재산권제도 소개

지식재산권[1]제도의 기본정신은 인간의 두뇌로서 새로이 창작해 낸 모든 것은 보호를 받도록 해 준다는 것이다. 정신적 창작물은 종류에 따라 지식재산권은 크게 산업재산권, 저작권, 신지식재산권으로 구분한다.

산업재산권은 산업활동과 관계 있는 권리로 특허, 실용신안, 디자인, 그리고 상표에 관한 권리이고, 저작권은 문학, 예술에 속하는 정신적 창작물(저작물)을 보호하는 권리이다. 저작물에는 소설, 영화, 음악 등이 대표적이다.

신지식재산권은 사회환경이 바뀌면서 나타난 새로운 형태의 권리이다. 예전에는 보호를 해 주지 않다가 컴퓨터가 등장하고 영업상의 비밀이 중요한 경제적 가치로 인식됨에 따라 새로운 보호대상이 된 셈이다.

지식재산권은 지적인 창작물에 독점권을 부여함으로써 창작의욕

---

[1] 원어 Intellectual Property Rights를 우리말로 어떻게 표현할 것이냐에 대해 논란이 있다. 우리 학계와 업계에서는 지적재산권(知的財産權)이란 용어를 써 왔다. 이는 일본에서 이렇게 쓰기 때문에 그대로 음역하여 써 온 탓이라고 본다. 여기서 知的이란 부분이 地籍으로 불릴 수 있어 일반에게 뜻 전달이 잘못될 수 있는 점 등을 고려하여 특허청이 주도하여 지식재산권이란 용어를 사용하고 있다. 지식재산권이란 용어가 적절치 않다는 주장을 하는 사람도 있지만 필자는 이 용어가 더 낫다는 생각에서 지식재산권이라 적는다.

그림 11-1 | 지식재산권 체계도

을 돋구어 새로운 창작물을 많이 생산하게 하는 것이 문화와 산업의 발전에 기여하고 인류생활을 윤택하게 한다는 것이다.

지식재산권이 어떻게 보호받느냐에 따라 한 나라의 문화와 기술 수준이 결정되고, 그 나라의 경쟁력은 지식재산권 수준에 달려 있다고 할 만큼 중요도가 높아지고 있다. 반면에 지재권제도의 독점배타성 때문에 권리를 지나치게 보호할 경우 정보에 대한 접근권과 알 권리, 문화를 향유할 권리 등 기본적인 인권을 제한할 수 있으며, 공공성을 해칠 수도 있다는 우려 때문에 가급적 권리를 제한하여야 한다는 주장을 펴는 사람들도 있다.

그러나 선진국을 비롯한 세계적 추세는 지식재산권 수준이 곧 국가경쟁력의 중요한 요소로 파악하고 수준을 향상시키기 위한 노력을 하고 있다. 가장 극명한 사례가 일본의 '지적재산추진계획2004'로서 총리 책임하에 지식재산제도를 정비하기 위한 노력을 쏟고 있다. 우리도 비록 늦긴 하였지만 지식재산제도의 중요성을 인식하여 지식재산기본법안 의원입법[2]을 제출하여 지식재산입국을 국가전략으로 추진할 채비를 하고 있다.

1.2. 한·미 FTA 지식재산권분야 협상추진 반대주장

지식재산권분야 협상에 대하여 공식으로 의견을 제시한 단체나 개인들[3]의 의견을 종합하면 대개 반대의견이 강한 것 같고, 그 주장은 한미FTA저지 범국민운동본부 지적재산권공동대책위원회가 제출한 의견서에 요약되어 있다. 그 주장을 그대로 옮긴다.

> "미국이 한미 FTA에서 지적재산권을 강조하는 이유는 바로 자국의 법률을 한국에 이식하고 미국의 문화자본과 산업자본의 이익을 극대화하려는 것이다. 미국 통상법은 FTA의 목적이 미국과 동일한 지적재산권 규범을 상대국에게 강요하는 것이라고 명시하고 있으며, 미 의회 보고서에서도 상대국의 지적재산권 보호를 강화하면 자국 산업의 이윤율을 높일 수 있을 것이라고 한다. ……(중략) …… 미국이 다른 나라와 체결했던 FTA나 미국 무역대표부의 무역장벽보고서, 스페셜 301조 보고서 등을 통해 드러난 내용만 보더라도 한미 FTA를 체결하면 한국 사회는 미국 연방의회가 제정한 법률을 시행하는 그야말로 주권을 포기하는 상황이 될 것이다. 그 결과 한국 사회의 사회·경제·문화적 토양은 무너질 것이고 정보나 지식에 접근할 민중의 권리와 의약품에 대한 환자의 접근권은 여지없이 파괴될 것이다. 한·미 FTA 협상을 당장 중지해라!"[4]

---

2 「지식재산기본법안」, 2006. 7. 7. 이병석 의원 대표 발의.

3 한미FTA저지 범국민운동본부 지적재산권공동대책위원회(공공의약센터, 정보공유연대 IPLeft, 진보네트워크센터, 함께 하는 시민행동)가 제출한 의견서, 『한미FTA, 이미 실패한 미래』(사회진보연대 외, 도서출판 사회운동, 2006. 7. 10), 『낯선 식민지 한미 FTA』(이해영 지음, 메이데이, 2006. 7. 7), 『한미FTA 국민보고서』(한미FTA저지 범국민행동본부 정책기획연구단 엮음, 도서출판 그린비, 2006. 7. 25) 등 참조.

4 한미FTA저지 범국민운동본부 지적재산권공동대책위원회가 제출한 의견서, p. 68 결론부분.

이 주장은 "한·미 FTA는 미국의 문화자본과 산업자본의 이익을 극대화하려는 것이고, 이에 대해 우리 정부는 아무런 준비를 하지 않았는데 협상이 진행되면 우리 주권을 포기할 상황이 될 것이므로 협상을 중지하라"는 것으로 정리할 수 있다. 하지만 이들의 반대주장은 FTA의 내용을 무시하고, 맹목적으로 반대하는 것으로 보인다.

1.3. 협상추진 여부보다 어떻게 협상할 것인가가 더 중요

우선, 미국의 문화자본과 산업자본의 이익을 극대화하려는 것이라는 주장에 대해 생각해 보자. 자유무역협상은 도덕적 사명감에서 시작하는 것이 아님은 분명하다. 상호 협정을 통하여 양국이 이익을 얻으려는 의도에서 출발하는 것이고, 미국은 미국대로 우리 나라는 우리 나라대로 목표하는 바가 있다. 무역의 실무주체는 기업이고, 기업은 이익을 얻으려는 것이고, 기업이 이익을 얻어야 국부도 생기기 때문에 무역협상도 근본적으로 이 틀을 벗어나기 어려울 것이다.

미국이 이익을 극대화하려는 만큼 우리도 이익을 극대화하기 위해 참여하는 것이고, 우리가 참여하여 얻을 이익이 있다면 협상은 의미 있다고 보아야 할 것이다. 우리도 이익을 얻기 위해 협상에 응하는데 상대방이 이익을 얻기 위해 참여한다고 하여 비난할 일은 아니다. 우리 나라가 한류바람을 중국, 동남아 지역, 나아가 전 세계에 전파하여야 한다고 주장하는 것도 국익을 위한 것인데, 우리 국익을 위한 한류전파는 선이고 다른 나라에게는 문화자본이라고 비난하는 것은 논리에 맞지 않는다.

지재권분야의 반대논리 중 하나는 지재권협상으로 우리 나라가 최고의 피해를 볼 것이라는 우려도 들어 있다. 우리 나라 기술료 수지에서 적자를 기록하고 있는 것의 의미를 생각해 보자. 원천기술이 부족한 우리의 실정 때문에 원천기술을 들여와 제품을 생산·수출하고 있고 상품수지 흑자를 기록하고 있다. 상품수지 흑자는 기술사용료 수지의 적자에 기인하고 있는 점도 많을 것으로 본다. 기술사용료 수지가 더욱 적자가 예상되므로 협상을 포기하고, 나아가 상품수지 흑자도 포기해야 한다고 주장할 수는 없다.

우리 나라는 내용면에서 보강되어야 하지만 특허출원수에서 세계 4~5위를 할 정도로 수치상으로 특허강국에 들어간다. 앞으로 지재권의 내용은 더 충실해져 갈 것으로 기대하고 있다. 기술개발에 더 박차를 가하여 기술수준이 향상되면 우리 나라 기술사용료 수지는 차츰 개선되어 갈 것이다. 지식재산권제도를 선진국 눈높이에 맞추어 두고 나아가야 한다고 생각한다.

선진국들이 지재권 보호를 국가경쟁력의 중요 요소로 인식하고 제도를 정비하려고 노력하고 있고(일본이 대표적), 지재권분야에서 우리 나라가 차지하는 위치, 현재의 경제적 위치와 우리 기업의 지재권이 중국, 동남아 등지에서 침해받고 있는 실정도 고려할 때 지재권 보호를 강화하는 쪽에 서는 것이 올바른 선택이 아닐까 생각한다. 지금 세계는 지식재산권을 경쟁력의 중요 요소로 인식하고 제도를 정비하고 있는데, 이에 역행하는 정책방향은 곤란하다.

FTA의 가치, 특히 한·미 FTA를 추진해야 하느냐에 대한 근본적인 질문은 이 시점에서 의미가 없을 것 같다. 시대적 추세에 의해서든, 아니면 우리 나라에 특정된 이유에서든 협상을 추진해야 한다면 우리 이익을 최대화할 수 있도록 협상을 추진하는 것이 더 중요할 것이다. 그런 점에서 우리 정부가 아무런 준비를 하지 않고 협상을 추진하고 있다는 주장에 동의한다. 협상은 준비를 얼마나 충실히 하느냐에 따라 협상의 성패가 달려 있음은 기초상식에 해당한다. 정부의 설명자료를 보면 2006년 2월 3일 협상을 공식적으로 출범시키고, 대국민 의견수렴을 위해 3월 9일~5월 5일 사이에 192건의 민간의견을 인터넷으로 접수하였으며, 210명 규모의 전문가 자문단에게 협상분과별로 자문을 받고, 2월 2일 및 6월 27일 두 차례에 걸쳐 정부합동 공청회 개최를 추진하였다고 하였다. 그 동안 정부가 칠레, 싱가포르,

유럽자유무역연합(EFTA) 등과의 협상과정에서 지식재산권에 대한 영향분석을 했을 수 있다. 하지만 반대단체의 주장과 같이, 업계의견 수렴은 충분하지 않은 것으로 보인다.[5]

정보는 협상의 성패가 정보에 달려 있다고 할 정도로 중요하다. 지금부터라도 우리 업계에 대한 영향을 철저하게 실시해야 할 것이다. 지식재산권분야의 경우, 미국의 공세가 강한 것으로 예상되고 있어 다른 분야보다 더 철저한 분석과 대응방안의 마련이 필요하다. 저작권 보호기간 연장, 특허 강제실시권 요건강화, 특허권존속기간 연장 조정 등 어느 것 하나 만만치 않은 것들이다. 지재권분야에서 미국측에 우리가 요구할 사항도 발굴해야 한다.

미국의 특허제도에서 우리 기업에 걸림돌로 작용하고 있는 것으로 일견 선발명주의를 선출원주의로 바꾸라는 요구가 떠오른다. 세계 대부분의 국가가 선출원주의를 채택하고 있는데도 미국은 유독 선발명주의를 고집하고 있다. 우리의 조건으로 강하게 요구할 필요가 있을 것 같다. 이 밖에도 미국의 제도를 연구하면 우리 기업에게 불리하게 작용하는 제도를 많이 찾을 수 있다. 미국 제도의 개선요구는 이 분야 전문가와 업계의 목소리를 체계 있게 수렴하였을 때 도출될 수 있는 것이다. 이런 요구사항을 업계 차원에서 수렴하고 정부에 전달할 필요가 있다. 지재권분야는 외교부 지역통상국장과 문화부 저작권과장이 분과장을 맡고 있는데, 이 역시 재고해야 할 사안이다. 협상을 원만하게 마무리짓기 위해서는 사안에 대한 전문성, 업계현황에 대한 자료수집 등 사전준비, 우리의 정당한 요구를 관철시키려는 사명감이 어우러져야 하므로 전문가에게 협상을 맡기는 것도 검토해 볼 사안이다.

---

5 지식재산권에 관하여 대표적 전문가단체인 대한변리사회에서도 한미 FTA 특별대책반이 2006년 6월에서야 구성되어 내용파악에 들어간 것에서도 추측할 수 있다.

2 지식재산권분야 주요 쟁점 분석

한·미 FTA에서 예상쟁점을 찾는 작업은 용이하지 않다. 협상에서의 논의내용이 완전하게 공개되지 않고 있는 상황에서 쟁점분석은 한계가 있을 수밖에 없다. 관심쟁점은 토론회, 정부 발표자료, 언론보도, 미국이 다른 나라와 협상이 타결된 내용 등을 수집하여 이런 내용이 될 것이라고 추측하는 수밖에 없다.[6]

2.1. 특허권관련 쟁점

강제실시권 요건강화

강제실시권이란 권리자의 허락 없이 강제로 특허 등을 사용할 수 있도록 하는 것으로 지식재산권의 배타적 권리에 대한 일종의 제약이다. 주로 공익적 목적에 부여되는데, 세계무역기구(WTO) '무역관련지적재산권협정(TRIPs)'에도 규정되어 있는 내용이다.

강제실시권은 주로 의약품과 관련하여 중요성을 가지고, 최근 우

[6] 참조한 자료들은 다음과 같다.
- 한국개발연구원 주관 토론회 자료(2006. 6. 21, 양재도 aT센터).
- 지식재산발전연구모임(지산연) 발표자료, 최은실 변리사 정리(2006. 7. 11).
- 한미FTA저지 범국민운동본부 지적재산권공동대책위원회(공공의약센터, 정보공유연대 IPLeft, 진보네트워크센터, 함께 하는 시민행동) 의견서.
- 『한미 FTA, 이미 실패한 미래』(사회진보연대 외, 도서출판 사회운동, 2006. 7. 10).
- 『낯선 식민지 한미 FTA』(이해영 지음, 메이데이, 2006. 7. 7).
- 『한미 FTA 국민보고서』(한미FTA저지 범국민행동본부 정책기획연구단 엮음, 도서출판 그린비, 2006. 7. 25) 등.

리 나라에서도 백혈병 치료제 글리벡과 조류인플루엔자 치료제인 타미플루의 강제실시권 부여문제를 둘러싸고 논란을 벌인 바 있다.

미국은 요르단, 싱가포르, 호주와 맺은 협정에서 특허권자의 승인 없이 특허를 사용할 수 있는 경우로, ① 반경쟁적 행위에 관한 법하에서 법적·행정적 절차에 의해 반경쟁적이라고 판명된 행위를 시행하기 위해, ② 공공의 비상업적 사용, ③ 국가비상사태, ④ 기타 극도의 긴급상황의 경우로, 정부 또는 정부가 승인한 제3자만이 사용하여야 하고, 특허권자가 합리적 보상을 받아야 하며, 특허권자가 특허발명에 관한 미공개 정보나 기술적 노하우를 제공하도록 요구하지 않는 것을 조건으로 허용된다고 정하고 있어 비슷한 조건을 우리에게 요구할 가능성이 높다.

한편, 우리 특허법 제106조에는 국가비상시(국방상 필요한 때, 공공의 이익을 위하여 비상업적으로 실시할 필요가 있을 때)에는 특허권을 수용할 수 있도록 규정하고 있고, 제107조(재정에 의한 실시권)에는 일정 요건[7]에 해당하는 때에는 통상실시권 설정에 관한 재정을 청구할 수 있도록 하고 있다.

미국측의 요구와 우리의 요건을 비교할 때 강제실시권을 설정할 수 있는 요건이 상당히 강화되어 있어 요구를 받아들일 경우 강제실

---

[7] 제107조(통상실시권 설정의 재정) ①항에 정한 요건.

1. 특허발명이 천재·지변 기타 불가항력 또는 대통령령이 정하는 정당한 이유 없이 계속하여 3년 이상 국내에서 실시되고 있지 아니한 경우.
2. 특허발명이 정당한 이유 없이 계속하여 3년 이상 국내에서 상당한 영업적 규모로 실시되지 아니하거나 적당한 정도와 조건으로 국내수요를 충족시키지 못한 경우.
3. 특허발명의 실시가 공공의 이익을 위하여 특히 필요한 경우.
4. 사법적 절차 또는 행정적 절차에 의하여 불공정거래행위로 판정된 사항을 시정하기 위하여 특허발명을 실시할 필요가 있는 경우.
5. 자국민 다수의 보건을 위협하는 질병을 치료하기 위하여 의약품(의약품 생산에 필요한 유효성분, 의약품 사용에 필요한 진단키트를 포함한다)을 수입하고자 하는 국가('수입국'이라 한다)에 그 의약품을 수출할 수 있도록 특허발명을 실시할 필요가 있는 경우.

시가 어려워질 전망이다. 강제실시권의 대상이 주로 의약품인 것을 고려하여 아래 의약품관련 특허에 관한 쟁점과 같이 고려해 판단해야 할 것이다.

심사지연에 따른 특허권 존속기간의 조정

특허청의 불합리한 이유로 특허를 받는 데 시간이 오래 걸렸을 경우 지연기간만큼 특허 존속기간을 조정(adjustment)하는 제도로, 우리 나라에는 아직 없다. 특허법 제89조에는 존속기간을 연장할 수 있는 제도를 두고 있으나, 이는 허가 또는 등록 등을 위하여 필요한 활성·안전성 등의 시험으로 인하여 장기간이 소요되는 경우로 심사지연의 경우와 내용이 다르다.

미국은 여러 사례[8]에서 협정에 포함시킨 바 있다. 물론 출원인의 귀책사유로 인한 기간은 포함되지 않는다. 이 제도는 미국이 2000년 5월 29일부터 시행하고 있는 14-4-4-4 RULE(Patent Term adjustment: 특허기간 조정)[9]의 취지를 협정국에 요구하는 것으로 보인다.

실제 협정에서는 미국의 제도와는 달리 규정되어 있는데, 출원일부터 4~5년, 심사청구일로부터 2년 이상 걸리면 해당되는 것으로 정하고 있다.

---

[8] 미국·칠레 FTA는 특허발행이 출원일로부터 5년 또는 심사청구일로부터 3년이 걸린 경우 특허기간 연장을 해야 하고(제17.9조 제6항), 미국·싱가포르 FTA는 출원일로부터 4년 또는 심사청구일로부터 2년(제16.7조 제7항), 미국·모로코 FTA는 출원일로부터 4년 또는 심사청구일로부터 2년(제15.9조 제7항), 미국·호주 FTA는 출원일로부터 4년 또는 심사청구일로부터 2년(제17.9조 제8(a)항), 미국·바레인 FTA는 출원일로부터 4년 또는 심사청구일로부터 2년이 걸린 경우에 특허기간을 연장해야 한다.

[9] 미국 특허법 35 USC 154 Contents and term of patent; provisional rights에 규정되어 있는 것으로 특허청의 귀책사유로 특허권 14개월을 넘겼을 경우, 의견서·보정서 제출 후 2nd Action까지 4개월 이상 경과된 경우, 항소제기된 날부터 4개월 이내 결과가 나오지 않는 경우, 등록료 납부와 다른 모든 요구조건이 만족된 경우 그 날로부터 4개월 이내에 특허결정이 되지 않는 경우에는 늦어진 날만큼 특허기간을 연장하는 제도이다.

우리 특허청은 2006년 말이면 평균 10개월로 세계에서 가장 빨리 처리하는 국가에 속할 것을 목표로 삼고 있어 이 목표대로 진행된다면 심사단계에서 이 조건에 해당할 경우는 거의 없을 것 같다.

그러나 거절경정 불복심판이 제기되는 경우에는 사정이 달라진다. 현재로서는 심판처리에 소요되는 기간은 고스란히 권리기간을 소진하는 것으로 처리되는 것에 비해 상당히 합리적으로 보인다.[10] 쟁송의 원인을 누가 제공하였건 이에 상관없이 쟁송으로 인해 권리를 획득하는 데 소요되는 기간을 전부 권리자에게 부담시키는 것은 논리에 맞지 않기 때문이다.

이 내용을 수용할 경우 현재는 출원일부터 20년이면 거의 일률적으로 만료되지만, 앞으로는 각 권리마다 예정존속기간을 확인하여야 하는 불편이 있겠지만 특허제도는 발명자를 보호하는 것을 목적으로 하는 것을 상기할 때 수용할 만하다고 본다.

의약품 특허와 허가의 연계, 의약품 허가를 위한 특허 실시

싱가포르, 칠레, 호주 등과 체결한 협정에서는 “특허중인 물질에 대해 또는 기존 물질의 특허중인 용도로 특허권자의 동의 없이 제3자가 의약품의 시판허가를 받을 수 없다. 위와 같은 의약품 허가신청이 있을 경우 신청사실과 신청자의 신원을 특허권자가 통보받도록 한다”라고 정하고 있다. 특허된 제품에 대하여 의약품 시판허가 신청은 특허권을 침해하고, 만약 허가신청이 있으면 특허권자에게 통보할 의무를 부여하고 있다.

또 위 협정에는 의약품 시판허가 신청을 위해 제3자의 특허 사용이 허용될 경우, 특허하의 제품은 시판허가요건 충족 목적으로만 자

---

[10] 현재 심사단계에서는 별 문제가 없다 하더라도 거절결정에 대한 불복심판이 제기되어 특허심판원에서 대법원의 최종 선고가 나올 때까지 2년 정도 걸린다고 보면, 이 쟁송기간 때문에 권리를 행사하지 못한 기간은 존속기간에 포함시켜 주는 것이 합리적으로 보인다.

국 내에서 제조·사용·판매될 수 있다고 규정하고 있어 의약품 시판허가 신청은 특허권의 침해가 아니다.

이에 대하여 우리 나라는 의약품 허가당국의 허가검토자료에 특허관련 사항은 포함되지 않으며, 다만 제조업자의 준수사항으로서 다른 사람의 특허권을 침해한 것으로 판명된 의약품을 제조하지 않을 것을 규정[11]하고 있을 뿐이다. 우리 나라의 경우 특허권의 효력이 미치지 않는 범위에 '연구 또는 시험을 위한 실시'를 포함하고 있다.

미국이 이런 협정을 포함시키는 이유는 미국 특허법을 살펴볼 필요가 있다. 미국 특허법 35 USC 271조(e)(1)[12]에는 "의약품 제조·사용·판매를 규제하는 연방법에 의한 정보제출과 개발에 관련된 경우에 한하여 특허발명을 제조·사용·판매·수입하는 것은 특허침해가 아니다"라고 규정하고 있고, 35 USC 271조(e)(2)(A)[13]에는 "의약품 자체 또는 그 용도에 대해 이미 특허권이 설정되어 있는 경우, 당해 의약품에 대하여 FDA의 사전 승인을 구하는 신청행위는 침해로 간주된다"라고 정하고 있다.

의약품과 관련된 정책은 특허권문제와 우리 나라 보건의료정책과 밀접하게 관련되어 매우 민감한 사안이고, 이미 약제비 적정화 방안의 일환으로 추진하는, 가격 대비 효능이 우수한 약만 건강보험 의약

---

[11] 약사법 시행규칙 제40조 제1항.

[12] (e)(1) It shall not be an act of infringement to make, use, offer to sell, or sell within the United States or import into the United States a patented invention (other than a new animal drug or veterinary biological product (as those terms are used in the Federal Food, Drug, and Cosmetic Act and the Act of March 4, 1913) which is primarily manufactured using recombinant DNA, recombinant RNA, hybridoma technology, or other processes involving site specific genetic manipulation techniques) solely for uses reasonably related to the development and submission of information under a Federal law which regulates the manufacture, use, or sale of drugs or veterinary biological products.

[13] (2) It shall be an act of infringement to submit……
(A) an application under section 505(j) of the Federal Food, Drug, and Cosmetic Act or described in section 505(b)(2) of such Act for a drug claimed in a patent or the use of which is claimed in a patent, or

품으로 등록하는 '의약품 선별등재방식'(포지티브 리스트 시스템) 정책으로 협상에 영향을 미치고 있어 강제실시권 조항과 함께 신중히 접근해야 할 것이다.

특허대상을 진단, 치료 및 수술방법까지 인정

미국을 제외하고는 유럽, 일본 등에서 인간을 대상으로 하는 진단, 치료, 수술방법 발명은 특허대상으로 하지 않는다. TRIPs 협정에서도 마찬가지이다. 우리 나라에서는 산업성이 없다는 이유로 특허를 부여하지 않고 있다.

국제적 경향에도 맞지 않고 이를 수용할 경우에는 국민의 건강에 심각한 영향이 우려되므로 받아들여서는 곤란하다.

발명공개 후 특허출원할 수 있는 기간을 12월개까지 연장

미국은 발명이 공개된 후 12개월 이내에 출원하면 신규성이 있는 것으로 보고 특허를 받을 수 있다.[14] 이에 비해 우리 나라는 6개월 이내에 출원하면 신규성이 있는 것으로 보고 있고(이를 통상 '신규성 의제'라 한다), 그 요건도 엄격한 편이다.[15]

미국은 선발명주의를 채택하고 있어 규정의 취지가 우리 나라와 다르다. 우선 미국이 선발명주의를 포기하고 선출원주의로 전환할 것을 요구하고 신규성 의제를 인정하는 기간을 협의하는 것이 좋을 것이다.

2.2. 상표권관련 쟁점

상표보호대상 확대: 소리, 냄새

호주와 협정 제17.2조 제2항에는 표장의 종류를 소리와 향기까지

[14] 미국 특허법 35 USC 102(b).
[15] 대한민국 특허법 제30조.

확대해 두었다. 우리와 협상에서도 대상을 확대할 것을 요구할 것이 예상된다.

우리 상표법에는 표장을 "기호·문자·도형·입체적 형상 또는 이들을 결합한 것과 위 각각에 색채를 결합한 것"으로 정의하여 소리, 향기에 대해서는 상표등록을 받을 수 없다.

소리, 향기에 대해서는 이들을 특정하기 어렵고 인식하기 곤란하여 심사기준, 권리범위 해석기준을 마련하기 힘든 점은 있으나 상표등록을 받을 수 있는 대상을 넓혀 가는 것이 세계적 추세이므로 장기적으로 도입할 것을 전제로 협상해도 되지 않을까 생각한다.

상표사용권 등록의무화 요건 배제

미국은 호주, 중앙아메리카와 협정 등에서 상표사용권 등록을 의무화해서는 안 된다고 정하고 있다. 이에 비해 우리 나라는 전용사용권인 경우에는 효력발생요건으로 정하고 있고,[16] 통상사용권인 경우에는 그렇지 않다.

전용사용권자는 상표권자에 준하는 권한을 갖는데, 권리자가 공시되지 않으면 제3자에게 예측하지 못한 손해를 줄 우려가 있다. 통상사용권의 경우에는 등록을 효력발생요건으로 하지 않으므로 이미 조건을 충족하고 있다고 보아 우리 제도를 이해시킴으로써 해소할 수 있을 것이다.

2.3. 저작권관련 쟁점

저작권 보호기간 연장

미국의 저작권 보호기간은 개인저작물은 저작자 사후 70년간, 법인저작물은 최초 공표일로부터 95년간 보호해 주고 있다. 미국은 자

[16] 상표법 제56조(상표권 및 전용사용권 등의 등록의 효력).

국의 제도를 근거로 칠레, 호주, 중앙아메리카 등 협상상대국에 70년으로 연장하는 것을 관철시키고 있고, 보도된 바와 같이 우리 나라에게 요구하고 있는 것 같다.

한편, 우리 나라 저작권법은 개인저작물은 저작자 사후 50년간, 법인저작물은 최초 공표시로부터 50년간 보호해 주고 있어 이 요구를 받아들일 경우 저작권료 부담이 꽤 늘어날 전망이다.

미국은 1998년 저작권법을 개정하여 당시 50년이던 보호기간을 70년으로 연장시킨 바 있고, 이 과정에서 논란이 있었다고 한다.[17]

그러나 다자 간 협상으로 제정된 베른협약이나 세계무역기구 TRIPs협정에는 저작권의 보호기간을 '저작자 사후 50년간'으로 정하고 있다. 국제적 가이드라인이 설정되어 있는 셈이다. 미국은 국제적 기준이 있음에도 이에 반하여 양자 간 협상을 통하여 70년 보호기간을 관철시키고 있는데, 이의 부당성을 강조하여 거부해야 할 것이다.

저작권의 기술적 보호조치

기술적 보호조치는 자기의 권리에 대한 침해행위를 효과적으로 방지하기 위하여 그 권리자나 권리자의 동의를 얻은 자가 적용하는 조치를 말한다. 우리 나라 저작권법은 기술적 보호조치에 대한 우회수단을 제공하는 행위를 저작권 침해로 본다.[18]

한편, 미국은 직접 우회하는 행위와 접근통제적 기술조치 및 이용통제적 기술조치의 우회수단 제공을 금지하고 있다. 다만 기술적

---

17 남희섭, 『한미FTA 국민보고서』, p. 545. 미국의 저작권기간 연장은 월트 디즈니사의 강력한 로비로 만들어진 것으로 '미키마우스법'이란 조롱을 받았다. 미키마우스는 1928년 '증기선 윌리'에 처음 등장한 이후 2004년 저작권이 만료될 운명이었는데 법의 개정으로 수명이 2024년까지 연장되었다고 한다.

18 저작권법 제92조 제2항—정당한 권리 없이 저작권 그 밖에 이 법에 의하여 보호되는 권리의 기술적 보호조치를 제거·변경·우회하는 등 무력화하는 것을 주된 목적으로 하는 기술·서비스·제품·장치 또는 그 주요 부품을 제공·제조·수입·양도·대여 또는 전송하는 행위는 저작권 그 밖에 이 법에 의하여 보호되는 권리의 침해로 본다.

보호조치를 우회할 수 있는 8가지 예외를 두고 있는데, 호환성 연구를 위한 제한된 리버스 엔지니어링, 보안연구, 암호화 및 그 해독에 관한 연구, 정보수집이나 법집행 목적의 정부 행위 등은 예외로 하고 있다. 이런 미국 제도는 양자협상을 통하여 여과 없이 협정문 속에 포함되고 있는 것으로 보인다. 우리 법에도 이미 기술적 보호조치가 있는 점을 납득시키는 선에서 해결하는 것이 어떨까 한다.

그 외 저작권제도상의 쟁점으로는 온라인 서비스 제공자의 책임 제한 규정, 일시적 저장에 관한 문제가 있다.

2.4. 집행분야 등

저작권 침해에 비친고죄 도입

상표권과 저작권 침해자에 대하여 침해자의 고소 없이도 형사절차를 개시할 수 있도록 협정문에 반영되는 경우가 있다.[19] 우리 나라와 협상에서도 저작권 침해에 대해 비친고죄로 바꿀 것을 요구할 것도 예상된다.

특허권 등 지식재산권의 침해 여부 판단은 쉽지 않은 사항으로 국가기관이 고소할 수 있는 권한을 부여할 경우 억울한 피해자를 양산할 수 있다. 지식재산권 중에서 상표에만 비친고죄로 되어 있는 것은 특허, 디자인, 저작권이 가진 속성 때문이다. 수용해서 안 될 요구사항이라 하겠다.

---

[19] 예, 미·호주 FTA ARTICLE 17.11 27
In cases of wilful trademark counterfeiting or copyright piracy on a commercial scale, each Party shall provide:
(d) that the appropriate authorities, as determined by each Party, shall have the authority to initiate criminal legal action ex officio with respect to the offences described in this Chapter without the need for a formal complaint by a private party or right holder.

법률시장 개방 중 변리업무 개방문제

법률시장 개방도 미국이 적극 요구할 사안 중 하나가 될 가능성이 있어 보인다. 도하개발의제(DDA) 협상이 중단되어 다자 간 협상으로 풀어 나갈 길이 막힌 상태에서 양자 협상을 통해 요구할 것이 예상된다.

법률시장 개방은 법무부, 변협이 관심을 갖고 다루고 있지만 변리업무에 대한 것은 법률시장 중 구분되는 성격을 가진 것인데도 법률시장 전체의 틀에서 다루어지고, 법률시장 개방협상의 주무부처라 할 법무부에서도 관심을 갖지 않고 있는 것 같아 아쉽다.

법무부에서는 법률시장 개방에 대비하여 국내에서 활동하게 될 외국변호사들의 관리·감독제도를 수립하기 위해 가칭 외국법자문사법을 준비중이다. 이 법에서는 국내에서 활동하게 될 외국변호사의 자격요건, 업무범위, 직무감독 등을 규율할 법안을 마련하여 2006년도에 국회에 제출할 예정이라고 한다.

이 법이 마련되어 시행하게 되어 외국법자문사가 활동하게 되면 우리 나라 법률시스템(변호사가 변리사업무 가능)으로 볼 때 자연스레 우리 나라 변리업무에 대한 자문도 병행할 가능성이 높아 보인다. 이럴 경우 현재 변리사업무와 충돌될 우려가 있으므로 외국법자문사제도를 도입할 때에는 지식재산권에 관한 자문범위를 명확하게 규정할 필요가 있고, 이 범위에 대한 변리사단체의 의견수렴이 필수라 하겠다. 제도를 마련하고, 협상을 주도하는 몇 사람의 생각으로 예단되어서는 곤란하다.

3 소 결 론

선진국들은 지식재산권분야를 국가경쟁력의 핵심 요소로 인식하여 제도를 정비하기 위한 노력을 기울이고 있고, 우리 나라도 서둘러야 할 사안이다. 이런 시점에서 지식재산권분야의 수준을 세계화하기 위한 협상마당을 회피할 이유는 없다고 본다. 다만, 상대방의 요구에 대하여 수세에만 있을 것이 아니라, 우리 역시 요구할 사항을 충분히 정리하여 요구함으로써 협상의 균형을 유지해야 한다.

지식재산분야 각 쟁점의 협상방향을 요약하면, ① 강제실시권 요건강화, ② 의약품 특허와 허가의 연계, 의약품 허가를 위한 특허실시 문제는 주로 의약품에 관계된 것으로 보건의료정책에 직접 영향을 주는 것으로 신중히 접근해야 할 사안이며, ③ 심사지연에 따른 특허권 존속기간의 조정은 받아들이는 것이 합리적으로 보이며, ④ 특허대상을 진단, 치료 및 수술방법까지의 인정요구에 대해서는 받아들일 수 없는 사안이라 하겠다. ⑤ 발명공개 후 특허출원할 수 있는 기간을 12개월까지 연장하는 문제는 미국이 선출원주의로 제도를 변경할 것을 먼저 요구한 후 협상해야 할 내용이며, ⑥ 상표보호대상을 확대(소리, 냄새)하는 문제는 장기적으로 받아들일 준비를 하는 것이 좋을 것으로 보며, ⑦ 상표사용권 등록의무화 요건배제문제는 통상사용권은 등록을 요건으로 하지 않으므로 현 제도로서도 설명이 되는 사안일 것이다. ⑧ 저작권 보호기간 연장은 국제적으로 정립된 보호기간 50년을 고수해야 할 것, ⑨ 저작권의 기술적 보호조치는 현재 우리 저작권법상의 조치로 납득시키는 것이 좋을 것 같고, ⑩ 저작권 침해에 비친고죄 도입은 곤란하다. ⑪ 법률시장 개방 중 변리업무 개방문제는 일반적 법률서비스 성격과 차이가 있으므로 변리사단체의 의견수렴을 거쳐 진행해야 할 것으로 본다.

한·미 자유무역협정은 총론적으로 추진을 찬성한다 하더라도 이를 추진할 방법, 절차 등 각론에 대해서는 보완해야 할 점이 많다. 타당성 있는 근거자료와 전문성 있는 논리로서 협상을 주도해 나가야 한다. 이를 위해 협상단은 업계의 의견을 충분히 수렴해야 할 것이다. 협상의 결과 직접적으로 영향받을 당사자는 산업계이므로 산업계가 처해 있는 현실을 제대로 파악하고 산업계의 요구를 수렴하여 요구에 반영시키는 절차를 확립해야 한다.

아주 기초적인 질문으로 FTA를 해야 하느냐 말아야 하느냐, 피해가 있는 산업부문은 어떻게 지원해야 하느냐와 같은 설문조사는 의미가 없다. 어느 산업이 현재 어떤 상황에 있고, 미국에 어떤 것을 요구해야 할 것인지를 구체적으로 수렴하여 협상에 활용해야 한다. 또 피해산업 구제는 더욱 구체화된 대책을 마련하기 위한 준비를 해야 한다.

그리고 전문가를 적극 활용해야 한다. 협상단 중에서 수준 높은 전문성을 가진 담당자도 있겠지만, 다양한 대응방안 마련을 위해서는 협상단을 뒷받침하는 전문가그룹을 자문단으로 활용해야 한다.

자문단에 속한 사람은 해당 전문분야를 대표하여 전문성 있는 조언과 자료를 제공해야 할 것이다. 자문단에 속해 있으면서 적극 활동하지 않는 사람이 있다면 그 사람은 스스로 자문단에서 나와 다른 사람이 활동할 공간을 제공해야 할 것이다. 이름만 걸고 있어도 될 만큼 사태는 여유롭지 않다.

김 경 한

제 12 장

정보공개 및 의견수렴

1 주요 찬반논쟁

정보공개와 의견수렴은 별개의 절차로 정보만 공개하거나 의견만 수렴하는 상황들이 있을 수 있다. 그러나 의견수렴을 위해서는 기본적으로 먼저 정보를 공개하는 것이 순서일 것이다. 다만 이 경우에 양 절차가 시간적·장소적으로 항상 근접할 필요는 없으며, 실제 상황에서는 상당한 간극을 두고 이루어지는 경우가 더 많다고 본다. 정보공개와 의견수렴은 정부가 제공하는 정보를 국민들이 수동적으로 접수하거나 정부의 요구에 따라 의견을 제출하는 것에 한정되지 않으며, 정보공개 청구나 국회의 자료제출 요구를 통해 정부에게 필요한 정보를 요구하거나 여러 경로를 통해 자발적으로 정부에 의견을 전달하는 능동적 과정도 포함한다.

한·미 FTA 협상에 관련된 논쟁 중 하나가 협상정보를 어느 수준에서 국민들에게 알리고 의견을 수렴하느냐이다. 이는 한·미 FTA 협상에 국한된 문제가 아니라 정부의 다른 정책결정과정에서도 제기되는 핵심 과제 중의 하나이다. 국가가 국민의 알 권리를 보장해야 한다는 당연한 전제를 넘어, 협상의 진행과정에서 생산되는 다양한 정보를 어떻게 효율적으로 국민에게 전달하여 이해를 구하고 의견을 수렴해 나가느냐는 것은 절차적인 측면뿐만 아니라 협상내용을 결정함에서도 매우 중요한 문제이다.

따라서 정보공개는 단순히 있는 정보를 그대로 국민에게 모두 공개한다는 형식적인 의미를 넘어서는 문제라고 본다. 정리되지 않은 채 무질서하게 제공되는 정보는 혼란만 야기한다. 협상에 이해관계를 가진 개인을 포함하여 다양한 업종, 단체, 협회 등 이해관계자들에게 필요한 정보를 잘 정리하여 제공하고, 이를 통해 분야별 입장을 전달받고 수렴해 내야 협상의 국내적 정당성과 민주성을 확보하고 대외협상에서도 우리 입장을 충실하게 주장할 수 있게 될 것이다.

정부가 모든 정보를 공개할 수 있는 것은 아니다. 협상에 관련된 모든 정보를 공개하는 것은 대외협상을 위해서도 바람직하지 않다. 정부가 상대편에 제시하는 협상안은 다양한 의도와 입장들이 협상목적에 따라 여러 형태로 담겨진다. 협상전략이 담긴 협상안의 구체적인 작성이유와 협상비중을 국민에게 설명하기는 어렵다. 그러나 배경설명 없이 협상안을 그대로 공개하면 역으로 국민들에게 불필요한 오해나 기대를 야기하게 된다. 그리고 유사한 협상을 다른 국가들과 계속 진행하여야 할 정부로서는 우리 협상안에 들어 있는 협상전략이 그대로 노출되어 협상 자체가 곤란해지는 상황도 우려하고 있다. 아울러 협상 상대방의 협상안도 보호받아야 할 정보이다. 상대국은 우리에게 대외비공개를 요구하며 협상안을 전달하는데, 우리 정부가 일방적으로 이를 공개하는 것은 협상의 기본신뢰에 위반된다는 상대국의 반발을 야기하여 협상 자체가 깨질 수 있는 빌미로 활용될 수 있다.

정보공개와 의견수렴을 어떻게 할지를 일의적으로 결정하는 것은 적절치 않다고 본다. 정부의 정보공개와 의견수렴은 대상계층이 누구인지, 제공되어야 할 정보와 수렴하려는 의견이 무엇인지, 어떤 매체나 방식을 통하여 전달하고 수렴하는 것이 민주적이면서 효율적인지를 종합적으로 검토하여 결정해 나갈 사항이라고 본다. 아울러 일부에게만 제한적으로 제공된 경우에 정보의 대외보안을 어떻게 유지할 것인지도 풀어 나가야 할 과제이다.

2 정보공개와 의견수렴에 대한 일반쟁점들

2.1. 대상계층에 따른 정보공개와 의견수렴의 유형

정보공개와 의견수렴은 대상계층이 누구인지에 따라 전혀 다른 법적 기반과 성격을 가지고 있다. 대상계층은 일반국민, 이해관계자, 국회로 대별된다고 본다. 일반국민과 관련해서 정보공개를 규율하는 법령은 「공공기관의 정보공개에 관한 법률」이 있다. 이해관계자를 대상으로 한 정보공개와 의견수렴을 규율하는 법령은 별도로 없으나, 정부는 이를 통칭 정책협의로 부르며 협상에서 가장 중요한 과정의 하나로 여기고 있다. 국민의 대의기관인 국회에 대해서는 「국회법」이 중심이 되어 다른 법률과 함께 관련조항을 두고 있으며, 정부의 자료제출·보고·설명이라는 형식으로 이루어진다.

정보공개를 누구에게 하느냐에 따라 제공되는 정보가 달라진다. 의견수렴의 절차와 방식도 확연히 달라진다. 정부는 대상이 누구인지에 따라 제공될 정보의 내용과 수준을 다르게 하고 있다. 예를 들어, 통신기술표준에 대한 교섭정보는 해당 분야 전문가들도 이해하기 어려운 복잡하고 난해한 내용들로 뒤섞여 있다. 정부가 이를 그대로 국민에게 제공하고 정보제공의 의무를 다하였다고 말하는 것은 무책임한 것이다. 일반국민에게는 교섭정보의 중요 내용을 알기 쉽게 정리하여 제공해 주어야 한다. 일반국민으로부터의 의견수렴에도 한계가 있다. 그러나 통신분야의 전문가나 통신업체들과의 정책협의에서는 정부가 가진 협상안을 가능한 있는 그대로 제공하여야 한다. 그리고 의견수렴 절차에서 우리 정부가 협상에서 활용할 수 있도록 세부적인 부분까지 상세하게 의견을 수렴하여야 한다. 이 과정에서 제기되는 것이 대외보안의 유지이다. 국내통신업계나 전문가와 협의한 결과는 정부 협상안의 중요한 골격을 이루는데, 일반적으로 국내산업의 실질적인 이해관계, 상대방 주장을 반박하고 우리 입장을 뒷받침할 상세한 논거, 그리고 이를 협상에서 실현해 나갈 몇 개의 협상대안으로 정리되어 제시된다. 이러한 협상대안이 그대로 공개된다면 우리는 상대방에게 우리가 가진 무기와 실탄을 모두 보여 주고 협상을 하는 형국이 된다.

2.2. 정보공개의 대상범위와 방법

정보공개의 대상으로 논란이 되는 것은 비밀 또는 비밀로 보호할 가치가 있는 자료, 문서 등이다. 일반적인 내용을 담고 있는 자료나 문서는 즉시 공개되며, 국민 누구나 접근할 수 있도록 되어 있다. 정부는 보안업무규정과 부처별 사무처리규칙에 따라 대외에 누설되는 경우에 국가나 국익에 해로울 수 있는 자료나 문서를 비밀 또는 대외비로 관리하고 있다. 정부가 관리하는 정보를 대외비밀사항 여부를 가리지 않고 모두 공개하라고 주장하는 것은 수용하기 어렵다. 해당 정보의 사용목적을 고려하여 제공범위와 수준을 결정해 나가야 할 문제이다.

한·미 FTA 협상을 준비하는 실무협의과정에서 한·미 양국은 문서의 정보공개와 관련하여 "협상의 최종 합의문서는 즉시 공개하되, 협상중 교환된 문서는 3년간 비공개"하기로 합의하였다. 이렇게 합의한 것은 비공개를 통해 협상진행을 원활하게 할 수 있고, 한·미 양국이 제3국과 현재 진행하거나 장래에 진행할 협상에 미칠 부작용을 방지할 수 있다는 점에 이해를 같이 하였기 때문이다. 협상중인 문서는 대외에 공개하지 못한다는 의미는 일반대중에게 문서를 공개하지 않겠다는 의미로, 양국 정부가 국회의원에게 제공하거나, 국내 협의과정에서 필요에 따라 이해관계자에게 협상문서를 제공하는 것까지 금지하는 것은 아니다. 다만 이 경우에도 정보를 제공받은 사람은 대외보안의무를 지게 된다.

2.3. 의견수렴의 방식

제공된 정보에 기초하여 협상에 활용할 입장을 수렴하는 것이 또 하나의 과제인데, 수렴방식은 다양하다. 정부가 국민 모두를 개별적으로 접촉하여 의견을 수렴하는 것은 이상적으로 보이나 현실적이지 않다. 따라서 공청회나 토론회, 설명회를 통해 대표성 있는 단체나 협회, 전문가들로부터 의견을 접수하는 방식을 많이 사용한다. 최근에는 인터넷을 통해 의견을 접수하고 있으며, 팩스나 서신, 직접방문과 같은 전통적인 방식도 여전히 활용되고 있다. 여론조사를 통해 의견을 수렴하기도 한다. 정부에서 특히 중시하는 것은 협상분야를 각각 책임지고 있는 부처들이 소관 단체, 협회, 업계, 전문가들을 직접 접촉하고 의견을 수렴하는 과정이다. 특히, 상품양허안이나 서비스·투자 유보리스트를 만드는 과정에서 이해관계 단체들과의 협의는 매우 중요하다.

정부가 협상을 공식 선언한 2월 3일의 전날인 2월 2일에 공청회를 개최한 것에 대해 절차적 문제를 지적하는 주장들이 있다. 공청회 개최, 협상개시 선언이 촉박하게 이루어졌다는 지적은 수긍할 수 있지만 정부가 협상선언 전에 개최한 공청회로 국민들의 의견을 모두 수렴할 수 있으리라고 의도한 것은 아니라는 점을 분명히 한다. 정부의 의견수렴 노력은 협상진행과 병행하여 지속적으로 이루어지고 있으며, 앞으로도 계속될 것이다. 협상 이전에 국민의견을 모두 수렴하여 협상에 대한 입장을 사전에 결정하라는 주장은 현실적이지 않다. 협상이 진행되어 가면서 협상 상대방의 요구내용과 관심 정도가 구체화되어 갈 때, 국내의 이해관계자와 긴밀하게 협의하면서 우리 입장도 구체화시켜 가는 것이 협상과정에 부합하는 의견수렴 절차일 것이다. 미국도 협상개시를 공식 선언한 이후에서야 국내외 이해관계자들을 대상으로 공청회를 개최하였다.

의견수렴에서 가장 중요한 것은 국민들의 이해를 고르게 반영하는 것이다. 특정 단체나 집단이 과도한 주장을 하고 이것이 우리 정부의 협상안에 과다 대표되는 상황은 전체 국익을 위해 결코 바람직하지 않다. 아울러 의견수렴 통로는 항상 열려 있어야 한다. 이런 점에서 두 번에 걸쳐 정부가 개최한 공청회가 일부 단체들의 반대로 인하여 정상적으로 진행되지 못한 점은 매우 유감스럽다. 공청회에는 협회나 단체들에서 선정된 대표자들이 해당 분야의 입장을 전달하기 위하여 많이 참석하였으나, 반대단체의 행사진행 방해로 발언기회조차 차단되었다. 현재 정부, 국회, 민간 주도로 다양한 토론회나 간담회가 진행되고 있다. 찬성 또는 반대만 제기되는 토론회일지라도 협상을 전체적으로 조율하고 총괄해 나가는 정부로서는 중요한 협상참고가 된다는 점을 감안하여 의견을 전달할 창구 자체가 막혀서는 안된다.

2.4. 통상절차법 제정과 관련된 논란

일각에서는 정부의 불충분한 정보제공을 문제 삼으며 통상절차법이 조속히 제정되어야 한다고 주장하고 있다. 그러나 위에서 살펴보았듯이 정보공개는 일률적으로 결정될 수 있는 것이 아니며, 대상계층이 누구인지, 어떤 정보가 제공되어야 하는지, 어느 수준에서 정리하여 제공해야 하는지, 제공방식은 어떻게 할 것인지, 대외비밀자료의 보안유지는 어떻게 할 것인지, 협상상대국과 비공개로 관리하기로 한 자료는 어떻게 할 것인지 등에 대한 입장정리가 선행되어야 한다고 본다. 아울러 한·미 FTA와 같은 양자협상뿐만 아니라 WTO와 같은 다자협상이나, 많은 국가들이 참여하는 복수국 간 협상에서 협상 과정이나 협상중에 생산된 문서를 대외에 비공개로 하는 것이 일반적인 외교관례로 확립되어 있는데, 국내법에 의해 우리만 일방적으로 정보공개를 해야 하는 상황이 될 경우에 국제법과의 충돌문제도 고려해야 한다.

그러나 현재 국회에 제출된 통상절차법안은 이에 대한 세부적인 검토나 방안제시는 없는 것으로 보인다. 먼저 이러한 부분에 대한 공론화가 이루어진 이후에 정보공개와 의견수렴을 어떻게 입법화할 것인지를 국회 차원에서 논의하는 것이 순리라고 본다. 아울러 대상계층에 따라 법적 기반이 상이한 점을 어떻게 처리할지도 검토과제이다.

현재 국회에 제출되어 있는 통상절차법안은 정보공개, 의견수렴에서의 절차적 정당성을 어떻게 보완할 것인지에 대한 방안제시보다는, 행정부가 담당하는 통상교섭 체결절차에서 국회의 개입시기와 범위를 어떻게 정할 것인지가 주요 골자이다. 이는 조약체결과정에서 국회와 행정부 간 권한배분이 헌법적으로 어떻게 규정되어 있는지에 대한 헌법 해석의 문제로 귀결된다. 헌법 해석을 요하는 거대담론의 논의와는 별도로 정보공개와 의견수렴에서 절차적 정당성을 어떻게 보완할 것인지를 논의하는 것은 그 자체로 의미 있고 중요하다고 생각한다.

3 대상계층별 정부의 정보공개 및 의견수렴 현황과 개선방안

3.1. 일반국민에 대한 정보공개와 의견수렴

정부의 적극적인 정보제공과 의견수렴

정부는 협상개시 초부터 다양한 방식으로 협상정보를 제공하고 있다. 우선 정부는 금년 2월 3일에 협상개시 선언에 대한 보도자료 배포와 언론브리핑을 통해 한·미 FTA 협상출범을 국민에게 공식적으로 전달하였다. 제1차 협상을 위해 워싱턴으로 출발하기 직전에 국내에서 언론브리핑을 하고 한국과 미국 양국이 사전에 교환하였던 협정문안의 주요 내용을 설명한 바 있다. 이후에도 제1차 협상에서는 4차례, 제2차 협상에서는 3차례 언론브리핑을 갖고 협상이 진행되고 있는 동향을 생생하게 전달하기 위해 노력하였다. 지금도 정부의 각 부처들은 주요한 사안이 발생할 때마다 보도자료나 브리핑을 통해 정부 입장을 밝히고 있으며, 동 기사들은 해당 부처 웹사이트에 게재되어 있다.

정부부처나 연구기관들은 웹사이트[1]를 통하여 한·미 FTA에 대한

[1] 한·미 FTA에 대한 정부 및 연구기관의 주요 웹사이트(이 밖에도 대부분의 부처와 연구기관들이 한·미 FTA 웹사이트를 운영하고 있다).
- 한미 FTA 톡톡 라운지: http://fta.news.go.kr/
- 국정브리핑: http://www.news.go.kr/
- 외교통상부: http://www.fta.go.kr/
- 재정경제부: http://www.mofe.go.kr/issue/fta/fta_01.php/
- 농림부: http://www.maf.go.kr/user.tdf?a=user.fta.FtaApp&c=1001&ctx=fta&scd_view=3

정보를 제공하고 있다. 민간의 찬반단체들이나 개인 블로그들도 한·미 FTA에 대한 정보를 제공하고 있으며, 다음이나 네이버 같은 포털 사이트에도 한·미 FTA에 관련된 정보량이 많이 축적되어 있다. 신문, 잡지, 언론, 웹사이트에서 매일 제공하는 한·미 FTA 자료들은 모두 읽어 보기가 어려울 정도로 넘쳐난다. 지금은 한·미 FTA에 대한 정보의 부족보다는 넘쳐나는 정보를 체계적으로 관리하고 알기 쉽게 전달하는 것이 과제이다.

인쇄물을 통한 정보제공도 이루어지고 있으며, 독자층의 관심 정도에 따라 여러 유형의 인쇄물이 발간되었다. 언론들의 지상좌담회, TV나 라디오의 토론회들은 한·미 FTA에 대한 정부의 입장을 전달하고 국민들의 관심사항을 생생하게 짚어 보는 기회가 되고 있다.

한·미 FTA 협상개시 선언 이후에 언론들은 하루도 빠지지 않고 이를 보도하고 있다. 이는 한·미 FTA에 대한 국민들의 지대한 관심을 반영한 것으로 보도의 내용에 따라 많은 댓글이 반박 또는 지지형태로 올라오고 있다. 이러한 과정은 국민들이 한·미 FTA를 폭넓고 올바르게 이해할 수 있는 좋은 계기라고 생각한다. 그러나 무분별하게 퍼지는 왜곡된 주장들과 선동적인 내용들은 사실이 아님에도 막연한 불안감을 확산시키는 부작용도 발생시키고 있다. 한·미 FTA에 대한 논쟁이 객관적인 사실에 기초해 이루어질 수 있도록 건강한 인터넷환경이 조성되어야 한다고 본다. 정부는 '국정브리핑'이나 '한미 FTA 톡톡 라운지'를 통해 한·미 FTA를 바로 알리는 자료들을 게재하고 있다.

국민들의 정보공개 청구권

정부의 정보제공에 만족하지 못할 경우에 국민들은 언제든지 정부에게 필요한 정보를 제공하도록 요구할 수 있는 권리를 가진다. 이

· 대외경제정책연구원: http://www.kiep.go.kr/search/
· 무역협회: http://www.kita.net/newtri/new_fta_info/fta_intro.jsp

를 규율하는 법률이 「공공기관의 정보공개에 관한 법률」이다.

동 법률은 정보를 요구할 수 있는 국민의 범위를 한정하고 있지 않다. 모든 국민이 요구할 수 있으며 이유를 소명할 필요도 없다. 다만 정보공개를 청구하기 위해서는 일정한 절차를 따르도록 규정되어 있다.[2] 공공기관이 보유 또는 관리하는 정보가 공개의 대상이 된다.

정보의 공개청구가 있는 경우에, 정부가 모든 정보를 공개할 의무를 가지는 것은 아니며, 일정한 요건에 해당되는 정보[3]는 공개하지 아니할 수 있다. 정부의 비공개조치에 대해 국민들이 불복하는 경우에는 이의신청(동법 제18조), 행정심판(동법 제19조), 행정소송(동법 제20조)을 제기할 수 있도록 함으로써, 구제받을 수 있는 법적 장치도 마련해 두고 있다.

통상협상과 관련하여 정보공개 청구소송이 제기된 사례로는 WTO 쌀 관세화 유예연장을 위한 협상과 관련한 경우가 있다.[4] 정부는 쌀 관세화 유예협상과정에서 일부 국가와 별도의 개별 합의문을 작성하여 Ⅲ급 비밀로 관리하고 있었는바, 농민단체가 이를 공개하도록 정보공개 신청을 하였다. 이에 대해 정부는 비공개처분을 하였고 농민단체는 정보공개 청구소송을 제기하였다. 정부는 비공개사유로 정보공개법 제9조 제1항의 '비밀'과 제2항의 '외교관계에 관한 사항으로 공개될 경우 국가의 중대한 이익을 해할 우려가 있다'는 점을 적시하

---

[2] 동법 제10조는 정보공개청구서를 작성하도록 하고, 청구인 성명, 주민등록번호, 주소, 공개방법 등을 기술하도록 규정하고 있다.

[3] 동법 제9조 제1항에서 비공개대상에 해당하는 정보를 규정하고 있는바, 통상협상과 관련하여 주로 인용되는 항목은 아래와 같다.

1. 다른 법률 또는 법률이 위임한 명령(국회규칙·대법원규칙·헌법재판소규칙·중앙선거관리위원회규칙·대통령령 및 조례에 한한다)에 의하여 비밀 또는 비공개 사항으로 규정된 정보.
2. 국가안정보장·국방·통일·외교관계 등에 관한 사항으로서 공개될 경우 국가의 중대한 이익을 현저히 해할 우려가 있다고 인정되는 정보.
5. ……의사결정과정 또는 내부검토과정에 있는 사항 등으로서 공개될 경우 업무의 공정한 수행(에) ……지장을 초래한다고 인정할 만한 상당한 이유가 있는 정보.

[4] 사건 2005구합20467 정보부분공개처분취소(판결선고 2006. 1. 10).

였다.

이에 대해 행정법원은 “행정청에게 비밀분류에 있어서의 재량이 인정될 수 있다 하더라도 이 사건 정보가 국가안정보장과 관련이 있다고 보기는 어려워…… 행정청의 위와 같은 Ⅲ급 비밀로의 분류의 효력은 인정할 수 없다”고 판시함으로써 정부가 첫 번째 근거로 내세운 비밀정보를 이유로 한 공개거부는 인정하지 않았다. 그러나 통상교섭에 대한 정보는 “양자 합의의 속성상 개별 국가 사이의 이해관계의 충돌이 발생할 가능성이 있을 뿐만 아니라 양자 합의의 내용이 공식적으로 공표될 경우 이후의 통상교섭에 있어 다른 국가들의 교섭정보로 활용될 수 있어 공개될 경우 국가의 중대한 이익을 해칠 우려가 있다”며, 정부의 통상교섭에 대한 정보가 반드시 공개되어져야 한다고 볼 수는 없다고 판정하였다. 이를 근거로 법원은 정보공개를 청구한 원고의 청구를 기각하고 행정청이 제9조 제1항 제2호에 근거하여 공개청구를 거부한 행정청의 처분이 적법하다고 판시하였다.

우리 법률과 법원의 판결은 국민들의 정보공개 요구에 일정한 한계가 있다는 점을 분명히 하고 있다. 국민의 알 권리도 중요하지만 통상교섭 자체를 어렵게 만드는 정보공개 요구는 자제되어야 한다고 본다.

한·미 간 정보공개의 비대칭성에 대한 오해

우리 정부가 국민에게 제공하는 정보는 매우 제한적인 데 반해, 미국은 자국민에게 대부분의 정보를 제공하고 있어 비대칭적인 정보 제공이 이루어지고 있다는 주장은 사실에 근거하지 않은 것이다.

미국의 경우에는 제1차 협상에서 단 한 차례 언론브리핑만을 하였으며, 제2차 협상에서는 우리 기자단의 관심이 큰 점을 고려하여 두 차례 언론브리핑을 실시한 것이 전부이다. 미국 언론들이 한·미 FTA를 다루는 기사들은 거의 찾아볼 수 없다. 한·미 양국이 운영하는 웹사이트의 정보를 단순비교해 보아도 큰 차이가 있음을 알 수 있다.

미국에서 한·미 FTA에 관련된 웹사이트는 거의 없으며, 미 USTR의 홈페이지[5]가 그나마 초보적인 수준의 정보를 담고 있다. 여기에는 협상의향 공포(2. 2), 미 수석대표 연설문, USTR이 미 의회에 협상개시를 알리는 서한 등 일반적인 자료들만이 게재되어 있으며, 협정문 초안이나 두 차례에 걸쳐 개최된 협상내용을 설명하는 자료가 없다는 것을 확인할 수 있다. 다른 나라들도 정보제공의 수준에서 미국과 큰 차이가 없는 것으로 보인다.

3.2. 이해관계자에 대한 정보제공 및 의견수렴

이해관계자의 범위

이해관계자의 범위는 해석에 따라 다양해질 수 있으나, 협상과 직·간접적인 이해를 가진 개인, 기업, 단체, 협회들이 이에 해당된다고 볼 수 있다. 그러나 구체적인 범위는 협상의 17개 분과 및 2개 작업반별로 달라지며, 일률적인 범위를 정하기가 쉽지 않다. 농업분과의 경우에 사과협회, 축산협회 등 품목별 단체뿐만 아니라 농협, 수협 같은 포괄적인 범위를 갖고 있는 단체도 이해관계자에 포함된다고 할 수 있다. 기술표준을 다루는 TBT(Technical Barriers to Trade)분과에서는 기술표준이나 표준인증절차를 담당하는 기관, 수출입을 주로 하는 업체들이 이해관계자의 범위에 속할 것이다.

이해관계자에 대한 정보제공 및 의견수렴

이해관계자에 대한 정보제공과 의견수렴을 규정하는 법령은 없다. 그러나 한·미 FTA 협상과 같은 통상협상에서 가장 중요한 절차가 이해관계자와의 정책협의과정이다. 이해관계자로부터 수렴된 의견이 없으면 절차적 정당성의 문제를 넘어 협상 자체가 무의미해지게

[5] 미 USTR 홈페이지에서 한국과의 FTA 관련부분: http://www.ustr.gov/Trade_Agreements/Bilateral/Republic_of_Korea_FTA/

표 12-1 | 서면의견 수렴결과 3.9~5.5 기간

구　분	인터넷·서면의견	간담회·토론회 등	소　계
상　품			
농축산업	19	16	35
수 산 업	7	13	20
제 조 업	38	2	40
서 비 스			
금　융	4	1	5
통　신	1	1	2
해　운	2	0	2
교　육	0	2	2
의　료	4	1	5
건　설	6	3	9
교통·운송	5	2	7
전문직 서비스	5	5	10
미국 비자문제	3	0	3
언론·방송·광고·미디어서비스	6	0	6
영화·예술·문화서비스	9	5	14
기타 서비스	4	0	4
기　타			
정부조달	4	4	8
투　자	0	3	3
지 재 권	7	1	8
경　쟁	0	1	1
환　경	0	3	3
한·미 FTA 일반	5	0	5
계	129	63	192

된다. 분야별로 상세하게 수렴된 의견과 입장들은 협상에서 중요한 자료로 활용된다. 협상담당자들이 전쟁터에서 직접 싸우는 소총수라면, 이해관계자들이 전달해 준 입장들은 무기의 실탄이 된다.

따라서 정부는 어느 계층보다도 이해관계자와의 의견수렴을 중요하게 생각하고 정책협의에 최선을 다하고 있다. 정부가 금년 3월 9일부터 5월 5일 동안에만 인터넷이나 팩스, 서신을 통해 접수한 의견이 129건이며, 정부 부처들이 개최한 간담회, 토론회가 63회에 이른다. 정부 부처들은 지금도 이해관계자들과 계속 의견수렴을 하고 있는데, 한·미 FTA 협상이 타결될 때까지 계속될 것이다.

이해관계자들은 정책협의에서 협상정보의 상세한 제공을 요청하며, 정부는 협정문안 또는 양허안에서 이해관계자와 관련된 부분들을 열람하도록 하고 있다. 비공개자료를 열람한 이해관계자들이 대외보안을 지키도록 하기 위해 정부는 사전에 보안서약서를 징수하고 있다.

전문가 자문단의 운영

한·미 FTA 협상에서는 전문적이고 기술적인 사항들이 다루어진다. 정부는 민간분야의 경험을 협상에 활용하기 위하여 17개 분과 및 2개 작업반별로 총 227명의 전문가 자문단을 위촉하여 운영하고 있다. 자문단은 정부가 선발한 경우와 인터넷 신청으로 선발된 분들로 구성되어 있으며, 민간에서 쌓아올린 풍부한 현장경험과 전문지식을 대표단에게 전달하고 있다.

3.3. 국회에 대한 보고

한·미 FTA 협상에서 국회와 행정부의 관계

정부가 모든 국민에게 정보를 제공하고 협상을 설명하는 것은 가능하지 않기 때문에, 국민의 대의기관인 국회에게 협상의 구체적인 경과를 설명해 오고 있다. 국회에서 한·미 FTA 협상을 주관하는 상임위원회는 통일외교통상위원회이지만 농림위, 재경위, 산자위, 정통위 등 한·미 FTA 협상과 관련된 상임위 모두가 정부의 협상추진에 지대한 관심을 표시하고 행정부로부터 협상경과를 보고받아 왔다.

한·미 FTA가 포괄하는 범위가 넓어 거의 모든 상임위와 관련이 되는 상황에서 국회 심의를 단일화하고 집중적으로 다룰 전담기구의 필요성이 제기되어 7월 중순에 「한미 FTA 체결대책 특별위원회」(이하 특위)가 국회결의에 의해 여야 의원 20여 명으로 구성되었다. 특위는 7월 31일에 첫 회의를 개최한 이후, 공개 또는 비공개회의를 통해 정부, 민간전문가, 이해관계 단체들의 입장을 폭넓게 수렴해 나가고 있다. 앞으로 특위가 정부의 협상입장 점검과 국민들의 이해관계를 원만하게 조율하려는 설립목적을 완수하기를 기대한다.

국회에 대한 자료제출

국회법 제128조는 국회 본회의, 위원회, 소위원회 의결로 자료제출을 요구할 있도록 허용하고 있으며, 폐회중에는 의장 또는 위원장이 교섭단체 대표 또는 간사와의 협의를 거쳐 자료제출을 요구할 수 있도록 규정하고 있다.

국회에 대한 행정부의 자료제출은 일반국민에 대한 정보공개나 이해관계자와의 정책협의와는 다르며, 행정부의 많은 자료들이 국회에 전달된다. 이에 따라 협정문안, 양허안 등 비밀자료의 대외보안을 유지하는 방안이 중요한 관심사항이다. 보안에 대해서는 2005년 5월 2일에 구성된 '쌀 관세화 유예연장협상의 실태규명을 위한 국정조사특위'(이하 쌀 협상 국정조사특위)에서 합의된 기준을 선례로 참고할 수 있다.[6]

미 의회의 경우에도 자료열람은 제한적으로 허용된다. 자료열람이나 정보제공을 규율하는 일반법은 없지만[7] 일반적으로 상원 재무위

---

[6] 쌀 국정조사특위에서 합의된 자료열람 및 문서보안은 아래와 같음.
- 일반문서는 제출, 비밀문서는 열람만 가능(복사, 필사는 불가, 간단한 메모는 허용)
- 특위위원과 특위위원이 대동한 비취인가가 있는 전문가 1인에 한하여 비밀문서 열람
- 관계자는 「국정감사 및 조사에 관한 법률」 제14조에 정한 기밀유지의 의무를 철저히 준수하도록 규정

[7] 다른 국가와는 달리 미국 헌법은 의회에 통상에 관한 권한을 부여하고 있으며, 미 의회는 통상교섭의 원할한 진행을 위하여 한시적으로 행정부에 통상권한을 위임하

원회, 하원 세입세출위원회만 협정문안 전체를 열람할 수 있으며, 하원 농업위원회, 에너지·상업위원회 등 FTA 유관 위원회에는 관련부분만 열람이 허용되는 것으로 알려지고 있다. 상기 위원회 소속 보좌관, 전문위원의 경우에는 보안취급인가를 받은 경우에 열람이 허용된다고 한다.[8] 협정문을 열람하는 경우에는 "평생 보안의무 준수 각서(lifetime non-disclosure form)"를 작성하며, 의무를 위반하면 엄격한 민형사상 처벌을 받는다.

4 소 결 론

협상정보의 공개와 의견수렴은 대외협상추진과 협상결과의 국내수용을 위해 필수적인 과정이라는 점을 정부는 잘 알고 있으며, 협상과정을 최대한 투명하게 유지하여 국민의 알 권리를 보장하겠다는 정부의 의지는 확고하다. 대통령께서는 "협상전략에 장애가 되거나 협상 상대방과 상호 신뢰에 문제가 되지 않는 범위 내에서 적극적으로 공개하라"는 지침을 행정부에 시달하여 한·미 FTA 협상의 전 과정을 투명하게 운영하도록 하였다.

정부는 일반국민, 이해관계자, 국회로 구분하여 맞춤형 협상정보

고 있는바, 이것이 TPA법(Trade Promotion Authority)이다. 동법에는 협정문안의 의회 제출을 명시적으로 규정하고 있지 않으나, USTR이 일부 상임위원회에 협정문안을 열람하도록 하는 것이 현재까지의 관행이다.

[8] 미국에서 보안취급 인가를 받는 절차는 매우 까다롭다고 하며, 통상 수 개월 이상이 소요되어 미국 의회 보좌관 중에 보안취급 인가를 갖고 있는 경우는 많지 않다고 한다.

제공과 의견수렴이 이루어질 수 있도록 노력하고 있다. 이러한 노력이 충분하지 않고 제대로 전달되지 않아 정부의 정보공개가 불충분하다는 질타가 있는 것은 잘 알고 있고, 정부도 이를 개선하기 위하여 노력하고 있다. 다만 정보공개 그 자체가 목적이기보다는 한·미 FTA 협상추진에 대한 국민불신을 확산시키기 위한 의도로 정보의 무조건 공개를 주장하는 것은 지양되어야 한다고 본다. 특정 단체가 17개 분과와 2개 작업반으로 나누어져 진행되는 광범위한 협상분야의 모든 정보를 인지하고 국민의견을 대표하겠다는 것은 무리한 주장이다.

정보공개와 의견수렴의 기존 운영현황을 재점검하고 체계적으로 정리하려는 노력이 정부 내에서 이루어지고 있다. 정부는 「한미FTA 체결지원위원회」를 대통령 직속으로 금년 8월에 구성한 바 있다. 동 위원회는 그 동안 협상을 담당하였던 정부 부처들이 부족한 것으로 지적되었던 정보공개, 대국민 의견수렴 및 입장 조율, 의회의 한·미 FTA 활동지원을 주요 임무로 담당하게 된다. 위원회는 현장을 직접 찾아가 이해관계자들과 일반국민의 목소리를 생생하게 수집하고, 의견을 조율하고 갈등을 해소하는 일들을 해 나갈 것이다. 아울러 일반국민에 대한 정보제공을 위하여 운영되던 '한미 FTA 톡톡 라운지'를 재구성하여 충분한 정보가 전달될 수 있도록 노력할 예정이며, 사랑방, 인터넷 의견접수와 같이 국민이 찾아와서 생각을 전달할 수 있는 유무형의 창구를 많이 만들어서 실질적인 의견수렴이 이루어지도록 할 것이다.

수만 페이지에 달하는 다양한 협상정보를 어떻게 효율적으로, 그리고 알기 쉽게 국민들과 이해관계자에게 전달하느냐가 현재 정부의 핵심 과제이다. 정보의 홍수 속에서 헤아릴 수 없이 많은 자료들을 단순히 나열하는 것만으로는 국민들에게 혼란과 당혹스러움만 가져온다. 분야별·업종별·관심별·대상계층별로 정리해 내는 작업이 쉽지는 않지만, 앞으로 정부가 각별히 신경을 써야 할 분야이다. 소관부처, 협상을 실제 담당하는 직원들, 지원위원회가 함께 담당해 나갈 과제이다.

이제 한·미 FTA에 대한 단순한 찬반논쟁의 시기는 지났다고 본다. 협상에서 우리 국익을 어떻게 극대화할 것인지는 협상분야별로 구체적이고 실질적인 의견이 얼마나 상세하게 수렴되고 상대방 입장을 반박할 수 있는 정치한 논거들이 얼마나 많이 개발되느냐에 달려 있다. 협상참여는 구체적인 입장을 가지고 이루어져야 하며, 국민과 이해관계자들의 적극적인 관심과 참여를 기대한다.

제 3 부

한·미 FTA 산업별 파급영향 논의

박 동 철

제 13 장

제 조 업

1 주요 찬반논쟁

한·미 FTA 협상을 둘러싸고 논의가 분분하다. 한·미 FTA를 보는 시각이나 이해관계에 따라, "절대로 해서는 안 된다"는 주장부터 "반드시 해야 한다"는 주장까지 다양한 스펙트럼이 형성되고 있는데, 단순한 주장을 넘어 사회적 힘의 대결양상으로까지 번져 가고 있다.

그런데 제조업에 관한 한, 다른 산업과는 달리 큰 논란은 없다. 굳이 제조업부문과 관련하여 한·미 FTA에 대한 부정적 입장을 정리하면 다음과 같은 논의들이 있다. 우선 한·미 FTA가 체결되면 산업구조조정이 일어날 수밖에 없는데, 외적 압력에 의한 산업구조조정으로 인해 경쟁력이 취약한 산업은 몰락하고 그에 따라 실업이 증대될 수 있다. 또 FTA가 체결된다고 해서 미국의 우수한 기술과 자본이 유입되리라는 보장은 없다. 설령 유입된다 하더라도 멕시코 마킬라도라의 예처럼 국내산업연관이 파괴되어 대부분의 이익은 미국 기업 등 다국적기업에게 돌아가고 국민들은 별다른 혜택을 누릴 수 없을 뿐 아니라 오히려 고용불안 등 불이익을 받을 수 있다는 것 등이다.

이에 반해 제조업부문과 관련하여 한·미 FTA를 찬성하는 입장은 다음과 같다. 국내제조업의 상당 부문은 미국의 제조업부문에 비해 경쟁력이 있기 때문에 시장의 확대와 사회적 후생의 증대라는 FTA의 경제적 이득을 충분히 누릴 수 있다. 우리의 산업발달수준이나 경쟁력을 감안할 때 멕시코 마킬라도라의 예는 적절하지 않다. 외적 압력에 의해서든, 내적 동력에 의해서든 산업구조조정은 산업의 발전과정에서 필수적인 것인데, 한·미 FTA를 통해 국내산업의 질적 발전이 이루어질 수 있다는 것 등이다.

이러한 이견에도 불구하고 한·미 FTA가 국내제조업에 미치는 영향에 대한 논란과 갈등은 미미한 편이다. 이는 다른 부문의 피해가 강조된 측면도 있을 뿐 아니라, 그만큼 국내제조업이 어느 정도 경쟁력을 갖추고 있기 때문이기도 하다.

다른 산업부문뿐만 아니라 제조업부문에서도 한·미 FTA를 추진함에 있어 우리가 견지하고 해결해야 할 과제는, 한·미 FTA를 통해 경쟁력이 강한 부문은 더욱 강하게 하고, 약한 부문은 강화될 수 있는 방안을 모색하고 추진해야 한다는 것이다. 그런 점에서 국내제조업의 위상과 당면과제가 우선 검토되고 국내제조업의 발전전략에 맞추어 한·미 FTA를 활용할 수 있도록 할 필요가 있다.

2 제조업의 위상과 당면과제

2.1. 위 상

제조업은 그 동안 한국 경제의 성장을 주도해 온 부문이다. 그런데 제조업 발전의 가장 주요한 특징은, 바로 수출지향적 중화학공업 중심의 발전이라는 점일 것이다. 수출지향적 기간산업을 중심으로 성장해 온 결과, 현재 주요 기간산업이 세계시장에서 차지하는 위상은 매우 높은 편이다. 자동차, 조선, 반도체 등 주력산업의 경우 세계시장에서 1~5위의 위상을 확보하고 있다.

구체적으로 보면, 먼저 전자산업은 과감한 투자전략과 차별화된 경쟁전략으로 미국, 일본, 중국에 이어 세계 제4위의 생산규모를 보이고 있다. 한국 기업의 세계적인 주도권을 견제하기 위해 일본 및 미국 기업들이 각각 공동대응계획을 밝힐 정도이다.

짧은 시기에 급성장한 자동차산업의 경우도 주로 수출증대에 의존하여 생산규모를 확충해 왔다. 2000년대 들어 내수가 다소 줄어드는 추세를 보였음에 반해, 수출은 지속적으로 증가해 왔다. 이는 한국 자동차의 경우 가격경쟁력이 우수할 뿐만 아니라, 품질경쟁력 또한 최근 급격히 상승함으로써 세계시장에서의 판매를 늘릴 수 있는 기반을 구축하였기 때문이라 할 수 있다.

일반기계산업의 경우, 한국은 세계 8위의 생산국이며, 그 중 공작기계는 세계 5위의 생산국이다. 일반기계산업은 그 범위가 넓고 다양한 기계·기술적 특성을 지니고 있는데, 한국은 세계수출에서 3.4%의 비중을 차지하고 있다. 한국의 일반기계산업은 1990년대까지 수입특화산업이었는데, 2000년대 들어 수출특화산업으로 전환되었다.

섬유산업은 산업화 초기부터 한국의 성장주도적인 수출산업이었다. 최근 경쟁력이 다소 떨어지고 있으나 대기업 중심의 자본집약적인 섬유원료, 섬유사, 화섬직물 등은 아직 경쟁력을 유지하고 있어 섬유산업 전체로는 수출특화산업이다.

철강산업은 자본집약적인 장치산업으로서, 산업의 전후방 연관효과가 높아 많은 국가가 전략산업으로 육성하고 있다. 한국의 철강산업은 2004년 조강생산량 기준으로 세계총생산의 4.5%를 차지하여 중국, 일본, 미국, 러시아에 이어 세계 5위를 기록하였다.

석유화학산업은 철강과 함께 기초소재를 공급하는 산업으로 자본집약적이고, 원료에서 제품까지 일관된 생산체계를 갖춘 수직계열화된 장치산업이다. 한국의 석유화학산업은 1990년대 설비의 대폭적인 신증설로 2000년을 전후하여 내수 위주의 수입특화산업에서 수출특화산업으로 바뀌었으며, 수출의 비중도 높아지는 동시에 비교우위도 강화되고 있다.

제조업 주요 부문이 세계시장에서 괄목할 만한 성장세를 보였지만, 문제점이 없는 것은 아니다. 부문별로 보면, 전자산업의 경우 한국은 첨단전자의 핵심 부품과 장비는 대일 수입에 크게 의존하고 있고, 경쟁력이 강한 품목이 소수 품목에 집중되는 등 전자산업의 부문간 불균형이 심한 것으로 평가되고 있다. 또 2004년에 한국 수출의 38%를 차지하였으나 그 비중은 줄어드는 추세이며, 세계시장에서 첨단제품은 일본 등 선진국과, 범용제품은 중국 등 개도국과 치열한 경쟁을 벌이고 있다.

자동차산업도 최근 들어 중국 등 새로운 생산기지의 부상이나 국내요소비용의 상승, 세계 주요 업체들의 원가절감 경쟁 등으로 인해 가격경쟁력이 다소 하락하는 추세이며 기술경쟁력은 아직 미흡하다. 비록 자동차 선진국인 미국이나 유럽, 일본과의 기술격차를 줄이고 있지만, 상대적으로 중국이나 인도와의 기술격차도 줄어들고 있다. 특히, 중국과의 기술격차는 점점 줄어드는 추세에 있는데, 생산조립기술의 경우 거의 대등한 위치에 있다고 해도 과언이 아니다. 문제는 중국과의 기술격차가 줄어들고 있다는 점뿐만 아니라, 미래형 자동차 기술 등 향후 세계자동차산업의 주도권 행방을 좌우할 부문에 있어 선진업체와의 격차가 여전하다는 데 있다.

섬유산업의 경우도 총수출에서 차지하는 비중은 2000년 10.5%에서 2004년에는 5.9%로 하락할 정도로 경쟁력이 급격히 약화되고 있다. 한국은 중국의 부상, 터키 등 개도국의 추격 및 다자간섬유협정(MFA) 폐지에 의한 세계섬유교역의 완전자유화에 따라 국제적인 위상이 흔들리고 있다.

2.2. 당면과제

이상에서 살펴본 바와 같이, 제조업은 수출주도형 중화학공업부문을 중심으로 한국 경제의 성장 및 생산성 향상 등을 주도해 왔지만, 나름대로의 문제점을 안고 있다. 이를 경제구조의 관점에서 살펴보면 다음과 같다.

첫째, 부품소재산업의 성장이 상대적으로 취약하다. 한국의 제조업, 특히 중화학공업은 조립가공형 중심, 대기업 중심으로 성장해 왔는데, 이로 인해 몇 가지 문제점을 안게 되었다. 예를 들면, 다음과 같은 것들이다. 우선 조립가공형 산업은 대체로 저부가가치 부문이며, 중국 등 후발국의 추격이 상대적으로 쉬워 항상 중국의 추격에 부담을 갖지 않을 수 없다. 이른바 한국 경제의 nut-cracker 가능성이 항상 열려 있는 것이다. 또 부품소재산업이 발달되어 있지 않아 고용창출 및 흡수능력이 상대적으로 큰 중소기업의 발전기반이 취약하고, 부가가치 창출효과도 미약하다. 대기업과 중소기업의 양극화 현상, 제조업 취업자수의 감소 등은 이를 반영하는 것이다. 그리고 부품소재산업에 있어 대일 무역역조현상이 지속되고 있어 대일 무역적자 확대의 주요한 원인이 되고 있으며, 산업부문에 따라 수출의 수입유발효과가 매우 크게 나타나 외화가득효과가 낮다.

둘째, 제조업부문의 고용창출효과가 약화되고 있다. 일반적으로 산업 간 및 산업 내 발전과정이 그런 것처럼, 제조업 역시 저기술·노동집약적 부문에서 고기술·자본집약적 부문으로 발전하기 마련이다. 이른바 산업구조 고도화의 방향으로 진전되는 것이다. 그런데 문제는 시장확대나 여타 산업의 발전이 함께 이루어지지 않으면 기존의 저기술·노동집약적 부문에서 일탈되거나 새로이 창출되는 노동력을 흡수하기 어려워진다. 지금 우리 나라 제조업부문의 고용창출효과가 떨어지고 있는 것은 이러한 측면을 반영한다. 더욱이 국내시장규모가 제한적이고 투자환경이 불리하게 전개될수록 기존 저기술·노동집약적 부문의 해외일탈은 점점 늘어날 수밖에 없어 그만큼 고용흡수능력은 떨어지게 된다. 이러한 경향을 억제하기 위해서는 시장확대 및 부문 내 고부가가치화, 제조업관련 서비스부문의 성장, 그리고 건전한 해외투자의 유입 등이 촉진되어야 한다.

표 13-1 | 국가별 세계시장 점유율 5위 내 상위 수출품목 개수

	미국	한국	일본	중국	프랑스	이탈리아	독일	영국
1980년	503	68	268	0	438	265	598	392
1995년	526	80	259	199	343	254	518	217
2000년	569	81	242	242	258	227	469	191
2003년	508	62	221	305	264	274	502	159
인구(천 명)	275,423	47,275	126,919	1,258,821	60,431	57,728	82,168	59,756
1인당 소득	35,619	14,937	25,924	3,844	23,614	22,876	23,917	24,252

자료: 김종일(2006)에서 재인용.

셋째, 수출산업 중심으로 발전해 왔기 때문에, 해외여건 변화에 민감하게 반응할 수밖에 없는 취약성을 갖고 있다. 제도적 불안정성 외에도, 내수기반이나 중소기업 발전기반이 약하고 자체 원천기술의 보유역량 등이 취약하여 해외여건의 변화에 따른 충격흡수력이 취약하다고 할 수 있다. 또 해외시장에서의 경쟁력 강화와 해외시장 확대가 산업의 성장을 좌우하는 주요한 힘으로 작용하고 있다. 그런데 최근 중국이 거의 전 영역에 걸쳐 세계시장에서 우리 제조업부문과 경쟁하게 되어 성장의 주요 장애요인으로 작용하고 있다.

〈표 13-1〉에서 나타나듯이 1980년만 하더라도 세계시장에서 중국은 한국에 상대가 되지 못하였다. 그러나 세계시장 점유율 5위 내 상위 수출품목의 개수를 비교하면, 1990년에 이미 중국은 한국을 추월하였고 점점 그 격차가 늘어나고 있다. 문제는 경공업부문뿐만 아니라 우리의 주력산업이라 할 수 있는 자동차, 조선, 철강 등 부문에서도 중국이 매우 빠른 속도로 추격하고 있다는 점이다. 실제로 미국시장의 경우 1990년에 한국산 제품의 점유율은 3.7%, 중국은 3.1%였는데, 2004년에는 각각 3.1%, 13.4%로 크게 역전되었다.

넷째, 국내제조업의 경영환경이 나빠지면서 해외투자가 급증하고 있는 데 반해, 국내로 유입되는 투자는 만족할 만한 수준이 아니다.

세계경제의 글로벌화가 진전되면서 자본이 해외로 이동하는 것은 어찌 보면 당연하며 환영할 만한 일이다. 해외투자가 늘어나는 것은 그만큼 우리 제조업의 경쟁력이 높고 또 시장의 확대를 기할 수 있다는 점에서 긍정적인 면이 있다. 그렇지만 그에 상응할 정도의 대내투자가 이루어지지 않는다면 산업공동화, 취업인구의 감소 등 부작용이 나타날 수밖에 없다. 특히, 최근 들어 대(對)중국 투자가 급격히 늘어나고 있는데, 이는 비단 국내산업의 공동화뿐만 아니라 세계시장에 있어 우리의 상대적 경쟁력 약화를 초래할 수도 있다는 점에서 주의 깊게 살펴보지 않으면 안 된다.

제조업은 향후에도 한국 경제의 성장성을 담보하는 부문으로서의 역할을 담당할 수밖에 없다. 제조업이 한국 경제의 성장동력으로 유지·발전하려면 이상의 문제점이 해소되어야 하며, 변화하는 환경에 적합한 전략적 발전방향이 모색되어야 한다. 제조업이 당면하고 있는 문제점을 치유하는 방안은 여러 가지로 생각할 수 있겠지만, 한·미 FTA 역시 그 일환으로 추진되어야 한다. 즉, 한·미 FTA를 통해 제조업부문의 시장이 더욱 확대되어 '생산 및 판매증대－고용증대 및 기술투자 활성화－소득 및 생산성 증대－생산 및 판매증대' 등과 같은 선순환구조가 마련되고, 이러한 과정에서 중국의 추격을 따돌릴 수 있어야 한다. 더불어 제조업의 고부가가치화 및 제조업관련 서비스의 성장을 통해 산업구조의 선진화를 도모하고 고용흡수력을 높여야 하며, 선진자본 및 기술의 유입을 통해 부품소재산업의 성장을 촉진하고 급격한 탈공업화 현상을 방지해야 한다.

3 제조업을 중심으로 본 한·미 교역관계

지난 2003년까지만 해도 미국은 한국의 최대교역국이었다. 그러나 2004년 중국이 최대교역국으로 부상하면서, 2005년에는 중국, 일본에 이어 한국의 세 번째 교역국으로 되었다. 그렇지만 한국의 교역에 있어 미국이 차지하는 비중은 여전히 크다. 2005년 한국의 대미 수출액은 413억 5,000만 달러로 지속적인 성장세를 유지하였다. 2005년 대미 수입액은 305억 8,000만 달러로 수출액에 비해서는 작지만 꾸준한 성장세를 보였다(〈그림 13-1〉 참조).

제조업만 보면, 한국의 대미 수출액과 수입액 규모는 2005년 각각 387억 7,000만 달러, 272억 3,000만 달러였다. 부문별로는 중화학공업부문의 교역이 압도적이었는데, 중화학공업 제품의 수출비중은 90.9%, 수입비중은 94.2%였다. 품목별로는 대미 수출의 경우 자동차가 총수출의 21.1%, 무선통신기기가 14.1%, 반도체가 8.7%, 자동차부품이 5.0%를 기록하였다. 대미 수입의 경우 반도체가 18.6%, 반도체 제조용 장비가 7.4%, 계측제어분석기가 3.8%, 컴퓨터가 2.5%를 차지하였다.

2005년 대미 교역관계를 성질별로 보면, 대미 수출의 경우 소비재가 45.6%로 가장 큰 비중을 차지하였으며, 자본재 수출비중은 33.3%를 차지하였다. 이에 반해 대미 수입은 자본재가 57.1%로 가장 큰 비중을 차지하였고, 소비재 수입은 과거에 비해 점점 줄어드는 추세를 보였다.

한·미 간 제조업의 품목별 무역수지는, 한국이 미국에 비해 기계

그림 13-1 | 대미 수출입 추이

(단위: 백만 달러)

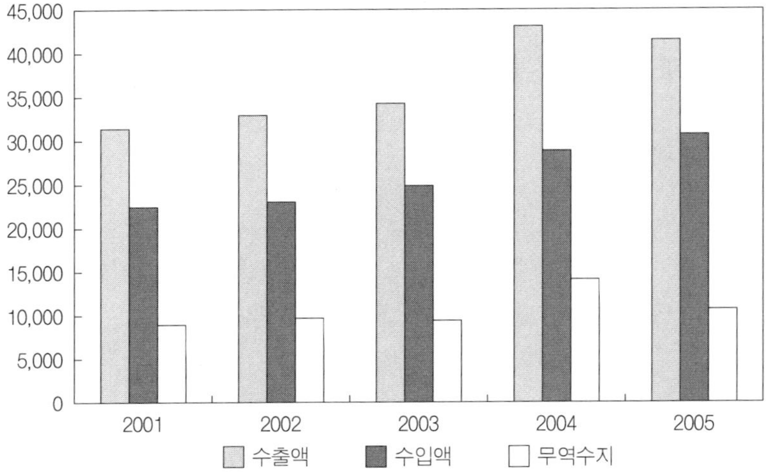

자료: 한국은행.

류, 전자, 전기 및 섬유류제품에서 대규모 흑자를 기록하고 있는 반면, 미국은 화학공업제품 부문에서 유일하게 흑자를 보이고 있다.

그런데 최근 들어 대미 교역관계에 있어 다소 부정적인 모습이 나타나고 있다. 즉, 주요 수출품의 수출이 줄어드는 현상이 나타나고 있는 것이다. 〈표 13-2〉에서 보듯이 대미 최대 수출품인 자동차의 경우 2005년에는 전년 대비 13.9% 감소하였으며, 무선통신기기는 26.5%, 반도체는 21.5%, 컴퓨터는 28.7%의 감소세를 보이고 있다. 물론 업종마다 그 원인에는 차이가 있다. 예컨대, 자동차의 경우 미국 내 해당 산업의 위축과 국내기업의 현지화 등에 기인한 면이 있다. 그렇지만 가장 우려할 만한 문제는 주력수출품의 위축이 미국의 역내교역 활성화와 중국의 추격, 즉 중국의 미국 시장점유율 제고에 의한 것이라는 점이다. 실제로 미국은 캐나다, 멕시코 등 NAFTA 회원국들과 역내교

표 13-2 | 대미 주요 수출품목의 수출동향

(단위: 억 달러, %)

품목명(MTI 3단위)	2004년	2005년
자 동 차	101.5(20.7)	87.4(－13.9)
무선통신기기	79.5(46.7)	58.4(－26.5)
반 도 체	46.2(33.7)	36.3(－21.5)
컴 퓨 터	19.2(－10.1)	13.7(－28.7)
의 류	15.4(－10.7)	10.5(－32.2)

자료: 한국무역협회 무역통계.

표 13-3 | 미국의 연도별 대한 투자추이

(단위: 백만 달러, %)

	2000년	2001년	2002년	2003년	2004년	2005년	누계
미국	2,921	3,886	4,491	1,242	4,718	2,690	34,936
비중	19.2	34.4	49.4	19.2	36.9	23.3	30.3
전체	15,221	11.286	9,093	6,469	12,786	11,563	115,447

주: 누계는 1962년부터 2005년 12월까지의 누계수치.
자료: 산업자원부, 외국인 투자통계.

역의 비중을 늘리고 있으며, 중국의 대미 시장점유율은 점점 늘어나고 있다.

한편, 미국은 한국에 대한 최대의 투자국이다. 1962년부터 2004년 말까지의 누계로 보면, 미국은 전체 외국인투자의 31% 이상을 차지하였다. 이를 업종별로 보면 서비스부문이 202억 달러로 57.9%, 제조업은 114억 달러로 32.7%였다. 한국의 대미 투자는 전체 해외투자의 21.1%를 차지하고 있는데, 2002년부터 그 비중이 점차 감소하여 2005년에는 전체 해외투자의 15.5%를 차지하였다. 교역과 마찬가지로 투자에서도 중국의 비중이 높아지면서 상대적으로 미국과의 경제관계가 약화되고 있는 것이다.

그럼에도 불구하고 미국은 세계 최대의 단일시장이며, 여전히 우리 제조업부문의 주요 수출시장이고, 선진자본과 첨단기술의 공급국이다. 그런 점에서 한·미 FTA를 통해 한국 제조업 제품의 미국 시장 점유율을 높이고 첨단기술을 유치할 수 있다면 한국 제조업의 경쟁력은 높아질 가능성이 있다.

4 한·미 FTA의 업종별 영향

FTA의 1차적 목적은 쌍방 간 시장접근성의 제고에 있다. 이를 위해서는 관세 및 비관세장벽을 완화·제거해야 하는데, 우선 한·미 간 관세수준과 구조를 살펴보자. APEC 2004년도 관세율자료에 의하면, 한국과 미국의 평균실효관세율은 각각 11.9%와 4.9%이며, 수입액을 고려한 관세율은 각각 7.2%와 1.5%이다.

산업별로는 〈표 13-4〉에 나타난 바와 같다. 여기서 알 수 있듯이 전체적으로 한국의 관세율이 높은 편이다. 특히, 한국의 경우 농수산물과 섬유 및 의류산업에 대한 관세보호장벽이 크다. 그리고 전자제품이나 화학제품, 기계류 등 제조업 전반의 관세율은 상대적으로 낮은 편이다. 그렇지만 미국에 비해서는 절대적으로 높은 수준이다. 반면 미국은 농산물, 섬유, 가죽 및 고무산업에 상대적으로 높은 관세율을 갖고 있으며, 목재나 금속, 수산물 등은 낮은 관세율을 보이고 있다.

일반적으로 비관세장벽에 대해서는 쌍방 간에 의견이 다를 수 있고, 단일한 잣대로 측정하기가 어렵다. 한·미 간에도 비관세장벽에

표 13-4 | 양국의 산업별 평균관세율

산 업	관세율(2004년, %)	
	한 국	미 국
가죽, 고무 및 신발류	8.9	7.0
금 속	4.7	1.9
화학제품	6.0	3.6
수송기계	6.0	2.6
기 계	6.0	1.3
전 자	5.5	2.0

주: 관세율은 단순평균관세율임.
자료: APEC 관세율자료(www.apec-iap.org).

대해서는 다소 다른 의견을 보이고 있다. 우선 미국 기업들은 우리나라의 비관세장벽과 관련하여 각종 제도상의 불투명성, 보조금 관행, 수입산 자동차에 불리한 세제, 외국인투자에 대한 장벽, 각종 지적재산권 보호의 미흡, 의약품에 대한 국내외산 차별, 신약개발자료에 대한 지적재산권 보호의 미흡 등을 지적하고 있다.

이에 반해 한국 기업들은 미국의 비관세장벽과 관련하여, 과도한 무역구제법 적용, 비합리적인 통관절차 및 수수료, 수입금지조치, 까다로운 기술장벽, 정부조달시장의 폐쇄성 등을 들고 있다.

특히, 미국의 불합리한 「무역구제법」이 가장 큰 애로사항으로 나타났는데, 2006년 1월 기준 미국의 대한국 수입규제 건수는 19건으로 철강이 가장 많은 수입규제를 받고 있으며, 석유화학제품 1건, 화학섬유제품 2건, 반도체 1건 등이다.

상품교역분야에 있어 한·미 FTA가 한국의 제조업에 미치는 영향을 사전적으로 분석하는 것은 매우 제한적인 가정하에서만 가능하다. 왜냐하면, 업종마다 관세수준이나 비관세장벽의 유형이 다르고, 실제 협상과정에서 각 장벽의 완화수준이 결정되는 것이기 때문이다. 여기

표 13-5 | 한국 기업의 입장에서 본 미국의 비관세장벽

비관세장벽 유형	응답자수	비중
불합리한 무역구제법	308	30.7
까다로운 통관절차	248	24.7
비자제도	240	23.9
까다로운 라벨링조건	77	7.7
폐쇄적인 정부조달시장	77	7.7
수량규제	48	4.8
기 타	5	0.5

자료: 무역연구소.

에서는 기존 논의를 중심으로 주요 업종별로 한·미 FTA가 국내제조업의 교역에 미치는 영향을 살펴보자.

전자제품

전자제품은 양국 간 수출입에서 차지하는 비중이 높은데, 대미 전체 수출에서 35%, 대미 전체 수입에서 32%를 차지하고 있는 품목이다. 대미 수출의 측면에서 미국의 전자제품에 대한 평균관세는 약 2.0%에 불과하다. 따라서 관세철폐에 따른 수출증대효과는 크지 않을 것으로 보인다. 그렇지만 미국은 전자제품 최대수출시장이므로 한·미 FTA 체결을 통해 시장확대를 기대할 수 있으며, 시장자유화에 따라 투자가 확대될 수도 있다. 또 FTA 체결과정에서 까다로운 무역구제법의 발효 등이 줄어들 수 있다면, 이 또한 한국 전자제품의 수출확대에 기여할 수 있을 것으로 예상된다.

한편, 수입의 경우 IT제품은 이미 무관세가 적용되기 때문에 FTA로 인한 수입증가효과는 거의 없을 것으로 예상된다. 현재 미국으로부터 수입되는 전자부품의 경우 국내산과 경쟁관계에 있는 품목도 있지만, 수입에 의존하고 있는 항공기 및 무선기기 핵심 부품의 경우 오

히려 미국산 수입단가가 하락하여 우리 전자제품의 경쟁력을 강화시킬 수 있을 것으로 기대된다.

자동차산업

한·미 양국 간 관세차를 고려하더라도 FTA 체결은 우리 나라 자동차업계에게 수출확대의 기회를 가져다 줄 수 있다. 즉, FTA가 체결될 경우 교역상의 효과 외의 다른 긍정적인 효과도 기대할 수 있기 때문이다. 예컨대, 종래의 일방적인 무역조치 대신에 쌍무적 분쟁해결절차를 통해 통상마찰을 해소함에 따라 통상마찰의 수위와 강도는 한층 완화될 수 있다. 또 한·미 FTA 자체 및 분쟁가능성의 완화 등으로 인해 한국 자동차에 대한 미국 소비자의 선호도도 높아질 가능성이 있다. 그리고 양국 간의 투자여건이 호전됨으로써 국내업체의 현지화가 훨씬 수월하게 진행될 수 있으며, 미국 업체의 대한국 기술협력 및 이전 등을 기대하여 자본축적효과를 누릴 수도 있다. 물론 다른 부정적인 면도 고려하지 않으면 안 된다. 그 중에서도 한·일 FTA가 지지부진한 상태에서 일본 메이커들이 미국을 통한 우회수출을 시도할 가능성이 없지 않다는 점이 우려된다.

기계산업

한·미 간 기계산업의 교역은 수송기계가 가장 큰 비중을 차지하고 있는데, 수송기계를 제외하면 일반기계의 교역금액이 가장 크다. 기계류에 대한 미국의 관세율은 평균 1.9%에 불과해 관세철폐에 따른 수출증대효과는 크지 않을 것으로 보인다. 다만 미국 시장에서 대만과 같이 기술수준이 비슷하고 가격으로 경쟁을 하고 있는 품목의 경우 낮은 관세율이라 하더라도 시장이 개방되면 미국 시장에서의 입지가 강화될 것으로 기대할 수 있다.

수입의 경우 대미 주요 수입품인 반도체 제조장비, 항공기 및 부품, 의료용 기기 등의 수입이 증가할 것으로 예상된다. 기계류 중 한국 시장에서 미국이 일본과 경쟁관계에 있는 품목의 경우, 관세철폐에 따라 일본의 수입이 어느 정도 미국으로 전환될 수 있는 여지도 없지 않아 대일 무역적자 증대를 억지하는 효과도 부수적으로 기대될 수 있다.

석유화학산업

석유화학산업의 경우, 2005년 대미 수출은 88만 톤(10억 달러)에 불과한 반면, 대미 수입은 308만 톤(24억 2,000만 달러)으로 대미 적자 폭이 매우 크다. 미국은 일부 석유화학제품에 대해 무관세를 적용하고 있지만, 주요 품목에 대해서는 5.5~6.5%의 높은 관세를 부과하고 있다. 따라서 관세를 철폐할 경우 우리 제품의 수출이 다소 증가할 가능성이 있다. 그러나 기본적으로 미국의 석유화학산업 보호정책과 먼 거리 및 높은 수송비용 등으로 수출이 크게 증가하기는 어렵다. 한편, 석유화학산업은 가격경쟁이 치열하기 때문에 관세철폐로 인해 가격이 인하될 경우 수입이 증가할 것으로 예상된다.

섬유 및 의류산업

섬유 및 의류산업은 한국이 미국에 대해 지속적인 무역수지 흑자를 기록하는 산업의 하나로, 2005년 한국의 대미 섬유 및 의류수출은 22억 달러, 수입은 4억 달러였다. 기본적으로 미국은 섬유 및 의류산업의 관세가 다른 산업에 비해 높게 유지되고 있어 HS 8단위 기준 미국의 섬유 및 의류품목 총 1,493개 중 1,031개 품목이 5% 이상의 관세율이 적용되고 있다. 이 중 546개 품목에 대해서는 10%가 넘는 고관세를 부과하고 있다. 이러한 높은 관세가 철폐되면 수출증대효과를 누릴 수 있을 뿐 아니라, 2005년 섬유쿼터제도의 폐지로 중국, 인도 등에 의해 삭감된 시장점유율을 어느 정도 상쇄할 수도 있을 것으로 예상된다.

철강제품

한국과 미국은 모두 철강산업 강국으로 조강생산기준 미국과 한국이 각각 세계 3위와 5위를 차지하고 있다. 한국은 미국에 대해 주로 판재류 및 강관을 수출하고 있으나, 대부분의 주요 품목이 미국의 무역구제법에 의해 수입이 규제되고 있는 실정이다. 현재 한국과 미국 모두 철강제품(HS 72류)에 대해 무세를 적용하고 있기 때문에 한·미 FTA의 관세철폐에 따른 수출입 증대효과는 거의 없을 것으로 보인다. 다만 과거 한국의 대미 주요 수출품목이었던 핫코일 이외에 대부분의 품목이 현재 미국으로부터 반덤핑 및 상계관세 규제를 받거나 조사중이므로 만약 한·미 FTA를 통해 이러한 무역규제가 해소될 경우 다소간 수출증가를 기대해 볼 수 있다.

고무제품

고무제품의 경우 한국의 주요 수출품은 자동차 타이어로, 현재 고무제품 대미 수출을 주도하고 있다. 이 제품에 대한 미국의 관세율은 3.4% 또는 4%로 높지는 않지만, 관세가 철폐될 경우 대미 수출에 도움이 될 것으로 예상된다.

가죽 및 가죽제품

가죽 및 가죽제품의 경우 한국은 미국에 대해 만성적인 적자국인데, 관세율구조상 수입증가효과는 크지 않은 반면 어느 정도의 수출증대효과를 기대할 수 있다.

신발, 모자 및 잡화

신발, 모자 및 잡화의 경우 미국의 평균관세율은 11.1%, 한국은 10.2%로 관세율이 높을 뿐 아니라 미국이 다른 품목에 비해 상대적으로 고관세를 유지하고 있는 분야이다. 도자 및 신발에 대한 관세가

표 13-6 | 주요 분야별 대미 무역수지(2005년) 및 관세철폐효과

(단위: 억 달러)

	수출	수입	수지	관세철폐효과
전자제품(MTI 81-83)	145	97	48	수출 다소 증대
기계류(조선 제외)	148	73	75	수입증대
석유화학	10	24	−14	수입증대
섬유 및 의류(HS 50-63)	22	4	18	수출증대
철강제품(HS 72)	10	7	3	효과 거의 없음
가죽 및 가죽제품(HS 41-43)	0.4	4	−4	수출증대

자료: 무역협회.

철폐될 경우 대미 수출증대효과를 기대할 수 있으며, 특히 미국 시장에서 중국 등 개도국과의 경쟁에 큰 도움이 될 것으로 기대할 수 있다.

요컨대, 한·미 FTA 체결로 인한 산업별 영향을 보면, 〈표 13-6〉에서 보듯이 전자, 섬유 및 의류산업, 가죽 및 가죽제품 등이 수출증대효과를 누릴 것으로 보인다. 기계류나 석유화학산업의 경우 수입이 다소 증대할 것으로, 철강산업의 경우 거의 중립적일 것으로 예상된다.

5 소 결 론

한·미 FTA는 현재 한국 제조업이 당면하고 있는 문제를 해결하고 지속적인 발전을 도모할 수 있는 방향에서 체결되어야 한다.

간단히 정리하면, 우선 산업구조의 선진화와 함께 제조업의 발전과정에서 나타나고 있는 이른바 양극화 문제가 해소되는 방향으로 이루어져야 한다. FTA를 매개로 하여 효율적인 산업구조조정을 일어나게 하고, 이에 따라 고기술·자본집약적 산업이 지속적으로 발전할 수 있도록 해야 한다. 즉, 저부가가치 산업에서 고부가가치 산업 중심으로 자연스럽게 산업구조가 변화되도록 계기를 마련해야 한다. 제조업과 제조업관련 서비스발전의 선순환구조가 마련되도록 해야 한다. 또한 부품소재산업의 발전을 도모함으로써 중소기업의 발전기반을 강화하고, 만성적인 대일 무역적자를 해소하도록 해야 한다. 이러한 일련의 과정 속에서 고용을 창출하고 유휴노동력을 흡수할 수 있도록 해야 한다.

둘째, 중국의 추격을 따돌릴 수 있도록 한·미 FTA가 활용되어야 한다. 저기술·노동집약적 산업부문의 경우 이미 중국은 한국을 훨씬 앞질렀다. 그런데 중국은 전자, 자동차, 철강, 석유화학 등 한국 경제의 주력업종에서도 생산규모를 확대하면서 추격하고 있다. 세계경제의 주도권을 둘러싸고 중국과 미국은 상당 기간 동안 대립적 관계를 가질 수밖에 없는데, 이러한 관계를 잘 활용하고 주력부문에서의 미국 시장점유율을 높일 수 있도록 한·미 FTA가 활용될 필요가 있다.

셋째, 한·미 FTA는 각종 제도나 여건을 선진화함으로써 신규 산업이 끊임없이 성장할 수 있도록 활용되어야 한다. 우수한 기술과 자본력을 가진 외국투자가 활성화될 수 있도록 하고, 그럼으로써 대중국 투자의 활성화와 함께 우려되고 있는 국내산업의 공동화를 억지하는 방향으로 이루어져야 한다.

미국은 한국에게 교역이나 투자에 있어 매우 중요한 시장이다. 그러나 최근 미국이 NAFTA 등 역내교역의 비중을 늘리고 있으며, 중국의 대미 시장진출이 활발해지는 등 한국의 입장에서 중요한 시장을 잃고 있는 상황이다. 특히, 전통적인 대미 수출품목인 자동차, 무선통신기기, 컴퓨터, 반도체 등의 수출증가율이 감소세를 보이고 있다. 또 미국의 세이프가드조치, 반덤핑조치, 상계관세조치 등 무역구제법의 과도한 적용으로 인해 국내제조업의 수출이 저해받고 있는 실정이다.

어쨌든 제조업 전체로 보아 한·미 FTA는 한국의 수출증대를 가져올 것으로 예상되며, 단기적인 수출증대효과 이외에도 장기적으로 외국인투자 유치확대와 한국의 산업 및 제도의 선진화를 촉진할 수 있을 것으로 기대된다. 물론 이러한 기대는 어떻게 협상을 하느냐에 달려 있다. 예컨대, 업종별로 품목군 및 이행기간 설정, 관세인하 스케줄 등을 한국 제조업에 유리한 방향으로 설정하고, 미국의 자의적인 무역구제조치 적용을 제어하며, 특히 시장접근성 외에 미국의 첨단기술 및 투자를 최대한 유인할 수 있는 전략을 구축해야 하는 것이다.

한·미 FTA가 효과적으로 체결된다면, 한국은 미국 시장에 대한 선점효과를 누려 시장을 확대할 수 있으며, 이는 국내고용 증대라는 부수효과를 발생시킬 것이다. 또 산업부문별로 다르겠지만, 효율적인 산업구조조정을 유발하여 산업경쟁력을 강화시킬 수도 있다. 그리고 미국의 대동아시아 전략을 활용하여 미국의 선진자본과 기술을 유입할 수 있을 뿐만 아니라, 역외국의 처지에 놓인 일본의 자본 및 기술을 유인하는 역할을 할 수도 있다. 결국 한·미 FTA를 통해 현재 한국의 제조업이 당면하고 있는 문제점을 치유하고, 국내제조업을 지속적인 성장동력으로 자리매김할 수 있는 계기가 마련될 수도 있는 것이다.

참고문헌

김종일, 『한국 경제의 구조 변화와 중소기업』, 중소기업연구원, 2006.
대외경제정책연구원, 「한·중·일 FTA: 제조업 부문의 대응전략」, 2005.
대외경제정책연구원, 「한미 FTA의 의의와 기대효과」, 2006.
정인교·노재봉 편, 『글로벌시대의 FTA전략』, 도서출판 해남, 2005.
한국무역협회, 「한미 FTA와 제조업」, 2006.

김 도 훈

제14장

한·미 FTA와 중소기업

1 주요 찬반논쟁

한·미 FTA의 가장 큰 피해를 입을 예상후보자의 하나로 중소기업들이 지목되고 있다. 지금의 경제구조 속에서도 또는 대기업의 하청기업으로서 또는 사양화하는 산업에서 종사하는 한계기업으로서, 즉 사회적 약자로서 설움을 겪어 오던 중소기업들에게 또 다른 위기로서 한·미 FTA가 닥쳐오고 있는 것처럼 인식되고 있는 것이다. 또한 중소기업들은 우리 나라 고용의 대부분을 담당하고 있으므로 중소기업의 위기는 곧바로 대규모 실업이라는 사회적인 문제로도 부각될 수도 있는 것처럼 주장되고 있다.

과연 그럴까?

우리 나라 중소기업들의 입지를 위협하고 있는 가장 큰 잠재적 경쟁자는 국내의 대기업도 아니고 선진국의 앞선 기술력을 가진 중소기업들도 아니며, 오히려 우리 나라를 뒤쫓고 있는 후발개도국들의 원가경쟁력을 앞세운 기업들이란 것은 모두가 느끼고 있다. 그래서 이들과의 경쟁에 견디다 못해 많은 종소기업들이 국내의 사업을 접고 해외진출에 나선 현상을 두고 제조업공동화라고 문제시하며 이러한 현상을 막거나 최소화하기 위한 대책을 마련하느라 부산을 떨어 왔었다. 즉, 대부분의 중소기업들이 두려워하는 것은 중국과 같은 후발개도국들에게 시장을 급속하게 개방하는 것이지 미국과 같은 선진국들에게 시장을 열어 주는 것이 아니다.

뒤에서도 밝혀지듯이 한·미 FTA는 오히려 우리 나라가 상대적으로 비교우위를 가지는 산업들에 종사하는 중소기업들에게 미국 시장이 더욱 개방되는 효과를 가져와 이들 중소기업들이 성장할 수 있는 좋은 기회로서 작용할 가능성이 크다. 특히, 중소기업들의 비중이 큰 섬유, 가죽, 생활용품 등의 산업들이 가장 큰 혜택을 받을 것으로 예상되고 있다.

그래도 기술력을 키워 가는 일부 중소기업들은 미국과 같은 선진국들의 앞선 기술력으로 무장한 기업들과의 경쟁이 더 두려울 수도 있지 않은가 하고 의문을 제기할 수 있을 것이다. 이 부분에 대해서는 어느 정도의 가능성을 인정하지 않을 수 없다. 그렇지만 우리 나라에서 이미 기술력을 키워 가고 있는 중소기업들은 세계의 어느 기업들과도 경쟁할 수 있는 자신감을 가진 기업들도 많고, 뒤에서 밝혀지듯이 한·미 FTA는 오히려 기술력을 키워 가고자 하는 많은 중소기업들에게 새로운 기회로서 작용할 수도 있다. 미국 기업들이 가진 앞선 기술력, 특히 원천기술에 접할 수 있는 기회가 더욱 확대될 것이며, 그 동안 줄곧 의존해 왔던 일본에 대한 일방적인 기술의존에서 탈피하여 기술협력의 파트너를 다변화하는 기회로도 작용할 수 있기 때문이다.

뿐만 아니라 미국의 대규모 제조업체들과 잘 협력한다면 부품·소재분야에 종사하는 중소기업들은 새로운 협력의 장을 열 수도 있을 것이다. 즉, 지금까지 국내대기업과의 수직적 협력관계를 벗어나 전세계의 기업들과 대등한 관계에서 비즈니스를 펼치는 수평적 협력관계를 모색하는 계기를 마련할 수 있을 것이다. 지금까지 몇몇 국내중소기업들이 기회를 이미 잡았듯이 미국 대기업들과의 협력관계가 잘 발전한다면 우리 중소기업들로서는 이른바 미국 대기업의 글로벌 부품공급기지로서 발돋움할 수도 있을 것이다. 이렇게 되면 미국 대기업과 경쟁하는 국내대기업들도 중소기업들과의 협력관계를 수평적인 관계, 글로벌 부품공급기지로서의 역할로 키워 나가는 방식으로 전환할 가능성도 커질 것이다. 신기술분야에서 새로운 제품을 개발하고자 애쓰고 있는 중소기업 또는 벤처기업들에게도 한·미 FTA는 새로운 기회로 작용할 수 있다. 즉, 미국의 앞선 벤처기업들과의 협력의 기회가 커질 것이고 나아가 미국의 앞선 벤처기업 지원금융 시스템인 벤처캐피탈과의 접촉의 기회도 커질 것으로 기대된다.

이상과 같은 새로운 기회에 대한 기대감은 중소기업들의 반응에서도 나타나고 있다. 대부분의 설문조사에서 중소기업들의 절대다수가 한·미 FTA를 지지하고 있고, 나아가 한·미 FTA가 긍정적인 영향을 미칠 것으로 기대하고 있는 것으로 나타나고 있다.

물론 중소기업들이 이상과 같은 기회를 현실화하기 위해서는 중소기업 스스로도 준비를 철저히 해야 하고 정부가 지원해야 할 일도 많을 것이다. 한 가지 분명한 점은 한·미 FTA의 체결은 대부분의 중소기업들에게 두려움에 떨 시장개방의 압력으로서가 아니라, 사업을 확대하고 새로운 비즈니스를 개척할 수 있는 기회로서 작용할 가능성이 크다는 사실이다.

2 한·미 FTA가 중소기업에 미치는 영향

먼저 한·미 FTA가 중소기업에 미치는 영향을 살펴보기로 하자. 어느 나라나 같은 문제를 안고 있지만 시장개방의 영향을 분석할 수 있을 만큼 대기업과 중소기업을 구분하여 만들어진 통계는 갖추어져 있지 않다. 따라서 여기서는 흔히들 구하기 쉬운 산업별 통계를 활용한 계량분석의 결과와 산업별 중소기업의 비중을 감안하여, 어떤 산업에 종사하는 중소기업들이 긍정적인 영향을 기대할 수 있고, 어떤 산업에 종사하는 중소기업들이 부정적인 영향을 우려해야 할지를 가

표 14-1 | 한·미 FTA의 산업별 영향과 중소기업 비중

		산업의 중소기업 비중	
		높음	낮음
한·미 FTA의 영향	긍정	음식료, 섬유·의복, 가죽제품, 목재제품, 기타(생활용품, 잡제품)	자동차
	보통	화학·고무·플라스틱제품, 조립금속제품	철강제품, 석유·석탄제품, 전자제품
	부정	종이·인쇄제품, 기타 광물제품, 기타 금속제품, 기계장비	기타 운송장비

주: 1) 산업의 영향은 GTAP 분석결과에서 생산 및 수출이 플러스 증가일 경우 긍정, 생산 및 수출이 마이너스 증가일 경우 부정으로 분류.
2) 산업의 중소기업 비중은 부가가치 및 고용의 비중이 50% 이상이면 높음, 50% 미만이면 낮음으로 분류.

려내고자 하였다. 즉, 산업별로 중소기업의 부가가치·고용비중 및 하도급 의존도를 계산하여 중소기업들이 차지하는 비중의 차이가 있음을 감안하여 중소기업에 미치는 영향을 밝혀 내고자 한 것이다.

그 결과는 〈표 14-1〉에서 나타난 바와 같이 중소기업의 비중이 높은 산업들 중에서 섬유·의복, 가죽, 음식료, 목재, 생활용품 등의 산업에서는 한·미 FTA의 영향이 긍정적으로 나타날 것으로 기대되고 있는 반면, 광물제품, 금속제품, 기계장비 등의 산업에서는 부정적인 영향이 나타날 것으로 예상되고 있다.

위와 같은 중소기업에 미치는 영향이 현실화될 가능성이 있는가에 대해 의문을 제기할 수도 있을 것이다. 이러한 가능성은 미국과 FTA를 체결한 다른 나라들의 사례를 살펴보면 짐작할 수 있을 것이다. 먼저 2004년에 미국과의 FTA를 발효시킨 호주는 같은 해에 외국인 직접투자가 512.4%나 급증하였으며, 미국에 대한 호주의 수출에서 중소기업이 차지하는 비중이 2004년 8월 19%에서 2005년 5월에는 25%로 높아진 것만 보더라도 그 효과가 매우 컸음을 알 수 있다. 특

히, 중소기업 수출비중 25%는 호주의 전통적 수출시장인 영국에서 보인 23%보다 높은 수준인 점을 보더라도 그 효과는 매우 긍정적인 것이라고 말할 수 있을 것이다.

멕시코의 경우에도 NAFTA 이전 한 해 멕시코에 들어오는 외국인 직접투자규모가 50억 달러 미만에 그치고 있었으나, NAFTA 이후에는 그 규모가 150억 달러 전후로 대폭 늘어났고 이러한 투자증가 추세는 그 이후로도 꾸준히 이어지고 있다. 싱가포르의 경우에도 미국과 FTA가 체결된 2003년 외국인 직접투자가 60.3% 증가하였으며, FTA가 발효된 2004년에도 72.1%나 증가하는 성과를 거두었다.

그러면 한·미 FTA를 통해 긍정적 효과가 가장 클 것으로 기대되는 섬유산업의 예를 가지고 그 긍정적 효과를 극대화하는 방안을 모색해 보기로 하자.

한·미 FTA 체결에 따른 미국의 수입관세 폐지시 미국 시장에서 우리 업체들의 가격경쟁력이 개선되어 대미 수출확대에 기여할 것으로 예상된다. 특히, 미국은 세계최대의 섬유수입국(2004년중 세계수입액의 21.3% 차지)인만큼 미국 시장을 둘러싼 수출국들 간의 경쟁이 치열하여 섬유 및 의류제품에 대한 미국 시장의 가격탄력성이 매우 높은 상황이다. 따라서 FTA 체결에 따라 예상되는 미국의 관세인하의 효과는 매우 클 것으로 기대된다.

그 중에서도 수출증대효과가 상대적으로 더 클 것으로 기대되는 품목들은 〈표 14-2〉에서 나타난 바와 같이, 텍스춰드 폴리에스터 직물과 비텍스춰드 폴리에스터 직물, 날염 면직물, 혼방 폴리에스터 직물 및 양말, 편직물, 스웨터, 남성셔츠, 여성용 바지 등이다.

미국은 대부분의 공산품 관세율이 매우 낮은 것이 사실이나 섬유 및 의류제품을 비롯한 우리 중소기업들의 수출증대효과가 클 것으로 기대되는 품목들에 대해서는 상대적으로 높은 관세율을 유지하고 있다. 따라서 이들 제품의 관세를 조기에 감축시키는 일이 중요한 과제로 부각되고 있다. 이를 반영하여 우리 정부도 섬유분야에 대한 강한

표 14-2 | 수출증대효과가 클 것으로 예상되는 섬유제품

(단위: 천 달러, %)

	미국 관세율	미국 시장 점유율		수출증가율 (2000~2005)	대미 수출액 (2005)
		2000	2005		
모 직 물	17.5(20.9)	4.6	6.4	2.2	8,775
날염면직물	9.1(8.4)	18.8	35.8	14.2	93,894
텍스춰드 폴리에스터 직물	14.2(14.7)	25.7	12.3	−17.4	15,882
비텍스춰드 폴리에스터 직물	13.6(14.9)	38.2	39.6	−8.1	81,950
편 직 물	10.4(11.8)	23.8	24.0	0.6	246,164
혼방 폴리에스터직물	12.0(12.0)	5.7	17.6	46.6	11,241
양 말	11.5(14.0)	11.2	18.1	18.6	249,534
스 웨 터	11.9(25.3)	4.4	1.6	−15.1	212,300
남성셔츠	14.7(21.1)	5.2	2.2	−12.0	200,958
여성용 바지	14.0(18.6)	2.5	0.7	−19.1	65,965
티·언더셔츠	19.7(19.8)	0.7	0.9	10.0	37,972
운 동 복	13.1(16.0)	3.2	0.7	−24.5	13,982

주: 1) 수출증가율은 2000~2005년 기간 동안의 연평균증가율임.
2) 중소기업 품목만을 대상으로 선정하였고, 대기업 생산품목은 제외시켰음.
3) 미국 관세율은 단순평균이고, ( ) 안은 가중평균임.

관심을 표명하였고, 상품분야 협상그룹 내에 섬유분야를 다루는 별도의 작업반을 설치하여 논의를 전개하고 있다.

3 한·미 FTA를 통한 경쟁력 제고 가능분야

한·미 FTA는 이상과 같이 중소기업의 대미 수출증대 가능성을 높이는 효과만 가져오는 것이 아니라, 기술력을 필요로 하는 산업분야에 종사하는 중소기업들에게는 미국과의 산업기술협력, 미국 기업과의 전략적 제휴 등을 통해 경쟁력을 제고하는 새로운 기회를 가져올 것으로 기대된다. 특히, 이들 산업들이 지금까지는 주로 일본의 기술력에 의존해 온 것을 감안한다면 미국과의 FTA는 미국 기업들을 한국 중소기업들에게 새로운 기술·투자협력의 파트너로서 부각시키는 효과를 가져올 것이다.

3.1. 부품·소재산업

산업의 허리로서 그 중요한 역할에도 불구하고 좀처럼 기술력을 높일 수 있는 기회를 마련하지 못하고 국내 대기업이나 일본 기업들에게 기술력을 의존해 온 부품·소재산업들이 한·미 FTA를 통해 기술력 제고의 기회를 모색할 첫 번째 후보로 꼽을 수 있다.

먼저, 기계부품부터 살펴보자. 기계부품분야 중에서 내연기관 및 터빈 등은 미국의 원천기술이 세계적 우위를 확보하고 있는 분야이므로 기술투자 협력가능성이 매우 클 것으로 기대된다. 한편, 〈표 14-3〉에서 볼 수 있듯이 그 동안 주로 일본의 기술력에만 의존해 오던 내연기관 및 터빈, 펌프 및 압축기, 탭, 밸브 및 유사장치, 베어링, 기어 및 동력전달장치, 냉동공조기계부품 등은 한·미 FTA가 체결될 경

표 14-3 | 수입선 전환가능 부품의 수입 및 국별 점유율(2005년)

(단위: 백만 달러, %)

	총수입	일본	미국	독일	영국	중국
내연기관 및 터빈	1,153	355(30.8)	347(30.1)	163(14.1)	19(1.7)	38(3.3)
펌프 및 압축기	1,931	561(29.1)	324(16.8)	212(11.0)	115(5.9)	110(5.7)
탭, 밸브 및 유사장치	1,116	318(28.5)	176(15.8)	158(14.1)	46(4.1)	129(11.5)
베어링, 기어 및 동력전달장치	1,376	463(33.7)	165(12.0)	308(22.4)	19(1.4)	147(10.7)
냉동공조기계부품	831	180(21.6)	182(21.9)	97(11.7)	28(3.4)	95(11.5)

주: ( ) 안은 수입에서 차지하는 비중.

표 14-4 | 반도체 제조장비의 대미국 수입의존도

(단위: 백만 달러, %)

구 분	2001년	2002년	2003년	2004년	2005년
전체 수입액	1,948	1,474	2,745	4,131	5,603
대미 수입액	845	680	1,038	1,482	2,086
대미 수입비중	43.4	46.1	37.8	35.9	37.2

주: KOTIS.

우 미국으로 수입선을 전환할 수 있을 후보들이다.

다음으로 반도체장비의 경우는 한·미 FTA 체결을 계기로 부분품에 대한 8%의 기본관세가 인하되면, 세계최고의 기술력을 확보하고 있는 미국의 반도체장비산업과의 협력추진이 한층 수월해져 국산화율 제고 및 가격경쟁력 향상에 기여할 것으로 기대된다.

자동차부품의 경우 한·미 FTA가 체결되면 생산거점으로서 한국의 입지우위가 강화되고, 이 경우 미국 자동차업체의 아시아 조달확대전략과 조화를 이루면서 우리 중소 자동차부품업체의 생산확대에 기여할 수 있을 것으로 기대된다. 이와 관련하여 미국의 GM과 포드 등은 부품의 해외조달에 많은 관심을 보이고 있으며, GM은 2005년 6

표 14-5 | 주요 자동차부품의 국가별 수입현황(2005년)

(단위: 천 달러, %)

	전체	1위	2위	3위	4위
디젤엔진부품	359,494	일본(33.3)	독일(27.8)	프랑스(18.0)	영국(6.6)
내연기관용 액체펌프	228,951	독일(39.6)	이탈리아(19.3)	스페인(15.1)	일본(15.0)
안전벨트	87,128	일본(46.9)	호주(28.6)	폴란드(11.7)	중국(5.5)
에어백	108,848	이탈리아(68.6)	미국(28.0)	–	–
전자제어식 제동장치	92,503	일본(63.9)	독일(35.3)	–	–
기어박스	714,512	일본(62.1)	독일(17.5)	영국(7.7)	미국(6.0)

주: ( )는 전체에서 각 국가가 차지하는 비중.

월에 중국, 한국, 인도 등에서 부품조달을 확대할 방침을 표명한 바 있다. 또한 한·미 FTA는 〈표 14-5〉와 같이 현재 일본, 독일, 이탈리아 등에 집중되어 있는 기어박스, 전자식 제동장치, 에어백 등 핵심 부품의 수입선이 미국으로 다변화할 수 있는 가능성을 열어 줄 것이다.

화학소재의 경우, 한·미 FTA는 세계적으로 기술개발을 주도하고 있는 미국 정밀화학산업의 의약 및 화장품, 특화된 공정 및 촉매기술 등의 분야에서 미국에 대한 투자유치 및 전략적 제휴를 확대할 수 있을 것이다. 미국은 고부가가치 품목에 대한 특화 및 아시아 진출 교두보로 활용하는 전략의 일환으로 한국에 대한 투자진출 및 전략적 제휴의 확대를 추진할 것으로 예상되기 때문이다. 중소기업 위주로 이루어져 있는 정밀화학산업에서 미국과의 협력은 우리 중소기업들이 경쟁력 열위를 벗어나 세계유수의 기업들과 수평적 협력관계를 구축하게 하는 계기를 마련할 것으로 기대된다.

3.2. 신기술산업

우리 나라가 향후 기술력을 키워 발전시키고자 선정한 차세대 성장동력분야의 경우도 미국 역시 차세대 성장동력으로 육성중이어서 한·미 FTA가 체결되면 양국 간 외국인 직접투자 유치 및 기술협력의 가능성이 매우 커질 것으로 기대된다. 특히, 첨단분야의 연구개발 성과를 성공적으로 상업화하기 위해서는 세계시장에서의 마케팅경험이 있는 다국적기업과의 연계를 통해 국제네트워크에 진입하는 것이 필수적이므로 한·미 기술·투자협력의 필요성과 가능성이 더욱 부각된다고 하겠다. 이러한 사실은 BT분야 생산 및 연구개발단계 국내벤처기업인 셀트리온과 바이로메드의 사례를 통해 입증되고 있다.

먼저, NT의 경우 미국 National Nanotechnology Initiative(이하 NNI) 등 대규모 R&D투자가 이루어지고 있는 분야에서의 연계협력이 필요하며, IT의 경우 중국을 비롯한 아시아권 시장진출을 위한 시험 및 생산시설을 유치할 필요가 있다.

BT의 경우, 전임상 및 임상시험을 담당하는 CRO산업의 미국 투자유치를 통해 국내역량을 제고할 필요가 있다. 우리 나라는 의료인력이 우수할 뿐만 아니라 IP 시스템 등 선진화된 CRO산업 환경을 바탕으로 미국의 대규모 다국적 제약회사, 중견제약회사, 바이오기업의 CRO 외주수요를 충족시켜 CRO 기술도입 및 국제경쟁력 함양을 도모할 수 있을 것이다.

3.3. 지식서비스산업

한·미 FTA는 지식서비스산업분야에서도 교역 및 투자장벽의 제거를 통해 양국 간 시장접근성 향상과 개방을 통한 생산성 증대 및 경쟁력 강화에 기여할 수 있을 것으로 기대된다. 물론 한·미 FTA를 통한 경쟁환경의 조성은 단기적으로는 일부 한계 중소기업의 구조조정을 촉진할 것이나, 장기적으로는 기존 중소서비스업의 대형화와 전문화를 통해 서비스산업의 고부가가치화에 기여할 것이기 때문이다.

우리 나라 영화산업의 사례가 개방을 통해 경쟁력을 제고한 대표적인 사례로 손꼽히고 있다. 우리 영화산업은 미국의 직배사가 진입한 1990년대에 침체기를 극복하고 2000년대 들어 국내시장에서 경쟁력이 급속히 강화되고 있는 것이다. 국산영화의 시장점유율만 보더라도 1995년에는 20.9%에 머물렀으나 2005년에는 59.3%로 높아졌다. 나아가 국내시장에서의 경쟁력 향상은 영화콘텐츠의 수출을 획기적으로 증대시켜, 2005년에는 수입특화에서 수출특화산업으로 발전하였다.

국산 영화산업의 성공적인 발전은 대내외 시장개방에 의한 경쟁환경 조성이 공급부문의 혁신주도형 성장을 유도하고, 이것이 이번에는 소비자의 니즈 충족에 의한 수요증가로 이어지는 선순환구조가 이루어진 데 기인하고 있다. 즉, 대내외 개방조치 이후 투자자본의 유입, 창의적인 고급 영화제작인력의 증가 등 생산요소 투입의 증가는 국내 영화산업계에 산업조직 시스템을 정착시키는 계기로 작용한 것이다.

4 한·미 FTA에 대한 중소기업의 평가

한·미 FTA에 대한 중소기업들의 반응을 조사하기 위해 산업연구원은 2006년 3월중 약 6,000여 개의 중소제조기업들을 대상으로 설문조사를 실시하였고, 이에 응답한 중소기업들이 1,199개 사에 이르고 있다.

4.1. 한·미 FTA의 영향에 대한 평가

절반 이상인 52.1%에 해당하는 중소기업들은 한·미 FTA가 경영

그림 14-1 | 한·미 FTA에 대한 중소기업의 평가

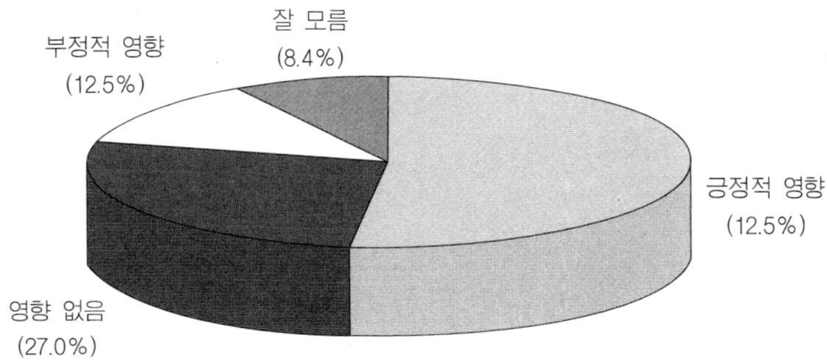

활동 전반에 긍정적인 영향을 미칠 것으로 기대하였고, 부정적 영향이 클 것이라고 응답한 중소기업은 전체의 12.5%에 불과하였다. 위에서 긍정적인 영향이 클 것으로 예상하였던 산업들인 섬유 및 의류제품, 운송장비, 자동차부품, 전기전자제품 등의 순으로 긍정적일 것이라고 대답하는 비중이 크게 나타났다.

이렇게 중소기업들이 한·미 FTA에 대해 긍정적으로 평가하는 이유는 미국산 수입품과의 경쟁관계가 높지 않을 뿐만 아니라 교역, 기술, 자본 등에서 미국과의 상호 보완적 관계가 중소기업의 경쟁력 제고에 기여할 것으로 기대하기 때문인 것으로 풀이된다.

중소기업들은 한·미 FTA에 따른 긍정적 효과로 미국에 대한 수출확대(67.6%)를 가장 크게 기대하고 있는 것으로 나타났다. 부정적 영향이 있을 것으로 대답한 중소기업들은 수익성 악화(28.3%), 국내매출 감소(27.3%) 등의 실적악화와 함께 한·미 FTA에 따른 경쟁격화 부담이 중소기업에 전가될 것을 우려(16.0%)하는 것으로 대답하였다.

중소기업 자신들에 대한 직접적인 경쟁격화보다는 오히려 간접적인 효과를 우려하는 기업들도 있는 것으로 나타났는데, 특히 대기업에 대한 납품비중이 높은 중소기업일수록 모거래 대기업에 의한 경쟁

그림 14-2 | 한·미 FTA에 따른 중소·벤처기업의 자금조달환경 개선효과

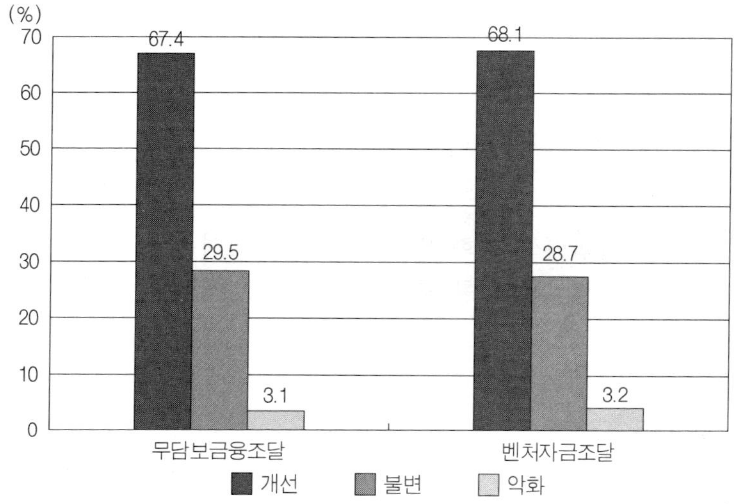

부담의 전가를 우려하는 것으로 나타났다.

한편, 미국산 부품 등의 수입증가가 당장에 일본산 수입품을 대체할 가능성은 낮으나(50.6%), 점차적으로 대체할 것이라는 응답도 높아(33.0%) 시간이 경과함에 따라 한·미 FTA는 대일 무역적자 해소에 부분적으로 기여할 수 있을 것으로 기대된다.

벤처기업들은 한·미 FTA가 벤처자금 조달환경 개선에 대해 더욱 높은 기대감(68.1%)을 표명함으로써, 미국의 금융기관과 벤처캐피털회사들이 선진 기업평가시스템, 첨단 리스크 헷지기법 등을 가지고 국내에 진출할 경우 기술 또는 혁신형 중소기업과 벤처기업들의 자금지원수요를 충족시켜 줄 수 있을 것으로 기대하였다.

4.2. 중소기업 지원대책

한·미 FTA 체결을 전후하여 정부가 협상에 중점을 두어야 할 분야로서, 양국 간 공동기술개발 활성화(26.5%), 관세철폐기간 연장 등 시장보호조치(25.0%) 등이 주로 거론되었다.

한·미 FTA 체결을 전후하여 정부가 중소기업의 경쟁력 제고를 위하여 중점적으로 추진해야 할 조치로서는, 중소기업 전문화(26.5%), 한·미 산업기술협력 활성화 및 중소기업의 참여확대(21.3%), 대·중소기업 간 상생협력 활성화를 통한 공동대응력 제고(19.5%), 미국 정보조달시장에 대한 중소기업의 참여확대(17.1%) 등의 순으로 기대감을 표명하였다. 결국, 혁신형 중소기업 육성, 대·증소기업 상생협력 활성화 등과 같은 현재 추진하고 있는 지원시책들이 한·미 FTA를 위한 중소기업 지원에도 유효하다는 점을 반증하는 결과라 하겠다.

그림 14-3 | 한·미 FTA를 계기로 한 중점 지원희망분야

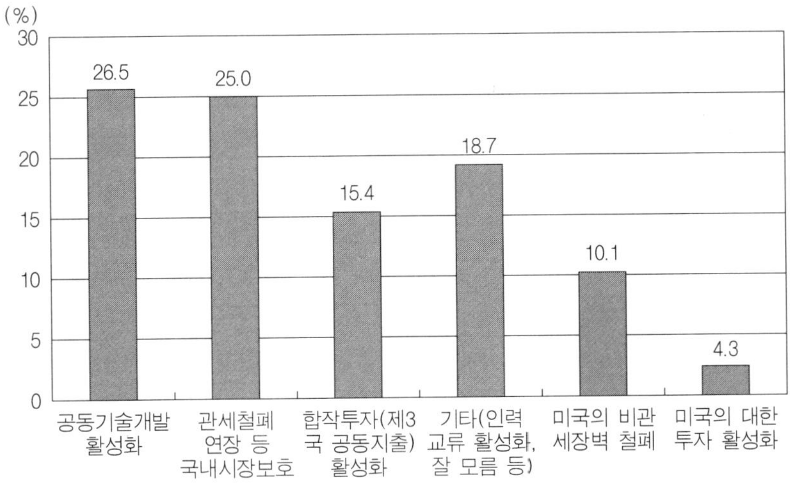

표 14-6 | 한·미 FTA에 따른 중점지원대책분야

(단위: %)

구 분	분 야
유망사업 집중화를 통한 중소기업의 전문화	26.5
한·미 산업기술협력 활성화 및 중소기업의 참여 지원	21.3
대·중소기업 간 상생협력 활성화를 통한 공동대응력 제고	19.5
미국 정부조달시장에 대한 중소기업의 참여 등 미국시장 개척	17.1
기 타	8.8
중소기업에 대한 고급전문인력 공급 원활화	5.3
M&A 활성화를 통한 중소기업 대형화	1.5
합 계	100.0

특히, 한·미 FTA로 인한 대기업의 경쟁격화 부담이 부당하게 중소기업으로 전가되는 것을 최소화하도록 대·중소기업 상생협력을 촉진시켜 나가야 중소기업들이 한·미 FTA로부터 얻어지는 수혜를 제대로 누릴 수 있을 것으로 응답하였다.

결국, 지금까지 중국, 일본에 치중된 중소기업의 거래관계를 미국으로 확장하는 노력을 기울이면서 중소기업의 전문화, 국제화, 현지 유통네트워크 진입 등의 비가격 측면의 지원을 강화할 때, 미국시장에의 진입이 가능하여 한·미 FTA의 경제적 효과를 극대화할 수 있을 것으로 예상된다.

5 소 결 론

이상에서 살펴본 바와 같이 실제로 중소기업들이 느끼는 한·미 FTA가 가져올 영향은 상대적으로 긍정적인 것으로 나타났으며, 이러한 중소기업들의 반응은 통계적인 분석이나 다른 나라의 사례를 통해서도 입증되고 있다. 그러나 이러한 중소기업에 미치는 효과가 기대한 대로 긍정적으로 나타나게 하기 위해서는 협상과정과 체결 전후에 정부가 해야 할 일이 많다.

5.1. 협상과정에서 해야 할 일

먼저, 중소기업에 긍정적 효과가 기대되는 섬유, 의복, 생활용품, 음식료, 자동차부품 등의 미국 시장 개방을 적극 추진하여야 할 것이다. 이와 관련하여 섬유제품의 원산지규정이 우리 중소기업의 대미 수출에 불리하지 않도록 협상을 추진하는 것도 매우 중요하다. 미국은 섬유산업 보호를 위해 엄격한 원산지기준인 'Yarn-forward Rule'을 채택하고 있으나, 우리는 의류제품의 수출촉진을 위해 '재단·봉재기준'을 적용하고 있는데, 가능한 한 우리의 원산지규정이 적용되도록 노력해야 할 것이다. 아울러 개성공단 등 북한에서 우리 업체들에 의해 생산된 제품이 한국산으로 인정되도록 하는 것도 매우 중요하다.

한편, 부정적 영향이 우려되는 광물제품, 금속제품, 기계장비 등에 대해 관세감축기간 연장 등을 통해 시간을 벌어 주는 것도 매우 중요하다. 다만 중소기업 민감품목 중에서 중소기업의 원자재 활용도가 높은 품목, 대일 수입이 대미 수입으로 전환될 것으로 기대되는 품목에 대해서는 적극적으로 개방하는 것도 검토해야 할 것이다.

중장기적 측면에서 제품개발이 필요한 품목 중 국내원천기술이나 핵심 설계기술이 부족한 부분에 대해 미국으로부터의 협력을 유도하는 것이 필요하다. 공동기술개발, 미국의 R&D센터 유치 등의 여건이 조성될 수 있도록 하는 것이 필요하며, 기술인력의 상호 교류를 확대하여 미국의 선진기술을 습득하는 길을 열어 두는 것도 중요하다.

5.2. 체결 전후에 제도적으로 개선해야 할 사항

먼저, 중소기업은 한·미 FTA 체결로 담보대출 관행이 개선되고 벤처투자가 확대되는 등 금융환경이 크게 개선될 것으로 기대하고 있지만, 지금까지 나타난 바로는 외국계 은행들의 중소기업 대출은 저조한 상황이다. 따라서 이들 외국계 은행들의 중소기업 대출을 늘리는 방안을 강구해야 할 것이다.

최근 미국 벤처캐피털협회(NVCA)가 조사한 바에 의하면, 미국 벤처캐피털의 11% 정도가 해외투자(global investment)를 실시하고 있으나, 향후 5년 이내에 동 비중이 20%까지 증가할 것으로 예상하고 있다. 지금까지의 이들 벤처캐피탈의 투자선호국은 중국(20%)→인도(18%)→캐나다·멕시코(13%)→유럽(13%)→이스라엘(12%) 등의 순이나, 한·미 FTA 체결시 우리 나라 벤처시장에 대한 미국의 접근성이 높아지고, 투자매력도가 상당히 제고될 것으로 기대된다. 따라서 미국 벤처캐피털이 국내에 진출할 수 있는 여건을 마련하는 것도 중요한 일이다.

한·미 FTA가 체결될 때 중소기업의 금융여건이 개선될 것으로 기대하는 많은 중소기업의 바람을 현실화하기 위해서는 은행의 중소기업에 대한 신용대출유인을 높여 갈 수 있도록 신용보증제도를 정비하는 등의 정책적 노력이 지속되어야 할 것이다.

한편, 미국의 정부조달시장에 대한 중소기업의 진출확대를 위한 지원을 강화할 필요가 있다. 미국과 FTA를 체결한 이후 호주 정부가 정부조달지원 전담기관을 설립하고 중소기업의 이행보증채권을 발행하는 등 중소기업의 미국 정부조달시장 진출을 적극 지원하여 효과를 거두고 있는 사례를 벤치마킹할 필요가 있다.

나아가, 미국 시장은 관세인하와 같은 가격요인만으로 접근하기 힘든 시장임을 감안하여, 마케팅·유통면에서 중소기업의 미국 시장 진출을 지원하는 조치가 뒤따라야 할 것이다.

5.3. 피해산업에 대한 대책마련

다른 한편으로, 피해가 예상되는 산업에 대해서는 사업전환, 경쟁력 제고 등을 위한 조치들이 뒤따라야 한다. 이와 관련하여 2006년 4월에 제정되고 내년부터 시행될 「무역조정지원법」에 의한 피해 중소기업 및 근로자에 대한 실질적인 지원의 추진과 제도적 지원장치를 확충하는 것이 매우 중요하다. 무역조정지원제도의 실효성을 높이기 위해서는 한·미 FTA의 영향을 감안하여 지원기금을 대폭 확대하고 운영체계의 효율성을 높여야 할 것이다. 우리 나라와 같이 무역의존도가 높은 국가는 시장개방에 따른 피해가 발생할 경우 그 규모가 더욱 클 것으로 예상되므로, 미국의 무역조정지원제도보다는 훨씬 높은 실효성을 확보할 필요가 있는 것이다.

아울러 기존의 산업구조조정 관련제도들, 즉 산업발전법, 산업기술개발제도, 기업구조조정제도, 산업피해구제제도 등도 한·미 FTA 등 향후 시장개방에 대비하여 보완할 필요가 있다. 특히, 2006년 9월부터 시행에 들어갈 「중소기업사업전환촉진법」에 의한 기존 업종의 축소·폐지, 신규 업종의 추가·전환, 사업전환기업 근로자의 고용안정 및 능력개발 등이 시장개방과 연계되어 이루어질 수 있도록 하는 것도 긴요하다.

신 용 상

제15장

서비스분야

1 주요 찬반논쟁

한·미 FTA와 관련된 우리 사회의 논쟁이 뜨거워지고 있다. 내년 3월 잠정타결시한이 제시되면서 산업계는 물론 사회 각 분야에서 협상의 타당성 여부와 추진방식에 대한 찬반논쟁이 점차 가열되고 있는 양상이다. 한·미 FTA에서는 농업과 제조업, 서비스업 등 산업 전반에 걸쳐 여러 쟁점사항들이 불거지고 있지만, 쟁점의 핵심은 일단 금융, 법률, 공공, 교육, 의료 등 서비스업 개방에 모아지고 있는 듯하다. 무엇보다도 세계최고 수준의 서비스경쟁력을 자랑하는 미국과의 협상이어서 국내서비스업체 및 관련단체들에게 미칠 영향이 클 것으로 예상되는 등 반대론자들의 목소리가 점차 확대되고 있는 가운데, 다른 한편에서는 개방과 경쟁을 통해 우리 나라 서비스산업의 구조조정과 도약의 계기로 삼자는 찬성론자의 견해도 만만치 않은 상태이다.

한·미 FTA 서비스부문 개방과 관련된 논쟁을 서비스분야별로 간단히 살펴보면, 첫째 교육시장 개방에 대한 반대론자들은 교육시장이 개방되는 경우 교육의 양극화가 촉진될 것이라는 우려를 나타내고 있다. 특히, 원격교육, 영리법인 미국 교육기관(초·중·고등, 성인 교육)의 설립이 자유화되면 미국 교육기관의 국내시장 확대와 해외유학이 급증할 수 있다고 주장하고 있다. 이에 대해 정부는 미국이 현행 교육·의료서비스 제도변경을 요하는 개방을 요구하지는 않고 있으며, 원격교육 및 테스팅서비스는 현재 사실상 거의 완벽하게 개방되어 있다는 논리로 대응하고 있다. 따라서 향후 협상에서는 공교육제도 유지, 서비스 질관리 담보 등을 염두에 두고 필요시 향후 규제를 추가로 도입할 수 있는 미래유보방식을 관철시킬 예정이며, 초·중등교육 및 현행 제도의 변경을 요구하는 개방은 하지 않겠다는 기본원칙 유지를 분명히 하고 있다.

둘째, 약가·의료서비스와 관련하여 반대진영은 한·미 FTA가 체결되면 국내 약가의 폭등이 이루어지고 의료서비스의 시장화가 초래되면서 국민의료환경이 빠르게 악화된다고 주장하고 있다. 즉, 미국과의 FTA 체결로 민간의료보험시장이 급속히 개방되면 민간보험과 공적보험이 경쟁형으로 전환되고, 그 결과 상대적으로 경쟁에 취약한 국민건강보험체계가 붕괴될 것이라는 논리이다. 이러한 논리가 타당하다면 사회공공제도의 근간을 침해하는 한·미 FTA는 체결할 이유가 없을 것이다. 그러나 정부는 그런 논리에 동의하지 않고 있다. 국민건강보험 약가제도 변경에 대한 미국측의 반대가 우리 국민의 거센 반발이 예상되고 있는 상황에서 국내적 저항을 극복하고 FTA를 체결할 수 있다고 보는 것은 무모한 가정이라며, 국민건강보험제도의 근간을 변경하는 협상은 하지 않겠다는 것이 정부의 기본입장이다. 다만 우리 국민건강보험제도가 보험대상으로 포함하지 않고 있는 질병 등을 대상으로 한 민간의료보험서비스에 대한 미국측의 진출가능성은 있으나, 이는 대체형이 아닌 보충형 민간의료보험서비스가 될 수밖에 없다는 것이 정부측의 주장이다.

셋째, 금융서비스 개방과 관련하여 반대진영은 한·미 FTA가 사적 연금보험시장의 추가적 개방, 산업은행·농협·우체국 등 서민 및 정책금융기관에 대한 민영화 및 정부의 규제·감독권 약화 등으로 정책금융수단의 상실과 중소기업 및 농어민 등 금융약자들에 대한 대출기회 악화의 결과를 초래할 것이라 주장한다. 그러나 공적 연금보험시장 개방은 FTA의 협상대상이 아니며, 사적 연금보험은 민간의료보험의 경우와 같은 논리로 공적 연금보험을 보충하는 역할에 그칠 것으로 판단된다. 또한 정책금융기관의 민영화 문제는 한·미 FTA 협상틀에 맞추어 추진되어야 할 사안이 아니며, 우리 나라 금융산업의 발전이라는 대승적 차원에서 시간을 두고 장기적인 차원에서 이루어져야 할 문제라고 판단된다. 다만 정책금융기관이라 할지라도 취급하는 금융서비스 중 서민, 중소기업 등 취약계층을 위한 공공적 성격의 서비스를 제외한 민간금융기관과 경쟁하는 일반금융서비스에 대해서는 민간과의 공정경쟁체제를 확립하는 것이 금융산업 발전의 방향과 일치한다고 판단된다.

넷째, 한·미 FTA 반대진영은 상·하수도를 포함한 환경 및 전력과 같은 에너지분야와 같은 다양한 공공서비스가 이번 협상체결을 계기로 시장화 및 민영화가 가속화되어 국민의 필수 서비스의 질적인 저하현상으로 연결될 것이라 주장하고 있다. 반면에 정부는 국민의 기본생활과 직결된 공공분야가 훼손되는 협상은 양보의 대상이 아니라는 것을 분명히 하고 있으며, 미국측도 이들 분야에 관심이 없다는 의사를 밝히고 있는 실정이다.

이상과 같이 서비스부문에서 벌어지고 있는 논쟁들의 대부분은 주로 경제적 측면보다는 정치·사회적 시각에서 바라본 것들이다. 따라서 자연히 소비자의 후생이나 사회적 후생변화에 대한 고려는 찬반 논쟁에서 상대적으로 도외시되어 왔던 것이 사실이다. 그러나 한·미 FTA 협상체결의 가장 영향을 받는 집단이 소비자들이라고 한다면 소비자관점에서도 FTA 협상의 효과는 분석되어져야 하며, 향후 논쟁의 진행에 있어서 이런 관점에서도 개방 여부가 판단되어져야 할 것이다. 따라서 본장에서는 한·미 FTA 서비스협상 체결이 국내경제발전과 고용창출에 미치는 영향과 그로 인해 변화될 소비자 및 사회 전반의 후생변화에 초점을 두고 논의를 전개하고자 한다.

2 한국과 미국의 서비스산업 경쟁력

2.1. 한국의 서비스산업

우리 나라의 실질GDP는 2000년 578조 7,000억 원에서 2005년 721조 5,000억 원으로 연평균 4.4% 성장하였다. 제조업의 경우 2000년 151조 2,000억 원에서 2005년 208조 5,000억 원으로 연평균 6.7% 성장하였는 데 반해, 농업, 임업 및 어업은 0.3% 성장에 그쳤고, 광업은 마이너스 성장을 하였다. 서비스업의 경우 279조 6,000억 원에서 337조 1,000억 원으로 연평균 3.8%의 안정적인 성장세를 보였지만, 전체 GDP에서 차지하는 비중은 2000년 48.3%에서 2005년 46.7%로 오히려 감소하였다.

서비스업종별 현황을 살펴보면, 2005년 현재 국민경제에서 차지하는 비중은 부동산 및 사업서비스업(10.6%), 도소매 및 음식숙박업(8.4%), 운수창고 및 통신업(7.3%), 금융보험업(6.7%) 등이 높은 것으로 나타났다. 서비스업 중 운수, 창고 및 통신업은 휴대전화서비스 및 인터넷의 보급확대와 물류서비스 발달로 2000년 6.2%에서 2005년 7.4%로 큰 폭으로 증가하였고, 금융보험업의 경으에는 점진적인 시장개방으로 외국인의 투자증가, 신상품 개발 등에 기인하여 점진적인 성장추세가 이루어졌으나, 2002년 이후 은행권을 중심으로 급속한 구조조정이 진행되면서 GDP에서 차지하는 비중이 점차 감소하게 되었다.

한편, 일반적으로 서비스업 분류에서 제외되지만 GATS에서 서비스업으로 포함시키고 있는 전기·가스·수도사업과 건설업을 살펴보

표 15-1 | 한국의 산업별 GDP 대비 비중추이

(단위: %)

항 목 명	2000년	2001년	2002년	2003년	2004년	2005년
농업, 임업 및 어업	4.3	4.2	3.8	3.5	3.6	3.5
광 업	0.4	0.3	0.3	0.3	0.3	0.3
제 조 업	26.1	25.7	25.9	26.5	28.1	28.9
전기·가스·수도사업	2.3	2.4	2.4	2.4	2.5	2.5
건 설 업	7.4	7.5	7.2	7.6	7.4	7.1
서비스업	48.3	48.8	49.2	48.4	47.1	46.7
도소매 및 음식숙박업	9.6	9.7	9.5	9.0	8.6	8.4
운수, 창고 및 통신업	6.2	6.9	7.1	7.2	7.2	7.3
금융보험업	6.1	6.4	7.3	7.1	6.7	6.7
부동산 및 사업서비스업	11.8	11.4	11.2	11.1	10.8	10.6
공공행정 및 국방	5.0	4.9	4.7	4.7	4.6	4.5
교육서비스업	4.4	4.5	4.4	4.4	4.3	4.2
보건 및 사회복지	2.2	2.0	2.0	2.0	2.0	2.1
기타 서비스	3.0	3.0	3.1	3.0	2.9	2.9

자료: 한국은행.

면, 전기·가스·수도사업은 2000년 13조 2,000억 원에서 2005년 18조 4,000억 원으로 연평균 6.8%의 높은 성장률을 기록한 반면, 건설업의 경우에는 외환위기 이후 대형 건설회사의 부도증가, 부동산시장 안정화 조치, 해외건설수주 감소 등으로 2001년 5.5%에서 2005년 0.1%로 성장률이 큰 폭으로 축소되었다.

고용 측면에서 살펴보면 제조업이 차지하는 고용비중은 하락한 반면, 서비스산업의 고용비중은 지속적으로 증가하는 추세를 보이고 있다. 지난 15년간(1990~2005) 제조업에서는 약 67만 개의 일자리가 감소한 반면, 서비스산업에서 약 640만 개 이상의 일자리가 증가하였다. 그러나 그 동안의 지속적인 구조변화에도 불구하고 국내서비스산업 고용구조는 OECD 및 G7 등 선진국에 비해서는 여전히 뒤처진 상

그림 15-1 | 제조업 및 서비스업의 성장률 추이

(단위: %)

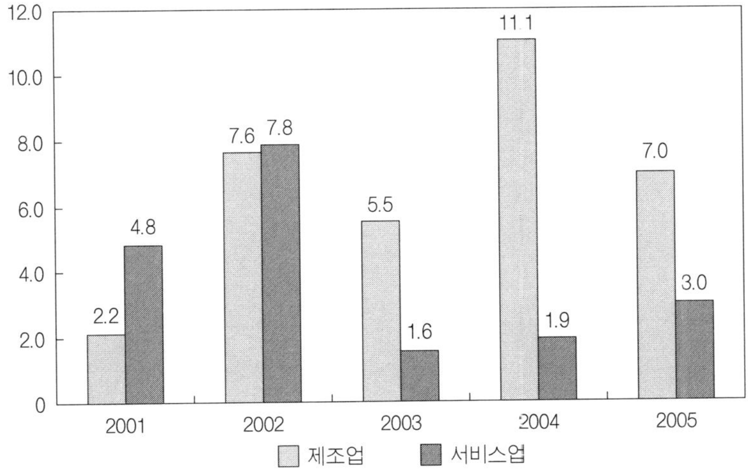

자료: 한국은행.

표 15-2 | 지난 15년간 제조업과 서비스업 고용동향

(단위: 천 명, %)

구 분	1990년	1995년	2000년	2005년
전체 취업자수	18,085	20,414	21,156	22,856
제 조 업	4,911(27.2)	4,818(23.6)	4,293(20.3)	4,234(18.5)
서비스업	8,512(47.1)	11,255(55.1)	13,023(61.6)	14,975(65.5)

주: 괄호 안은 고용비중.
자료: 통계청.

태이다.

우리 나라의 서비스수지를 살펴보면 2000년 28억 5,000만 달러 적자를 기록한 이래 적자규모가 꾸준히 증가하면서, 2005년에는 2000년 수준의 4.6배에 달하는 130억 9,000만 달러의 적자를 기록하였다.

표 15-3 | 경제구조의 서비스화 국제비교(2004년 기준)

(단위: %)

구 분	한국[1]	G7			OECD 전체
		그룹 1[2]	그룹 2[3]		
서비스산업 고용비중	65.5	75.6	66.1	71.5	69.0

주: 1) 한국은 2005년 기준.
2) 그룹 1은 G7 국가 중 미국, 영국, 프랑스, 캐나다.
3) 그룹 2는 G7 국가 중 제조업 비중이 OECD 평균보다 높은 국가군(일본, 독일, 이탈리아).

자료: 통계청, OECD.

그림 15-2 | 한국의 서비스수지 추이

(단위: 백만 달러)

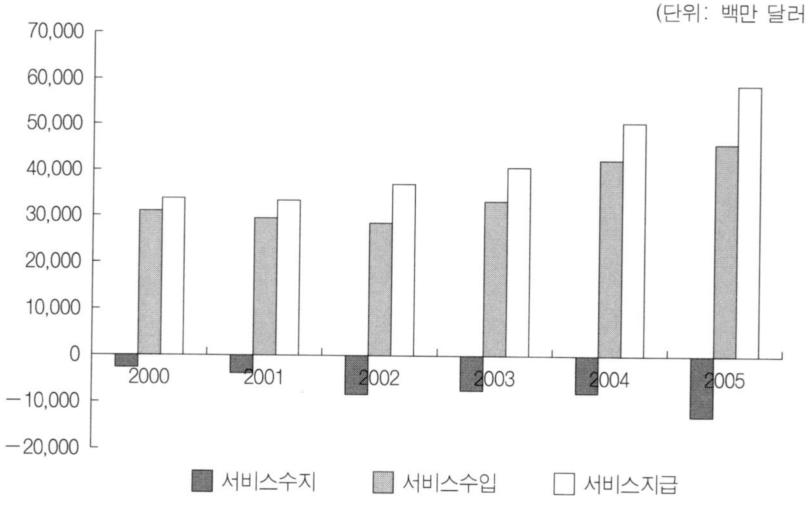

자료: 한국은행.

항목별로 살펴보면 운수, 건설, 금융, 정부서비스를 제외한 나머지 서비스부문에서 지속적인 적자를 보이고 있다. 여행수지의 경우 적자규모가 2000년 3억 달러에서 2005년 97억 달러로 30배 이상 증가하였

표 15-4 | 한국의 서비스수지 항목별 추이

(단위: 백만 달러)

구 분	2000년	2001년	2002년	2003년	2004년	2005년
운 수	2,638.9	2,137.5	1,914.5	3,566.8	4,874.6	3,917.7
여 행	△297.6	△1,233.0	△4,528.8	△4,744.6	△6,281.2	△9,654.1
통신서비스	△235.2	△344.3	△307.6	△351.7	△190.1	△267.1
건설서비스	13.3	66.6	15.7	23.5	95.6	60.7
보험서비스	△77.8	△313.8	△533.7	△356.3	△322.5	△247.1
금융서비스	513.6	449.8	625.4	597.4	956.6	1,434.6
컴퓨터 및 정보서비스	△81.2	△87.5	△104.8	△104.0	△131.5	△127.8
특허권 등 사용료	△2,533.0	△2,129.4	△2,166.9	△2,258.8	△2,584.8	△2,571.0
사업서비스	△3,128.3	△2,848.7	△3,601.8	△4,362.1	△5,037.4	△6,153.6
개인, 문화, 오락	△23.3	△67.9	△98.5	△185.1	△248.1	△211.9
정부서비스	362.8	498.6	589.0	750.7	822.7	727.4
서비스수입(收入)	30,533.6	29,054.9	28,387.7	32,956.5	41,881.5	45,374.6
서비스지급	33,381.4	32,927.0	36,585.2	40,380.7	49,927.6	58,466.8
서비스수지	△2,847.8	△3,872.1	△8,197.5	△7,424.2	△8,046.1	△13,092.2

자료: 한국은행.

는데, 이는 2005년 서비스수지 적자규모의 73.7%를 차지하는 규모이다. 이와 같이 서비스수지 적자규모가 확대되고 있는 것은 국내서비스부문의 취약성을 반영하는 것으로, 국내서비스수요의 증가와 고급화에도 불구하고 이에 부합하는 충분한 양과 질의 서비스공급이 내부적으로 이루어지고 있지 않다는 것을 방증하고 있다.

2.2. 미국의 서비스산업

미국은 GDP에서 서비스산업이 차지하는 비중이 70% 내외로 매

그림 15-3 | 미국의 제조업과 서비스업 성장률 추이

(단위: %)

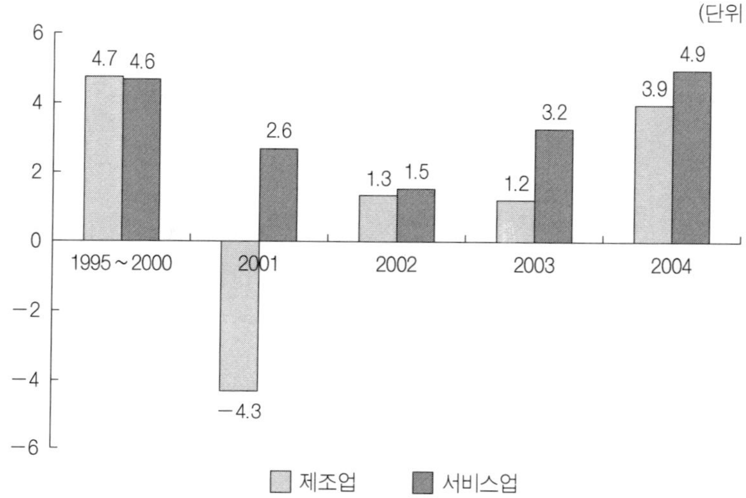

주: 산업별 부가가치 기준.
자료: BEA.

우 높은 수준을 나타내고 있고, 2004년 기준 서비스시장의 규모는 약 15조 달러에 이르고 있으며 4.9%의 성장률을 기록하였다. 세부항목별로 GDP에서 차지하는 비중(2004년 기준)을 살펴보면, 정부서비스(11.5%), 도소매(10.6%), 전문사업서비스(법률, 컴퓨터, 과학 및 기술자문 등: 10.1%), 부동산, 임대, 리스(9.7%), 금융보험업(7.2%), 보건 및 사회서비스(6.1%), 정보서비스(5.2%) 등이 높은 수치를 보이고 있다.

미국의 경우 정보서비스, 전문사업서비스, 금융서비스 등의 지식기반 서비스의 발전을 통해 고용창출과 경제발전의 고도화를 이루었으며, 경제 전체의 효율성을 극대화하고 있다. 서비스산업 가운데 1999년부터 2004년까지 연평균성장률이 서비스산업 전체 평균성장률(5.6%)보다 높은 업종은 보건 및 사회서비스(7.4%), 교육서비스(6.3%), 부동

표 15-5 | 미국 산업의 GDP 대비 비중추이

(단위: %)

항 목 명	1999년	2000년	2001년	2002년	2003년	2004년
농림어업	1.48	1.40	1.41	1.33	1.41	1.49
광 업	0.90	1.19	1.22	1.07	1.32	1.43
전기, 가스 및 수도	1.68	1.76	1.87	1.75	1.79	1.73
건 설	4.72	4.74	4.89	4.83	4.86	4.92
제 조 업	23.53	22.79	21.17	20.49	19.86	20.20
서비스업	67.69	68.13	69.45	70.54	70.76	70.22
도 소 매	10.47	10.33	10.17	10.40	10.40	10.56
운수, 창고	3.31	3.26	3.10	3.07	3.02	3.00
정보서비스	5.10	5.27	5.44	5.39	5.27	5.19
금융 및 보험서비스	7.37	7.64	7.40	7.18	7.26	7.22
부동산, 임대, 리스	9.19	9.24	9.65	9.84	9.86	9.74
전문, 사업서비스	9.71	9.97	10.20	10.20	10.17	10.14
교육서비스	0.76	0.77	0.82	0.85	0.85	0.82
보건 및 사회서비스	5.38	5.33	5.71	6.05	6.17	6.08
예술, 오락, 레크레이션	0.82	0.81	0.84	0.87	0.87	0.84
음식, 숙박업	2.69	2.71	2.72	2.77	2.78	2.80
기타 서비스	2.35	2.36	2.42	2.45	2.42	2.35
정 부	10.55	10.44	10.97	11.47	11.69	11.48

주: 산업별 부가가치를 기준으로 계산.
자료: BEA.

산, 임대, 리스(6.0%), 전문, 사업서비스(5.7%) 등으로 지식기반 업종이 주를 이루고 있다.

미국의 서비스수지를 살펴보면 2000년 741억 4,000만 달러의 흑자를 기록한 이래 다소 감소하여 2005년에는 580억 3,000만 달러의 흑자를 기록하였다. 항목별로 살펴보면 국방관련 서비스와 운송서비스부문에서 적자를 보이고 있고, 특허권 사용료, 기타 민간서비스부문에서는 큰 폭의 흑자를 나타내고 있다. 특허권 사용료 등에서 큰

그림 15-4 | 미국의 서비스수지 추이

(단위: 백만 달러)

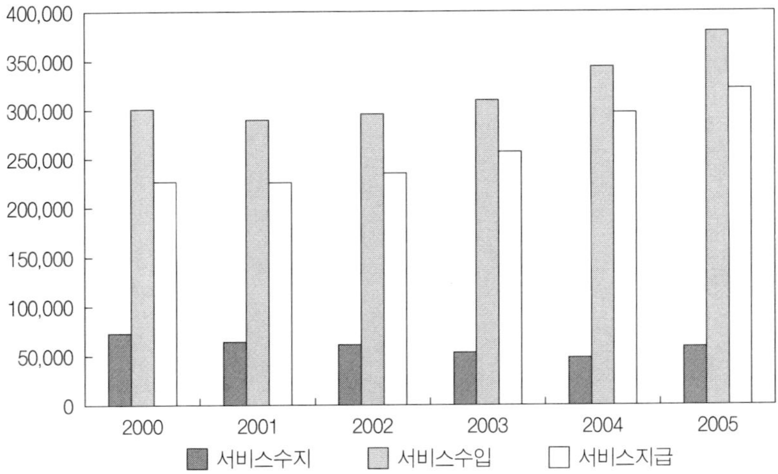

자료: BEA.

폭의 흑자(2005년 330억 8,000만 달러)는 미국의 지식기반 서비스부문의 경쟁력을 보여 주는 지표라고 할 수 있다.

2.3. 양국의 서비스시장 개방수준 비교

WTO(1999)의 UR 서비스 양허표를 이용하여 우리 나라와 미국의 서비스시장 개방수준 파악을 위해 서비스 공급형태별 개방수준과 서비스분야별 상업적 주재(mode 3)에 대한 개방수준을 분석한 결과를 보면 〈표 15-7〉과 같다.

WTO 출범 이후 현재까지 양국 모두 서비스분야에 대한 자발적 자유화가 점진적으로 이루어져 왔고, DDA 서비스협상에서는 이러한 사항을 반영하여 2차 양허안이 제출된 상태이다. 그러나 개방의 구속

표 15-6 | 미국의 서비스수지 항목별 추이

(단위: 백만 달러)

구 분	2000년	2001년	2002년	2003년	2004년	2005년[1]
국방서비스	317	△2,296	△7,158	△12,527	△14,485	△11,566
여 행	17,695	11,693	7,890	6,904	8,846	12,886
여 객	△3,587	△4,707	△2,923	△5,264	△4,843	△4,711
기타 운송	△11,622	△10,240	△9,212	△13,376	△17,307	△20,298
특허권 등 사용료	26,765	24,158	25,154	28,747	28,742	33,083
기타 민간서비스	46,671	47,902	49,491	50,319	49,767	51,672
정부서비스	△2,097	△2,051	△2,125	△2,321	△2,913	△3,040
서비스수입(收入)	299,490	288,426	294,854	309,146	343,912	379,604
서비스지급	225,348	223,967	233,737	256,664	296,105	321,578
서비스수지	74,142	64,459	61,117	52,482	47,807	58,026

주: 1) 2005년은 잠정치.
자료: BEA.

력을 고려할 때 개방수준의 비교는 UR 서비스 양허표가 적합하다고 볼 수 있다. 우리 나라의 공급형태별 개방수준을 비교하면 국경 간 공급(mode 1)과 상업적 주재(mode 3)의 개방수준은 미국에 비해 매우 낮은 수준에 머물고 있음을 알 수 있다.

서비스분야별 상업적 주재(mode 3) 개방수준을 비교해 보면, 우리 나라는 운송서비스, 관광서비스를 제외한 모든 업종에서 미국에 비해 상대적으로 낮은 개방수준을 보여 주고 있다. 교육서비스와 보건 및 사회서비스는 미개방상태이고, 운송서비스(0.214)와 금융서비스(0.353)의 개방수준은 다른 부문보다 낮은 수준임을 알 수 있다.

표 15-7 | 서비스 공급형태별 개방수준 비교[1)]

구 분	국경 간 공급 (mode 1)	해외소비 (mode 2)	상업적 주재 (mode 3)	자연인 주재 (mode 4)
한국	0.336	1.000	0.442	0.295
미국	0.475	1.000	0.578	0.357
일본	0.361	1.000	0.555	0.338
EU[2)]	0.270	1.000	0.513	0.364

주: 1) 시장접근 기준, 상업적 주재 및 자연인 주재는 전 분야, 국경 간 공급은 커뮤니케이션서비스 및 운송서비스, 해외소비는 관광서비스 개방수준을 분석함. 전면개방=1, 부분개방=0.5, 미개방=0의 값을 적용, 공급형태별 개방수준을 추계.

2) EU는 EU 15를 의미.

자료: WTO(1999) 서비스 양허표를 활용하여 추계(KIEP).

표 15-8 | 서비스분야별 상업적 주재 개방수준 비교

구 분	업종수	한 국	미 국
서비스 전체	154	0.442	0.578
사업서비스	46	0.652	0.685
통신서비스	24	0.583	0.792
건설서비스	5	0.500	1.000
유통서비스	5	0.600	1.000
교육서비스	5	0.000	0.300
환경서비스	4	0.500	1.000
금융서비스	17	0.353	0.500
보건 및 사회서비스	4	0.000	0.250
관광서비스	4	0.750	0.750
문화서비스	5	0.000	1.000
운송서비스	35	0.214	0.157

주: 전면개방=1, 부분개방=0.5, 미개방=0의 값을 적용.

자료: WTO(1999) 서비스 양허표를 활용하여 추계(KIEP).

3 서비스개방과 경제발전

경제규모와 소득수준이 높아질수록 서비스업이 경제에서 차지하는 비중이나 고용기여도가 높아지는 것이 일반적이다. 따라서 경제규모의 지속적인 확대와 소득이 2만 달러, 그 이상으로 증가함에 따라 우리 나라 서비스업의 경쟁력 강화와 추가적인 성장을 통해 향후 성장동력으로 육성하는 것이 필요하다. 그 동안 수출 위주의 경제정책을 통해 빠르게 성장한 우리 나라의 경우 서비스업의 발전은 상대적으로 부진하였고, 이에 따라 제조업과 서비스업 간의 경쟁력 불균형은 지속적으로 확대되어 왔다. 따라서 상대적으로 뒤처져 있는 서비스업의 생산성과 경쟁력 향상을 통해 서비스업과 제조업, 내수와 수출을 균형 있게 발전시켜 일자리 창출과 지속적인 경제성장을 성취하는 것은 우리 나라의 경제발전단계상에서 성취해야 할 매우 중요한 정책목표라 할 수 있다.

전 세계적으로도 경제의 서비스화가 급속히 진행되고 있으며 생산과정의 서비스화가 확대되면서 서비스의 중간투입이 크게 증가하고 있다. 뿐만 아니라 서비스업은 다른 산업으로의 전후방 파급, 부가가치 유발, 고용창출 등의 효과가 큰 산업이기도 하다. 따라서 서비스업의 발전 없이 제조업의 발전만으로는 선진국 진입 및 선진국 수준의 소득달성은 불가능할 수도 있다는 판단이다. 특히, 지식집약적 서비스에 해당하는 금융, 회계, 법률, R&D, 교육, 의료, 컨설팅 등 기업관련 사업서비스 발전의 부진이 지속된다면 제조업의 고부가가치화와 생산성 향상에도 제약요인으로 작용할 수 있다는 주장이 지속적으로 제시되어 왔다.

우리가 목표하는 국민소득 2만 달러 시대를 열려면 4인 가족을 기준으로 연소득이 8,000만 원이 되어야 한다. 우리 경제가 지향해야 할 산업구조는 바로 이 정도 급여를 지급하고도 국제경쟁력을 갖출 수 있도록 고도화되어야 한다는 것이다. 중국이 쫓아오고 세계경제가 한 몸처럼 역동적으로 움직이는 글로벌화의 흐름 속에 과거의 제조업 중심의 산업구조로는 저투자·저성장·저고용이라는 한국 경제가 맞닥뜨리고 있는 악순환의 고리를 끊을 수 없다. 따라서 경제성장을 지속하고 양질의 일자리를 창출하기 위해서는 고부가가치형 부품소재산업을 키워야 하고, 지식기반 서비스를 육성해 제조업의 생산능력을 높이는 동시에 서비스업 자체의 성장도 촉진하는 선순환구조를 만들어야만 한다. 투자와 성장, 고용 모두 이 분야에서 이루어진다. 일본마저 아직 세계적 수준에 도달하지 못한 분야가 바로 서비스산업이다. 물론 한·미 FTA를 통해 우리의 새로운 성장패러다임을 만들어 가는 과정 속에 구조조정의 고통을 받는 분야도 생겨날 수 있다. 그렇다고 단기적 고통 때문에 역동하는 세계경제환경 속에서 우리 경제의 미래를 여기서 멈추고 성장 없는 정체의 질곡에 빠질 수는 없다(김호섭, 2006. 8. 17).

이러한 상황을 고려해 볼 때, 한·미 FTA 서비스부문 협상을 우리 나라 서비스산업의 경쟁력 향상의 기회 차원에서 적극적으로 활용해야 할 것이다. 제조업과는 달리 서비스업은 생산성이 높은 국가가 생산성이 낮은 국가로 진출하여도 단기간에 시장을 잠식하기 어렵다는 특성이 있다. 왜냐하면, 서비스산업은 국가마다 상이한 문화가 반영되므로 절대적인 우위가 나타나기 어려우며, 영업방식 및 전략, 노하우(know-how)의 벤치마킹 및 캐치업(catch-up)이 빠르게 나타나기 때문이다. 뿐만 아니라 업종특성상 전문인력의 양성도 비교적 빠른 시간 내에 가능하기 때문에 경쟁력 우위에 있는 외국서비스 공급자의 국내진입 후, 국내기업들의 대응이 빠르게 이루어질 수 있다는 특징이 있다. 비록 현재 우리 나라의 전반적인 서비스산업의 경쟁력은 뒤처져 있으나, 유통서비스시장 개방의 경험을 바탕으로 면밀하게 대응한다면 한·미 FTA 체결에 따른 서비스시장 개방은 국내서비스산업의 경쟁력을 제고시키고 구조조정을 가속화시켜 서비스산업 전반의 경쟁력 향상뿐만 아니라, 제조업 및 여타 산업의 생산성을 개선시켜 국민경제 전체의 생산성 향상 및 효율성 증대의 파급효과를 거둘 수 있을 것으로 기대된다.

서비스업은 크게 제조업과 연계되어 이를 지원하는 사업서비스(금융·보험, 법률·컨설팅, 운수, 창고 등)와 소비자후생과 연관된 사회서비스(교육, 의료, 보육, 문화, 관광, 레저 등)로 나뉜다. 사업서비스는 제조업의 중간재적 역할을 하기 때문에 이런 서비스의 발전은 제조업의 부가가치를 증대시켜 경제발전에 기여한다. 한편, 교육, 의료, 여행 등 소비자후생 관련서비스의 낮은 경쟁력은 우리 나라 서비스수지 적자의 주된 요인이 되고 있다. 올 상반기 경상수지가 IMF 외환위기 이후 처음으로 적자로 전환된 데에는 서비스수지 적자가 이 기간에 가장 큰 규모로 기록한 데 주로 기인한다. 특히, 유학·연수 및 여행을 포함한 여행수지 적자가 58억 달러를 기록하여 전체 서비스수지 적자의 65%에 달하였으며, 사업서비스부문의 적자도 30억 달러를 기록하며 전체 서비스수지 적자의 34%에 이르렀다.

그 동안 서비스의 경쟁력이 이렇게 뒤지게 된 원인은 무엇일까? 서비스는 상품처럼 국경을 넘어 거래될 수 없고, 수요가 있는 곳에서 직접 서비스를 제공해야 하는 비교역재적 특성을 갖기 때문에 경쟁에 대한 압력이 상대적으로 약하다. 또 교육, 의료, 법률 등 사회서비스의 경우, 개방에 따른 사회문화적 갈등이 크기 때문에 최대한 문을 걸어 잠그고 경쟁을 제한한 것이 우리 나라 서비스산업의 경쟁력이 약화된 근본원인이 되었다. 따라서 한·미 FTA 협상체결로 서비스부문의 개방이 이루어지는 경우, 소비가 있는 곳에서 직접 공급되는 비교역재적 특성으로 인해 미국의 서비스업체들은 우리 나라에 영업하기 위해 현지법인 설립이나 국내업체와의 합작이 불가피하게 될 것이다. 이 과정에서 우월한 경영기업, 마케팅기법이 이전되는 기술파급효과가 발생하고 외국업체와의 경쟁을 통한 생산성 향상 등의 효과를 거둘 수 있다.

4 서비스부문의 개방과 경쟁이 소비자후생에 미치는 영향

이러한 생산성 향상의 혜택은 결국 국내소비자들에게 돌아가게 될 것이다. 그 동안 국내소비자들은 독점 또는 과점상태의 국내업체에게 비싼 비용을 지불하고 질 낮은 서비스를 소비해야 하였지만, 개방을 통해 업체 간 경쟁이 격화되면 서비스의 질은 향상되고 비용은 낮아지는 혜택을 누리게 될 것이다. 지갑의 두께는 그대로이지만 소비자의 실질구매력이 증가하면서 더욱 풍성한 서비스를 받을 수 있다는 것이다. 그러나 경쟁시장에서 서비스기업의 생산성 향상을 통한 중장기적인 소비자후생의 증대효과는 단기적인 효과보다 훨씬 크다는 것이 일반적인 견해이다. 실제로 세계 통상정책 전문가들은 FTA로 인한 가장 큰 혜택은 시장개방과 규제완화를 통해 기업의 투자가 증대하고 외국인투자도 활발해지면서 결국 경제가 성장하고 고용이 창출되는 선순환구조를 꼽고 있다.

한·미 FTA 서비스협상을 통해 소비자들이 구체적으로 어떤 혜택을 누릴지는 협상이 진행중인 현 단계에서 예측하기 어렵지만 과거의 경험으로부터 유추해 볼 수는 있을 것이다. 예를 들어, 우리 유통산업의 비약적인 발전은 이를 반영한 결과라고 할 수 있다. 1996년 유통서비스시장을 전면 개방할 당시 국내유통업체들의 심각한 피해를 우려하는 견해가 많았으나, 국내유통업체들은 외국유통업체들과 경쟁하는 과정에서 선진경영기법 및 영업전략을 벤치마킹하고 연구하여 우리 나라 시장 특성에 맞는 독창적이며 전략적인 경영방식을 도입함으로써 경쟁력 향상을 이룰 수 있었다. 그 결과 국내기업인 E-마트는 시장점유율 1위를 차지하였고, 세계적인 유통업체인 까르푸와 월마트는 고전을 면치 못하다가 사업철수를 결정하는 등 국내유통업체들은 외국기업들보다 우수한 성과를 거둘 수 있었다. 결국 유통서비스부문에서는 세계에서 최고의 경쟁력을 갖고 있다는 미국 기업이나 자본들도 결국 한국 시장에서 국내기업과 똑같이 경쟁하고 경재에서 밀리면 망하는 것은 마찬가지라는 사실을 보여 준 좋은 예가 되었다.

마찬가지로 우리 나라 금융·교육·법률·의료시장에서도 개방으로 인해 치열한 경쟁구도가 형성될 가능성이 높다. 소비자에게 선택받기 위한 치열한 경쟁은 서비스의 질을 높이면서 가격은 오히려 내리는 효과를 유발해 개방에 따른 혜택이 결국 소비자후생의 향상으로 귀결되는 효과가 나타나게 될 것이다. 결국 시장개방의 최대수혜자는 소비자가 된다는 것이다. 이미 우리 나라 소비자의 눈은 빠른 속도로 국제화되고 있어 국내에서 공급받지 못하는 서비스에 대해서는 해외에서라도 충족하고자 하는 욕구가 날로 커지고 있다. 이러한 양질의 서비스에 대한 욕구증대는 해외소비성 지출이 매년 크게 증가하고 있는 것과 무관치 않다.

한·미 FTA를 통한 서비스부문의 개방은 이론뿐만 아니라 경험적으로도 소비자의 후생을 향상시키는 데 크게 기여할 것이다. 한·미 FTA를 바라보는 많은 시각들이 생산적 관점에 치우쳐 있었다. 예를 들어, 한·미 FTA를 체결하면 제조업, 섬유산업은 이득을 보고 농업과 서비스업은 피해를 볼 것이라는 식이다. 그러나 절대 다수인 소비자의 입장에서 보면 문제는 완연히 달라진다. 서비스 및 농업부문의 개방을 통해서도 소비자들이 누리게 될 장기적인 혜택은 단기적인 피해를 훨씬 능가하고도 남음이 있기 때문이다. 그럼에도 불구하고 우리는 생산적 관점에서만 한·미 FTA를 들여다보았다.

시장에서 소비자후생을 극대화시킬 수 있는 최선의 방법은 개방과 경쟁이다. 경쟁력이란 오직 치열한 경쟁을 통해서만 얻어지는 월계관이다. 경쟁촉진과 경제시스템의 개선을 통해 서비스업의 경쟁력을 높이고 미래 성장동력의 기반을 확충해야 한다. 이 과정에서 개방을 통한 경쟁은 단기적인 피해발생 우려에도 불구하고 결국 효율적인 자원배분을 통해 소비자의 삶을 향상시키게 될 것이다.

5 소결론

"한·미 FTA를 하면 감기약 한 봉지 값이 10만 원이 될 것이다", "전기·가스·수도요금이 급등할 것이다"라는 근거 없는 주장이 반대론자의 입에서 공공연히 주장되고 있으며, 아무 검증 없이 일반인들에게 먹혀들고 있다. 이런 주장들은 현재의 국민건강보험 체계와 전기·가스·에너지 등 공공서비스분야가 협상 및 개방의 대상이 아니라는 점에서 매우 유감스러운 점이 있다. 따라서 정부는 한·미 FTA를 체결하면 당장 국가위기가 도래할 것처럼 주장하고 나서는 반대론자들에 대해 FTA의 본래 취지와 이러한 안전장치에 대한 적극적인 설명과 정교한 대응논리를 마련해야 한다. 또한 대국민 홍보와 설득을 통해 대내적인 합의를 이루어 내야 할 것이다. 필요하다면 협상과 관련된 정보의 공개도 가능하도록 해야 하며, 협상시한에도 구속될 이유도 없다. 대내적인 오해의 해소와 합의가 더욱 중요한 시점이기 때

표 15-9 | 한·미 FTA 체결로 우리 나라 서비스업에 미치는 영향

구 분		단기(정태)효과	중장기(정태)효과
교역	대미 수출	4.0%(27.9억 달러 증가)	4.3%(28.2억 달러 증가)
	대미 수입	9.6%(45.8억 달러 증가)	10.0%(46.2억 달러 증가)
	대미 무역수지	17.9억 달러 악화	18.0억 달러 악화
생 산		9.4조 원 증가	15.9조 원 증가
고 용		17만 명 증가	28.9만 명 증가

주: 서비스교역 장벽 20% 인하, 공산품 완전개방, 농산물 한국 80%, 미국 100% 관세철폐 가정.
자료: KIEP.

문이다.

서비스분야의 대부분은 우리 나라가 미국에 비해 경쟁력이 뒤처져 있기 때문에 한·미 FTA는 단기적으로 서비스산업에 부정적인 영향을 미칠 수도 있다. 그러나 실증분석 결과(KIEP)를 보면 무역수지는 악화되나 생산 및 고용은 증대시키는 것으로 나타났다. 이는 FTA 체결로 인한 개별 국내기업에 미치는 부정적인 영향보다 우리 나라에 대한 미국의 서비스분야 투자증가와 서비스산업 전반에 걸쳐 구조조정 및 경쟁력 제고 등의 효과가 더 크게 나타나는 것에 기인한다.

그렇다고 해서 서비스시장을 개방한다고 무조건 외국인투자가 늘어나고 생산성과 경쟁력이 향상되며 양질의 일자리가 창출되는 것은 아니다. 서비스부문의 경쟁력 향상을 위해 꼭 필요한 외국인투자를 확대시키기 위해서는 한국 시장을 투자하기 좋은 곳으로 만들기 위한 노력이 전제되어야 한다. 이를 위해 제조업에 비해 차별적으로 유지되고 있는 서비스업 관련규제에 대한 과감한 완화가 이루어져야 하며, 금융·보험·법률·회계·컨설팅 등 사업서비스부문의 고급 인적자본을 양성하기 위한 투자와 지원이 성공적으로 이루어져야 한다. 지식기반 서비스업부문의 고급인력 확충을 위한 투자가 선행되어 국내

진입한 외국기업들의 선진기법을 흡수할 수 있고, 나아가 이들과 경쟁할 수 있는 능력을 확보해 나가는 것이 무엇보다 중요하다.

그러나 중소기업 및 영세업체 등에게는 매출의 급격한 감소와 도산가능성 등의 피해가 예상되므로 정부 차원의 취약계층에 대한 지원대책을 마련해야 할 것이다. 현재 정부에서는 FTA 피해기업 및 근로자를 지원하기 위한 '무역조정지원제도'를 준비하고 있는데, 이는 제조업과 밀접한 관련이 있는 서비스업에 해당하는 지원정책으로서 제조업과 관련이 적은 서비스분야에 대한 지원방안도 더불어 조속히 강구해야 할 것이다.

참고문헌

김영배, 「금융시장 개방의 효과 및 한계」, 한국은행, 2005.

김호섭, 「한미 FTA, '코리아 프레이엄' 효과」, 국정홍보처, 2006. 8.

송영관, 「미국의 서비스 무역장벽」, 대외경제정책연구원, 2006.

양두용 · 권재중, 「WTO 도하개발아젠다 협상 금융서비스 대응전략」, 대외경제정책연구원, 2004.

외교통상부 · 대외경제정책연구원, 「한·EFTA FTA의 주요 내용」, 2005. 12.

유재원 · 김태준, 「한국의 금융 · 자본자유화가 금융 · 외환위기에 미친 영향에 대한 실증분석」, 『국제통상연구』 제9권 제3호, 2004, pp. 121~146.

이건범 · 김정한, 「국경 간 금융서비스 개방과 신금융서비스 협상 대응방안 검토」, 한국금융연구원, 2005.

이홍식 · 강준구, 「한·미 FTA에 따른 서비스산업 영향 분석」, 대외경제정책연구원, 2005.

전국경제인연합회 · 산업조사본부 FTA, 「한미 FTA 쟁점사항과 대응과제」, 2006. 1.

재정경제부, 「2006년도 서비스산업 경쟁력 강화 추진계획」, 2006.

하나금융경영연구소, 「한미 FTA와 국내 통신산업 구조변화」, 2006.

Dean Derosa and John Gilbert, "Quantitative Estimates of the Economic Impacts of US Biateral Free Trade Agreements," 2004.

Marcus Noland, "Selective Intervention and Growth: The Case of Korea," Institute for International Economics Working Paper, WP 04-3, 2004.

______, "South Korea's Experience with International Capital Flows," Institute for International Economics Working Paper, WP 05-4, 2005.

서 진 교

제16장

농 업

1 주요 찬반논쟁

한·미 자유무역협정(FTA)의 여러 협상분야 가운데 농업분야는 우리 나라가 가장 큰 피해를 볼 것으로 예상되는 대표적인 분야이다. 농민단체를 비롯하여 한·미 FTA를 반대하는 그룹에서는 한·미 FTA가 체결되면 국제경쟁력이 취약한 우리 농업·농촌이 붕괴될 것이라고 주장하고 있다. 특히, 우리 나라의 쌀이 FTA 협상대상에서 제외될 가능성이 낮다고 보고, 미국의 국제무역위원회(USITC)에서 조사한 자료를 이용하여 한·미 FTA가 체결되면 우리 나라의 농업생산 감소는 약 8조 8,000억 원에 달해 가득이나 어려운 우리 농업은 한·미 FTA로 인하여 초토화될 것이라고 주장하고 있다.

이에 대해 정부는 한·미 FTA 협상에 임하는 정부의 기본입장은 우리 농업의 민감성이 충분히 고려되어야 한다는 것이며, 따라서 초민감품목인 쌀은 관세철폐 대상에서 제외하도록 노력하고, 나머지 품목 중에서도 우리 농업에 중요한 고율관세 민감 농산물은 장기간의 이행기간을 확보하여 농업에 미치는 피해가 최소화되도록 노력하겠다고 언급하고 있다.

과연 한·미 FTA가 타결되면 우리 농업·농촌은 붕괴되고, 미국의 값싼 농산물이 우리의 식탁을 차지하게 될 것인가?

시장개방에 따른 농업부문의 피해를 생각할 때 흔히 가격비교를 한다. 같은 상품이라면 가격이 싼 것일수록 많이 팔리게 될 것이기 때문이다. 그러나 농산물은 우리가 매일 먹는 식품이기 때문에 단순히 가격만을 가지고 시장개방에 따른 피해를 추정하는 것은 적절하지 않다. 미국에서 수입되는 농산물의 가격이 아무리 싸다고 해도 안전성에 의심이 간다면 우리의 밥상에 오르기 어렵기 때문이다. 아울러 소득이 향상되고 여성의 사회진출이 늘어나면서 우리 나라의 농식품 소비행태도 기존의 양(量) 중심에서 맛과 품질, 편리성을 추구하는 방향으로 급속히 변하고 있다. 이에 따라 같은 농산물이라도 품질차이에 따라 가격이 두서너 배 이상 차이가 나는 것이 보통이다. 가격만이 문제라면 품질에 따라 이처럼 2~3배 이상 가격차이가 나는 농산물이 슈퍼마켓 진열대에 나란히 진열되어 소비자의 손길을 기다리는 현상을 어떻게 설명할 수 있을까?

결국 수입농산물이든 국산농산물이든 중요한 것은 가격보다는 국내소비자의 눈높이와 소비취향에 맞출 수 있는지의 여부이며, 국내소비자의 욕구를 충족시키지 못하는 농산물은 국산농산물이라도 시장개방 여부에 관계 없이 결국 시장에서 도태되고 말 것이다. 동일한 농산물이라도 식품안전은 물론 맛, 품질, 포장 등에 따라 가격이 다르고 시장이 나누어져 있다는 이러한 사실은 시장개방 확대에 따른 농업부문의 피해예측은 물론 향후 우리 농업의 중장기 발전방향을 모색하는데 많은 시사점을 준다.

여기에서는 한·미 FTA 체결이 우리 농업에 미치는 파급영향을 검토하기 위해 먼저 한국과 미국 간의 농산물 무역구조의 특징을 살펴보고, 이를 기초로 한·미 FTA 체결로 수입이 증가할 것으로 예상되는 주요 농산물을 알아본다. 이후 이러한 품목을 중심으로 국내수급여건과 수입구조 및 수출경합관계를 검토하여 예상되는 피해를 전망해 보았다.

2 피해가 우려되는 주요 농축산물

2.1. 우리 나라의 농축산물 수입동향

우리 나라의 농축산물 수입은 1995년 69억 달러에서 꾸준히 증가하여 2005년 현재 약 98억 달러에 달하고 있다. 이 가운데는 농산물이 약 74억 달러로 전체 농축산물 수입의 75%를 차지하고 있으며, 나머지 1/4은 축산물 수입이다.

최근 4개년 수입을 평균해 볼 때 농산물 수입 가운데 가장 큰 비중을 차지하는 것이 곡물이다. 특히, 옥수수, 밀, 대두, 대두박, 사료용 근채류 등 5개 품목의 수입액은 약 27억 달러에 달해 농산물 전체

표 16-1 | 우리 나라 농축산물 수입동향(1995~2005년): **금액기준**

(단위: 억 $, %)

	1995년	2000년	2001년	2002년	2003년	2004년	2005년	1995~2005년 연평균증감률(%)
농산물	56.7 (82.2)	51.0 (75.3)	53.3 (78.4)	57.0 (74.5)	62.1 (74.6)	74.4 (80.9)	73.9 (75.8)	2.7
축산물	12.2 (17.8)	16.8 (24.7)	14.7 (21.6)	19.5 (25.5)	21.2 (25.4)	17.6 (19.1)	23.6 (24.2)	6.8
소 계	68.9 (100.0)	67.8 (100.0)	67.9 (100.0)	76.5 (100.0)	83.3 (100.0)	92.0 (100.0)	97.5 (100.0)	3.5

주: ( ) 안은 점유율임.
자료: 농림수산물 수출입통계시스템, www.maf.go.kr

표 16-2 | 주요 수입 농축산물(2002~2004년 평균)

(단위: 억 $, %)

품 명			2002년	2003년	2004년	2005년	2002~2005년 평균	
농산물	계		57.0	62.1	74.4	73.9	66.9	(100.0)
	곡물	옥수수	9.9	10.5	14.4	12.2	11.7	(17.6)
		밀	5.4	6.1	6.7	6.8	6.2	(9.3)
		대두	3.3	4.1	4.9	4.0	4.1	(6.1)
		대두박	2.9	3.1	4.2	3.7	3.5	(5.2)
		사료용 근채류	1.0	1.0	1.1	1.4	1.1	(1.7)
	과일	오렌지	1.5	1.7	1.8	1.6	1.7	(2.5)
		바나나	0.8	0.9	0.9	1.1	0.9	(1.4)
		기타 과실	0.6	0.8	1.0	1.0	0.9	(1.3)
	식물 성유	대두유	0.7	0.9	1.5	1.4	1.1	(1.7)
		팜유	0.8	1.0	1.2	1.1	1.0	(1.5)
	일반 농산물	사탕수수당	2.8	2.9	3.1	3.9	3.2	(4.8)
		잎담배	0.8	1.1	1.1	1.0	1.0	(1.5)
		커피	0.7	0.8	1.0	1.4	1.0	(1.4)
		초콜릿	0.7	0.8	0.8	0.9	0.8	(1.1)
축산물	계		19.5	21.2	17.6	23.6	20.4	(100.0)
	축산물	쇠고기	9.5	11.8	6.0	7.4	8.6	(42.3)
		돼지고기	2.2	2.2	3.5	6.2	3.5	(16.9)
		로열제리	2.0	1.8	1.9	2.0	1.9	(9.4)
		치즈	0.9	0.9	1.2	1.4	1.1	(5.4)
		닭고기	1.0	0.9	0.6	1.1	0.9	(4.5)
		우유조제품	0.5	0.3	0.7	0.8	0.6	(2.7)

주: ( ) 안은 점유율임.
자료: 농림수산물 수출입통계시스템, www.maf.go.kr

수입의 40%에 이르고 있다. 과일의 수입은 5억~6억 달러 수준으로 농산물 전체 수입의 7~9%를 차지하고 있는데, 특히 오렌지와 바나나, 기타 과일이 과일 전체 수입의 60~70%를 차지하고 있어 오렌지와 바나나가 핵심 수입과일임을 알 수 있다. 나머지 농산물의 경우 식물성 기름(대두유, 팜유, 올리브유 등)의 수입비중이 높으며, 우리 나라에서 생산되지 않은 사탕수수당과 커피, 초콜릿 등이 주요 수입농산물이다.

한편, 축산물은 쇠고기 수입이 약 9억 달러로 전체 축산물 수입의 42%를 차지하고 있으며, 돼지고기가 3억 5,000만 달러로 17%를 차지하고 있어 쇠고기와 돼지고기가 수입축산물을 대표하고 있다.

2.2. 대미 농축산물 수입동향

우리 나라의 농축산물 전체 수입에서 미국이 차지하는 비중은 1995년 약 45%에서 2005년에는 약 20%로 꾸준히 하락하고 있다. 2005년 미국의 비중이 급격히 떨어진 것은 광우병으로 인해 미국산 쇠고기 수입이 금지되었기 때문이다. 그러나 그와 같은 검역상의 원인을 제외하더라도 우리 시장에서 미국의 시장점유율은 점진적으로 감소하고 있다. 이는 중국, 호주, 브라질, 인도 등 2000년 이후 새롭게 농산물 수출강국으로 부상한 나라들과 경쟁에서 미국이 뒤처지고 있기 때문인 것으로 보인다. 〈표 16-3〉에서 보는 바와 같이 중국의 시장점유율은 1995년 6.5%에서 2005년 18.7%로 세 배 가까이 증가하였으며, 브라질과 호주도 1995년 3.5%, 8.5%에서 2005년 5.9%, 13.1%로 증가하였다. 반면 미국의 시장점유율은 45%에서 20%로 절반 이상 감소하였다.

최근 4개년 평균 대미 수입농산물 자료를 이용해 우리 나라가 미국으로부터 수입하는 주요 농축산물을 살펴보면, 국내생산이 수요에 부족한 곡물의 비중이 가장 높은 것을 알 수 있다. 그 중에서도 옥수수와 밀, 대두, 사료용 근채류가 미국에서 수입되는 핵심 농산물이다.

표 16-3 | 우리 농산물시장에서의 주요국의 시장점유율 추이

(단위: %)

	1995년	2000년	2001년	2002년	2003년	2004년	2005년
미 국	44.8	33.0	32.2	30.0	30.7	27.5	20.1
중 국	6.5	17.3	12.9	17.1	21.2	12.6	18.7
호 주	8.5	10.4	8.8	9.4	8.8	12.2	13.1
브라질	3.5	2.9	6.0	5.6	5.5	7.2	5.9
EU	6.7	8.4	8.0	9.9	9.2	10.9	13.0
기 타	18.6	16.3	19.3	19.2	18.9	26.3	28.2

자료: 농림수산물 수출입통계시스템, www.maf.go.kr

곡물 다음으로는 축산물이 중요한데(대미 전체 수입의 약 31%), 특히 쇠고기의 비중이 크며, 돼지고기와 로열제리가 주요 수입축산물이다. 유제품 가운데서는 치즈가 대미 주요 수입낙농품이다. 축산물 다음으로 과일류가 큰 비중을 차지하고 있으며(핵심 품목은 오렌지와 포도), 채소류에서는 토마토와 스위트콘, 감자가 주요 대미 수입농산물이다.

이상에서와 같이 우리 나라의 농축산물 수입실태, 미국으로부터 수입하는 주요 농축산물, 그리고 국내에서 생산 여부를 종합적으로 고려할 때 한·미 FTA 체결에 따라 피해 여부를 검토해야 할 품목으로 곡물류에서는 옥수수와 대두, 과일 및 채소류에서는 사과, 포도, 감귤, 축산물에서는 쇠고기, 돼지고기, 닭고기 등을 들 수 있다. 밀과 바나나는 국내생산이 거의 없어 수입에 전적으로 의존하고 있기 때문에 한·미 FTA 체결에 따른 피해는 없을 것으로 본다.

표 16-4 | 미국에서 수입하는 주요 농축산물

(단위: 백만 $, %)

품 명			2002년	2003년	2004년	2005년	2002~2005년 평균(비율)	
전체 농축산물			2,292	2,556	2,534	1,966	2,337	100.0
농산물	계		1,314	1,392	2,196	1,554	1,614	69.1
	곡물류	소계	343	313	1,091	591	585	25.0
		밀	210	261	274	262	252	10.8
		옥수수	114	42	782	313	313	13.4
	감자		35	29	31	30	31	1.3
	두류	소계	274	325	377	238	303	13.0
		대두	271	323	374	236	301	12.9
	과일류	소계	156	189	207	193	186	8.0
		오렌지	101	125	143	126	124	5.3
		포도	17	18	18	20	18	0.8
	채소류	소계	52	61	59	58	57	2.5
		토마토	11	13	13	14	13	0.5
		스위트콘	28	27	27	25	26	1.1
	사료	소계	109	132	129	146	129	5.5
		근채류	79	91	90	112	93	4.0
		개사료	17	28	24	19	22	0.9
	코코아류		32	33	33	38	34	1.5
	연초류		97	73	41	19	57	2.5
	주류		14	17	17	19	17	0.7
	음료		8	16	18	23	16	0.7
	과자류		23	27	24	34	27	1.2
	기타 조제품		26	20	21	20	22	0.9
축산물 및 낙농품	계		978	1,165	338	412	723	30.9
	육류	소계	772	987	167	199	531	22.7
		쇠고기	656	887	103	4	413	17.6
		돼지고기	19	18	44	141	55	2.4
		닭고기	52	32	4	31	30	1.3
		양장	24	30	8	10	18	0.8
	동물성유지		18	13	9	12	13	0.5
	로열제리		115	85	91	101	98	4.2
	낙농품	소계	34	39	42	59	43	1.9
		치즈	15	17	21	26	19	0.8

자료: 농림수산물 수출입통계시스템, www.maf.go.kr

3 한·미 FTA 체결에 따른 주요 농축산물의 피해 정도

3.1. 곡 물 류

곡물류는 쌀을 제외한다면 전반적으로 국내수요에 비해 생산이 절대적으로 부족한 품목으로 양허관세는 매우 높지만, 수입의 대부분이 우리의 필요에 의해서 이루어지기 때문에, 실제 적용되는 세율은 매우 낮은 0~3% 수준이다. 따라서 한·미 FTA 체결로 관세가 철폐된다고 해도 그 피해는 매우 작을 것으로 예상된다.

옥 수 수

국내에서 생산되는 옥수수는 2005년 기준으로 약 8만 톤이다. 반면 우리가 필요로 하는 옥수수는 식용(가공용 포함)과 사료용을 합해 약 900만 톤으로 수요의 대부분을 수입에 의존하고 있다(자급률은

표 16-5 | 우리 나라의 옥수수 수입추이

(단위: 억 $)

	1995년	1999년	2000년	2001년	2002년	2003년	2004년	2005년
옥수수 전체	12.7	8.9	9.4	9.3	9.9	10.5	14.4	12.2
사 료 용	10.2	6.6	7.0	6.7	7.4	7.7	10.5	9.3
채 유 용	2.4	2.2	2.3	2.5	2.4	2.7	3.8	2.8
기 타	0.1	0.1	0.1	0.1	0.1	0.1	0.1	0.1

자료: 농수산물유통공사, http://www.kati.net/trade/\web_trade4.jsp

표 16-6 | 우리 나라의 옥수수시장에서의 수출국 시장점유율: 사료용

		2000년	2001년	2002년	2003년	2004년	2005년
시장점유율 (%)	전 체	100.0	100.0	100.0	100.0	100.0	100.0
	중 국	86.2	40.6	72.0	95.8	18.4	64.7
	미 국	13.3	40.4	13.7	4.2	65.1	31.7
	아르헨티나	0.4	11.0	–	–	3.0	3.5
	브라질	–	7.9	–	–	3.5	0.1
수출단가 ($/톤)	중 국	104.7	107.4	105.0	116.5	140.8	139.2
	미 국	110.0	107.1	110.6	133.0	173.3	141.5
	아르헨티나	63.7	107.5	–	–	189.4	143.8
	브라질	–	107.1	–	–	169.6	161.0

자료: 농림수산물 수출입통계시스템, www.maf.go.kr

표 16-7 | 우리 나라의 옥수수시장에서의 수출국 시장점유율: 기타용

		2000년	2001년	2002년	2003년	2004년	2005년
시장점유율 (%)	전 체	100.0	100.0	100.0	100.0	100.0	100.0
	중 국	23.6	10.1	43.5	61.8	12.2	78.3
	브라질	–	37.7	49.9	35.5	59.8	16.4
	미 국	73.0	36.8	4.6	1.9	25.4	5.2
수출단가 ($/톤)	중 국	106.1	113.5	106.9	118.0	135.9	144.1
	브라질	–	113.1	114.7	133.8	183.9	154.4
	미 국	113.2	112.0	132.4	215.5	211.2	184.6

자료: 농림수산물 수출입통계시스템, www.maf.go.kr

0.9% 수준). 옥수수 수입은 2005년 현재 12억 2,000만 달러로 수입옥수수는 대부분 사료용 및 기타용이고, 수입관세는 할당관세로 무관세가 적용되고 있다.

우리 나라 시장에서 수출국 간 시장경쟁상황을 보면 사료용 옥수

표 16-8 | 옥수수 시장접근물량과 실제 수입량

(단위: 천 톤, %)

연 도	시장접근물량			실제 수입량 (B)	B/A (%)
	이행계획서	증량	계(A)		
2004	6,102	4,297	10,399	8,387	80.6
2003		4,445	10,547	8,825	83.7
2002		4,240	10,342	9,171	88.7
2001		3,806	9,908	8,525	86.0
2000		4,057	10,160	8,725	85.9

수는 중국과 미국이 경합하는 가운데 브라질과 아르헨티나가 일부 시장을 잠식하고 있다.

기타용 옥수수는 중국과 미국이 경합해 오다가 최근 미국이 탈락하고, 브라질이 중국과 경합하고 있다. 수출단가는 사료용이나 기타용 모두 중국의 수출단가가 가장 낮으며, 미국과 브라질은 우열을 가리기가 쉽지 않으나, 대체적으로 사료용에서는 미국이, 기타용에서는 브라질이 우위에 있다.

옥수수 양허관세는 328%이지만, 실제 수입의 대부분에는 0%의 할당관세가 적용되고 있으며, 실제 수입량도 0% 관세가 적용되는 쿼터물량이 81~89% 수준이다. 따라서 한·미 FTA가 체결된다고 해도 현재의 수입여건이나 수출경합관계가 바뀔 것으로는 보이지 않는다. 같은 이유로 한·미 FTA 체결이 우리 나라의 옥수수 생산에 주는 영향은 사실상 없다고 판단된다.

대 두

수입대두는 채유용(짜서 대두유를 만들고 나머지 찌꺼기는 축산사료로 활용)과 사료용으로 구분되는데, 대두 대신에 대두유나 사료용 대두박(soybean meal)을 직접 수입하기도 한다.

표 16-9 | 우리 나라의 대두관련 농산물 수입추이

(단위: 억 $)

		1995년	1999년	2000년	2001년	2002년	2003년	2004년	2005년
대두	소 계	4.0	3.1	3.3	2.9	3.3	4.1	4.9	4.0
	채유용	3.1	2.5	2.5	2.3	2.5	3.1	3.6	2.8
	사료용	0.0	0.6	0.8	0.6	0.6	0.9	1.2	1.1
	기 타	0.9	0.0	0.0	0.0	0.1	0.1	0.1	0.1
대두박		2.1	1.8	2.2	3.0	2.9	3.1	4.2	3.7
대두유		0.3	0.7	0.5	0.6	0.7	0.9	1.5	1.4

주: 기타는 대두의 분과 조분을 의미함.
자료: 농수산물유통공사, http://www.kati.net/trade/web_trade4.jsp

우리 나라의 대두(채유용, 사료용, 기타) 수입은 1995년 4억 달러에서 2004년 4억 9,000달러까지 증가하다가 2005년 다시 4억 달러로 감소하였으며, 채유용 대두가 대두 전체 수입의 70%를 차지하고 있다.

수입대두의 핵심인 채유용 대두는 전통적으로 미국이 우리 나라 시장에서 우위를 점유해 왔으나, 최근 들어 브라질의 거센 추격을 받아 미국의 시장점유율이 급감한 상태이다. 수출단가는 브라질이 미국보다 낮으나 최근에 다시 역전되고 있다. 사료용 대두는 미국과 중국이 경합하고 있는 가운데 미국이 우세를 유지하고 있으며, 수출단가 측면에서 대체적으로 중국이 미국에 앞서 있다.

대두의 양허관세는 487%로 매우 높지만 옥수수와 마찬가지로 우리가 필요로 하는 수입량에는 매우 낮은 1~5%(채유용 1%, 기타용 5%) 관세가 부과된다. 따라서 한·미 FTA 체결로 인해 우리 나라 시장에서 기존의 수출경합관계가 크게 바뀔 것으로는 예상되지 않는다. 다만 중장기에 걸쳐 점진적으로 브라질이나 중국에서 미국으로 수입이 전환되는 효과는 예상할 수 있다. 특히, 사료용 대두는 향후 중국의 축산업이 발전함에 따라 중국 내에서도 사료용 대두의 수요가 증가할

표 16-10 | 우리 나라의 대두시장에서의 수출국 시장점유율: 채유 및 박용

		2000년	2001년	2002년	2003년	2004년	2005년
시장점유율 (%)	전 체	100.0	100.0	100.0	100.0	100.0	100.0
	미 국	89.1	90.8	85.1	78.5	74.6	54.2
	브라질	10.9	9.2	14.9	19.8	25.4	45.8
수출단가 ($/톤)	미 국	219.7	214.3	217.4	264.3	371.8	281.7
	브라질	220.0	193.3	196.0	252.6	417.4	294.7

자료: 농림수산물 수출입통계시스템, www.maf.go.kr

표 16-11 | 우리 나라의 대두시장에서의 수출국 시장점유율: 사료용

		2000년	2001년	2002년	2003년	2004년	2005년
시장점유율 (%)	전 체	100.0	100.0	100.0	100.0	100.0	100.0
	미 국	88.1	85.4	85.9	88.9	87.4	75.9
	중 국	10.8	14.5	13.0	11.1	11.8	19.2
수출단가 ($/톤)	미 국	219.7	214.3	217.4	264.3	371.8	281.7
	중 국	220.0	193.3	196.0	252.6	417.4	294.7

자료: 농림수산물 수출입통계시스템, www.maf.go.kr

것으로 보여, 우리 나라 시장에서 사료용 대두의 미국 점유율은 점진적으로 높아질 것으로 보인다.

한·미 FTA 체결이 국내대두생산에 미치는 영향은 제한적일 것으로 예상된다. 수입산 대두의 관세가 낮아 관세철폐에 따른 가격하락 효과가 미미하며, 아울러 수입산 대두의 대부분이 사료용이기 때문에 식용으로 사용되는 국내산 대두와는 용도가 다르기 때문이다. 물론 사료용 대두가 식용으로 둔갑하여 판매될 경우에 국내대두가격에 영향을 줄 수도 있다. 그러나 사료용 수입대두는 대부분 유전자변형식품이기 때문에 국내산 식용대두로 둔갑하여 판매될 가능성은 높지 않을 것으로 보인다. 아울러 최종제품인 대두유 관세가 철폐될 경우 대두유 수입이 증가하여 채유용 대두의 수입을 감소시킬 것이기 때문에 국내산 대두의 생산에 주는 영향은 그만큼 줄어들 것이다.

곡물종합

밀은 옥수수, 대두와는 달리 국내수요의 거의 100%를 수입에 의존하고 있기 때문에 한·미 FTA 체결로 국내밀생산에 주는 영향은 거의 없으며, 우리 밀에 대한 소비자의 선호가 있기 때문에 시장개방에 관계 없이 향후에도 일정 부분 틈새시장으로서 자리매김할 것으로 보인다.

전체적으로 곡물류는 쌀을 제외하면 전반적으로 국내수요에 비해 생산이 절대적으로 부족한 품목들로 양허관세는 매우 높지만, 수입은 대부분이 우리의 필요에 의해서 이루어지고 있어, 수입곡물에 적용되는 실제 세율은 매우 낮다(콩, 옥수수, 밀, 대두박에 적용되는 할당관세는 0~3%에 불과). 따라서 관세철폐가 국내곡물생산에 미치는 효과는 매우 제한적일 수밖에 없다.

한편, 향후 식용곡물에 대한 수요는 인구의 정체 및 감소전망, 소득증가에 따른 일반적인 곡물수요의 감소 등으로 조만간 정점에 달할 것으로 예상되며, 중장기적으로 식용곡물에 대한 총수요는 완만히 감소할 것으로 전망된다. 곡물에 대한 수요가 중장기적으로 감소하는 과정에서 곡물수입량이 같이 줄어들지 않는다면 이는 국내생산의 감소로 연계될 것이고, 이로 인해 일정 부분 피해는 예상해 볼 수 있다. 그러나 수입곡물과 국산곡물의 용도가 다르기 때문에 이러한 영향은 매우 작을 것으로 판단된다.

결국 우리 나라 농산물 수입의 거의 40%를 차지하는 곡물부분에 관한 한 한·미 FTA 체결은 큰 영향을 주지 못할 것이라고 판단된다.

3.2. 과 일 류

오 렌 지

오렌지 양허관세는 50%이며, 오렌지주스는 54%이다(감귤의 양허관세는 144%). 신선오렌지는 미국이 우리 시장의 95% 이상을 점유하고 있으며, 나머지 5%를 호주와 남아공이 양분하고 있다. 가격경쟁력은 남아공이 미국에 비해 다소 앞서 있으나, 미국은 품질과 브랜드에서 남아공에 비해 상당히 앞서 있다(캘리포니아의 네이블오렌지가 오렌지의 대명사로 인식). 한편, 오렌지주스는 브라질이 우리 시장의 75%를 점유하고 있으며, 미국이 나머지를 차지하고 있다.

한·미 FTA 체결에 따라 신선오렌지의 관세 50%(주스는 54%)가 철폐되면, 기존 우리 나라 시장에서 미국의 우위가 고착화될 것으로 예상되며, 거의 전량이 미국에서 수입될 것으로 예상된다.

한편, 미국산 신선오렌지에 대한 50%의 수입관세가 철폐되면 미국산 수입오렌지의 가격이 따라서 그만큼 낮아지고, 이로 인해 오렌지의 수요가 증대될 것이기 때문에 미국산 신선오렌지와 부분대체재

표 16-12 | 우리 나라의 오렌지시장에서의 수출국 시장점유율: 신선오렌지

		2000년	2001년	2002년	2003년	2004년	2005년
시장점유율 (%)	전 체	100.0	100.0	100.0	100.0	100.0	100.0
	미 국	95.3	97.5	96.6	97.1	95.7	95.5
	남아공	2.4	0.7	1.2	2.5	3.7	1.9
	호 주	2.2	1.2	2.0	0.3	0.5	1.8
수출단가 ($/톤)	미 국	0.640	0.834	0.850	0.778	0.885	0.978
	남아공	0.700	0.657	0.690	0.729	0.887	0.915
	호 주	1.087	0.963	1.031	0.983	0.919	1.157

자료: 농수산물유통공사, http://www.kati.net/trade/web_trade4.jsp

표 16-13 | 감귤의 생산과 가격 및 오렌지 수입추이

		2000년	2001년	2002년	2003년	2004년	2005년
감귤	재배면적(천 ha)	24.3	26.7	26.2	24.6	22.1	21.5
	생산량(천 톤)	614.8	644.7	642.5	631.9	584.3	638.0
	농판가격(중품)(천 원/15kg)	15.8	9.6	10.3	8.6	11.5	19.1
오렌지 수입	금액(백만 $)	63.4	77.2	88.1	112.6	136.7	120.4
	물량(천 톤)	99.0	92.5	102.6	144.9	154.4	123.0
	수입단가(천 원/15kg)	10.9	16.2	16.1	13.9	15.2	15.0

자료: 재배면적과 생산량은 『작물통계』, 농판가격은 『농협조사월보』, 수입자료는 농수산물유통공사, http://www.kati.net/trade/web_trade4.jsp

로 볼 수 있는 국산감귤에 대한 소비감소가 예상된다. 아울러 2000년 이후 전체 과일소비량이 정체되어 있는 여건에서[1] 오렌지의 소비가 늘어나면 감귤 이외 여타 과일(특히, 겨울과 봄철 소비 과일)에 대한 부분적인 소비감소로 연결될 수도 있다.

그러나 오렌지 소비와 감귤 소비는 완전대체라기보다는 부분대체 관계에 가깝다고 판단된다. 즉, 국내소비자의 감귤 소비취향은 크기가 작고, 껍질이 쉽게 벗겨지며, 당도가 높은 것보다는 당도와 신맛이 적당히 섞인 것을 선호하는 반면, 오렌지는 당도가 높은 것도 있으나 전체적으로 껍질까기가 매우 불편하여 감귤과 오렌지가 완전대체재로 보기 어렵다.

또한 오렌지가 수입되기 시작한 지난 2000년 이래 국산감귤의 수급 및 가격 움직임을 고려할 때 국산감귤의 가격은 오렌지 수입량에도 영향을 받고 있지만, 당해 연도 감귤의 생산량과 품질, 유통물량(유통명령 등에 의한)에 보다 크게 의존하고 있다고 판단된다. 즉, 감귤의 농가판매가격은 오렌지 수입량의 증가에도 불구하고 2002년 이

[1] 우리 나라의 연간 1인당 과일소비량은 2001년 59.2kg를 정점으로 정체현상을 보이고 있다.

표 16-14 | 10a당 감귤생산비와 미국산 오렌지의 가격비교

	노지감귤
1. 감귤생산량(kg)	3,431
2. 판매단가(원/kg)	753
3. 감귤생산비(원)	1,228,663
경영비	700,953
자가노력비	527,710
4. kg당 감귤생산비(원/kg)(A)	358
5. 미국산 오렌지 수입가격(관세부과 이전)(원/kg)(B)	715~1,077원
6. A/B	0.50~0.34

자료: 농촌진흥청, 『2004 농축산물 표준소득자료집』.

후 상승세를 유지해 왔으며, 이러한 상승세의 이면에는 간벌 등 감귤의 생산량 조정과 품질고급화, 유통명령제의 실시 등이 있었다고 판단된다.

한편, 감귤의 단위생산비와 관세철폐시 미국산 오렌지의 수입단가를 비교하면 관세철폐로 인해 노지감귤의 수익성이 악화될 것으로 예상되지만, 그렇다고 생산이 큰 영향을 받을 것으로는 보이지 않는다. 감귤생산비는 2004년 358원/kg이었음에 반해 관세를 부과하지 않은 미국산 신선오렌지의 수입단가는 715~1,077원/kg으로 kg당 감귤생산비의 2~3배 수준이었다.

결국, 미국산 오렌지의 관세가 철폐됨에 따라 이것이 국산감귤의 소비를 줄이고, 가격을 하락시켜 일정 부분 감귤생산이 감소될 것으로 보이지만 이로 인해 국산감귤산업이 붕괴될 정도는 아니라고 판단된다. 다만 감귤생산이 제주지역에 한정되어 있어 지역농업 및 경제에 미치는 영향이 클 수 있기 때문에 이와 같은 지역집중도는 고려되어야 할 것이다.

사 과

사과의 양허관세는 45%이지만, 실제 사과 수입 여부는 관세보다는 식물검역에 의해서 좌우되고 있다. 즉, 신선사과는 식물방역법상 지중해 과실파리, 코드린나방 등 유해병해충 때문에 전 세계로부터 수입이 금지되어 있다. 따라서 식물검역에 따라 단계별 병해충 위험 평가절차를 거쳐 안전성이 보장되지 않는다면 한·미 FTA를 체결한다고 해도 사과 수입은 불가능하다.

식물검역을 제외할 경우에도 미국산 사과의 수입가능성은 있을 것으로 보인다. 다만 미국의 사과생산 중 50% 이상은 우리 나라의 사과에 비해 맛과 특성이 다른 델리셔스 계통의 품종으로 당도는 국산사과와 큰 차이가 없으나, 껍질째 먹는 미국인의 소비취향 때문에 국산사과에 비해 푸석푸석하고 수분이 적은 것이 특징이다. 따라서 미국산 사과가 수입된다고 해도 소비특성의 차이 때문에 그 영향은 크지 않을 것으로 본다. 다만 미국에서도 워싱턴주 등에서 일부 후지사과가 생산되기 때문에 후지사과가 우리 나라에 수입될 가능성이 있으며, 이로 인한 피해는 일정 부분 발생할 가능성이 높다고 본다.

표 16-15 | 미국과 한국의 사과수출단가 비교: 한국/미국

(단위: $/kg)

	2001년	2002년	2003년	2004년	2005년
일 본	0.75/0.82	−/0.84	−/0.83	3.09/0.84	4.86/0.86
대 만	1.55/0.52	1.83/0.57	1.66/0.62	1.93/0.78	2.42/0.85
인도네시아	0.62/0.48	1.36/0.56	1.03/0.49	2.58/0.68	3.70/0.62
홍 콩	2.86/0.56	2.38/0.62	1.23/0.65	1.86/0.73	2.36/0.70
미 국	0.92	0.67	1.16	0.96	2.56

자료: 미국은 Department of Commerce, U.S. Census Bureau, Foreign Trade Statistics, 우리 나라는 농수산물유통공사.

한편, 미국산 사과와 국산사과의 수출가격을 비교하면, 일본 시장을 비롯하여 대부분의 지역에서 국산사과의 수출단가가 미국 사과의 수출단가보다는 월등히 높다. 이러한 사실은 미국이 사과를 수출하고 있지만, 품질면에서는 우리 사과도 미국 사과에 뒤지지 않는다는 것을 간접적으로 나타내고 있다.

결국, 미국 사과와 국산사과는 품종과 맛, 품질에서 차이가 있기 때문에 한·미 FTA 체결로 인해 미국산 사과가 우리 나라에 수입된다고 해도 국산사과의 소비에 큰 영향을 주지 못할 것으로 보인다. 특히, 우리 나라의 사과소비는 1995년 이후 연평균 8%로 감소해 왔기 때문에[2] 향후 사과가격의 하락에도 불구하고 미국산 사과의 수입이 크게 증가될 것으로 보이지 않는다. 다만 중장기적으로 미국산 사과 맛에 국내소비자가 익숙해진다면 미국산 사과의 가격이 우리 사과의 50~70% 수준이기 때문에 한·미 FTA 체결로 인해 국내사과산업이 중장기적으로 일정 부분 피해를 입을 가능성은 있다.

포 도

우리 나라의 신선포도 수입은 1996년 미국과 칠레에서 2,403톤이 수입된 이래 꾸준히 증가하여 2005년 현재 1만 3,353톤(2,360만 달러)에 이르고 있다. 신선포도 수입 중 약 80%는 칠레산이며, 나머지는 대부분 미국산이다. 수출단가는 칠레가 미국에 앞서 있다.

한편, 신선포도의 수입은 한·칠레 FTA 체결에 따라 전체 수입의 80% 이상이 1년중 상반기에 칠레에서 수입되고 있으며, 나머지 20%는 하반기에 주로 미국에서 수입되고 있다. 따라서 한·미 FTA 체결시 칠레에서 미국으로의 수입전환효과는 매우 제한적일 것이며, 7월 이후 생산되는 국산노지포도 생산에 직접적인 영향을 줄 것으로 예상된다. 그러나 미국산 포도수입이 우리 나라 노지포도 생산에 미치는

[2] 사과의 1인당 소비량은 1995년 15.8kg에서 2004년 7.4kg으로 지속적으로 감소해 왔다.

표 16-16 | 우리 나라의 포도시장에서의 수출국 시장점유율: 신선포도

		2000년	2001년	2002년	2003년	2004년	2005년
시장점유율 (%)	전 체	100.0	100.0	100.0	100.0	100.0	100.0
	칠 레	81.7	88.4	83.0	77.0	77.6	81.1
	미 국	18.3	11.6	17.0	23.0	22.4	18.8
수출단가 ($/kg)	칠 레	1.57	1.39	1.57	1.49	1.58	1.71
	미 국	1.73	1.88	1.68	1.86	2.29	2.04

자료: 농수산물유통공사.

표 16-17 | 10a당 노지포도 생산비와 미국산 수입포도의 가격비교

	노지포도 (2002~2004년 평균)
1. 포도생산량(kg)	1,849
2. 판매단가(원/kg)	1,986
3. 포도생산비(원)	2,125,380
경영비	1,045,646
자가노력비	1,079,734
4. kg당 포도생산비(원/kg)(A)	1,153
5. 미국산 포도의 수입가격(관세부과 이전)(최저~최고)(원/kg)(B)	2,088~2,621
6. B/A	1.81~2.27

자료: 농촌진흥청, 『농축산물 표준소득자료집』, 각 연도; 농수산물유통공사.

영향은 크지는 않을 것으로 보는데, 이는 관세부과 이전 미국산 포도의 수입가격이 국내노지포도의 생산단가를 훨씬 웃돌고 있기 때문이다.

아울러 우리 나라도 신선포도를 수출하고 있는데, 미국과 우리 나라의 포도수출단가를 비교할 때 우리 나라의 가격이 상대적으로 높아 국내수출용 포도의 품질이 미국산에 비해 결코 뒤지지 않는다는

표 16-18 | 미국과 한국의 포도수출단가 비교: 한국/미국

(단위: $/kg)

	2001년	2002년	2003년	2004년	2005년
홍 콩	1.91/1.55	3.45/1.50	2.00/1.52	2.93/1.55	3.00/1.46
말레이시아	1.61/1.51	1.93/1.54	2.31/1.58	-/1.60	-/1.62
중 국	3.05/1.22	3.30/1.23	5.02/1.17	-/1.55	-/1.60
인도네시아	1.26/1.30	2.14/1.14	2.05/1.18	2.78/1.30	3.23/1.21
일 본	3.41/1.76	-/1.40	6.18/1.36	7.31/1.80	4.44/1.68

자료: 미국은 Department of Commerce, U.S. Census Bureau, Foreign Trade Statistics, 우리 나라는 농수산물유통공사.

것을 알 수 있다.

과일류 종합

한·미 FTA 체결로 인해 오렌지의 수입증가가 예상되지만, 이에 따른 국산감귤의 소비감소는 부분대체일 것으로 예상되기 때문에 감귤생산 자체를 붕괴시킬 것으로는 예상되지 않으나, 일정한 피해는 발생시킬 것으로 보며, 특히 지역적으로 집중적인 피해가 우려된다.

한편, 미국산 포도의 수입은 증가할 것으로 보이지만 수입단가는 국산노지포도의 생산단가를 훨씬 웃돌고 있기 때문에 노지포도의 수익성은 떨어질 것이지만 생산에는 큰 영향을 줄 것으로는 예상되지 않는다.

사과는 식물검역이 유지되는 한 미국산 사과 수입은 어려울 것으로 보인다. 식물검역을 고려하지 않는다면 미국산 사과는 국내소비자들이 즐겨 찾는 품종이 아니고 사과에 대한 수요 자체도 감소추세에 있어 큰 영향을 주지는 못할 것으로 예상된다. 다만 미국도 일부 후지사과를 재배, 수출하고 있기 때문에 이로 인한 피해는 예상되며, 중장기적으로 미국산 사과의 맛에 국내소비자가 익숙해질 경우 이로 인

한 피해는 커질 수 있다.

전체적으로 감귤과 포도, 사과를 제외한다면 한·미 FTA 체결로 인해 특정 과일이 받는 영향은 제한적일 것으로 판단되며, 보다 중요한 영향은 과일에 대한 소비가 정체되어 있는 가운데 소비자들이 이전보다 다양한 과일을 접할 수 있게 됨으로써 국산과일에 대한 전반적인 수요감소로 인한 피해이다.

한편, 향후 품질이 떨어지는 저가의 과일은 비단 한·미 FTA가 아니더라도 DDA 농업협상 결과의 이행과 함께 국내소비자의 소비취향 고급화로 더 이상 현상유지가 어려울 것으로 예상되기 때문에, 향후 국산과일의 품질고급화와 함께 새로운 해외수요의 창출은 국내과실산업의 발전을 위해 필연적으로 요구된다.

3.3. 축 산 물

쇠 고 기

우리 나라의 쇠고기 수입은 크게 신선·냉장쇠고기와 냉동쇠고기, 기타 설육(뼈 포함)으로 구분해 볼 수 있는데, 냉동쇠고기가 전체 쇠고기 수입의 70% 이상이다.

냉동쇠고기와 신선·냉장쇠고기 모두 2003년까지는 미국이 우리 시장에서 압도적인 우위를 점유하고 있었으나, 광우병 발생에 따른 미국산 쇠고기 수입금지로 2004~2005년 미국의 시장점유율은 현재 0인 상태다. 대신 호주와 뉴질랜드가 시장점유율을 대폭 확대시켰으며, 특히 신선·냉장쇠고기의 경우 거의 전량이 호주에서 수입되고 있다. 수출단가는 냉동쇠고기의 경우 미국의 가격이 상당히 높은 상태에서도 70% 이상의 시장점유율을 유지해 왔다는 사실에서 호주산 냉동쇠고기에 비해 미국산의 품질이 우수하거나 우리 소비자(유통업체)들의 취향이 미국산 냉동쇠고기를 선호한 것을 알 수 있다.

한·미 FTA 체결시 동물검역문제가 해결되면 미국으로부터의 쇠

표 16-19 | 우리 나라의 쇠고기 수입동향

(단위: 백만 달러, %)

연도	계	신선·냉장	냉 동	설육 및 기타
1995	537.6(100.0)	0.1(0.0)	537.5(100.0)	-(0.0)
1996	496.4(100.0)	0.4(0.1)	496.0(99.9)	-(0.0)
1999	502.7(100.0)	6.9(1.4)	446.4(88.8)	49.4(9.8)
2000	792.7(100.0)	23.2(2.9)	699.6(88.3)	69.9(8.8)
2001	554.0(100.0)	24.4(4.4)	462.8(83.5)	66.7(12.0)
2002	942.1(100.0)	61.2(6.5)	784.4(83.3)	96.5(10.2)
2003	1,169.4(100.0)	119.5(10.2)	949.9(81.2)	100.1(8.6)
2004	598.7(100.0)	78.0(13.6)	466.0(77.8)	54.7(9.1)
2005	732.3(100.0)	136.3(18.6)	533.7(72.9)	62.3(8.5)

주: ( ) 안은 비중.
자료: 농수산물유통공사.

표 16-20 | 우리 쇠고기시장에서의 수출국 시장점유율: 냉동쇠고기

		2000년	2001년	2002년	2003년	2004년	2005년
시장점유율 (%)	전 체	100.0	100.0	100.0	100.0	100.0	100.0
	미 국	67.7	65.5	70.3	76.5	0	0
	호 주	18.7	24.9	20.7	15.0	51.8	66.9
	뉴질랜드	3.7	4.7	4.9	6.8	27.4	30.4
수출단가 ($/kg)	미 국	3.69	3.06	2.83	3.49	-	-
	호 주	1.89	2.04	2.09	2.27	3.13	3.31
	뉴질랜드	2.36	2.11	2.19	2.49	2.87	3.44

자료: 전게서.

고기 수입이 재개되어 우선적으로 미국의 시장점유율은 과거 수준을 회복하게 될 것으로 예상된다. 이에 따라 호주와 뉴질랜드로부터의 쇠고기 수입이 급격히 줄어들 것으로 보인다(무역전환효과). 한편, 이에 추가하여 관세가 철폐됨에 따라 미국의 시장점유율은 과거 최고

표 16-21 | 우리 쇠고기시장에서의 수출국 시장점유율: 신선·냉장쇠고기

		2000년	2001년	2002년	2003년	2004년	2005년
시장점유율 (%)	전 체	100.0	100.0	100.0	100.0	100.0	100.0
	미 국	77.8	69.1	62.6	71.0	0	0
	호 주	17.6	29.4	36.4	27.2	95.2	96.2
	뉴질랜드	2.2	0.2	0.1	0.5	3.7	3.5
수출단가 ($/kg)	미 국	3.75	3.98	4.20	5.44	–	–
	호 주	5.38	5.75	4.31	5.17	6.45	7.18
	뉴질랜드	7.28	9.78	8.03	6.26	6.06	5.84

자료: 전게서.

수준보다 높아질 것으로 판단된다(냉장·냉동쇠고기 모두 80~85% 이상).

국내축산부문에 미칠 영향은 단기적으로 미국이 이전의 시장점유율을 회복하는 과정에서 전체 쇠고기수입량 자체가 급격히 늘어날 것으로는 예상되지 않는다. 다만 한육우 사육농가에게 심리적인 영향과 함께 그 동안 한우 사육두수가 크게 증가하였기 때문에,[3] 한우가격이 급락할 가능성은 있다. 특히, 2001년 쇠고기 수입자유화시의 경험에 기초해 볼 때, 한우 사육두수의 급격한 감축이 오히려 한우 사육농가에게 손실을 초래하였다는 점에 주의해야 한다. 2001년 쇠고기 수입자유화를 우려해 1999~2000년에 대폭적인 한우 사육두수 감축은 이후 한육우의 수급불균형을 초래하였고, 수입쇠고기와 한우쇠고기의 시장차별현상과 맞물려 한우가격의 상승을 가져와 결과적으로 축산농가에게 불이익을 초래하였다.

한편, 중장기적으로 관세가 철폐됨에 따라 미국산 쇠고기의 가격하락으로 수입쇠고기에 대한 수요가 증대되고, 이는 한우의 가격하락과 함께 사육두수 감소를 초래할 것이다. 다만 한우쇠고기와 수입쇠

[3] 그 동안 한육우 사육두수는 2001년과 2002년 141만 두에서 점차 증가하여 2004년에 167만 두, 2005년에는 182만 두로 늘어났다.

표 16-22 | 한육우 사육두수(연평균) 및 가격(연평균)추이

연도	사육두수(천 두)	수소 가격(천 원/500kg)	암소 가격(천 원/500kg)
1997	2,842	2,553	2,522
1998	2,632(△210)	2,004(△548)	1,887(△635)
1999	2,103(△529)	2,488(484)	2,407(514)
2000	1,731(△372)	2,682(194)	2,792(442)
2001	1,469(△262)	3,281(599)	3,145(667)
2002	1,423(△46)	3,853(573)	3,900(687)

주: ( ) 안은 전년 대비 차이임.
자료: 『농협조사월보』, 『가축통계』.

표 16-23 | 미국산 쇠고기 안전성에 대한 인식

(단위: %)

	2004년 7월 조사	2005년 9월 조사
안전하다	7.3	4.0
안전하지 않다	78.0	83.9
모르겠다.	14.7	12.1

자료: 정민국 외(2005)에서 재인용.

고기의 시장이 상당히 차별화되어 있고, 아울러 최근에는 건강을 고려한 육류소비의 둔화 움직임이 나타나고 있기 때문에 한·미 FTA의 체결로 인한 한우의 가격하락과 사육두수 감소는 일반적 예상보다는 작을 것으로 본다.

한국농촌경제연구원의 한우쇠고기와 수입쇠고기에 대한 소비자 인식조사 결과[4]에 따르면, 국내소비자들은 가격을 제외한 모든 부문에서 수입쇠고기에 대해 부정적 반응을 나타내고 있으며, 특히 미국산 쇠고기의 수입재개시 소비의향은 1년 전에 비해 나빠진 것으로 나타나고 있다.

[4] 정민국 외, 『미국산 쇠고기 수입재개 파급영향 분석』, 정책연구보고 P80(2005. 9), pp. 22~24.

또한 1인당 육류소비량은 꾸준히 증가해 오다가 2002년 33.3kg 이후 정체 내지는 감소하고 있으며(2003년 31.7kg, 2004년 31.3kg, 2005년 31.9kg), 특히 웰빙(well-being) 식품소비가 확산되면서 육류 중에서도 닭고기 등과 같은 백색육에 대한 관심이 커지고 있고, 아울러 육류보다는 식물성 단백질과 과채류 소비를 통한 건강식에 대한 관심이 높아지고 있다는 점을 고려한다면, 미국산 쇠고기 수입으로 인한 피해는 예상 밖으로 크지 않을 수 있다.

돼지고기

돼지고기의 관세는 18~25%로 수출입이 동시에 이루어지고 있다. 삼겹살은 국내생산이 수요에 절대적으로 부족해 상당한 양이 수입되고 있는 반면 안심과 갈비는 우리가 수출하고 있다.

돼지고기 수입은 2000년 이후 2억 달러 내외였으나, 2004년부터 광우병파동에 의한 돼지고기 대체소비 국산돼지의 도축물량 감소로 수입이 증가하기 시작하여, 2005년 현재 6억 2,000만 달러가 수입되고 있다. 주로 삼겹살(냉동)과 기타 냉동돼지고기가 수입되고 있는데, 삼겹살은 유럽(특히, 벨기에, 프랑스, 덴마크 등)에서 수입하고 있는 반면, 기타 냉동돼지고기는 유럽 이외에 캐나다와 미국, 칠레에서도 수입되

표 16-24 | 돼지고기 수입추세

(단위: 백만 달러, %)

연도	계	냉동삼겹살	냉장삼겹살	기타 냉동육	기타
2000	259(100.0)	136(52.5)	2(0.7)	105(40.3)	17(6.5)
2001	182(100.0)	116(63.7)	1(0.3)	53(29.4)	12(6.6)
2002	216(100.0)	130(60.0)	2(1.1)	72(33.2)	12(5.6)
2003	196(100.0)	115(58.9)	2(1.1)	65(33.4)	13(6.6)
2004	352(100.0)	183(51.8)	9(2.5)	136(38.6)	25(7.1)
2005	620(100.0)	246(39.6)	22(3.6)	620(50.4)	40(6.4)

주: ( ) 안은 점유율.
자료: 농수산물유통공사.

표 16-25 | 우리 시장에서의 수출국 시장점유율: 냉동삼겹살

		2000년	2001년	2002년	2003년	2004년	2005년
시장점유율 (%)	전 체	100.0	100.0	100.0	100.0	100.0	100.0
	벨기에	1.9	23.7	38.5	29.9	26.6	20.4
	칠 레	0.0	0.0	3.0	20.0	23.5	20.3
	프랑스	26.2	12.8	0.2	10.6	14.6	15.0
	네덜란드	25.1	11.5	5.3	11.8	11.0	12.5
	덴마크	25.4	22.1	18.3	10.0	7.5	9.8
	오스트리아	3.0	5.6	8.0	3.8	7.2	8.0
	헝가리	10.1	12.1	16.4	7.4	3.7	4.0
	핀란드	3.9	5.4	4.4	3.1	1.2	0.9
	미 국	0.3	0.4	0.2	0.6	0.2	0.8
수출단가 ($/kg)	벨기에	2.05	2.95	2.90	2.46	2.83	3.24
	칠 레	–	–	2.82	2.48	3.03	3.40
	프랑스	2.75	2.98	2.84	2.66	2.97	3.31
	네덜란드	2.68	2.78	2.68	2.47	3.03	3.45
	덴마크	2.29	2.54	2.89	2.73	2.83	3.06
	오스트리아	2.63	3.00	2.90	2.60	3.06	3.33
	헝가리	2.35	2.80	2.89	2.37	2.89	3.35
	핀란드	2.61	2.99	3.14	2.71	2.72	2.98
	미 국	2.12	2.37	2.44	2.41	2.55	3.14

자료: 전게서.

고 있다.

냉동삼겹살은 종전 덴마크, 프랑스, 네덜란드에서 최근 칠레와 벨기에로 수입이 전환되고 있으며, 동시에 스페인, 폴란드 등으로 수입이 다변화되고 있다. 미국의 비중은 미미한 실정이지만 가격경쟁력은 있는 것으로 보인다.

표 16-26 | 우리 시장에서의 수출국 시장점유율: 기타 냉동돼지고기

		2000년	2001년	2002년	2003년	2004년	2005년
시장점유율 (%)	전 체	100.0	100.0	100.0	100.0	100.0	100.0
	캐나다	19.0	38.9	38.0	33.4	27.2	24.3
	미 국	12.1	19.4	18.6	18.9	21.1	34.8
	헝가리	21.9	17.5	15.7	12.3	7.4	4.2
	덴마크	24.8	11.2	13.2	11.2	9.6	3.5
	칠 레	0	0	3.4	10.8	8.6	9.3
	프랑스	7.1	1.7	0	5.3	8.6	8.4
수출단가 ($/kg)	캐나다	0.81	0.76	0.73	0.63	0.94	1.41
	미 국	1.43	0.91	0.96	1.03	1.52	2.01
	헝가리	1.75	1.69	1.66	1.56	1.79	2.39
	덴마크	1.41	1.05	0.96	0.66	0.78	0.86
	칠 레	–	–	1.22	1.19	1.30	1.78
	프랑스	1.57	1.67	–	1.18	2.00	2.39

자료: 전게서.

기타 냉동돼지고기는 기존 헝가리와 덴마크에서 캐나다와 미국으로 주요 수입국이 바뀌고 있는데, 2005년 현재 미국의 비중은 가장 크며, 미국은 나름대로 가격경쟁력도 갖추고 있다.

우리 나라의 돼지고기 수입이 이미 상당히 다변화되어 있기 때문에 한·미 FTA 체결시 벨기에나 덴마크, 칠레 등에서 미국으로부터의 수입으로 전환효과가 우세할 것으로 판단되며, 이에 따라 한·미 FTA가 국내양돈산업에 미치는 영향은 제한적일 것으로 본다.

냉동삼겹살은 상대적으로 가격이 높은 칠레나 네덜란드, 프랑스, 벨기에 등에서 미국으로부터의 수입이 확대될 것으로 예상되어 우리 나라 시장에서 미국의 시장점유율은 서서히 증가할 것으로 보이며, 국내생산만으로는 삼겹살 소비수요를 충족시키지 못하는 상황이 지속

될 것으로 예상된다.

기타 냉동돼지고기도 칠레나 헝가리, 캐나다에서 미국으로부터의 수입으로 무역전환효과가 발생할 것으로 예상된다. 다만 2004년 이후 기타 냉동돼지고기 수입의 급격한 증가[5]는 광우병파동으로 인한 쇠고기 소비감소에 따른 대체소비 증가가 한 원인이었기 때문에, 향후 미국산쇠고기 수입재개시 기타 냉동돼지고기의 수입은 오히려 줄어들 수 있다.

아울러 기타 냉동돼지고기 중 안심과 등심 등은 우리의 주종 수출축산물인바, 보다 전문적인 생산과 품질관리로 수출을 확대시킬 수 있다. 다만 향후 쇠고기 소비가 늘어날 경우, 삼겹살 이외의 돼지고기 소비가 감소될 수 있기 때문에 이로 인해 일정 부분 피해는 예상된다.

한편, 지속가능한 농업과 환경보호 측면에서 양돈산업은 적정 규모의 사육두수 유지가 중요한데, 환경보전 차원에서 축산폐수 등 오염물질의 정화 및 관리가 가능한 범위 내에서 양돈산업의 건전한 유지·발전을 고려해야 한다.

4 소 결 론

1980년대 말 이후 우리 나라는 농산물시장 개방확대정책을 꾸준히 시행해 왔으며, 이에 따라 사실상 미국의 핵심 수출농산물에 대한

[5] 기타 냉동돼지고기는 연간 7~8만 톤이 수입되다가 2004년 광우병파동으로 급격히 증가해 2005년에는 18만 톤에 이르렀다.

실효관세는 높지 않으며, 이미 상당 부분 우리 나라 시장에 들어와 있다. 따라서 쌀을 제외한다면 한·미 FTA 체결로 인해 전체 농축산물의 수입량이 증가하기보다는 종전 미국 이외 국가로부터의 수입이 미국으로의 수입으로 전환되는 무역전환효과가 우세할 것으로 예상된다. 또한 수입농산물과 국내농산물의 품종과 용도, 맛, 국내소비자의 소비취향 등에 기초해 볼 때, 미국산 농산물과 국산농산물은 서로 부분적인 소비대체관계에 있기 때문에 농업부문의 실질적 피해는 일반적 예상과는 달리 크지 않을 것으로 예상된다. 특히, 이러한 피해는 한·미 FTA 이행 초기에는 거의 나타나지 않을 것으로 예상되는데 이는 FTA 발효 초기에는 절대적인 수입량이 증가하기보다는 기존에 중국이나 브라질, 인도, 아시아 등으로부터의 농축산물 수입이 미국으로 전환되는 무역전환효과가 크게 나타날 것이기 때문이다.

결국 한·미 FTA로 인해 우리 농업부문에 대한 피해는 분명하지만, 그렇다고 우리 농업이 붕괴된다거나 초토화된다는 것은 상당 부분 과장되어 있다고 본다.

한편, FTA 이행과정에서 농업부문의 구조조정이 원활히 이루어져 농업생산성이 향상될 경우 실제 발생할 생산 및 소득피해는 상당히 줄어들 가능성이 있으며, 실제 FTA 발효 이후 농지의 가격이 현재보다 30% 이상 하락할 것으로 예상되기 때문에 우리 농산물의 상대적인 경쟁력이 그만큼 향상될 것으로 본다.

다른 한편, 우리 농업은 내부에서도 농업노동의 고령화로 인하여 향후 큰 구조변화가 일어날 전망이다. 아울러 비단 농산물 시장개방이 아니더라도 품질이 낮은 중저가 농산물은 국내소비자의 소비취향과도 일치하지 않기 때문에 점차 설 자리가 없어질 것으로 보인다. 결국 우리 농업은 세계화·개방화라는 큰 흐름에 직면하여 대내외적으로 근본적인 체질변화와 개혁이 요구되고 있는 상황이기 때문에 한·미 FTA는 우리 농업에 위기이자 구조조정을 촉발시킬 수 있는 계기가 될 것이다.

따라서 농업분야 역시 다른 산업분야와 마찬가지로 한·미 FTA 자체가 문제라기보다 우리 내부적으로 이를 어떻게 소화하고, 활용해 나갈 것인가가 중요하다. 당연히 정부는 한·미 FTA에 대한 단기적인 대응보다는 우리 농업의 중장기 구조조정과 발전방향 등 향후 우리 농업에 대한 비전과 전략을 명확히 제시하여 농업인들의 우려와 불신을 불식시켜야 할 것이다.

농업인단체와 한·미 FTA를 반대하는 그룹도 농업부문의 피해를 과장하여 다수의 농민들의 불안감을 조장시키기 보다는 현실을 직시한 합리적인 사고와 대안으로 한·미 FTA의 찬반을 논해야 할 것이다.

제 4 부

한·미 FTA 추진관련 정치·사회적 이슈분석

김진오

제17장

멕시코와 NAFTA

1 주요 찬반논쟁

한·미 FTA에 대한 공식 협상개시가 선언된 직후 시민사회단체를 중심으로 정부가 준비과정이 미흡한 가운데 국가운명을 결정할 중요 정책을 졸속으로 추진한다는 비판이 제기되었다. 특히, 국내여론을 전혀 수렴하지 않은 가운데 비민주적으로 추진한다는 비판이 포함되었다. 그리고 협상과정의 투명성 문제와 4대 선결조건도 주요 논쟁의 대상이 되었다.

그러나 한·미 FTA 협상개시 선언과 더불어 지속적으로 논쟁의 중심을 차지하고 있는 것은 멕시코이다. 이는 멕시코가 1994년 1월 1일 발효된 북미자유무역협정(NAFTA)을 바탕으로 미국 및 캐나다와 긴밀한 경제협력관계를 지속하고 있기 때문이다. 멕시코의 사례가 한·미 FTA 찬반논쟁의 중심에 서게 된 것은 한국과 유사한 개발도상국가로서 미국과 FTA를 체결한 사례인 동시에, 현재 멕시코의 경제 및 사회적 여건들이 대부분 NAFTA 요인으로 결정되고 있다는 판단 때문이다.

한국에서 일고 있는 멕시코를 둘러싼 논쟁의 핵심은 크게 두 가지로 나뉜다. 하나는 NAFTA가 멕시코의 경제 및 사회에 긍정적 또는 부정적으로 작용하는지, 다른 하나는 멕시코의 사례로 볼 때 한·미 FTA를 추진하는 것이 타당한지이다. 그러나 멕시코 사례를 둘러싼 찬반 양 진영의 주장을 살펴보기 이전에 먼저 양 진영 모두 각자의 주장에 대한 근거를 마련하기 위하여 FTA가 국가 간의 복잡한 경제협력관계를 규율하는 다수의 제도 중 일부에 불과하다는 사실을 의식적으로 무시하면서 마치 만병통치약처럼 사용하고 있지는 않은지 짚어 볼 필요가 있다. 그러한 이유 때문에 각각은 유리한 정보를 들어 자기의 주장을 펴고, 동일한 정보를 가지고도 왜곡하여 해석하는 오류를 범하고 있다.[1] 그 결과 멕시코에 대한 NAFTA의 영향을 보는 시각은 극단적으로 양분되고, FTA와 멕시코에 대한 이해가 부족한 국민들은 한·미 FTA에 대해서 혼란스러워 한다. 특히, 멕시코의 경제 및 사회실상을 전후 맥락에 대한 사실을 파악하여 전달하기보다는 중립성이 훼손된 채 감성적인 태도로 일관하는 특정 언론의 보도는 여론의 양분을 부추기고 있다.

본장은 과연 NAFTA가 멕시코의 경제와 사회의 파탄을 가져온 주범인가를 살펴보는 데 목적을 두었다. 따라서 먼저 찬반 양측이 멕시코와 NAFTA의 관계를 어떻게 규정하는지 살펴볼 필요가 있다. 한·미 FTA를 추진하면서 정부는 수출 및 투자증가, 경제성장 촉진, 고용창출, 경쟁력 강화, 신성장동력 확보, 고품질 서비스 제공 등 긍정적인 효과달성을 강조하였다. 이러한 가운데 NAFTA 출범 이후 멕시코가 달성한 수출 및 투자증대, 안정적인 경제성장, 고용창출, 국가이미지 제고 등에서의 성과를 미국과의 FTA 추진의 근거사례로 들었다. 반면, 한·미 FTA를 반대하는 입장에서는 FTA의 특성인 무역 및 투자의 증가와 그에 따른 긍정적인 측면은 도외시하고 멕시코의 성장률 둔화, 무역 및 투자증가의 이면, 고용악화, 실질임금 하락, 양극화 심화, 경기동조화 등을 부정적으로 해석하였다. 이러한 멕시코 실정에 대한 양측의 치열한 충돌로 인하여 국내적으로는 'NAFTA와 멕시코'

---

[1] 대표적으로 한·미 FTA 국민보고서(2006)의 경우 NAFTA 이후 확대된 교역 및 외국인투자가 멕시코의 경제성장으로 연결되지 않았다고 주장한다. 이러한 주장을 뒷받침하는 자료로서 대외경제정책연구원이 발표한 자료(이홍식·이경희, 2006)를 인용하였는데, '교역과 외국인투자가 확대되더라도 FTA로 인한 피해예상부문에 대한 개방전략과 국내산업정책이 효과적으로 연계되지 못하는 경우'라는 전제조건을 설명하지 않은 채, NAFTA로 인한 교역과 외국인투자 증가의 순기능을 인정하지 않았다.

를 분석한 유수의 논문들이 가치를 잃거나 FTA와는 무관하게 분석되는 양극화 심화와 실업문제, 다국적기업 및 투기자본의 역할 등이 NAFTA의 절대적인 영향이라는 주장에 휩싸이게 되었다.[2]

또한 한·미 FTA에 찬성하는 입장과 반대하는 입장은 상대방의 주장에 꼬리를 더하는 방식으로 대응하고 있고, 나아가서는 통계적 자료를 왜곡해석하는 논리전개에서 헤어나지 못하고 있다. 심지어 NAFTA 추진 이후 멕시코에 대한 평가가 각종 자료의 조작과 은폐 등으로 올바른 정보를 제공하지 못하였다는 평가까지 내려지고 있는 실정이다. 이에 여기에서는 OECD, World Bank, IMF 등 국제기구들이 제공하는 자료를 1차적으로 이용하여 멕시코 경제에 대한 NAFTA의 경제적 효과를 정리하고, 부족한 자료는 멕시코 정부가 제공하는 통계자료로 보완하여 위와 같은 논리전개에서 벗어나고자 하였다.[3] 이는 각종 국내언론매체들에 노출된 멕시코에 대한 통계자료들이 일관성이 없고, 그 출처조차 모호하거나 변형되었기 때문에 가급적 가공하지 않은 통계자료를 보여 주기 위함이다. 그리고 멕시코의 현주소를 바라보는 데 있어 중요하다고 판단될 때에는 그 역사적 맥락을 설명하는 데 주안점을 두었다.[4]

본장의 집필의도는 다음의 질문으로 대신한다. 이 질문은 한편으로는 한 국가의 경제 및 사회현상을 어떻게 해석해야 할지를 가늠해보기 위함이고, 다른 한편으로는 다소 의도적이지만 과연 FTA가 그러한 현상들 —긍정적이든 또는 부정적이든— 을 유발하는지 의문을 제기하는 것이다. 이는 NAFTA를 멕시코의 실상을 설명하는 주된 요

[2] NAFTA의 경제적 효과에 대해서는 Kose, Meredith, and Towe(2004)와 Lederman, Malonley, and Servén(2003, 2005) 참조, NAFTA와 부정적 사회현상과의 관계에 대해서는 Ramirez(2003)와 Neaver(2004)를 참조.

[3] 멕시코 경제에 대한 NAFTA효과를 설명하기 위하여 이창수 외(2006)를 참조하였다.

[4] 멕시코의 부정적인 현상이 발생한 체계에 대한 이해 없이 물리적으로 NAFTA 이후에 발생하였기 때문에 NAFTA에 기인한다는 평가는 논리상 비약적이라고 비판하는 연구들이 있다. Esquival and Rodrígues-López(2003), Ramirez(2003), 그리고 Hufbauer and Schott(2005) 참조.

인으로 삼고 있는 찬반양론에 던지는 화두가 될 것이라 믿는다. FTA의 후발국이라고 할 수 있는 한국의 경제와 사회에는 성장둔화, 양극화(도-농, 대기업-중소기업, 수출기업-내수기업, 계층) 심화, 농촌사회 공동화, 실업증가, 노점상문제, 유기되는 아이들 등의 현상들이 실존하고 있다. 한국은 FTA를 적극 추진해 온 국가가 아니었음에도 멕시코에서 나타난 것과 같은 경제·사회적 문제들이 발생하거나 심화되고 있는데, 이를 어떠한 변수로 설명할 수 있을 것인가?

2 NAFTA 이후 멕시코 경제의 이해

멕시코의 경제 및 사회를 정확하게 이해하기 위해서는 단순히 NAFTA라는 대외통상정책의 일부분보다는 NAFTA 발효시점을 전후하여 국내외적으로 발생한 다양한 변수들을 종합적으로 살펴보는 것이 필요하다. 그러나 이에 앞서서 멕시코의 현재를 결정하고 있는 요인은 멕시코에 인류가 거주하기 시작하면서 존재한 역사이고, 기간을 최소화할 경우에도 그 뿌리가 20세기 초에 시작된 멕시코혁명에 있음을 염두에 두어야 한다. 그럼에도 불구하고 멕시코 경제 및 사회에 대한 NAFTA의 효과를 분석하기 위해서는 최소한 발효를 전후한 10년 이내에 발생한 대내적인 사건들을 종합적으로 살펴볼 필요가 있다. 대내적으로는 1986년에 '관세 및 무역에 관한 일반협정(GATT)' 가입을 계기로 시장개방이 공식화되고, 1989년부터는 민영화와 규제완화를 중심으로 하는 경제개혁이 추진되었다. 1994년 말에는 국가경제가 도산하는 외환위기가 있었고, 2001년에는 71년 만의 정권교체에도 불구하고 권력구조상의 한계로 정부의 경제개혁이 현재까지 지연되고 있다. 대외적으로는 2001년에 미국 및 멕시코 경제불황을 부추긴 테러사건이 있었고, 수출국으로서의 멕시코 입지를 약화시키는 중국의 WTO 가입이 있었다.

NAFTA가 멕시코 경제·사회에 미친 영향을 분석한 대부분의 학자들이나 그들의 저서에는 일관되게 NAFTA를 통한 자유무역효과만을 도출하는 데 한계가 있기 때문에 각종 변수들을 체계적으로 연결시키는 작업이 필요하다고 주장한다. 또한 NAFTA를 긍정적 또는 부정적으로 평가하든 나름의 주장들이 사실에 입각하고 있음도 알고 있다. 그럼에도 불구하고 FTA라는 특정 정책에 대한 각자의 주장을 관철시키기 위하여 논리적으로 비약하거나 상대의 주장을 무리하게 비판하는 경향이 있다. 예를 들면, NAFTA가 체결되지 않았더라도 당시 멕시코와 미국의 경제협력관계로 볼 때 양국 간 무역구조는 현재와 같은 방향으로 진행되고, 당시 멕시코의 생산기지로서의 유리한 입지로 볼 때 중국이 부상하면서 최대의 투자대상국 지위를 상실하기 이전까지 미국 기업과 미국 시장을 겨냥한 역외기업들의 투자가 멕시코로 집중되었을 것이라고 가정할 수 있을 것이다. 그러나 FTA 찬성론자들은 NAFTA 때문에 무역 및 투자가 증가하고, 반대론자들은 NAFTA 때문에 미국에 대한 무역의존이 심화되고 다국적자본에 의한 지배가 강화되었다고 주장한다. 그러나 이러한 양쪽 주장들은 NAFTA 이전부터 시작된 멕시코의 개혁과 개방정책이 무역 및 투자증가의 주된 요인이라는 주장에는 무게를 두지 않고 있다. 왜? 이는 NAFTA라는 변수에 집착하고 있기 때문이다.

2.1. 안정적인 경제성장인가, 저성장인가?

〈표 17-1〉을 보면 멕시코는 NAFTA 발효 이후 심각한 경제위기의 여파로 －6.2%의 저성장을 기록한 1995년과 미국 경기와의 동조

표 17-1 | 멕시코의 실질GDP 성장률

(단위: %)

연 도	1991~1993	1994	1995	1996~2000	2001~2003	2004	2005
성장률	3.2	4.5	−6.2	5.4	0.6	4.2	3.0

자료: OECD, *OECD FACTBOOK 2005*; 멕시코 통계청.

화 현상에 이은 9.11테러사건을 계기로 미국 경제가 침체에 빠지자 역시 불황으로 치달아 연평균 0.3%에 머문 2001~2003년을 제외하고는 안정적인 성장을 구가하였다. 특히, 페소화위기 직후인 1996년부터 2000년까지 미국은 경제호황을 바탕으로 빠른 회복세와 고성장을 유지하였다. FTA 찬성론자들은 1982년 외채위기 때와 비교하여 멕시코의 이와 같이 빠른 GDP성장의 회복을 NAFTA 요인에 따른 것으로 주장하지만, 1985년 이후 본격화된 무역자유화의 누적적인 효과, 1990년대 후반 미국의 경제호황, FDI의 유입 등 여러 요인에 의해 물가와 환율 등에서 안정세 등의 복합적인 요인들이 NAFTA와 함께 중요한 원인이었다고 이해하는 것이 보다 정확할 것이다.

반면, 반대론자들은 NAFTA 발효 이전 10년 동안(1984~1993년) 멕시코 경제가 연평균 2.5% 증가에 그치다가 발효 이후 10년간 2.7%를, 경제위기로 저성장을 기록한 1996년만을 제외할 경우 3.7%를, 1996년과 세계경제 불황기인 2001~2003년을 제외할 경우 5.3%라는 고성장을 기록하였음에도 이를 저성장이라고 규정한다. 통제불가능한 대외적 변수에 의하여 경제성장률이 저하되어도 이를 대외통상정책의 결과로 규정하고, 저성장을 NAFTA 이후 본격화된 구조조정의 결과와 함께 멕시코의 양극화를 심화시킨 주범으로 지목하고 있다. 그러나 이들은 1970년대 중반까지 석유자원에 기초한 팽창재정을 통해 '멕시코의 기적'이라는 고성장을 구가한 멕시코가 이후 외채위기를 비롯하여 정권교체기인 6년마다 경제위기를 겪다가, 1994년 페소화위기를 끝으로 경제위기의 고리를 끊고 안정적인 성장을 유지해 온 점을 간과하고 있다. 즉, 1997년부터 2003년까지 아시아 지역에서 시작된 신흥시장 경제위기의 도미노현상이 중남미 지역으로 확산되어 아르헨티나와 브라질 등이 심각한 위기에 직면하였을 때에도 멕시코는 비록 저성장을 기록하였으나 위기까지 치닫지 않았다는 점을 간과하고 있다.

2.2. 수출 및 외국인 직접투자의 명암

NAFTA에 가입하기 이전인 1990~1993년에 연평균 GDP의 36.0%를 차지하던 무역비중이 1995년 58.1%로 급상승하고, 1996~2000년에는 연평균 62.7%를 기록하였다. 수출은 1986~1993년에 연평균 310억 달러를 기록하다 NAFTA 체결 이후 꾸준한 증가세를 유지하여 2005년에는 2,142억 달러를 기록하고, 수입도 1986~1993년에 연평균 377억 달러에서 2005년 2,218억 달러를 기록하였다. 즉, NAFTA 발효 이후 12년간 수출은 3.1배, 수입은 2.4배 증가하였다.

한편, 1993년 44억 달러였던 외국인 직접투자 유입규모는 NAFTA 발효 첫해인 1994년에 110억 달러로 급증하고 꾸준한 유입추세를 지속하여 2001년에는 277억 달러로 급상승하였다. 특히, NAFTA 이후에 멕시코로 유입된 외국인 직접투자에서 미국으로부터 유입되는 비중이 1994년 33%에서 1995년 56.8%로, 그리고 2001년에는 78.2%로 급격하게 증가하여 FTA의 역내투자 증대효과를 반영하였다. 외국인 직접투자의 분야별 유입현황을 보면 제조업이 1996년 41.1%에서 1999

표 17-2 | 멕시코 무역의 GDP 비중

(단위: %)

연도	1990~1993	1994	1995	1996~2000	2001~2003
비중	36.0	38.5	58.1	62.7	57.1

자료: World Bank, *World Development Indicators 2005*.

그림 17-1 | 멕시코의 FDI 유입추이

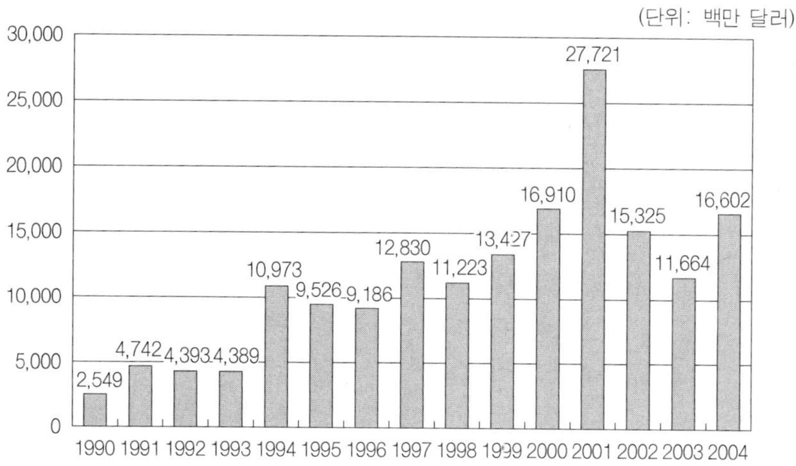

자료: IMF, *IFS CDROM 2005*.

년에는 68.1%로 증가하였으나, 이후에는 페소화위기 이후 공적자금이 투입되었던 상업은행들이 매각되면서 서비스업의 비중이 높아졌다. 제조업 업종별로는 NAFTA 이후 소형승용차 및 자동차부품산업, 산업용 기계 및 컴퓨터, 전자기기, 수송기기, 가공식품, 기초석유화학분야가 주요 투자대상이 되었다.

이러한 멕시코의 수출과 외국인 직접투자 증가에 대하여 FTA 찬성론자들은 NAFTA 효과로서 경제성장, 소득증가, 수출제조업종의 고용창출 등에도 기여하고 있다고 평가한다. 반면, 반대론자들은 NAFTA 이후 발생한 수출 및 투자증가는 수출의 대미의존도 심화, 무역수지 적자, 노동집약적 생산기지로의 전락, 그리고 다국적기업 수출 및 투자의 지배는 물론 찬성론자들의 주장과는 정반대의 결과인 저성장·양극화로 인한 빈곤증가, 이농현상 등의 심각한 폐해를 초래하였다고 주장한다.

그러나 양자 모두는 다음과 같은 논리적 비약에 빠져 있다. 먼저 찬성론자의 경우 수출이나 투자증가의 요인이 NAFTA뿐만 아니라 다른 요인들이 크게 작용하고 있음을 간과하고 있다. 비록 NAFTA 요인과 비(非)NAFTA 요인의 정확한 기여도를 분리해 내기는 매우 어렵지만(Ramirez, 2003), NAFTA 이후 멕시코의 수출이 증가한 것은 NAFTA에 따른 관세인하요인 이외에 페소화 평가절하에 따른 가격경쟁력 제고, 미국의 경기상승 등 비NAFTA 요인들이 함께 작용한 결과이다. Gruben(2001)은 오히려 비NAFTA 요인이 중요함을 강조하고 있고, Gould(1998)는 1994년 경제위기 직전 달러당 3페소대를 유지하던 환율이 1994년 이후 6.42페소로 상승하여 멕시코 수출산업의 가격경쟁력 향상에 기여했다고 평가하였다. 투자의 경우에도 자동차산업을 중심으로 한 제조업에서 NAFTA 원산지규정을 경제적으로 활용하기 위한 투자가 유입되었지만, 다른 한편으로는 멕시코의 저임금과 주요 소비시장과 가까운 생산입지가 더욱 중요한 투자유인요인이었다. 종합하면 수출 및 투자증가를 단순히 NAFTA 요인으로만 설명할 수 없다는 것이다.

한편, 반대론자들은 NAFTA로 인한 수출증가가 미국의 시장지향형 노동집약적 생산기지로 멕시코를 전락시키고, 수입의존도도 증가시켰다고 비판한다. 더욱이 NAFTA 이후 무역수지 적자가 지속되고, 주요 수출기업인 국영석유회사(PEMEX)를 제외하고는 대부분이 미국기업이라 수출증가가 국내경제에 기여하는 바가 없다고 주장한다. 또한 NAFTA 이후 비약적으로 증가한 외국인 직접투자의 상당 부분이 모회사의 이윤과 배당으로 회수되어 실질적으로 그 규모가 의미가 없고, 투자형태도 그린필드형보다는 M&A에 치중되어 국내경제에 대한 기여도가 낮다고 비판한다.

먼저 NAFTA 이전 멕시코는 장기간에 걸친 수입대체산업화 정책으로 수출구조나 제조업의 기술수준으로 볼 때 고부가가치형, 자본집약적 수출산업이 성장할 수 있는 토대가 마련되어 있지 않았다는 점을 인식해야 한다. 즉, NAFTA가 아니었더라도 노동집약적 수출산업의 성장이 불가피하였을 수 있다. 멕시코의 수출산업은 1차 산업을 제외하고는 장기간의 보호주의 정책 아래에서 안주해 온 결과로 국제 경쟁력을 갖추지 못하였고, 현재도 인력개발이나 교육에 대한 투자가 미약하여 산업구조의 고도화를 이루지 못하고 있다.[5] 이러한 가운데 1960년대부터 정책적으로 보호받아 온 마킬라도라 수출산업이 NAFTA로 인하여 더욱 육성되었을 뿐이다.[6]

미국 시장에 대한 수출입의존도가 심화되었다고 주장하지만, 이미 NAFTA 이전인 1991년부터 미국에 대한 수출비중은 80%를 상회하였었고, 수입의존도는 1991년 74%에서 2005년 53%로 지속적으로 낮아진 상황으로 주장과 일치하지 않는다. 또한 무역수지는 1994년 경제위기의 여파로 수입이 급감하면서 1995~1996년에 흑자를 기록한 사례를 제외하고는 1990년부터 적자를 기록하였다. 물론 외채위기의 여파가 컸던 1982~1989년에는 수입이 급감하면서 무역수지 흑자를 유지하였다. 그러나 NAFTA 이후 미국과의 무역수지는 적자에서 흑

5 OECD 국가 통계에 따르면 멕시코의 R&D투자는 한국(GDP 대비 2.59%)에 크게 미치지 못하는 0.39%에 불과하다. 공공부문의 R&D수준이 낮은 것은 잦은 경제위기를 겪은 정부가 재정지출을 축소한 결과이고, 민간부문의 경우에는 오랜 정부의 보호관행 때문에 R&D투자가 인색한 것으로 평가된다(김원호, 2006 참조).

6 1960년대 외국인자본을 바탕으로 수출산업 육성을 위해 주로 미국-멕시코 국경지역을 중심으로 도입된 이 제도는 NAFTA를 전후로 전국으로 확산되고, 수출에 한정되던 기업활동도 규제가 완화되면서 내수로의 전환이 허용되었다. 관세환급제도 폐지를 규정한 NAFTA 제303조에 의하여 마킬라도라 산업특혜제도가 폐지되면서 한때 존폐의 위기에 처하기도 하였지만, 부문별 산업개발계획(PROSEC)이라는 유사제도가 도입되면서 다시 활성화되었다. 그러나 최근 상대적인 임금상승속도가 가파른 가운데 중국 등 아시아 제품에 경쟁력을 상실하면서 동 산업에 투자한 외국기업들이 철수하여 다시 위기를 맞이하고 있지만, 고부가가치 산업으로의 전환을 추진하면서 다시 안정을 회복하고 있다. 그러나 마킬라도라 산업은 수출과 경제성장, 외국인 직접투자 등에서 괄목할 만한 실적을 보였지만, 멕시코 경제의 기본여건이나 국민들의 삶의 질 개선에 기여하는 데 있어 기본적인 한계를 보여 주면서 NAFTA 및 FTA를 비판하는 측의 주요 공격대상이 되고 있다. 즉, 마킬라도라 산업은 저임금 노동력을 흡수하기 위한 단기적 정책수단일 뿐 국내기술 기반강화나 여타 산업과의 연관관계가 매우 취약하다는 것이다.

자로 반전되었고, 이는 역외지역과 기록하고 있는 무역수지 적자를 개선하는 데 일조하고 있다.

주요 수출기업이 미국 기업이어서 미국과의 무역에서 거둔 흑자의 대부분을 이들 기업이 차지하고, 멕시코에는 값싼 노동비용만 지불하였다는 논리는 비약적이다. 한국의 주요 수출기업에 대한 외국인 투자비중이 높아 국내기업이라기보다 외국기업이라고 간주되기도 하는데, 이들 기업의 경제에 대한 기여도가 없다고 주장한다면 유사한 논리적 비약이 될 것이다.

기업은 이윤을 목적으로 투자한다. 그러나 반대론자들은 외국인 투자기업이 거둔 이윤을 국외로 반출함으로써 NAFTA 이후 투자가 급증하였음에도 경제성장에 기여한 바가 적다고 주장한다. 직접투자와는 관계 없는 배당이윤의 반출도 이에 포함시켜 외국인 직접투자의 순기능을 왜곡하는 오류를 범하였다. 또한 NAFTA 발효 이전 4년간에도 유입된 외국인 직접투자 대비 반출된 자본의 비중이 NAFTA 이후보다도 높은 50%를 넘었던 점을 간과하였다. 오히려 외국인 직접투자는 NAFTA 발효 이후에 멕시코의 총고정자본형성에 더욱 기여하고 있다.

반대론자들은 NAFTA 발효 이후 유입된 외국인 직접투자가 신규 생산시설 건설 등을 의미하는 '그린필드' 투자가 아닌 M&A에 치중되어 고용창출 등 경제에 대한 기여도가 적다고 주장한다. 그러나 1990년부터 2004년까지 멕시코에 유입된 외국인 직접투자만을 기준으로 단순화할 때 전체의 33%만이 M&A를 통한 투자일 뿐 나머지는 그린필드 투자로 나타났다. 특히, NAFTA 발효 이전 4년간에는 M&A 비중이 32%를, 1994~2004년에는 33.2%로 나타나 의미 있는 변화를 찾기가 어려웠다. 그럼에도 불구하도 경제위기 직후 국내기업 매각이 절정을 이룬 1997년과 공적자금이 투입되었던 상업은행들의 매각이 본격화된 2001년과 2002년의 M&A비중이 전체 외국인 직접투자의 61.8%, 61.4% 및 46.6%를 기록한 점은 주목된다. 그러나 같은 해 그

표 17-3 | 멕시코의 국경 간(Cross-border) 인수합병(M&A) 현황

(단위: 백만 달러)

연도	1990	1991	1992	1993	1994	1995	1996	1997	1998	1999	2000	2001	2002	2003	2004
매각	2,326	10	961	1,864	1,913	719	1,428	7,927	3,001	859	3,965	17,017	7,137	1,155	6,430
매수	680	3	888	309	2,190	196	867	3,154	673	2,216	4,231	363	4,664	5,282	1,973

자료: UNCTAD, *World Investment Report 2003; 2005.*

린필드 투자금액도 많은 경우 예년과 비슷한 100억 달러를 상회하였음을 인식할 필요가 있다. 이는 멕시코가 지속적으로 매력적인 외국인 직접투자 대상국임을 나타내는 것이다.

2.3. 고용악화 및 실질임금 하락

FTA 찬성론자와 반대론자들의 주장과 통계상으로 나타나는 지표들을 참고하여 멕시코의 실정을 분석하기 이전에 먼저 고용과 임금수준의 결정요인들을 살펴보자. 일반적으로 고용과 임금은 통상정책보다는 경제정책의 방향, 노동정책, 사회정책, 환율, 산업구조조정, 경쟁력, 노동시장에 진입하는 신규 인력 수용능력 등 각종 정책과 요인들의 복합적인 산물이다.

멕시코의 경우 NAFTA를 전후하여 신자유주의 경제정책을 추진하면서 분배보다는 성장우선정책을 추진해 왔고, 노동시장 유연성 제고와 노동권 약화를 초래하는 개혁을 지속하고 현재도 노동개혁을 국정현안으로 삼아 추진중이다. 사회정책에서는 사회보장 개혁(민영화)으로 국가의 사회안전망 기능이 약화되고, 사회성 지출이 줄어들면서 교육훈련 등 고용확대를 위한 공공의 기능도 약화되었다. 1994년 말 발생한 페소화위기는 환율상승에 따른 실질임금 하락은 물론, 기업도산과 뒤이은 산업구조조정을 초래하여 실업자를 양산시키는 계기가 되었다. 또한 세계경제의 글로벌화로 개발도상국 간에 경쟁, 특히 외국인 직접투자 유치전이 치열해지고 기존의 진출기업 설비조차 지리적으로 재배치되면서 임금상승은 정체되고 고용은 줄어들었다. 즉, 중국, 인도, 베트남 등이 멕시코의 주요 경쟁국인데, 멕시코에 진출한 일본 및 한국 기업들의 생산설비 이전이 대표적인 사례였다. 마지막으로 인구 1억 500만 명인 멕시코의 인구증가율은 1.8%에 이르고, 매년 신규 노동인력이 2.5%씩 증가하는 국가이다. 신규 노동인력을 완전 수용하기 위해서는 연평균 5% 이상의 경제성장률을 지속해야 하지만, 최근까지 3% 성장에 그치고 있다. 환언하면, 매년 고용이 악화되는 가운데 노동시장에서의 경쟁이 치열하여 임금상승에 한계가 있음을 의미한다. 이에 취업자를 제외한 대부분이 비공식경제로 편입되고, 이는 임금을 저하시키는 요인이 되고 있다.

이러한 가운데 찬성론자들은 NAFTA로 교역과 투자가 증가하고 경제가 안정적인 성장을 구가하면서 고용창출이 발생하여 실업률이 안정적인 수준을 유지하고 있고, 1994년 말 발생한 페소화 평가절하로 일정 기간 최저임금과 실질임금의 구매력이 하락하였지만, 최근 NAFTA 효과가 가시화되면서 위기 이전의 수준을 회복하고 실질적인 상승의 가능성을 보이고 있다고 주장한다. 이에 반해 반대론자들은 NAFTA 이후 고용창출효과는 수출산업에 한정될 뿐 산업 전반적으로는 오히려 고용이 줄어들고, 노동생산성 향상에도 불구하고 실질임금 상승은 상대적으로 정체된 가운데 노동조건이나 노동권조차 악화되었다고 주장한다.

통계자료를 활용할 경우, 먼저 고용에 있어서 1995~1996년에 멕시코의 실업률이 상승하는 등 고용악화현상이 나타났다. 그러나 원인은 NAFTA가 아니라 경제위기(페소화 절하)에 따른 경기침체와 산업별 구조조정의 결과로 보는 것이 일반적이다. 즉, 1980년대 중반의 무역자유화 이후 1990년대 초반까지 2%대에 머물던 실업률이 1994년 이후 금융위기 이후 급격히 증가하였으나 안정을 찾아 2000년 1.6%, 2003년 2.1%로 감소하였다.[7] 1994년과 2004년을 비교할 때 고용의 산

그림 17-2 | 멕시코의 실업률 추이

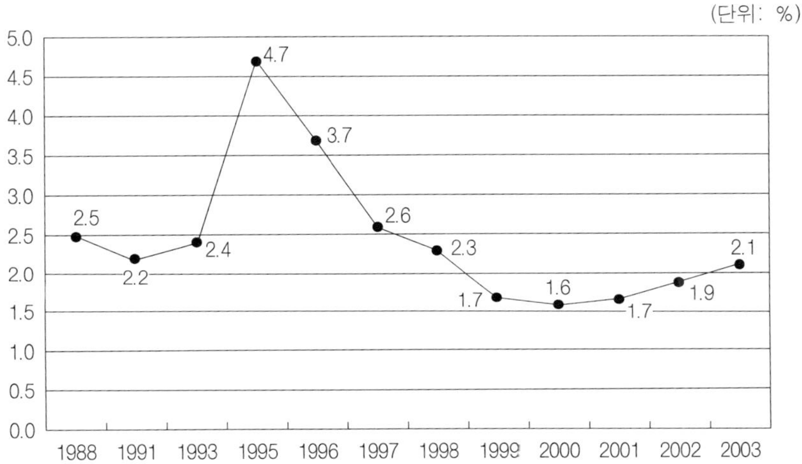

자료: IMF, *IFS CDROM 2005*.

업별 구성비중도 변화하였는데, 제조업 및 서비스업 구성비는 증가하고 1차 산업의 구성비는 감소하였다. 즉, 1994년에 1차 산업(농업, 임업, 수산업)의 고용비중은 총고용인구의 25.8%, 2차 산업은 22.2%, 서비스산업은 52.1%였으나, 2004년에는 1차 산업의 비중이 15.9%로 크게 감소하였고, 2차 산업 및 3차 산업의 비중은 각각 25.0% 및 57.1%로 증가하였다. 이는 NAFTA 체결 이후 제조업의 일자리는 창출된 반면, 비마킬라도라 및 영세농업부문의 고용은 감소하였다는 것을 의미한다.

임금의 경우에도 1990년대 이래 금융위기 및 무역자유화의 영향

7 실업률은 공개실업률을 기준으로 작성된 것인데, 멕시코 정부는 2005년 1월부터 공개실업률 대신에 월별 전국고용조사기준을 실업률로 삼고 있다. 이 기준에 따르면 2005년 평균실업률은 3.6% 수준이다. 그러나 비공식부문에 편입된 노동력을 합산하여 추산할 경우 실업률수준은 이보다 높아질 수 있다.

표 17-4 | 멕시코 산업별 고용분포

(단위: %)

2004년 총고용 인구(천 명)	2004/1994년 변화율(%)	농업, 임업, 수산업		2차 산업		서비스산업	
		2004년	1994년	2004년	1994년	2004년	1994년
41,272	27.2	15.9	25.8	25.0	22.2	59.1	52.1

자료: OECD, OECD in Figures—2005 edition.

그림 17-3 | 멕시코의 임금변화 추이

(단위: 2000=100)

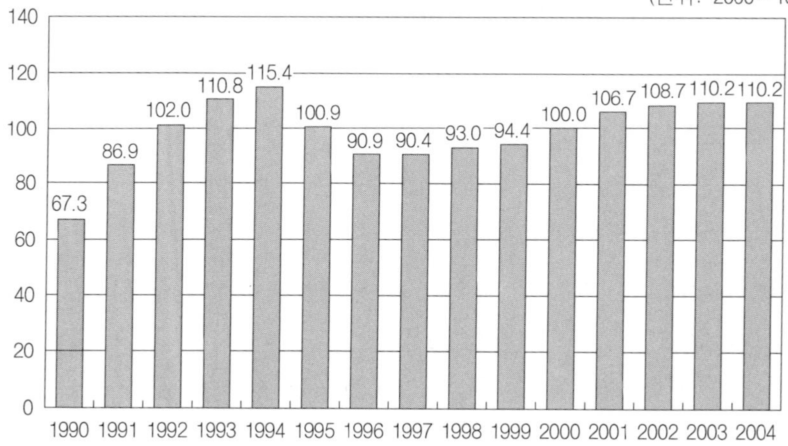

자료: IMF, *IFS CDROM 2005*.

으로 최저임금 및 평균실질임금 구매력이 지속적으로 하락하였다. 이를 반영하여 GDP 대비 노동소득의 비중도 1980년대 초 40%, 1994년 30.9%, 2000년에는 18.7%로 지속적으로 감소하였다.[8] 그러나 멕시코의 임금은 경제위기 이후 점차 증가하여 2003년부터 위기 이전과 비

[8] Ramirez(2003).

슷한 수준까지 회복되었다.

결론적으로 보면 찬반양론의 주장들이 모두 수용될 수 있다. 그럼에도 불구하고 긍정 또는 부정적인 결과가 NAFTA에 주로 기인한다는 주장은 인정할 수 없다. 전술한 바와 같이 고용과 임금에 미치는 각종 변수들 이외에 멕시코의 고용문제는, 특히 FTA 이전 산업구조조정의 미흡성과 FTA 이후 이익 및 피해집단 관련 국내조정정책의 문제로 보는 것이 타당하고,[9] 1995년 이후 실질임금 하락도 NAFTA보다는 경제위기의 영향이 더 크다고 평가하기 때문이다.[10]

2.4. 임금 및 소득의 양극화

한·미 FTA를 반대하는 측이 가장 관심을 기울이는 NAFTA하에서 멕시코의 부정적인 사례는 임금 및 소득의 양극화가 심화되었다는 점이다. 평균실질임금이 하락하였다는 주장과 더불어 계층 간 및 지역 간 임금과 소득의 불평등 심화는 FTA에 대한 국민적 관심을 쉽게 유인하는 주요 테마이다. 한·미 FTA를 반대하는 측은 NAFTA로 인하여 저임금 수출산업의 일자리만 창출되고, 다국적기업과 관계된 노동자들의 소득만 높아졌으며, 계층 간 및 지역 간 양극화가 심화되었다고 주장한다.

먼저 멕시코의 임금불평등을 통계적으로 확인하여 보면, 1980년부터 1990년대 중반까지 급격히 증가하다가 1990년대 중반부터 안정 및 소폭 감소추세를 보이고 있어, NAFTA 이후 임금불평등이 지속적으로 악화하였다는 것은 사실이 아님을 나타내고 있다. 이는 비숙련노동집약산업 중심의 멕시코에서 1986년부터 개방이 확대되면서 숙련노동임금이 증가하여 임금불평등도 증가하였지만, 숙련노동이 풍부한 미국 및 캐나다와 NAFTA를 체결하여 개방을 더욱 확대하면서 오

[9] Ramirez(2003), 제4장 설문조사 참조.

[10] Lederman, Maloney, and Servén(2003).

히려 멕시코 내 숙련노동임금이 감소하고 있다는 평가와 맥을 같이한다.[11] 또한 Esquivel and Rodríguez-López(2003)에 의하면, 1988년 이후 멕시코의 임금불평등이 증가한 것은 사실이나 증가의 원인은 NAFTA 등 무역자유화 자체에 의한 것이 아니라 기능편향적(skill-biased) 기술발전의 결과라고 추정하였다.[12]

소득불평등에서도 기존 연구들은 멕시코가 NAFTA 이후 일정 기간 동안 소득분배가 악화 내지 정체를 경험한 것은 사실이지만, NAFTA 이행의 직접적인 결과라기보다는 과거부터 누적되어 온 부의 편중문제, 경제위기 등 비NAFTA 요인에 의한 것으로 평가하고 있다. 통계적으로 살펴보면, 멕시코의 소득불균형 정도는 OECD 국가 중에서 제일 높은 수준이나 2000년 이후 감소하는 추세에 있는데, 지니계수[13]가 1980년대 중반 45에서 1990년대 중반 52로 증가하였다가 2000년에는 48로 감소하여 이 사실을 뒷받침하고 있다.[14] 또한 멕시코의 빈곤율[15]과 빈곤갭(poverty gap)[16] 역시 1990년 중반 각각 21.7과 37.1로 증가를 경험하였으나, 2000년 각각 20.3과 36.0으로 감소하여 1980년대 중반의 각각 20.7과 36.4보다는 낮은 수준이어서 NAFTA 이후 멕시코의 소득양극화 심화 주장은 다소 과장된 것임을 알 수 있다.[17]

지역 간 소득불평등 심화는 1985년 전후에 발생한 멕시코의 경제중심축 변화에 기인한 것으로 분석된다. 즉, 1940년대부터 개방정

---

11 Robertson(2004).

12 이와 관련한 자세한 분석은 이창수 외(2006)를 참조.

13 지니(Gini)계수는 빈부격차와 계층 간 소득분포의 불균형 정도를 나타내는 수치이다. 0부터 1의 값을 가지며 0에 가까울수록 소득분배의 불평등 정도가 낮다는 것을 의미한다. 여기서 쓰인 값은 지니계수에 100을 곱한 것이다.

14 지니계수를 통한 멕시코 소득불평등 논쟁이 최근 공중파 방송을 통해 심화되었는데, 멕시코 통계청 자료를 인용하고서도 상이한 지표와 해석을 제시하였다.

15 빈곤율(poverty rate)은 전체 인구소득의 중앙값(median) 50%보다 낮은 가처분소득을 받고 있는 개인의 비율을 측정한 것이다.

16 빈곤갭(poverty gap)은 빈곤층의 평균임금과 전체 인구소득의 중앙값(median)의 50% 값과의 차이를 퍼센트로 나타낸 것이다.

17 Förster and D'Ercole(2005).

책이 추진되기 직전까지 경제발전전략이었던 수입대체산업화 정책 아래에서 제조업 중심벨트로 성장한 멕시코시티 주변의 제조업 기업들이 누적된 비효율성 때문에 무역자유화로 경쟁력을 상실하면서 타격을 받게 되었다. 반대로 경쟁력 및 효율성을 확보하게 된 미국 접경지역은 수출주도 외국기업의 활동이 강화되면서 경제활동 중심지로 변모하였는데, 이 결과 멕시코시티와 미국-멕시코 접경지역 간의 제조업 고용 및 숙련노동 임금의 격차가 확대되기 시작하였다. 이러한 현상은 농업부문에서도 나타났다. 그러나 지역 간 불평등은 1985년 이후 지속되어 온 무역자유화 정책의 경제적 혜택이 멕시코 경제의 구조적 문제 및 국내조정정책의 미흡으로 전국적으로 확산되지 못한 결과이지 NAFTA에서 직접적인 원인을 찾는 것은 무리이다. 오히려 최근 들어 과거 제조업 중심지와 기업들의 도태는 적자생존의 자연적인 현상으로 경쟁력 없는 부분의 퇴출로 받아들이는 것이 타당하다는 의견들이 멕시코에서조차 나타나고 있다.

2.5. 농업위기 및 농촌사회의 피폐

옥수수, 건조콩 및 탈지분유의 관세가 2008년중으로 철폐되면 NAFTA 체제에서 멕시코의 농산물시장은 완전히 자유화된다. 그러나 10년간 단계적으로 자유화되는 농산물들의 수입관세 완전철폐를 앞둔 2002년 하반기에 멕시코는 제도혁명당(PRI)과 민주혁명당(PRD)에 가입된 주요 압력단체들로부터 FTA 농업규정의 재협상을 요구받는 상황에까지 이르렀다.[18] 더욱이 FTA와 농업위기의 관계성에 대해 언

[18] 멕시코의 농촌문제는 필요시 항상 정치적으로 이용되었는데, 이는 주요 농민단체들이 조합주의(코포라티즘) 정치체제로 장기집권해 온 제도혁명당(PRI)의 한 조직으로 편입되어 정권재창출에 민심을 유도하는 전위부대로 활약하였기 때문이다. 압력단체들은 집권당인 국민행동당(PAN)에 대응한 PRI와 PRD의 연합세력으로 구성되어 대정부 활동을 전개하였는데, PRI 출신의 Eladio Ramírez 전 오아사카주 주지사가 이끈 전국농민연맹(CNC)과 Alfonso Ramírez Cuéllar PRD 하원의원이 이

론들이 가세하면서 국민들에게 FTA가 멕시코의 농업과 농촌사회를 파괴하고 있다는 인상을 심어 주게 되었다. 채소류와 화훼류의 생산 및 북미 시장으로의 수출증가, 가금류산업의 육성 등 NAFTA로 인하여 멕시코가 거둔 농업부문에서의 성과는 감추어지고, 농산물수입 급증과 그에 따른 농업생산 감소, 농민실업 증가, 이농, 수입농산물가격 상승에 따른 소비자편익 감소 등 부정적인 현상들이 더욱 강조되었다. 이에 한·미 FTA 반대론자들도 멕시코를 사례로 들며 한국의 농업시장과 농촌사회도 멕시코와 같은 위기로 내몰릴 것이라고 주장한다. 또한 사파티스타민족행방전선(EZLN) 무장봉기[19]가 NAFTA로 인해 발생하고, 심지어 헌법개정을 통한 토지소유제도 변화도 NAFTA 때문이라고 해석한다. 물론 농업생산 감소, 이농현상, 농촌사회 피폐 등에 대해 NAFTA의 영향을 전혀 배제할 수는 없지만, 이는 멕시코 농업이 발전해 온 역사적인 맥락을 전혀 고려하지 않은 주장에 불과하다.

멕시코의 농업부문은 1910년부터 시작된 멕시코혁명 이후 보조금을 비롯하여 각종 정부의 지원을 가장 많이 받은 부문이다. 그럼에도 불구하고 농촌사회는 빈곤과 자본부족, 그리고 영농기술 낙후 등의 문제들을 해결하지 못하고 더욱더 피폐해지고 있다. 이러한 원인

곤 El Barzón(시민단체로 농축산, 상공, 서비스업을 망라)이 대표적인 단체였다. 이들은 주장은 ① 멕시코 농업이 미국과 캐나다로부터의 수입품으로 심각한 피해를 당하고, ② 2003년부터 농업부문의 피해는 관세철폐품목이 증가하면서 더욱 심화될 것이라는 것이었다(Damm y Gutiérrez, 2005 참조).

19 1994년 NAFTA가 출범하는 해에 멕시코 남부의 치아파스주에서 발생한 이 사건은 현재에도 그 실체와 운동이 존재하는데, 주로 원주민이 중심이 되어 역사적으로 누적되어 온 기득권층에 의한 지역과 인종차별에 대한 항의였다. 혹자는 발생시기를 중시하여 NAFTA에 반대하는 무장봉기로 해석하기도 하지만, 더욱 중요한 것은 6개월 후에 치러질 대통령선거를 비롯한 총선과 지방선거를 겨냥한 기존 게릴라들의 정치운동이라고 보는 주장도 있다. EZLN의 봉기는 내전으로 확산되었는데, 무장봉기의 가장 직접적인 이유는 원주민의 생계수단을 제한한 정부의 벌금부과와 징역형을 동반한 강력한 벌목제한조치와 강제이주정책이었다. 이에 1991년부터 테러와 소규모 폭동이 다발하였고, 1992년에는 치아파스 원주민세력을 대표하여 반정부투쟁을 주도할 EZLN이 결성되었다.

을 일부에서는 NAFTA에서 찾고 있다. 그러나 멕시코 농업문제 전문가들은 주된 원인을 약 80여 년간 지속된 멕시코의 농업정책 기조인 토지소유의 집중을 완화하기 위한 대농장제도(latifundio) 폐지와 토지재분배에서 찾고 있다. 수차에 걸친 토지재분배로 전체 농지의 50% 이상이 에히도(ejidos)에 편입되었는데, 최종 결과는 소농지(minifundio)로 나타났다. Venustiano Carranza 정부(1917~1920년)부터 Carlos Salinas Gortari 정부(1988~1994년)까지 17개 정부에서 총 1억 343만 9,737헥타르의 토지가 재분배되었다.[20] 비록 토지개혁으로 300만 명의 농민이 에히도 토지를 기반으로 생활을 영위하게 되었으나 여전히 무토지 농민들의 수가 400만에 달하고, 에히도제도의 내재적인 문제들로 실질적인 농촌사회의 변모를 꾀하지는 못하였다. 에히도제도는 주로 점거 또는 몰수된 대농장 토지를 정부가 분배·할당한 것으로, 토지에 소속된 농민은 소유권이 없어 매각, 저당권설정을 통한 차입 등을 할 수 없었다. 또한 토지규모가 작아 일반적인 생산비도 감당할 수 없는 낮은 생산성을 보였고, 현대적인 영농기술을 도입할 재원도 마련하지 못하였다. 이 결과는 농민들이 토지를 버리고 떠나는 이농현상으로 나타났다. 이와 함께 대토지 소유주들도 지속적인 농토점거와 강제분배의 위험에 노출되어 있어 자본확충과 현대화에 나서지 못하는 악순환에 놓였다. 이에 정부는 1992년에 헌법 제27조를 개정하여 에히도 토지의 개인소유권을 인정하여 매매 등 사법적 권리를 행사할 수 있도록 하였다. 그럼에도 불구하고 토지와 노동력 이외에 가진 것이 없는 농민들은 생산성이 낮은 생계농을 꾸리기보다는 도시로의 이주를 결정함으로써 토지를 매각하게 되었고, 최근 수년간에 걸친 그러한 현상들이 다발하면서 다시 토지가 지역의 대토지 자본가(이를 멕시코에서는 까우디요라고도 부름)에게로 집중되는 악순환이 나타났다. 2006년 상반기에 멕시코시티 도심에서 장기간에 걸쳐 진행된 베라크루스

---

[20] Pazos(2003).

주 농민들의 나체시위도 그들이 매각한 토지를 다시 재분배해 달라는 요청이나 같은 의미였다.

또 다른 요인은 보조금제도의 운영에 있다. 농업부문과 농촌에 대한 멕시코 정부의 지원은 보조금을 통해서도 이루어졌지만, 농업관련 기관들의 관료화로 인하여 농민들에게 실질적인 혜택으로 돌아가지 못하였다.[21] 예를 들면, 1999년에 완전 폐지된 국립유통기구(CONASUPO)를 통한 농산물 위탁판매, 수입, 유통, 기초농산물 보조금 등은 수 년간에 걸쳐 고위공무원들이 선호하는 사업인 동시에, 정치권과 정치화된 농업지도자들의 정치자금을 충당하는 창구로 활용되었다.

3 소 결 론

NAFTA에 원인을 전가하는 멕시코의 각종 경제 및 사회적 문제들은 다양하지만, 이를 모두 분석하기에는 현실적인 제약이 있었다. 그럼에도 불구하고 경제성장, 무역, 투자, 고용, 임금, 소득, 농업 등 대표적으로 거론되는 현상에 대한 나름의 관점으로 설명하였다. 이 결과 NAFTA의 효과를 긍정적으로 평가하든 비판적으로 평가하든 양 입장 모두 각자의 주장을 뒷받침하려는 노력도 발견할 수 있었다. 그러나 국내에서 현재의 멕시코의 명암을 바라보는 시각은 지나치게 단

21 개방정책 시행 이전의 멕시코 농업지원정책은 주요 농산물에 대한 생산자가격지원, 영농자재에 대한 보조금 지급, 신용대출 및 보험, 농식품 가공에 대한 국가참여, 도농 빈민층을 위한 기초식료품 판매망 제공, 비료생산, 종자개량, 소비자가격지원, 농산물 수입허가 및 독점 등에 기초하였다. 이 결과 주요 농업지원기구인 국립유통기구(CONASUPO) 산하에 다수의 자회사와 프로그램들이 존재하였다.

순화되어 있고, 비판적인 경우에는 다소 논리적인 비약이 개입되어 있음을 알 수 있었다. 즉, 양 진영은 멕시코의 명암이 모두 NAFTA 때문이라고 설명한다. 문제들이 역사적·구조적으로 고착화되어 온 맥락은 무시하고, 문제해결보다는 정치화되어 이용된다는 점을 놓치고 있다. 한·미 FTA가 양 진영에 의하여 국민경제를 위하기보다는 정치적으로 이용되고 있지는 않은지 숙고해 볼 일이다. 멕시코에서는 2006년 7월 치러진 대통령선거에서 야당인 PRD의 후보가 NAFTA 재협상을 공약으로 표방하였는데, 주요 내용은 향후 개방될 분야에 대한 재검토 의견이었을 뿐 실체는 지지표를 획득하기 위한 공약이었다. 2002년 하반기에 반(反)NAFTA 사회운동이 심화되었을 때 NAFTA 협상을 실질적으로 주도하였던 PRI가 정치적 목적으로 PRD와 연대하여 정부와 여당을 공격하였다. 멕시코 농민들의 도심 나체시위를 한국 언론들은 NAFTA로 피폐된 농촌사회의 저항이라고 보도하였다. 그러나 실체는 전 주지사가 대규모의 토지를 매입함으로써 촉발된 사건이지만 대통령선거 직전에 발생되어 정치적으로 동원화된 측면이 있었음을 간과하였다. 즉, 멕시코의 구조적인 농지문제가 정치변동기에 다시 폭발한 것일 뿐이었다.

다음으로 NAFTA는 무역 및 투자협정이지 경제 및 사회 전반을 이끄는 만병통치적인 정책적 수단이 아니다. 따라서 FTA와 관련한 논쟁은 범위를 한정하고, 양극화 등의 문제들은 사회, 노동 등 다른 정책적 수단으로 보완할 필요가 있다.

마지막으로 FTA라는 정책이 나라마다 동일한 결과들을 가져올 것이라는 믿음에서 벗어나야 한다. 멕시코와 비교하여 한국은 정치·경제·사회적으로 안정된 환경에 있으며, 기술과 제도도 멕시코보다 선진화된 것으로 평가받고 있다. 따라서 NAFTA 이행 직후 멕시코에서 나타난 정치·경제·사회적 불안정 등 각종 부정적 현상들이 한국에 그대로 나타날 것이라는 전망은 논리적 비약이라고 볼 수 있다. 오히려 더욱 생산적인 논쟁을 위하여 이미 한국 사회에 양극화를 비롯한 멕시코에서 나타나고 있는 부정적인 현상들이 있음을 인식하여 한·미 FTA 출범 이전에 그러한 현상을 더욱 심화시킬 구조적인 문제들을 제거하는 데 역량을 더해야 할 때이다.

참고문헌

김원호, 「한·미 FTA와 NAFTA는 근본부터 다르다」, 중앙일보, 2006. 7. 6.

이창수 외, 『NAFTA 이후 멕시코 경제의 변화와 시사점』, 대외경제정책연구원, 2006.

이홍식·이경희, 「한-미 FTA 추진의 의의와 경제적 효과」, 『KIEP 오늘의 세계경제』, 06-02, 대외경제정책연구원, 2006. 1. 16.

한미FTA저지 범국민운동본부 정책기획연구단 엮음, 『한·미 FTA 국민보고서』, 도서출판 그린비, 2006.

Damm, Arturo y Adolfo Gutiérrez(coordinadores), *Las Reformas Estructurales que México necesita*, Mexico: Compañia Editorial Continental, 2005.

Esquivel, Gerardo and José Antonio Rodríguez-López, "Technology, trade, and wage inequality in Mexico before and after NAFTA," *Journal of Development Economics*, 72, pp. 543~565.

Förster, Michael and Marco Mira D'Ercole, *Income Distribution and Poverty in OECD Countries in the Second Half of the 1990s*, Social, Employment and Migration Working Papers forthcoming OECD, 2005.

Gould, David M., "Has NAFTA changed North American Trade?," *Economic Review Dallas Fed First Quarter*, 1988, pp. 12~22.

Gruben, William C., "Was NAFTA behind Mexico's high Maquiladora growth?," *Economic and Financial Review Dallas Fed Third Quarter*, 2001, pp. 11~21.

Hufbauer, Gary Clyde and Jeffery J. Schott, *NAFTA Revisited: Achievements and Challenges*, Institute for International Economics, 2005.

Kose, M. Ayhan, Guy Meredith, and Christopher M. Towe, "How has NAFTA Affected the Mexican Economy?: Review and Evidence," IMF Working Paper, Washington D.C.: International Monetary Fund, 2004.

Lederman, Daniel, William F. Malonley, and Luis Servén, *Lessons from NAFTA for Latin America and the Caribbean Countries: A Summary of Research Findings*, Washington, D.C.: The World Bank, 2003.

______, "NAFTA at 10 Years: Lessons for Development," Richard Newfarmer, ed., *Trade, Doha, and Development: A Window into the Issues*, Washington, D.C.: The World Bank, 2005.

Neaver, Louis E. V., *NAFTA's Second Decade: Assessing Opportunities in the Mexican and Canadian Markets*, South-Western, 2004.

Pazos, Luis, *Problemas Socioeconómicos de Méxco*, Mexico: Editorial Diana, 2003.

Ramirez, Miguel D., "Mexico under NAFTA: a critical assessment," *The Quarterly Review of Economics and Finance*, 43, 2003, pp. 863~892.

Robertson, Raymond, "Relative prices and wage inequality: evidence from Mexico," *Journal of Development Economics*, 64, 2004, pp. 387~409.

구 해 우

제18장

한·미 FTA와 한반도 정세

1 주요 찬반논쟁

최근 한반도 정세는 북핵문제, 북한 문제을 어떻게 해결할 것인가와 관련하여 미국, 중국, 일본, 러시아 등 4대 강국과 남한, 북한 등의 관계가 복잡하게 상호 결합되어 중대한 변동이 시작되었다고 할 수 있다. 이는 구한말과 해방정국에서 한반도의 운명이 엄청난 변화의 소용돌이로 내몰렸던 상황과 유사하다고 할 수 있다. 이와 같은 시대조건은 우리가 얼마나 현명하게 대응하느냐에 따라 민족의 운명이 좌우되는 중대한 상황이라 할 수 있다.

특히, 지난 해 이후 한반도 정세와 관련하여 가장 주목하여 보아야 할 사항은 한편으로는 북한과 중국 간의 경제협력의 가속화이며, 다른 한편으로는 한·미 FTA의 추진이라고 할 수 있다. 구체적으로는 지난 해 9월 19일 북핵6자회담 합의서 작성을 거치고 난 이후 북핵문제를 임시적으로 미봉한 상태에서 북한과 중국은 공동협력과 공동대응을 강화하고 있는데, 그 중에서 핵심은 경제협력사업이다. 그리고 한·미관계는 노무현 정부 들어 균열이 지속되다 지난 해 말 이후 주한미군의 전략적 유연성 합의와 한·미 FTA의 추진으로 새로운 국면을 맞이하고 있다.

그런데 한미FTA저지 국민운동본부에서 핵심적으로 활동하고 있는 김세균 서울대 교수는 "FTA란 미국에게는 경제적·정치적·군사안보적 관점에서 전략적 중요성을 지닌 국가들의 경제를 미국 경제에 통합시키고, 이를 토대로 이들 국가와 확고한 정치군사적 동맹체제를 구축하는 데 의의를 지닌다. 그러므로 '의약품가격 인하조치 중단',

'자동차 배기가스기준 완화', '쇠고기 수입재개', '스크린쿼터 축소' 등과 같은 조치들만이 아니라, 사실은 '주한미군의 전략적 유연성 및 평택미군기지 확장 허용'이 미국과 FTA를 맺을 수 있는 보다 중요한 선결조건이었다. 주한미군의 전략적 유연성 허용은 한국군을 아시아 전체를 겨냥하는 주한미군의 하위동맹군으로 확고하게 편입시키고, 주한미군 기지를 '중국 포위'와 '북한에 대한 예방적 선제공격'을 위한 전초기지로 만든다. 이 과정은 남북한 평화체제의 구축을 불가능하게 만들고 중국과 한국의 관계를 결정적으로 훼손하는 동시에 한·미·일 군사동맹에 대항하는 중국, 러시아, 북한과의 새로운 군사동맹 관계 수립을 재촉할 것이다. 한국의 미국으로의 실질적인 합병은 북한의 중국으로의 실질적인 합병을 재촉함으로써 남북한 분단체제의 극복과 자주적 평화통일도 불가능하게 만들 것이다"라고 주장하였다.

반면에 2006년 2월 3일 미국 의회에서 한·미 FTA 협상개시를 선언하는 자리에서 김종훈 한·미 FTA 수석대표는 "한·미 FTA는 한·미 간 상호방위조약에 뒤이은 경제동맹"이며, "중국, 일본에 앞서 미국과 거래를 탄탄하게 해 놓는 것이 (한국이) 동북아에서 한층 주도적인 역할을 하는 것"이라고 말하였다. 또한 한·미 FTA 협상개시가 선언되었을 때 중앙일보 등은 사설에서 한·미 FTA 체결이 한·미 동맹을 강화함으로써 한국의 국제적 입지와 위상을 높이고, 이를 통해 한국이 동북아 지주국가 내지 동북아 FTA 허브국가로 도약할 수 있을 것이라는 등의 주장을 해 왔다. 이는 한·미 FTA의 성사가 한·미 동맹의 강화에 중요한 역할을 할 것이며, 나아가 향후 동북아 정세의 변동에 능동적으로 대응할 수 있는 유력한 지렛대를 구축할 수 있다는 견해 등을 밝혀 온 것이라 할 수 있다.

2 격변하는 한반도 정세와 한·미 FTA의 의미

2.1. 9.11테러사태와 미국의 세계전략 변화

9.11테러사태 이후 미국의 대외전략가들은 미국과 소련을 중심축으로 한 동서 양 진영의 냉전질서가 소련, 동구 사회주의권의 해체와 함께 탈냉전 과도기를 맞이하였으나, 9.11테러를 겪으면서 다시 한번 테러와 반테러의 두 진영으로 새롭게 형성되고 있는 것으로 평가하고 있다. 또한 9.11테러사태 이후 미국의 대아시아 정책에서 중요한 변화가 있었던 것은 이른바 '중국위협론'에 입각하여 일본과의 동맹관계 강화, 미사일방어(MD)체제 구축 등으로 중국을 봉쇄하고 견제하는 정책을 추구해 온 것이다. 이는 탈냉전 이후 미국 중심의 새로운 세계질서를 구축하는 과정에서 반테러전과 더불어 대중국 견제를 전략적으로 가장 중요한 과제로 설정하고 있다고 할 수 있는 것이다.

이와 같은 중국에 대한 봉쇄 내지 견제전략은 더욱 구체화되고 강화되어 가고 있다고 평가할 수 있고, 미국이 21세기 대외정책의 목표를 중국 견제에 두고 있다고 할 수 있다. 부시 정부는 중국을 키신저류의 '전략적 협력자'가 아닌 새로운 '전략적 경쟁자'로 규정하고, 중국에 대한 견제와 압박을 강화하는 정책을 전개해 나가고 있는 것이다.

그리고 부시 정부는 세계의 폭정종식이라는 목표를 위해 모든 국가와 문화의 민주주의 운동과 제도의 성장을 모색하고 지원하는 데 두겠다고 공언하고 있다. 구체적으로는 3대 외교과제로 민주주의 공동체의 단결, 민주주의 공동체의 강화, 자유와 민주주의의 지구적 확산을 들고 있다. 이 말은 단순한 수사학적 표현이 아니며, 3개의 자유의 동심원을 그리겠다는 것이다.

첫째 동심원은 미국식 자유민주주의를 공유할 수 있는 유럽과 동아시아의 동맹국가들을 포함하고 있다. 둘째 동심원은 자유민주주의를 선택하고 추진하는 국가들을 포함하고 있으며, 이들의 노력이 열매를 맺도록 지원한다는 것이다. 마지막으로 폭정의 전초기지로서 쿠바, 미얀마, 북한, 이란, 벨로루시, 짐바브웨의 6개국을 들고, 이 지역에도 자유와 민주주의를 전파하는 외교를 추진하겠다는 것이다.

미국은 이의 구체적 실현을 위해 동북아에서 두 개의 중요한 정책을 추진해 왔다.

첫째, 주한미군의 전략적 유연성의 추진이다. 9.11사태 이후 미국의 세계전략 변화에 따른 '범지구적 방위태세 검토(GPR)'계획이 주한미군의 감축 및 재배치 결정의 주요 배경으로서 역할을 하고 있다. 부시 행정부는 반테러전쟁의 효율화를 위해 미군 병력구조의 개편작업에 착수하게 된 것이다. GPR의 핵심은 기본적으로 탈냉전과 9.11사태를 경험한 미국이 미군의 경량화·기동화·신속화를 통해 전 세계적 수준에서 불확실하고 다양한 위협에 효과적으로 대응하겠다는 것이다. 해외주둔 미군 전체를 신속기동군 형태로 전환하고 재배치를 추진함으로써 효율성을 극대화하겠다는 것이다. 이러한 원칙에 따라 지난 1월 19일 한·미 양측은 주한미군의 '전략적 유연성'에 합의를 하였다.

둘째, 미·일 군사동맹의 강화이다. 주일미군 재편논의는 사실상 중국의 위협에 대한 대응책에 초점이 맞추어져 있다. 즉, 미·일 동맹의 강화와 일본 안보정책의 변화는 '일본경계론' 그 이상의 의미를 갖는다. 일본과 한반도 남쪽에 주둔하고 있는 미군의 재배치는 반테러전과 대량살상무기 등의 위협에 대처하기 위한 측면뿐만 아니라, 이 지역에서 미국의 '전략적 경쟁자'로 지목된 중국을 사전에 견제·

제압하려는 목적으로 이루어지고 있는 것이다. 이를 위해 미·일 군사동맹의 수준을 격상·강화시키고 있는 것이다.

또한 미국은 21세기 들어 WTO체제를 기본적으로 인정하면서도 그 한계를 극복하기 위해 '자유무역협정(FTA)'을 통해 정치경제적·안보적 차원에서 전략적 중요성을 지닌 국가들과 확고한 정치경제적 동맹체제를 구축하는 것을 중요한 정책으로 추진해 왔다고 할 수 있다. 이는 냉전시대의 군사동맹체제를 대체하는 새로운 동맹관계의 구축방식이라고 평가할 수 있다.

이와 같은 조건에서 미국은 대아시아 전략과 관련하여 미·일 동맹의 강화를 기본으로 하고, 한국, 말레이시아 등과의 동맹관계를 안정적으로 발전시켜서 대아시아 동맹블록을 구축함으로써 이를 기반으로 대중국 포위 및 견제전략을 추진하고 있다고 할 수 있다.

2.2. 화평굴기하는 중국

미·소 간의 동서 냉전대결구도가 해체된 이후 미국 중심의 단극성 세계질서가 구축되는 듯이 보이다가 21세기 들어 미국은 9.11테러사태로 첫 번째 타격을 입었고, 이와 더불어 미국 중심의 세계질서를 경제적·정치적으로 흔드는 세력으로 중국이 부상하면서 세계질서의 복잡한 변동이 시작되고 있다. 특히, 아시아 그 중에서도 한반도의 주변정세는 미국과 중국의 경쟁적 구도가 가장 첨예하게 부딪히는 공간으로서 복합적인 변동이 일어나는 과정이라고 할 수 있다.

중국의 화평굴기론은 먼저 중국위협론 등 중국의 부상을 저지·견제하고자 하는 다양한 흐름에 대응하려는 성격이 존재한다.[1] 중국위협론은 1990년대 이후 주로 미국과 일본에 의해 주도적으로 제기

[1] 화평굴기(和平崛起)론은 현 후진타오 중국 정부의 외교정책으로, 중국은 평화적 부상을 추구하며, 이를 통한 중국의 부상은 동아시아는 물론이고 세계에 기여한다는 것이 주요 내용이다.

되었고, 일본과의 남중국해 남사열도(南沙列島) 영토분쟁, 대만해협 위기, 중국의 급격한 경제성장과 군사력 강화 등과 겹치면서 아시아 국가들로 확산되었다. 중국은 이와 같은 중국위협론의 형성과 확산이 중국의 부상을 견제하려는 미국과 일본의 대중국 봉쇄정책의 하나로 간주하였고, 이에 대응하는 전략으로 화평굴기론을 제기하고 추진해 왔다고 할 수 있다.

또한 화평굴기론의 제기는 중국 학자에 따르면, 첫째 중국 외교가 미국 중심에서 주변국 중심으로, 둘째 외교목표가 국제사회 편입에서 국제적인 책임 수용으로, 셋째 중국 외교가 국내경제발전 기여에서 종합적인 국가이익 기여로 전환되었음을 보여 주는 것이다.[2] 다시 말해, 화평굴기론은 중국의 대외전략이 내부지향형에서 외부지향형으로의 전환을 알리는 상징이라고 할 수 있다.

전후 중국은 죽의 장막이라는 사회주의 체제의 울타리 안에서 긴 겨울잠을 잤던 마오쩌둥시대를 지나 1978년 이후 덩샤오핑의 개혁개방노선에 따라 급속도로 경제적·군사적 성장을 거듭해 왔다. 그런데 덩샤오핑시대에는 중국 특유의 전략전술적 판단에 따라 대외국가전략의 표현을 도광양회, 즉 "빛을 가리고 힘을 기른다"는 전략을 추진해 왔었다. 그런데 장쩌민시대를 지나 후진타오시대에 들어서면서는 그동안의 정치경제적·군사적 성장의 성과에 기초한 상대적으로 적극적인 화평굴기론이 등장한 것이라고 할 수 있다. 화평굴기론의 제기는 1980년대 이후 지속된 중국의 국력신장과 국제정세에 대한 중국의 인식변화를 반영하는 것이다.

이와 같은 중국의 화평굴기론이 한반도 정세에 구체적으로 표현되는 것은 두 가지라고 할 수 있다.

첫째, 북핵문제 해결을 위한 6자회담을 매개로 한반도정세의 변화에 긍정적이든, 부정적이든 과거에 비해 훨씬 확대·강화된 영향력

[2] 조영남, 「중국의 연성권력론: 화평굴기론」, 미래전략연구원 논단.

을 행사하고 있다. 이와 같은 흐름은 북한과 미국 간의 지속적인 경직된 대결구도와 한국의 무능한 역할이 지속된다면 향후 더욱 그 경향이 확대될 가능성까지 존재하는 실정이다.

둘째, 중국의 만주 지역에 대한 '역사동북공정', 즉 고구려 역사를 중국 역사에 편입시키고자 하는 행위와 북한 지역에 대한 경제적 진출의 가속화와 지배력의 확대현상이다. 이는 중국이 동북아시아에서 일본과의 패권경쟁과 미국의 동북아 영향력에 대한 견제전략이라는 성격을 내포하고 있다.

이와 같은 흐름들에 대한 정확한 인식과 대응전략이 부재하다면 향후 심각한 부정적 영향이 우려되는 상황이라 할 수 있다.

2.3. '아시아의 영국'으로 미·일 동맹 강화, 군사대국화로 가는 일본

일본에서는 1990년대 전반이 보통국가론으로서의 보수가 전면에 부각된 시기였다면, 1995년을 기점으로 하여 반동적인 보수로서 '우익'이 정치권에 등장한다. 그 배경에는 1990년대 중후반 일본의 장기적인 경제침체와 이에 따른 국가체제에 대한 신뢰의 상실, 기성정치에 대한 불신 등이 대중적으로 확산되는 속에서 그 반동적 대안으로서 극우세력이 등장하게 되었다고 할 수 있다.

그런데 실제 정책내용을 검토해 보면 주요한 흐름은 일본의 국제적 책임을 강조하고, 미·일 동맹의 강화를 기반으로 하여 아시아·태평양 지역에서의 보다 적극적인 역할분담, 자위대의 해외파견 등에 의한 UN 협력을 강화하겠다는 보통국가론이 정책에 반영되어 왔다고 할 수 있다.

그런데 이와 같은 일본에서의 극우세력의 등장이나 보통국가론으로서의 보수세력이 확대되고 있는 배경 중에서 21세기 들어 주요하게 작용하고 있는 것은, 중국의 빠른 부상에 따른 아시아 지역에서의 세력변화 속에서 미·일 동맹의 강화를 통한 대안모색의 추진이라고 할 수 있다. 특히, 고이즈미 정권은 1980년대 나카소네시대부터 추진되어 온 보수의 진화, 즉 외교안보적으로 신보수주의와 정치경제적으로 신자유주의라는 두 갈래 흐름이 접합된 시기로 평가할 수 있다.[3] 1990년대 오자와 등의 보통국가론이 정치외교적 차원을 중심으로 정책전환이 모색되었다고 할 수 있는데, 고이즈미 정권에서는 정치외교적 차원에서 신보수주의가 추진되었으며, 정치경제적 차원에서는 신자유주의적 개혁을 추진해 왔다고 할 수 있다.

특히, 고이즈미는 보통국가론적 관점에서 미·일 동맹의 일체화에 많은 노력을 기울여 왔고, UN 안보리 상임위에 진출을 적극 추진해 왔으며, 이를 기반으로 중국과의 역내패권경쟁을 강력히 추진하고 있는 것이다.

이와 같은 일본의 국가전략은 9.11테러사태 이후 미국의 대중국 견제와 포위라는 대아시아 전략적 구상과 맞물리면서 현실적으로 강력한 힘을 형성하면서 발전되어 가고 있다고 할 수 있다.

이는 결국 중국의 정치경제적 급부상과 연관된 화평굴기전략과 부딪히면서 아시아에서의 새로운 대결구도가 형성되어 가고 있는 것이며, 이 과정에서 한반도는 두 세력이 새롭게 부딪히는 대결장이 되어 가고 있는 것이다.

2.4. 동북아 정세의 변화와 한국의 전략

갈수록 심화되는 북한 경제의 중국 의존도

지난 해 10월 후진타오 방북 때 북과 맺은 경제기술협력협정은 북·중 간의 경제협력이 달라질 것을 예고한다. 또한 북·중 경제협력과 공동발전의 모색은 후진타오 방북에 앞서, 우이 부총리 일행의 방

[3] 손열, 「변화하는 일본의 복잡한 보수」, 미래전략연구원 논단.

북에서도 잘 나타났다. 우이 부총리는 방북시 양국의 경제·무역과 관련 양국 정부가 책임을 지고, 시장원리를 기반으로 하며, 민간기업이 주도적 역할을 담당한다는 3개 원칙에 합의하였다. 또 우이 부총리 일행의 방북에 동행하였던 중국 우쾅집단이 석탄시굴 관련 합병회사를 설립하기로 북과 합의하였다. 중국의 중강그룹은 북의 대표적인 철광인 무산철광을 공동으로 개발하기로 합의하였다. 또한 후난성 농업과학원은 북의 농업과학원과 협정을 맺고, 농업기술 전수에 본격적으로 나서기로 합의하였다. 이러한 일련의 흐름은 과거 중국이 북에 대해 기본적인 최소 원조와 협력에만 그쳤던 것과는 완전히 다른 양상이다. 이를 단적으로 보여 주는 상징이 10월 10일에 맞추어 조업을 개시한 대안친선유리공장이다. 북한과 중국 간의 경제기술협력협정 체결은 미국에 의한 대북 경제압력을 정면으로 거스르는 중국의 정치적 선택의 의미도 담겨 있다.

북·중 정상회담을 계기로 앞으로 향후 북·중 경제협력은 더욱 강화될 것으로 보인다. 이는 북이 현재 요구되는 에너지, 식량 및 설비현대화를 위한 중국과의 경제협력은 앞으로 북한 경제의 회복에 도움이 될 것은 분명하다. 반면에 북한 경제의 대중 의존도 심화라는 우려가 커지고 있다.

그리고 북한의 김정일 위원장은 지난 1월 세계의 이목을 집중시키면서 중국을 방문하여 덩샤오핑의 개혁·개방을 촉진시키기 위한 대표적 횡보로 꼽히는 '남순강화'를 연상시키는 중국의 경제특구를 방문하는 등 8박9일의 방중일정을 진행시켰다. 김정일 위원장의 이번 방중은 북핵문제 해결을 위한 6자회담이 교착된 상태에서 미국이 달러위폐문제 등을 제기하면서 압박하자 이에 대한 북한, 중국의 공동대응에 대해 협의하는 정치적 목적과, 북한이 최악의 경제위기를 벗어난 상태에서 향후 경제발전전략의 추진과정에서 중국과의 경제협력 강화라는 경제적 목적 두 가지를 가졌었다고 할 수 있다.

이와 같은 후진타오와 김정일의 상호 방문과정을 거치면서 2006

년은 새로운 차원의 북·중관계의 재정립과 발전을 위한 계기를 마련한 시기라고 평가할 수 있을 것이다.

노무현 정부 외교안보팀의 정세인식상 오류

지난 3월 이종석 통일부 장관은 '한반도 정세의 미묘한 변화'를 이야기하였다. '미묘한 변화'란 북핵문제와 관련한 6자회담과 관련하여 미국은 북핵문제에 집중하기보다는 위폐문제, 마약문제, 인권문제 등을 매개고리로 북한을 중장기적으로 체제전환을 시도한다는 전망하에 행동을 취해 나가고 있고, 북한은 핵보유에 대해 버티기를 하면서 중국과 경제협력을 강화해 나가는 상태에서 북핵문제가 진전이 없는 교착상태에 빠진 것을 의미하는 것으로 보인다. 또한 그 직후 이 장관은 북한에 대해 "자기 판단에 상당히 문제가 있다"고 발언하였으며, 지난 4월 9일부터 도쿄에서 열렸던 '동아시아 협력대화'에서 새로운 돌파구가 열릴 가능성이 있으니 주목해 보라는 이야기도 덧붙였었다. 이와 같은 내용이 노무현 정부 외교안보팀의 현재까지의 상황인식이라 할 수 있다.

우선 확인된 것은 도쿄에서 열렸던 '동아시아 협력대화'에서는 북·미 간의 어떤 의미 있는 접촉조차도 없었다. 그리고 가장 중요한 한반도 정세의 미묘한 변화는 사실 지난 해 상반기에 그 조짐이 시작되었으며, 본격화된 것은 제4차 북핵 6자회담에서 9.19공동성명이 채택된 이후였다. 필자는 지난 해 5월 프레시안과의 인터뷰에서 북한이 파키스탄 모델로 가고 있다고 경고한 바 있다. 그 내용은 북핵문제는 경제적·정치군사적·체제적 차원의 해법과 로드맵을 포함하는 일괄타결해법을 가지고 접근해야 하며, 그 시기는 늦어도 지난 해 중반기까지는 해결해야 하는데, 그렇지 못하면 북한은 정권 차원의 핵무기 보유 버티기를 통해 파키스탄 모델로 가게 될 것이라고 예측하였었다. 왜냐하면, 첫째 지난 해 상반기까지는 미국이 북핵문제를 해결하고자 하는 상대적으로 강한 의지와 긴장도를 가지고 문제에 접근하였다면 중반기 이후에는 이라크전의 수렁, 이란문제 등이 지속적으로 악화되어 왔었고, 미국 국내문제까지 가중되면서 북핵문제에 집중할 수 있는 여력이 나날이 축소되어 온 과정이었다고 할 수 있다. 그리고 이와 같은 미국의 긴장도 이완은 중국의 대북정책에도 영향을 미치게 된다. 둘째, 북한 정권 차원에서는 체제 전체적인 차원에서 북·미관계를 개선하면서 전환을 시도할지 정권유지를 최우선적으로 고려하면서 핵무기보유 버티기전략을 지속시켜 나갈지 갈림길에 놓여 있었는데, 지난 해 상반기를 거치면서 후자의 전략을 중심으로 방향설정을 한 것으로 보인다. 이와 같은 두 가지 핵심 요인 등이 영향을 미치면서 9.19공동성명은 문제해결이 아닌 봉합상태로 결과가 나오게 된 것이다. 이는 필연적으로 9.19공동성명 직후부터 북·미 간의 현안별 갈등을 표출시키게 된다.

그런데 북·미 간의 현안별 갈등은 이전시기와는 다른 중요한 변화가 있게 되는데, 그 내용은 9.19공동성명 이전까지 북·미 간의 갈등의 핵심 축은 북핵문제를 핵심으로 한 정치군사적 이슈가 중심이었다면, 9.19공동성명 이후에는 위폐, 마약, 인권문제 등 사회경제적 이슈가 갈등의 핵심 축으로 전환되었던 것이다. 그 배경에는 미국이 자의반 타의반 정책을 변경한 것인데, 타의란 이라크전, 이란문제에 매달리면서 힘의 한계가 있었던 것이며, 자의란 대북정책의 중심을 중장기적인 체제전환에 두면서 정치군사적 압박도 진행하지만 더욱 주요하게는 사회경제적 매개고리를 활용한 포괄적 압박전략으로 전환한 것이다.

그리고 북한은 이와 같은 정세변화를 정확히 읽고 이에 대한 대응으로 지난 해 하반기 이후에는 중국과의 경제협력을 중심으로 한 유대강화에 힘을 기울인 것이다. 결과적으로 지난 해 북한은 국가 전체적인 이익은 아닐지라도 북한 정권 차원의 외교전략은 중대한 성과를 올린 한 해였던 것이다.

상황이 이러한데 현 정부 외교안보팀이 이제 와서 정세의 미묘한 변화를 이야기하고 북한에 대해 자기 판단에 문제가 있다는 식의 판단을 하는 것은 심각한 정세인식의 오류가 있다고 하지 않을 수 없다. 이와 같은 부정확한 상황인식은 4월 24일 막을 내린 18차 장관급 회담의 결과처럼 별다른 성과 없이 시간을 보내게 될 것이다.

2.5. 한·미 FTA의 추진배경

미국은 21세기 최대의 경쟁자로 중국을 상정하고 있는 것은 불문가지이며, 이에 따라 대동북아시아 전략구도를 미·일 동맹, 한·미 동맹의 강화를 통해 대응하고자 하고 있다. 이와 같은 구도하에서 지난해 9.19공동성명 이후에는 좀더 정교하게 대 한반도전략을 구사하고 있는데, 그 내용은 지난 해 11월 17일 한·미 정상회담의 결과로 나온 '경주공동선언'에 잘 나와 있다.

한·미 동맹, 북한 핵문제, 남북관계 및 평화체제 구축, 경제통상관계, 지역 및 범세계적 협력의 순서로 되어 있는 공동선언을 내용적으로 분석해 보면 북핵문제, 북한 문제의 중장기적 접근, 한·미 간의 군사협력 강화를 위한 전략적 유연성에 대한 합의추진, 경제협력의 강화를 위한 FTA의 추진이라고 할 수 있다. 그리고 이 자리에서 양국은 장관급 전략대화를 가지기로 합의하였고, 이에 따라 지난 1월 19일 워싱턴에서 반기문 외교통상부 장관과 라이스 국무장관의 제1회 '한·미 장관급 전략대화'에서 주한미군의 전략적 유연성 문제에 대한 합의사항을 발표하였던 것이다. 이어서 2월 3일 한·미 FTA 협상개시를 선언하게 된 것이다.

미국은 아시아권에서 한국과 말레이시아를 FTA 협상대상국으로 선택하였는데, 그 배경은 대중국 포위전략과 연관된 것이라고 할 수 있다. 그리고 동북아에서 일본에 앞서 한·미 FTA를 추진한 것은 한반도가 친중국으로 기우는 것에 대한 경계심이 핵심적인 배경이라 할 수 있다. 북한의 친중국화가 가속화되고 있고, 남한도 중국과의 경제적 의존 정도가 높아 가는 상태에서 이를 견제하기 위한 적극적인 전략이 필요하였던 것이고, 그 전략의 구체적 내용은 동맹의 물질적 토대를 굳건하게 해 나갈 수 있는 한·미 FTA였던 것이다.

동북아 질서의 중대한 변동시기에 이와 같은 미국의 전략적 선택은 노무현 대통령의 지난 해 이후 변화되고 있는 현실주의적 사고경향을 반영한 한·미관계의 우호적 추진이라는 정치적 선택과 결합되어 한·미 합의하에 FTA가 추진되고 있는 것이다.

그런데 한국 사회의 범진보진영에서는 민주노총, 전교조, 참여연대를 핵심으로 하여 '한미FTA저지 국민운동본부'에서 지난 4월 15일 1만여 명이 가두시위를 하면서 본격적인 반대투쟁을 선언하였고, 다른 한편에서는 4월 16일 범중도진영과 범보수진영인 선진화정책운동, 시민과 함께 하는 변호사들, 기독교사회책임, 바른사회시민회의, 자유주의연대, 뉴라이트전국연합 등이 연대하여 '바른FTA실현 국민운동본부'를 결성하여 정부의 한·미 FTA 추진에 대해 비판적 지지를 선언하였다.

한편, 한국과 미국은 지난 4월 18일 워싱턴에서 한·미 FTA 제2차 사전준비협의를 갖고, 17개 협상분과를 구성하는 방안에 합의하는 등 공식 협상을 위한 기본틀을 확정하였다. 한·미 FTA 협상이 본격화되고 있는 것이다. 양국 정부는 빠르면 내년 3월 늦으면 6월까지 협상을 마무리짓는다는 목표로 협상을 추진하고 있다. 이에 대해 한·미 FTA를 반대하는 측에서는 한·미 FTA가 제2의 을사늑약으로 가는 길이며, 우리가 미국의 51번째 주가 될 것이라느니 비판의 목소리를 높이고 있다. 반면 찬성하는 측에서는 반대측의 주장은 구한말 쇄국을 통한 망국의 길을 되풀이하고자 하는 반역사적 행위라고 비판하고 있다.

현재 동북아 정세는 격변의 시기로 돌입한 상태이다. 중국의 급격한 부상에 따른 미·일 동맹의 강화, 미국의 대중국 견제와 대북압박에 따른 중국, 북한의 밀착현상, 일본, 중국 간의 아시아 패권경쟁,

북핵문제를 매개로 한 북·미 갈등, 한·미 간의 동맹균열 등은 한반도의 운명이 어디로 갈지 모르는 심각한 유동국면에 놓여 있다는 것을 보여 주고 있다.

한·미 FTA는 이와 같은 동북아 정세의 복잡한 변동조건에서 미국의 전략적 선택과 노무현 정부의 오락가락 정책행보과정에서 지난 해부터 보여 온 현실주의 경향이 결합하여 양국 정부가 합의추진하고 있는 정책이다. 또한 한·미 FTA는 단순한 경제적 사안이 아니라 남북관계, 외교안보전략과 직·간접적으로 연관되어 향후 한반도 정세에 중대한 영향을 끼칠 핵심적인 문제인 것이다. 따라서 우리는 한·미 FTA에 대해 졸속추진이니, 한탕주의니 등의 타령으로 시간을 보낼 여유가 없다. 국민 모두의 힘과 지혜를 모으고 정당, 정파를 초월하여 올바르고 성과적인 한·미 FTA가 성사되도록 노력하는 것이 필요한 시점이다.

2.6. 한국의 전략

한·미 FTA가 우리 경제를 선진화시키는 계기가 되기 위해서는, 첫째 피해계층에 대한 대책과 반드시 지켜야 할 것과 개방해야 할 것 등에 대해 철저한 준비를 해야 하며, 둘째 국내시장을 먼저 개방해서 교육, 의료, 법률, 회계, 컨설팅 서비스분야에서 체질을 강화해 미국 상품에 능동적으로 대응할 수 있는 로드맵을 마련해야 할 것이다. 예를 들면, 김진표 전 교육부총리의 주장처럼 자립형 사립고의 확대를 막겠다는 식의 태도는 개방 이후 교육서비스시장의 피해를 키울 뿐이라는 인식이 필요하다.

또한 최근 한반도 정세의 변동과정에서 핵심적인 문제는 북한 경제의 중국 경제로의 종속화 문제인데, 이에 대응할 수 있는 유일한 방법은 한·미 간의 협력에 기초해서 남북경협을 활성화시키는 것이다. 미국의 협조 없는 남북경협은 많은 한계가 있을 수밖에 없으며,

미국 역시 대중국 정책과 관련해서 한·미 간의 협력에 기초해서 남북경협을 활성화시키는 것이 미국의 향후 동북아 전략구도에 커다란 득이 될 것이다. 구체적으로는 개성공단 등 개방특구 생산제품을 한국산으로 인정하는 것인데, 이 문제가 해결된다면 우리 국익에 엄청난 이득을 가져다 줄 것이다. 최근 미국 상공회의소측에서도 이 문제에 대해 전향적으로 협의할 수 있다는 언급도 있었다. 보수와 진보를 넘어서 우리의 국익과 통일 이후 국가전략에 대해 대승적이고도 창조적인 접근이 무엇보다 필요한 때인 것이다.

올해 들어 본격적으로 추진되고 있는 남북경제협력사업과 북한, 중국 간 경제협력사업은 내용적인 흐름으로 볼 때 상호 경쟁적인 양상을 띠어 가고 있다. 중국은 향후 변화되는 동북아시아 구도에서, 특히 미국, 일본이 전략적 동맹성격을 강화해 가고, 중국 포위전략을 추진하는 조건에서 북한만은 친중국화시키고자 하는 전략적 이해관계가 강화되고 있기 때문에, 우선적으로 경제협력의 양과 질을 확대·발전시켜 나가고 있는 것이다. 반면에 한국은 향후 통일 이후 북한 경제문제의 해결, 통일된 민족경제공동체의 발전문제 등을 고려하여 남북경협을 역시 폭과 깊이를 확대·발전시켜 나가고자 계획을 세우고 있다. 그런데 한국이 이와 같은 문제를 성과적으로 해결하기 위한 핵심적인 관건은 미국, 일본과의 긴밀한 협력에 있다고 할 수 있다.

미국 부시 정부의 네오콘이 싫다고 해서 한·미관계를 깰 수는 없는 것이다. 미국은 여전히 향후 20년 정도는 동북아 정세에서 가장 영향을 많이 끼칠 세력이며, 우리 나라 입장에서도 활용할 것이 가장 많은 자원들을 가지고 있다는 사실을 명심할 필요가 있다. 중국, 일본과의 관계도 한·미관계를 튼튼히 해야 그것을 지렛대로 하여 보다 유리한 한·중관계, 한·일관계를 만들어 나갈 수 있음을 이해해야 한다. 이른바 동북아 구도에서 '한·미관계 지렛대론'을 잘 고민해야 할 필요가 있는 것이며, 이와 같은 맥락에서 한·미 FTA문제를 접근해야 할 것이다.

3 소 결

'한미FTA저지 국민운동본부'에서는 주한미군 철수를 위한 "평택투쟁이 한·미 FTA 등 신자유주의 세계화와 밀접히 연관되어 있음은 주지의 사실이다. 미 제국주의는 각 대륙의 군사정치적 요충지에 FTA를 체결하면서 정치군사적 동맹(예속)체제 강화와 FTA를 통한 경제동맹(예속)을 결합시키고 있다. 그럼으로써 미 제국주의의 경제·정치·군사적 패권화의 수단으로 활용되고 있다"고 하면서, "평택투쟁은 한·미 FTA 저지투쟁과 같은 지점에서 만날 수밖에 없는 공동투쟁전선이다. 이들 투쟁은 남한의 민중뿐만 아니라 북한의 민중 모두를 살리는 절대적으로 중요한 투쟁이다. 또한 이들 투쟁은 미 제국주의와 노무현 정권의 신자유주의 세계화·군사화에 맞선 투쟁이며, 노동자계급과 전체 민중운동이 함께 싸워야 할 중요 투쟁이다"라고 주장하고 있다.

또한 그들은 "심각한 문제는 한·미 FTA 체결이 한·미 동맹 또는 한·미 안보관계의 공고화로 이어지고, 그것이 다시 중국의 소외현상과 북한의 반발을 야기한다는 것이다"라는 견해를 보이고 있다.

결론적으로 '한미FTA저지 국민운동본부'는 기본적으로 한·미 FTA 정책을 반미친북좌파적 관점에서 이념투쟁으로 국민들을 선동하고 있는 것이다. 이는 제2차 세계대전 이후 미국과 소련 중심의 자본주의와 사회주의 체제 간의 대결양상이 소련, 동구 사회주의권의 몰락으로 승패가 분명하게 나왔음에도 불구하고 여전히 철지난 이념을 무기로 나라와 국민을 잘못된 방향으로 선동하고 있는 것이다. 물론 그 구체적인 주장들을 보면 과거 사회주의식 생경한 주장보다는 세계사의 변화된 정세를 부분적이나마 반영하여 중국에 대한 감성적이고 주관적인 기대, 탈냉전시대 남북화해라는 민족주의적 감성에의 호소, 피해계층을 등에 업은 포퓰리즘적 대중선동 등과 결합하여 자극적인 대중선동투쟁을 진행하고 있다. 그러나 이와 같은 논리들은 역사적인 실패로 끝난 사회주의의 변형이념과 이론에 기초한 시대착오적인 주장들에 불과하다. 물론 한·미 FTA 반대투쟁에 참여하고 있고, 한·미 FTA가 실현되었을 경우 피해를 입을 수 있는 농민 등 일부 계층에 대해서는 그야말로 실질적이고 구체적인 대책을 세우는 것은 필요하다고 본다.

그리고 한·미 FTA 정책을 반미친북좌파적 관점에서 반대투쟁하는 세력 외에도 '동북아균형자론'적인 입장에 기초하여 주장을 펼치는 흐름도 있으나, 이와 같은 흐름은 본인들이 원하든, 원하지 않든 결과적으로 반미투쟁적 흐름의 일부로 휩쓸릴 가능성이 농후하다고 할 수 있다.

따라서 위에서 밝혀 왔듯이 동북아 정세의 긴박한 변동과정에서 미국, 중국, 일본, 러시아 그리고 북한의 변화흐름을 정확하게 분석하고 대응하는 것이 그 어느 때보다 중요하다는 현실을 인식할 필요가 있다. 핵심적으로는 동북아의 복잡한 국제정치경제구조하에서 우리의 전략은 한·미 동맹을 강력한 지렛대로 구축해야만 대중, 대일, 대러 관계를 지혜롭게 풀어 나갈 수 있고, 북한 문제도 효과적으로 해결해 나갈 수 있다는 인식을 분명히 가질 필요가 있는 것이다. 그리고 이를 위해서는 한·미 동맹의 물질적 토대요, 냉전시대 군사동맹을 대체하는 성격을 지니고 있는 '한·미 FTA'를 올바르게 체결하는 것이 대단히 중요함을 이해해야 할 것이다.

조 정 란

제19장

한·미 FTA와 동아시아 경제통합

1 주요 찬반논쟁

2006년 6월 이후 우리 나라와 미국 정부는 양자 간 FTA 협상을 진행중에 있으나, 국내에서는 한·미 FTA에 대한 논란으로 떠들썩하다. 우리 경제의 미래를 위해서는 꼭 미국과의 FTA를 체결해야 한다는 찬성진영과, 이와 반대로 미국과의 FTA를 체결하지 말아야 한다는 반대진영 간의 입장대결이 일반국민들을 혼란스럽게 만들고 있다. "걸림돌이다," "디딤돌이다"라는 주장들에 비해, 쟁점을 체계적으로 비교하는 글은 많지 않은 것 같다.

우리 나라는 1990년대 후반부터 FTA 체결에 관심을 가지면서 칠레, 싱가포르, 유럽자유무역연합(EFTA), 아세안 등 비교적 우리 경제에 미칠 영향이 적은 나라와 FTA를 추진해 왔었다. 그러나 이제는 우리의 FTA 정책경험도 어느 정도 축적되었고, 세계적으로 확대·심화되는 지역주의 추세에 적극적으로 대응하기 위해서는 우리의 경제제도 및 대외경제관계에 상당한 영향을 미칠 수 있는 대규모 경제권과의 FTA를 통해 경제적 실익을 챙겨야 하는 상황이다. 2003년 말 시작되었던 한·일 FTA 공식 협상이 양측 간 시장개방에 대한 입장차이로 소강상태에 있고, 2005년 7월 아세안과의 FTA 발효로 동아시아 내 리더십 확보의 계기를 마련한 중국이 우리 나라와의 FTA 공식 추진을 제안한 상태이다. 굳이 미국이 아니더라도 거대경제권과의 FTA 추진은 시간문제인 것이다.

일부에서는 미국에 앞서 일본, 중국과의 FTA 체결로 동북아 및 동아시아 지역에서의 경제협력을 먼저 강화하고, 이를 바탕으로 미국과의 FTA를 추진해야 한다는 주장이 제기되고 있다. 참여정부 출범 초기부터 국정운영의 중심과제 중 하나로 강조되었던 동북아허브(후에 동북아경제 중심으로 개칭)전략과, 김대중 정부가 추진하였던 동아시아(아세안+3) 경제협력기조를 유지함에 있어 미국과의 FTA는 '걸림돌'로 작용한다는 점이다. 표면상으로 보면, 미국보다는 동아시아 국가들과 먼저 FTA를 추진하는 것이 더 동아시아 경제협력 강화정책에 도움이 되는 것으로 이해될 수 있다.

그러나 이미 일본과의 FTA는 농산물시장 개방에 대한 입장차이로 협상이 중단된 상태이고, 일본의 독도영유권 제기, 고이즈미 수상의 야스쿠니신사 참배, 교과서파동 등으로 양국 간 정치적 긴장이 고조되고 있는 상황에서 일본과의 FTA를 먼저 추진하라는 주장은, 미국과의 FTA를 반대하기 위한 이유에 지나지 않음을 알 수 있다. 중국과의 FTA문제는 2005년 5월 한·중 국무총리회담에서 공식적으로 중국 원자바오 총리가 제기한 상태이다. 이당시 한·미 FTA 정부 간 실무자 협의가 종료된 상태이고, 공식 협상개시 여부에 대해 검토하고 있던 시점이었다. 중국이 우리 나라와의 FTA를 제안한 것은 한·미 FTA 진전에 따른 대응방안의 일환임을 알 수 있다. 이런 상황에서 중국과의 FTA가 한·미 FTA보다 선행되어야 함을 주장하는 것 역시 논리적으로 이해하기 어렵다.[1]

---

1 경향신문(2006년 8월 10일자 「FTA 중(국) '양보' 걷어차고, 미(국) '까탈' 받아주고」)에 따르면, 일부에서는 2005년 9월 12일자 제5차 대외경제위원회 안건자료를 근거로, 중국이 농업문제에 대해 한국의 입장을 다소 수용할 것임을 전제로 우리 나라와의 FTA를 제기하였는데, 우리 정부는 한·중관계 강화에 대한 미국측 우려를 고려하여 양보안을 제시한 중국보다는 4대 선결조건 등을 요구한 미국을 채택한 것은 정부의 실책이라는 주장을 제기하고 있다. 그러나 이러한 주장 역시 타당하지 않다. 즉, 한·미 FTA 논의 이전에 중국이 이러한 제안을 하였다면 반대진영의 주장이 맞을 수 있으나, 중국이 뒤늦게 한·미 FTA 진전을 막기 위해 제안하였다는 점을 이해해야 할 것이다.

2 동아시아 경제통합관련 경제 및 안보이슈

2.1. 동아시아 경제통합에 있어서의 경제관계

동아시아 국가들은 지역적으로 인근에 위치하고 있지만, 경제발전단계, 정치체제, 문화, 종교 등 다양성을 지니고 있다. 경제적으로는 경제규모가 세계 제2위인 일본의 뒤를 이어 한국과 같은 중진국이 있는가 하면 1인당 GDP가 1,000달러도 넘지 못하는 나라도 있다. 인구로 볼 수 있는 규모로는 중국이 13억 명을 초과하고 있고, 싱가포르는 350만 명 정도이며, 브루나이의 경우는 35만여 명에 불과하다. 또한 정치체제에서도 한국이나 일본처럼 자본주의 국가가 대부분인 반면에, 사회주의인 중국, 베트남 등도 섞여 있다. 종교나 문화에서는 이보다 더 복잡하고 다양하다. 이처럼 동아시아 지역은 그 다양성으로 경제통합 연구자들이 경제통합의 방향을 설정하는 데 어려움을 주고 있다. 그러나 한 가지 분명한 것은 동아시아 국가들이 상호간 경제협력이 밀접하게 이루어지고 있다는 점이다.

동아시아 지역의 교역규모를 보면 2003년 현재 한국은 3,700억 달러, 중국은 8,500억 달러, 일본은 8,550억 달러로 한·중·일 3국의 교역량은 무려 2조 달러를 초과하고 있다. 여기에 ASEAN 10개국의 교역량은 8,400억 달러 이상이 된다. 동아시아 지역의 교역량 증가는 1980년대에는 NIES로 불리던 한국, 대만, 홍콩, 싱가포르에 의해 주도되었으나, 1990년대 이후에는 중국의 교역량 증가가 가속화되었고, ASENA 중에서도 특히 인도네시아, 말레이시아, 태국, 베트남 등의 교역량이

크게 증가하게 되었다.[2]

그러나 교역증가뿐만 아니라, 역내의 경제적 상호 의존도가 급격히 심화되었다는 사실이다. 아직 경제통합이 이루어지지 않았지만 이미 경제통합이 이루어져 있는 것과 같이 분업을 통한 밀접한 관계를 가지고 있다.

이렇듯 동아시아 경제통합은 경제적 협력의 측면에서 이미 분위기가 이루어져 있고, 향후에도 경제통합이 진전될 것으로 평가된다. 우선 경제성장이 유지됨에 따라 향후 협력의 강도는 강화될 것으로 전망된다. 우선 세계 제2의 경제규모와 첨단기술 및 자본력을 가진 일본이 있다. 그리고 1980년대 이후 연평균 9% 내외에 달하는 지속적인 성장을 이룩하여 경제규모 측면으로 볼 때 세계최대 경제대국으로 성장할 중국, 그리고 부존자원을 풍부히 갖고 있으며 앞으로 발전가능성이 높은 동남아시아 지역, 특히 이들 국가들의 경우 다국적기업 수출기지로서의 역할이 커서, 중간재와 자본재를 수입하여 최종재를 미국 등 다른 국가로 수출하는 구조로 되어 있다. 그래서 동아시아 국가들은 미국, 유럽 등 역외시장에서 자국들의 수출확대에 있어 상호 경쟁적 관계에 있다. 특히, 미국 시장은 이들 국가들에게 가장 중요한 수출시장이다. 일본과 한국의 수출대상국 중 미국은 제1의 교역파트너일 뿐만 아니라 그 비중도 상당히 높다. 중국의 경우에 제1위의 수출대상국이 홍콩이지만 홍콩의 중계무역 성격으로 인하여 대미 수출이 사실상 높을 것으로 추정되고 있다.[3]

동아시아 국가들의 경제성장 기반인 수출을 중심으로 분석해 보면, 동아시아의 이러한 국가 간의 분업은 자기완결형이 아닌, 미국이나 유럽 등 역외수출시장으로의 진출을 위한 분업에 지나지 않는 문제점이 있다. 비록 중국과의 교역확대로 미국의 비중이 약화되는 측면이 있으나, 대중 교역은 중간재 교역성격이 강하고, 중국 역시 미국

[2] 동아시아 교역구조에 대해서는 진홍상·박승록(2005) 참조.

[3] 고일동 외(2000) 참조.

이 가장 중요한 수출대상국이라는 측면에서 동아시아 대부분의 국가들이 미국 시장에 대한 의존도가 강한 것으로 볼 수 있다. 따라서 동아시아만의 폐쇄적인 지역협정의 지향은 아직은 동아시아 국가 전체에 해가 될 수도 있다. 경제적 측면만으로 보면, 미국이 포함된 동아시아 경제통합이 실현가능성이 더 높을 수 있다. 즉, 동아시아+미국 FTA라는 구도가 구체화될 경우, 미국이라는 세계 제1위 거대시장에의 접근확대에 역내국가들의 관심이 커질 것이고, 결국 참여하는 방향으로 입장을 결정할 가능성이 높기 때문이다.

2.2. 동아시아 경제통합에 있어서의 지역안보문제

동아시아 지역은 점차 경제협력관계가 심화됨에도 불구하고, 특히 동북아에는 정치적인 안보문제로 인한 대립과 갈등이 끊이지 않고 있는 상황이다. 한반도의 분단과 중국과 대만 사이의 문제, 그리고 일본과 한국, 중국, 러시아 간의 영토문제로 인한 갈등, 이러한 문제들로 인하여 짧은 기간 내에는 동아시아 경제통합이 이루어지기 힘들 것이라는 의견이 일반적이다.

우리는 한·일 FTA 협상을 시작할 때만 해도 아시아 경제권의 중심축을 이루는 일본에게 경제력에 걸맞은 국제적 지도력의 발휘를 기대하였고, 일본과 함께 우리 나라도 동아시아 경제통합의 허브가 되겠다는 희망을 갖고 있었다. 그러나 한·일 FTA 협상의 소강상태에서도 엿볼 수 있듯이, 일본으로부터 이러한 기대를 충족시키는 것은 어려운 것으로 나타나고 있다. 그러나 중국이 강력한 리더십으로 아세안과의 FTA를 조기에 타결하였고, 우리 나라와의 FTA 추진을 제의하면서 취약산업에 대한 특별한 고려가 가능함을 제시하는 등 중국은 일본 대신 동아시아 경제통합의 중심으로 부상하고 있다. 중국은 2001년 말 WTO 가입을 계기로 무역이 급증하여 2004년 현재 세계 제3위의 교역국으로 성장하게 되었다. 하지만 이러한 중국의 부상을 견제하기 위해 일본은 미국, 호주, 인도 등을 동아시아 협력 파트너로 끌어들이려고 하고 있다. 이러한 상황은 일본과 중국이 상호간에 대립 및 견제를 함으로써 경제통합을 향한 긍정적인 방향으로의 발전을 저해하고 있다.

이러한 역내 주요국 간의 관계 악화로 당분간 동아시아 경제통합에 대한 급속한 진전을 기대하기 어렵다. 동아시아 국가들의 높은 대미 의존도, 미국의 거대내수시장 등을 고려하면, 우리 나라와 미국 간 FTA 체결이 동아시아 FTA를 선도할 수도 있을 것이다.

또한 향후 아·태 지역의 다자안보협력에서 가장 중요한 변수로 이 지역에 대한 미국의 정책방향임을 고일동 외(2000)가 지적하고 있고, 박제훈(2004)은 동북아 지역통합 논의에 있어서 가장 핵심 변수로 미국의 입장을 들고 있다. 박제훈에 따르면, 미국을 제외한 동북아 국가만의 협력이나 통합이 과연 가능하고 또한 바람직할 것이냐라는 질문에 대해, 동북아에도 미국 주도하의 동북아 안보협력체의 구성을 서두를 필요가 있다는 주장과 중국 등 동북아만의 독자적인 안보협력체의 설립이 가능하다는 주장이 있는데, 대체로 정치학자들 간에는 전자가 우세하다는 것이다. 동북아 지역통합에 대한 또 다른 핵심 변수는 북한인 것으로 볼 수 있다. 한반도의 정치적 안정이 전제되지 않는 한, 상호간 신뢰를 전제로 하는 경제통합은 달성되기 어렵기 때문이다. 북한은 한반도 안정뿐만 아니라, 군사적으로 대치관계에 있는 미국은 물론이고 일본, 중국 등에게 민감한 요소가 되고 있다.

한·미 FTA가 북한의 개방과 자유화에 기여할 수 있는 측면이 있다. 먼저 오늘날 FTA의 의미가 경제관계로 국한되지 않고, 정치외교안보적 강화와 밀접한 관련성을 지닌다는 점에서 한·미 FTA는 한반도 안정에 기여하게 될 것이다. 미국이 체결하는 FTA는 외교안보적 목적이 강하게 반영되어 있다는 것은 주지의 사실이다. 또한 어렵겠지만 한·미 FTA에서 개성공단 생산물품에 대한 원산지규정이 인정되면, 미국과 북한의 관계개선은 물론이고 더 나아가 북한의 개방 및 자유화에 기여하게 될 것이다. 우리 정부는 그 동안 북한에 대해 햇빛정책을 펼쳐 왔고, 실제로 싱가포르, EFTA 및 아세안과의 협정에서 개성공단 생산품을 한국산으로 인정받았다.

지난 제1차 협상에서 미국은 개성공단 제품에 대한 원산지인정에 대해 반대의 입장을 표명하였다. 2006년 7월 초 북한의 미사일 발사로 제2차 협상에서 우리 나라는 제1차 협상에서와는 달리 개성공단 물품 원산지인정을 제기하지 않기로 하였다. 유현석(2006)은 이 문제를 두 가지 측면에서 보고 있다.

첫째, 미국의 입장에서 개성공단 제품의 한국산 인정문제는 대북관계, 핵문제 등과 연결되어 있는 것으로 보고 있다는 것이다. 미국은 우리 나라가 여러 가지 대북사업(금강산, 개성공단 등)을 통해 달러를 북한에 공급하는 것에 대해 부정적 입장을 가지고 있고, 오히려 이러한 사업은 북한을 압박해야 하는 상황에서 북한에 숨통을 열어 주고 있는 격이므로 미국은 경제적 압박을 위해 개성공단 생산활동의 확대를 달갑게 보지 않는다는 것이다. 특히, 현재와 같이 북한이 6자회담에 복귀하지 않고 있는 것에 대해 금융제재로 북한을 압박하고 있는 상황에서 개성공단 제품의 한국산 인정을 미국이 받아들이는 것은 불가능한 것으로 보고 있다.

둘째, 미국은 개성공단문제를 한·미 FTA 협상에서 우리 나라로부터 양보를 얻어 내는 데 긴요한 카드로 사용할 가능성도 있는 것으로 보고 있다. 개성공단문제는 우리 나라가 간절하게 원하는 내용이므로, 협상 막바지에 개성공단문제를 해결해 주는 대신 FTA 협상에서 자국이 필요한 것을 얻어 내는 데 개성공단 카드를 활용할 수 있다는 것이다. 여기서 국내에서는 한·미 FTA를 찬성하는 측에서는 첫번째가 미국이 생각하는 입장이라고 여길 것이고, 반대하는 입장에서는 두 번째의 내용이 미국의 전략인 것으로 믿고 있을 것이다.

개성공단 물품의 원산지에 대한 미국의 입장이 어떠하든 중요한 것은 우리 정부의 입장이라고 생각된다. 우리 중소기업들이 개성공단에 진출하고 있고, 국내시장만으로는 개성공단 생산활동에 제약이 있을 수밖에 없는 상황임을 고려하면 거대 미국 시장에 진출할 수 있는 길을 열어야 하는 상황이다. 더구나 그 동안 우리 나라가 체결한 협정에서 상대국으로부터 양보받은 사항을 미국과의 협정에서 얻어 내지 못하면 우리 정부는 국내정치적으로 어려울 수 있다. 또한 미국도 이스라엘과의 협정에서 요르단 경제특구(QIZ)에서 생산된 물품에 대한 이스라엘 원산지를 인정해 준 사례가 있고, 싱가포르와의 협정에서도 유사한 관례가 적용되었다. 비록 북한이라는 적대국이 관련된 사항이어서 미국을 설득하는 데 큰 애로가 예상되나 정부는 최선의 노력을 다해야 할 것이다.

3 미국과의 FTA에 대한 동아시아 국가의 입장

동아시아는 무역에 대한 의존도가 높은데, 그 중에서도 미국에 대한 수출의존도가 높다. 그래서 미국과의 관계가 중요한 통상이슈일 수 있다. 특히, 미국과의 FTA 체결은 경제 및 안보 이외에도 추상적인 이익(국가의 이미지 개선 등)도 포함되어 있어 의외로 미국과의 FTA를 희망하는 국가는 많을 것으로 여겨진다.

동아시아 여러 국가들은 미국과의 FTA 체결에 적극적인 입장이다. 이미 싱가포르는 미국과 FTA를 발효시킨 상태이고, 태국과 말레이시아도 미국과의 FTA 협상을 진행중에 있다. 일본도 미국과의 FTA를 희망하고 있으나, 미국측이 일본측 요청을 수용하지 않은 상태이다. 즉, 일본의 정치구도로 볼 때 일본 정부는 미국과의 FTA 협상을 조율할 정도의 내부조정력을 결여하고 있는 것으로 보고 있다. 그러나 일본은 안보문제를 거론하며 미국을 동아시아 경제통합에 포함시킬 것을 강조하기도 한다. 지난 2003년 일본이 제안한 동아시아 개발 이니셔티브(IDEA)에서 동아시아 경제협력 논의에 미국의 참여를 제안한 바 있다. 일본의 제안은 동아시아에서의 중국의 부상과 역할증대를 견제하기 위한 것이지만, 미국과의 경제협력 강화의 필요성을 인정하고 있다는 점에 대해서는 부인하기 어렵다. 이렇듯 미국은 어쩌면 아직까지는 동아시아에 있어 경제성장, 정치안정과 기회를 제공하는 나라로 여겨지고 있으며, 이 나라와 긴밀한 정치경제적 관계를 맺은 나라를 부정적으로 취급하기보다는 부러워하는 수준일 수도 있다.

FTA를 체결하는 동기는 지역, 국가에 따라 여러 가지 요소가 될 수 있겠지만, 일반적으로는 경제적 실익을 우선적으로 생각한다. 그 경제적 요소로는 상대국의 내수시장 규모라든가, 교역비중 및 교역의 보완성 정도, 그리고 투자유입의 확대가능성, 취약분야의 민감 정도 등 그 나라 또는 지역의 경제상황에 따라 협정마다 중점분야는 다를 수 있지만, 일반적으로 볼 때 경제적인 영향이 가장 중요한 변수가 될 수 있다.

FTA 체결로 경제효과를 확대하기 위해서는 어떠한 형태로 협정을 체결할 것인가가 중요하겠으나, 동일한 내용의 협정일지라도 상대국이 어떤 국가인가에 따라 FTA 체결의 경제효과는 달라질 것이다. 상대국이 같은 조건이라면, 경제규모가 크고 1인당 GDP 크기가 큰 국가가 바람직한 FTA 상대국인 것으로 볼 수 있다. 저소득국가 간 FTA는 무역전환의 불이익으로 인해 FTA의 실질소득이 감소될 가능성이 높은 반면, 고소득국가와의 FTA에서는 저소득국가의 소득수준이 고소득국가 수준에 수렴되는 경향이 있다.[4] 따라서 경제규모 외에도 1인당 국민소득이 높은 나라와 FTA를 체결하는 것이 더 유리하다

[4] 대외경제정책연구원 · 전국경제인연합회 · 한국무역협회(2001) 참조.

고 볼 수 있다. 또한 경제제도가 선진화되고 서비스산업이 발전되어 있다면 FTA 대상국으로 더 바람직할 수 있다. 특히, 개도국 입장에서는 미국과 같은 선진국과의 FTA로 경제시스템을 선진화시키고, 서비스산업을 발전시키며, 외국인 직접투자 유입과 함께 기술이전을 촉진시키는 효과를 기대할 수 있다.

특히, 우리 나라는 그 동안 제조업 육성에 주력해 온 반면, 서비스산업은 낙후한 상황이다. 미국은 서비스산업이 GDP에서 차지하는 비중이 70% 내외로 매우 높은 수준을 나타내고 있으나, 우리 나라의 경우에 GDP에서 차지하는 비중은 48.6%(2003년)이다. 1996년 이후 미국에서 높은 성장률을 보이고 있는 서비스분야는 대부분 지식기반 서비스이다. 미국 경제는 이와 같은 분야의 발전을 통해 고용창출, 경제발전단계의 고도화를 이루며, 경제 전체의 생산성 및 효율성도 극대화하고 있다.[5]

우리 나라 서비스업은 1인당 부가가치 창출도가 낮은 영세·저생산성 구조에 머무르고 있으며, 특히 법률, 회계, 엔지니어링, 연구개발 등 제조업과의 전·후방 연관관계가 높은 지식기반 서비스의 비중이 낮아 제조업의 혁신능력 제고에 제약요소로 작용한다. 수출시장에서 저임금을 활용한 후발개도국의 추격이 거세지고, 이와 동시에 노동집약적 조립공정이 중국 등 해외로 급속히 이전되면서 국내생산기반의 공동화 우려가 고조되고 있다. 대내적으로 고용의 탈공업화가 진전됨에 따라 서비스산업에서의 양질의 일자리 창출 및 고도화 필요성은 한층 높아지고 있다.

동아시아 내 다른 국가와는 달리 동아시아 경제통합에 미국이 참여하는 것에 대한 중국의 입장은 판단하기 어렵다. 1980년대 말 냉전 종식과 더불어, 1990년대 들어 중국이 개혁·개방정책을 적극 추진함으로써 정치적 이념차이의 중요성이 작아졌다고는 하나, 양국 간 군

[5] 대외경제정책연구원(2006), p. 45.

사적 대치 및 경쟁의식을 무시할 수 없다. 최근 고도경제성장과 더불어 개혁·개방이 가속화되고, 동아시아에서는 물론이고 WTO 등 다자체제에서 중국의 입지가 강화되고 있는 상황이어서 동아시아 경제통합에서 중국이 미국의 개입을 어느 정도 묵인할지는 미지수이다. 하지만 중국이 미국과의 경제관계를 더 긴밀하게 유지할 가능성도 있다. 경제성장을 유지하기 위해서는 실질적으로 중국의 제1위 교역대상국인 미국과의 경제협력을 강화해야 하며, 중국 경제의 대부분을 구성하는 외국인 직접투자 유입에 유리한 조건을 형성하기 위해서도 선진화된 경제제도를 구축해야 한다. 단기간 내 미국과 FTA 체결을 희망하지는 않더라도 중장기적으로 제도적 경제협력 강화방안을 중국은 마련해야 할 것이다.

4 한·미 FTA가 동아시아 경제통합에 대한 영향

전통적으로 동아시아 국가들은 경제적으로 미국과 긴밀한 관계를 맺어 왔다. 지난 몇 년 사이 중국이 동아시아 국가에게 중요한 교역상대국으로 자리를 잡아 가고 있지만, 아직도 미국은 정치외교적 측면뿐만 아니라 교역 및 산업협력 등 경제협력의 중요한 상대국임에 틀림없다. 세계적인 지역주의 추세 및 동아시아 국가들의 활발한 FTA 추진 등을 고려하면, 향후 동아시아 경제통합도 진전되겠지만, 동아시아 국가들이 미국과의 FTA를 체결하게 될 것이다. 문제는 어느 국가가 먼저 미국과 FTA를 체결하는가가 될 것이며, 이런 점에서 한·미 FTA는 동아시아 국가들에게 관심사항이 아닐 수 없다. 하지만 국내에서는 한·미 FTA가 동아시아 경제통합 논의에서의 우리 나라 위상을 약화시킬 것이란 우려가 제기되고 있다.

먼저 한·미 FTA가 동아시아 경제통합에 미치는 영향은 여러 가지 시나리오로 생각할 수 있을 것이다. 먼저 크게 긍정적으로 영향을 미칠 것이라는 시나리오와 부정적인 영향을 미칠 것이라는 시나리오가 될 것이다. 긍정적인 영향을 미칠 것이라는 시나리오의 주요 논점은, 미국이 동아시아에 대해 높은 관심을 가지고 있기 때문에 한·미 FTA가 체결될 경우 우리 나라의 주변국들이 우리 나라와의 FTA에 더욱더 적극적으로 나올 것이며, 이러한 분위기 형성이 동아시아 경제통합을 촉진시킬 것으로 분석되고 있다.

한편, 반대입장인 부정적인 시나리오도 제기되고 있다. 정태인(2006)은 "한·미 FTA 체결로 강대국이 대립하는 동북아에서 우리가 균형자 역할을 할 수 있었던 기회를 놓치게 되었다"고 주장하고 있다. 또한 "우리는 동북아에서 강대국 사이에서 균형을 유지하며 '캐스팅보트 역할을 통해 영향력을 높일 수 있었으나 FTA 체결로 미국편에 완전히 들어가면서 기회를 놓쳤다"는 것이다. 그는 이어 "정부는 FTA 체결을 '안보동맹에 이은 경제동맹이라고 주장하는데, 한·미·일 관계가 강화되면 중·러·북한의 관계도 강화되어 오히려 남북한이 경제적으로도 대립하는 상황에 처할 수도 있을 것"이라고 지적하고 있다.[6]

또한 최태욱(2006) 역시 한·미 FTA 체결이 한국 정부의 동북아 시대 구현을 위한 지역주의 추진노선과 상충될 위험을 주장하고 있다. 한·미 동맹 또는 한·미 안보관계의 공고화로 이어지면, 그것은 중국 소외현상을 야기하고, 한·미 FTA를 통해 공고화된 한·미 동맹은 과거 그 어느 때보다 강력해진 현재의 미·일 동맹과 조우하여 종

[6] 정태인의 2006년 5월 25일자 대전 KBS 공개홀에서 언론노조 주최로 열린 '한·미 FTA 저지 지역순회 강연회' 발표내용. 매일경제신문(2006년 5월 25일), 「정태인 한미 FTA로 동북아 균형자 역할 놓칠 것」 참조.

국에 한·미·일 3각공조체제의 완성으로 이어질 수 있다라고 표현하고 있다. 그에 따르면, 한·미 FTA의 체결이 중국 소외현상을 발생시키게 된다면 동아시아에서의 지역주의 발전은 요원하게 될 것으로 보고 있다. 그 이유는 동아시아 지역주의의 성패는 상당 부분 역내 핵심 국가인 한·중·일 3국의 협력 여부에 달려 있는바, 그 핵심의 하나인 중국이 한국 및 일본과의 협력을 거부할 것이기 때문이라는 것이다. 또한 단순한 협력의 거부 정도가 아니라 오히려 한·미·일 남방삼각체제에 맞서 북·중·러 북방 삼각체제를 구축하려 든다면, 지역주의의 발전은커녕 동아시아는 새로운 갈등과 대립의 소용돌이에 빠져들게 될 것으로 보고 있다.[7]

그러나 정태인과 최태욱의 분석은 국제정치적 측면만을 고려한 것이며, 경제적 요인으로 보면 결과가 상당 부분 달라질 수 있다. 심지어 미국과 FTA를 체결한다고 해서 동아시아에서 고립될 것으로 보는 시각부터 문제가 있다. 동아시아 국가 중 미국과의 FTA를 가장 먼저 체결한 싱가포르가 동 FTA로 인해 고립되었다는 증거가 없다. 또한 싱가포르에 이어 태국과 말레이시아도 미국과의 FTA 협상을 진행중에 있다. 한·미 FTA가 동아시아 경제통합 논의에 미칠 영향을 고찰하기 위해서는 경제적 영향의 분석이 선행되어야 할 것이다.

정인교(2006)가 경제모형을 이용하여 추정해 본 결과에 따르면, 한·미 FTA를 체결하게 되면, 일본과 중국을 포함한 동아시아 인근국가들의 GDP는 부정적인 영향을 받을 것으로 나타났다. 또한 대부분의 국가들이 한국에 대한 수출을 다소 줄이게 될 것으로 추정되고 있다. 한·미 양국만이 상호간에 관세를 철폐함에 따라 양국은 상대국시장에 관세를 부담하지 않고 수출할 수 있으나, 다른 국가들은 기존관세를 부담한 후 미국과 한국에 수출해야 하므로 수출이 감소하게 되는 것이다.

[7] 최태욱(2006), 「한·미 FTA 득과 실—중국에 대한 중장기적 대책 마련 필요」 참조.

한편, 미국은 우리 나라와의 FTA에서 투자환경에 관련된 많은 제도와 관행에 대한 선진화를 요구하게 될 것이고, 투자환경의 개선은 외국인 직접투자의 대한국 유입을 유도하게 될 것이다. 싼 임금, 내수시장의 확대 등으로 대중국 투자가 앞으로도 지속될 것으로 전망되나, 최근 들어 커지고 있는 중국 리스크를 고려한 투자자들은 위험분산 차원에서 동아시아 내 제2의 투자처를 물색하는 것으로 알려져 있다. 미국과의 FTA로 미국 시장의 진출이 용이해지고, 투자환경이 개선된 한국에 대한 투자를 고려하는 다국적기업이 많아질 것이다. 이럴 경우, 동아시아 내 다른 국가에 대한 투자감소로 이어질 수 있고, 외국인투자 의존도가 높은 동남아 경제에 간접적인 영향을 줄 수 있다.

FTA 도미노(Domino)이론에 따르면, 특정 지역에서 경제적으로 비중 있는 FTA가 체결되면, 인근국가 기업들은 차별을 당하게 되고 기업인들은 자국 정부에게 이러한 제도적 불이익을 해소하도록 로비하게 된다. 즉, 자국 정부가 FTA를 추진하도록 요청하는 것이다. 이로 인해 연쇄적으로 FTA가 체결되는 것이다. 특히, 한·미 FTA는 동아시아 국가들로 하여금 보다 적극적인 FTA 추진을 촉발시키는 계기가 될 것으로 보인다.

아직 공식적인 반응은 나오고 있지 않지만, 한·미 FTA 추진에 가장 우려하는 국가는 일본과 중국이 될 것으로 생각된다. 무엇보다 한·미 양국간 상호 관세철폐로 일본과 중국은 무역전환의 불이익을 겪게 될 것이다. 또한 이들 국가 모두 우리 나라와의 FTA를 추진중에 있거나 추진을 제안한 상태인데, 우리 나라가 미국과 FTA 협상을 시작하게 되면 자국과의 FTA 추진이 지연될 수밖에 없다는 점도 고려하지 않을 수 없을 것이기 때문이다. 또한 이들 국가들도 미국과의 FTA 체결을 희망할 수 있으나, 미국 고위 통상관계자가 언급한 바와 같이 당분간 미국이 응하지 않을 것으로 예상된다. 미국은 일본 정부의 조정능력 결여와 FTA로 비관세장벽의 개선이 어렵다는 이유로 일본과의 FTA 추진의사가 없고, 중국과는 통상제도의 낙후성과 정치체제 차이가 걸림돌인 것으로 언급하고 있다.

일본은 대미국 수출에 있어 많은 품목이 우리 나라와 경쟁관계에 놓여 있다. 한·미 FTA로 인한 경제적 손실과 더불어, 부상하고 있는 중국에 대응하고 동아시아 경제통합의 리더십을 강화하기 위해서는 한국과의 FTA가 절실한 상황이다. 여기에다가 일본 정치권도 일본 정부의 부진한 FTA 정책을 질타하게 될 것이고, 통상담당 부서들은 현재 진행중인 태국, 인도네시아 등 아세안 국가들과의 FTA 협상타결을 서두르게 될 것이다. 더 나아가 중국, 남미, 중동 등과의 FTA도 본격적으로 검토할 것으로 예상된다. 이미 2006년 2월 중순 일본은 일·중 FTA를 담당할 부서를 신설한 것으로 알려져 있는데, 이는 한·미 FTA 진전에 대한 대응책인 것으로 보인다.

최근 일본은 경제동맹관계를 확대하기 위해 FTA 추진에 적극성을 보이고 있다. 동아시아 내 리더국가를 추구하는 일본에게 한·미 FTA는 또 다른 위협으로 작용하게 될 것이다. 하지만 자국의 농업개방에 정치적인 애로가 크고, 일본 정치권이 과감한 개방정책을 추진하기 어렵기 때문에 전면적으로 FTA를 추진할 가능성은 낮은 편이다. 그럼에도 불구하고 협상이 진행되다가 중단된 한·일 FTA 협상재개를 요청하고 있다. 비록 부족하지만 일정 수준 개선된 농업개방안을 우리 나라에 제시할 것으로 예상되나, 미국과의 FTA 협상에 대부분의 통상인력이 배치된 상황에서 일본과의 협상을 검토할 여유가 적어지게 될 것이다.

한·미 FTA 추진으로 중국은 한국과의 FTA에 보다 적극적인 입장을 보일 것으로 추정된다. 2004년 말 양국 정상 간 합의에 의해 2006년 말 완료를 목표로 한·중 FTA 민간공동연구가 진행중이다. 2005년 들어 중국측은 한·중 FTA에 대해 그간 유보적 입장에서 적극적 입장으로 전환하였다. 2005년 6월 한·중 총리회담에서 원자바오 총리는 "민간 차원의 공동연구가 어느 정도 진전되면 정부 간 협상을 조속히 가동시켜야 할 것이며, 양국 간 경제통상협력을 획기적으로 증대시키기 위해서는 FTA가 체결되어야 할 것"임을 밝혔다. 양국 간 고위 통상관계자 면담에서도 중국측은 협상개시를 요청하였고, 농산물 개방에 대해 중국 내부에서도 다양한 의견이 제기되고 있으며, 우리 나라의 우려를 고려하여 농업개방은 신축적으로 대응될 수 있음을 전달하기도 하였다.

한·중 FTA 추진이 어려울 경우, 중국은 EU와의 FTA를 추진할 가능성도 없지 않다. 무엇보다 한·미 FTA가 이를 가능하게 하는 뇌관이 될 수 있다. 먼저 아직 공식 입장이 제시되지 않고 있지만, 중국 입장에서는 한·미 FTA가 체결될 경우에 현재 자국 중심으로 추진되고 있는 동아시아 경제통합 논의에 대한 미국의 영향력이 커질 것을 우려할 수 있다.

여기에다가 중국과 경쟁관계에 있는 일본이 동아시아에 대한 미국의 영향력이 확대되도록 함으로써 중국의 위상약화를 도모할 수 있다. 즉, 2002년 실패한 동아시아 개발 이니셔티브와 유사한 형태의 협력기구의 도입을 추진할 수 있다. 한편, 미국과의 FTA 추진이 어렵다는 것을 인식하고 있는 중국은 미국이 한국과의 FTA로 동아시아 경제통합에 참여하는 채널을 확보하는 것에 대한 견제와 대응목적에서 미국 경제에 필적할 수 있는 EU를 FTA 대상국으로 검토할 수 있다.

EU 역시 한·미 FTA 추진이 가져올 수 있는 동아시아 경제통합 역학구도에 미칠 영향을 우려하지 않을 수 없을 것이다. 그 동안 내부 논의가 전개되었던 아세안과의 협력강화를 도모할 수 있지만, 경제규모가 큰 한국, 일본 또는 중국과의 FTA 추진 여부도 검토하게 될 것이다. EU가 어느 국가를 대상국으로 선정할 것인가에 대해서는 단언하기 어렵지만, 동북아 3국 중 한국과의 FTA에 높은 관심을 가질 가능성이 높다. 이미 칠레와의 FTA로 프랑스산 와인의 대한국 시장점유율이 낮아지고 있고, 한·미 FTA로 인한 한국 시장 상실을 우려할 수 있기 때문이다. 수출시장 다변화를 희망하는 한국 역시 EU

와의 FTA 추진이 자국의 이해관계와 일치할 수 있다.

아세안의 반응을 예단하기는 어렵다. 아세안이 AFTA를 중심으로 내부 구심력을 강화하기 위해 노력하고 있으나, 싱가포르, 태국, 말레이시아 등은 미국과 독자적으로 FTA를 체결하였거나 추진중이어서 AFTA의 위상이 오히려 약화되고 있어 아세안 차원에서의 결정이 용이하지 않기 때문이다. 향후 시간이 흐를수록 아세안 회원국 중 미국과 양자 간 FTA 체결을 희망하는 국가가 늘 수 있다.

앞에서도 언급한 바와 같이, 동아시아 지역에 대한 정치경제 및 군사적 이해관계가 큰 미국을 제외한 동아시아 경제통합은 사실상 어려울 것이란 점이 많이 지적되어 왔다. 동아시아 3대 경제국가인 우리 나라와의 FTA로 미국은 경제적 실익과 더불어 동아시아 지역과 제도적 연계를 강화하는 계기를 마련한 것으로 볼 수 있다. 또한 향후 미국은 동아시아 국가들과의 FTA를 확대함으로써 자연스럽게 동아시아 경제통합에 참여하는 계기를 확보하게 될 것으로 보인다. 또한 동아시아 다수 국가가 미국과 FTA를 체결하게 되고 미국이 참여한 상태에서 동아시아 경제통합이 추진될 경우, 경제통합 논의가 급물살을 탈 수도 있을 것으로 전망된다.

그 동안 동아시아 경제협력은 아세안+3(한·중·일)체제를 중심으로 논의되어 왔다. 동아시아 경제통합 논의가 부진하였던 것은 다양한 배경을 가진 13개 국가들의 입장을 조율하기 어렵다는 점과, 중국과 일본 간 라이벌의식으로 어느 일방이 경제통합을 추진할 수 없는 정치적 요인이 작용해 왔기 때문이다. 미국이 동아시아 경제통합 논의에 참가할 경우, 이러한 경쟁구도를 협력구조로 바꾸게 될 가능성이 있고 미국을 중심으로 통합을 촉진시키는 효과를 기대해 볼 수 있다.

앞에서 언급한 바와 같이 일본과 중국이 양국 간 FTA를 추진하게 되면, 한·중·일 3국 간, 즉 동북아 FTA가 본격적으로 추진될 가능성이 현재보다 월등히 높아질 것으로 분석된다. 동아시아 FTA 움직임에 미국이 참여하게 됨에 따라 (최소한 동아시아 내 문제에 관해) 미국과 경쟁의식을 가지고 있는 중국은 내키지 않지만 일본과의 협력을 모색하게 될 것이다. 이런 상황에서 중국은 한국과의 FTA를 동시에 추구하면서 일본과의 FTA를 검토할 가능성이 높다. 이 경우 한국도 동북아 FTA에 참여하게 될 것이며, 동아시아에 이해관계가 큰 미국도 참여의사를 표현할 수 있다. 종합하면, 한·미 FTA는 동북아·동아시아 FTA 추진시기를 앞당기는 계기가 될 것으로 전망된다.

한편, 동북아·동아시아 FTA 추진논의에 미국의 참여는 회원국 및 주도국가의 수가 늘어남으로써 통합을 더 지연시키거나, 미국이 전략적으로 통합을 저해할 수 있다는 우려도 제기될 수 있다. 동아시아 경제통합이 지연될 경우, 미국과 FTA를 체결한 우리 나라는 중국, 일본, EU 등 거대경제권과의 FTA 체결을 통해 FTA 허브국가로 발전하는 구상을 실현해 나갈 수도 있다. 이를 위해 우리 나라는 미국과의 FTA가 질적으로 우수한 협정이 되도록 노력해야 할 것이다. 미 행정부의 입장에 따라 수준 높은 협정을 만들 수밖에 없는 상황이기는 하나, 우리 나라 입장에서도 모범적인 협정을 체결하고 이를 향후 추진하는 다른 FTA에도 적용해 나갈 필요가 있다. 우리 나라가 수준 높은 FTA를 다수 국가와 체결해 나갈 때 FTA의 경제적 실익을 확보할 수 있을 것이며, 더 나아가 동아시아 경제통합과정에서 우리 나라의 발언권도 확대될 수 있을 것이다.

5 소결론

2006년 5월 현재 동아시아 경제통합의 허브로 기대하였던 한·일

FTA 협상이 소강상태에 있지만, 한·일 FTA 협상이 재개될 가능성이 있다. 또한 현재 공동연구가 한창인 한국과 중국 간의 FTA도 정부 간 검토로 격상될 가능성이 있다. 이에 따라 동아시아 경제통합 논의도 가속화될 수 있을 것이다. 한덕수 전 재경부 장관은 미국과의 FTA가 마무리되면 일본, 중국과의 FTA를 추진할 것임을 밝힌 바 있다.[8] 이러한 의미에서 한·미 FTA는 동아시아 경제통합을 저해하기보다는 오히려 추진력을 제공할 가능성이 높은 것으로 볼 수 있다. 또한 동아시아 경제통합 논의는 미국과의 관계를 소원하게 하고 동아시아 쪽으로 기우는 것이 아닌, 동아시아 국가의 가장 중요한 교역상대국인 미국을 역내경제통합 논의에 끌어들일 때 역내국가 간 협력논의를 더 활성화시킬 수 있을 것이다. 즉, 한·미 FTA를 동아시아 경제통합에 유용하게 자리매김할 수 있도록 하기 위한 기회로 보아야 할 것이다.

미국과의 FTA는 세계 제1위의 내수시장에 대한 시장접근이 용이해짐으로써 발생하는 경제적 이익 외에도 우리 나라의 취약한 서비스산업의 고부가가치화를 달성하는데 기여할 수 있다는 점에서 큰 의의를 찾을 수 있다. 제조업과 마찬가지로 서비스산업도 경쟁과 혁신을 통해 경쟁력을 제고시킬 수 있을 것이다. 경쟁 및 혁신을 통해 고부가가치 산업을 육성하고 시장개방 등 경쟁력을 높이는 여건을 조성하였던 영국과 프랑스 그리고 스페인 등의 나라들은 N자형 성장으로 2000년 이후에는 안정적인 성장세를 유지하고 있고, 반면 중저가제품을 전략으로 경쟁력을 유지해 오던 나라들 중 일부는 차별화를 통한 부가가치 창출에 실패하거나 국내시장 보호에 치중해 글로벌 경쟁력을 상실하고 성장이 지체되어 이른바 M자형 성장지체를 면하지 못하고 있다고 한다.

우리 경제는 짧은 기간 동안 고속성장으로 성공하였다. 자동차, 조선, 철강, 석유화학, 디지털가전, 정보통신분야 등에서 세계적인 경

[8] 재정경제부 뉴스(www.mofe.go.kr, 2006년 4월 28일자), 「한미 FTA 이후 일본, 중국과도 협상……한국 매개로 경제통합」 참조.

쟁력을 확보하고 있지만, 아직도 선진국으로부터 배워야 할 요소들이 많이 있다. 특히, 서비스분야는 더욱더 그렇다. 이것은 아직도 기술수준이나 서비스수준이 선진국에 못 미치고 있지만, 중국 등의 후발개도국의 급속한 추격을 받아 오고 있기 때문이다.

미국은 FTA를 체결함에 있어 매우 높은 수준의 적용범위와 자유화 폭을 요구하는 대표적인 국가 중의 하나이다. 우리 나라와의 FTA 협상도 예외가 아닐 것으로 전망된다. 즉, 미국은 공산품뿐만 아니라 농산물, 서비스, 지적재산권, 투자, 환경 등 모든 분야를 협상대상에 포함시키고자 할 것이다. 정부는 포괄적이고 깊이 있는 한·미 FTA를 통해 우리 경제의 구조와 우리 기업의 국제경쟁력을 제고시키는 계기를 마련하도록 해야 한다는 것을 명확히 할 필요가 있다. 서비스업의 선진화로 장차 본격적으로 추진될 동아시아 경제통합시대에 우리 나라가 선진국 대열에 서게 되는가, 아니면 일본과 중국 사이의 샌드위치가 되는가의 기로에 서 있다는 점을 명심해야 할 것이다.

단, 한·미 FTA에서 가장 중요한 것은 협상력일 것이다. 미국은 협상력에서 그 어느 나라와도 비교가 안 될 만큼 뛰어나다. 철저하게 준비된 전략과 협상력으로 미국과의 FTA를 우리 경제의 득(得)을 최대화하고 실(失)을 최소화해야 할 것이다.

참고문헌

계명대학교 국제학연구소·미국학과, 「한·미 자유무역협정(FTA)의 현황과 과제」 학술세미나, 2006. 6. 20.

고일동 외, 『한·중·일 경제협력의 추진방안과 주요 부문별 과제』, 한국개발연구원, 2000.

대외경제정책연구원, 「한미 FTA의 의의와 기대효과」, 2006.

대외경제정책연구원·전국경제인연합회·한국무역협회, 「한·미 FTA의 주요 이슈와 정책 시사점」 정책세미나, 2001. 12. 17.

대외경제정책연구원·한국개발연구원·산업연구원·한국농촌경제연구원·한국해양수산개발원·무역협회 무역연구소, 「한·미FTA와 한국경제」 세미나, 2006. 5.

박번순, 「중국의 부상과 동아시아 지역발전모델의 변화」, 삼성경제연구소 Issue Paper, 2005. 11. 17.

이혜영, 「한·미 FTA에 대한 비판적 고찰」, 신진보연대 월례토론회 발표자료, 국회도서관 회의실, 2006.

정인교·노재봉 편, 『글로벌시대의 FTA전략』, 도서출판 해남, 2005.

최태욱, 「민족화해」, 민족화해협력범국민협의회, 2006. 5.

한국동북아지식인연대, 『동북아공동체를 향하여』, 동아일보사, 2004.

한국무역협회 무역연구소, 「한미 FTA와 제조업」, 2006.

저자약력

고영회(高永會)

- 서울대학교 건축학과 박사과정 수료
- 대한변리사회 공보이사(2004~2006)
  대한기술사회 회장(2002~2005)
- 현 성창특허법률사무소 대표변리사
- 주요 논저
  「건축설계도서의 저작권 보호」(『계간 저작권』, 2002)
  「건축설계도에서 창작성 판단」(『계간 저작권』, 2005)

구해우(具海祐)

- 고려대학교 법학과 박사과정 수료
- 미래전략연구원 초대 이사장(2000~2003)
  SK텔레콤 동북아협력담당 상무(2000~2002)
- 현 바른FTA실현국민운동본부 사무총장
- 주요 논저
  『한반도 워치』(다산출판사, 2004)
  「북핵협상 부진에 북강경파 득세」(프레시안, 2005)

권영습(權寧習)

- 캔사스대학(KU) 법학대학원 졸업(Juris Doctor)
- 외교통상부 자유무역협정국(2005~2006)
  행정자치부 조직정책과(2003~2004)
- 현 외교통상부 통상전략과장
- 주요 논저
  동아시아 경제통합 방향모색(인하대학교 FTA연구센터, 2006)
  최근 OECD 국가들의 정부혁신 추진사례 및 추진방식의 변화(OECD, 2004)

김경한(金京漢)

- 서울대학교 법과대학 졸업
- 통상산업부 WTO과 및 외교통상부 다자통상과(1996~2001)
  주제네바대표부 서기관(2001~2004)
- 현 한미 FTA체결 지원위원회 조사분석팀장
- 주요 논저
  「WTO 바나나분쟁 사례분석」(『통상법률』, 1997)

김관호(金寬澔)

- 미국 콜럼비아대학 경제학박사
- 대외경제정책연구원 연구위원(1993~1998)
- 현 동국대학교 사회과학대학 국제학과 부교수
- 주요 논저
  『세계화와 글로벌경제』(박영사, 2003)
  『미국의 양자간 투자협정』(대외경제정책연구원, 1998)

김도훈(金道薰)

- 프랑스 파리 1대학 경제학박사
- OECD 무역국 수석행정관(Principal Administrator)(1997~1999)
  산업연구원 연구본부장(2005~2006)
- 현 산업연구원 한미 FTA 팀장
- 주요 논저
  『시장개방과 산업구조조정—FTA와 DDA 협상을 중심으로—』(산업연구원, 2005)
  『산업발전전략과 FTA』(산업연구원, 2005)

김방철(金方喆)

- 고려대학교 대학원 의학박사
- 한국보건정보정책연구원 원장(2002~2005)
  대한의사협회 상근부회장(2002~2003)
- 현 의료발전연구소 소장
- 주요 논저
  『올바른 의료제도를 위한 정책 건의』(아람출판사, 2003)

『한국보건정보정책연구원 의료정책』 세미나자료집(편저, 아람출판사, 2005)

김진오(金眞梧)

- 한국외국어대학교 국제관계학 박사과정 수료
- 현 대외경제정책연구원 중남미담당 전문연구원
  대외경제정책연구원 전문연구원
- 주요 논저
  『NAFTA 이후 멕시코 경제의 변화와 시사점』(공저, 대외경제정책연구원, 2006)
  『북미자유무역협정(NAFTA) 10년 운용의 결산: 한국의 FTA 추진에 주는 시사점』(공저, 대외경제정책연구원, 2004)

박동철(朴東哲)

- 서울대학교 대학원 경제학박사
- 현대경제연구원 연구위원(1996~2003)
- 현 한국자동차산업연구소 산업정책팀장
- 주요 논저
  「지식기반경제로의 이행과 공정거래정책」(공정협회, 2001)
  「한미 FTA와 제조업」(무역협회, 2006)

박형래(朴亨來)

- 고려대학교 경영대학 무역학과 경영학박사
- 한국국제통상학회 부회장(2005~2006)
  University of Colorado, Boulder, 연구교수(2001~2003)
- 현 강릉대학교 무역학과 교수
- 주요 논저
  『국제무역환경론』(도서출판 두남, 2005)
  『사례로 보는 WTO와 무역마찰의 이해』(도서출판 두남, 2005)

서진교(徐溱敎)

- 미국 메릴랜드대학(UMD) 농업 및 자원경제학박사
- 한국농촌경제연구원 연구위원(2004~2005)
  한국농업경제학회 편집위원(2005~2006)
- 현 대외경제정책연구원 농업담당 연구위원
- 주요 논저
  『2005 DDA 농업협상 대응 전략』(공저, 한국농촌경제연구원, 2005)
  『쌀 재협상 전략수립에 관한 연구』(공저, 한국농촌경제연구원, 2004)

신용상(申龍相)

- 미국 텍사스 A&M대 경제학박사
- 현 한국금융연구원 거시경제팀장
  한국은행 통화정책 자문위원
  한·미 FTA 민간자문위원
- 주요 논저
  『국내금융심화와 산업성장간의 관련성에 대한 연구』(한국금융연구원, 2005)
  "International R&D Spillovers Revisited: Human Capital as an Absorptive Capacity for Foreign Technology"(*International Economic Journal*, 2006)

오정근(吳正根)

- 영국 맨체스터대학 경제학박사
- 한국은행 금융경제연구원 통화연구실장(2004~2005)
  한국은행 국제국 외환연구팀장(2002~2004)
- 현 한국은행 금융경제연구원 부원장
- 주요 논저
  The Korean Economy: Post-Crisis Policies, Issues and Prospects(공저, Edward Elgar. 2004)
  『금융위기와 금융통화정책』(다산출판사, 2000)

이시욱(李時昱)

- 미국 미시간대학 경제학박사
- 대외경제정책연구원 선임연구원(1992~1997)
- 현 한국개발연구원(KDI) FTA담당 부연구위원
- 주요 논저
  『외국인투자자통계 국제비교 및 개선방안에

관한 연구』(2006, 한국개발연구원)

이창우(李昌雨)

- 고려대학교 정치외교학과 졸업
- 서강대학교 국제대학원 겸임교수(2003~2004)
- 현 중앙대학교 글로벌HRD대학원 교수
  한-중남미 IT협력위원회 사무총장
- 주요 논저
  『무한시장 FTA』(다만북스, 2005)
  『u-Trade 빅뱅』(다만북스, 2005)

이홍식(李洪植)

- 미국 University of Texas at Austin 경제학박사
- 산업자원부 투자정책평가위원
  대외경제위원회 자문위원
- 현 대외경제정책연구원 FTA팀장
- 주요 논저
  "How FTAs Affect Income Levels of Member Countries: Converge or Diverge?"(*The World Economy*)
  "Location Choice of Multinational Companies in China: Korean and Japanese Companies"(*Japan and the World Economy*)

정인교(鄭仁敎)

- 미국 미시간주립대(MSU) 경제학박사
- 대외경제정책연구원 연구위원(1996~2004)
  동아시아비전그룹(EAVG) 사무국장(1999~2001)
- 현 인하대학교 경제학부 교수
- 주요 논저
  『글로벌시대의 FTA전략』(편저, 도서출판 해남, 2005)
  East Asian Economic Regionalism(공저, Springer, 2005)

조전혁(趙全赫)

- (미)위스컨신-매디슨대학 경제학박사
- 자유주의교육운동연합 상임대표
  뉴라이트 싱크넷 상임운영위원
- 현 인천대학교 경제학과 교수
- 주요 논저
  『21세기 한국: 자유, 진보 그리고 번영의 길』(공저, 나남출판사, 2005)
  『쓸모있는 바보들의 거짓말』(공저, 도서출판 기파랑, 2006)

조정란(趙貞蘭)

- 일본 타쿠쇼꾸(拓殖)대학 상학박사
- 일본 타쿠쇼꾸(拓殖)대학 산업경제연구소 연구원
- 현 FTA연구센터 연구위원
- 주요 논저
  『우리나라FTA원산지규정(ROO)연구 및 실증분석』(공저, 한국경제연구원, 2005)
  『한·일FTA체결에 따른 고용정책 차원에서의 대응방안』(공저, 한국노동연구원, 2006)

최병일(崔炳鎰)

- 예일대학 경제학박사
- 우루과이라운드, WTO, 한미통신협상 한국 협상단(1990~1997)
  바른사회시민회의 한미FTA특위 위원장
- 현 이화여자대학교 국제학부 교수
- 주요 논저
  『한국의 통상협상: 쌀부터 스크린쿼터까지』(오름, 2004)
  Korea and International Conflicts(December 2005)

■ 한·미 FTA 논쟁, 그 진실은?

2006년 9월 1일 초판인쇄
2006년 9월 5일 초판발행
편저자 정 인 교
발행인 노 현 철
발행처 도서출판 해남
서울특별시 종로구 교남동 45-1(202호)
전화 739-4822 팩스 720-4823
e-mail haenam30@dreamwiz.com
homepage www.hpub.co.kr
등록 1995. 5. 10 제1-1885호
정 가 18,000원 ISBN 89-86703-82-3